Vom gleichen Autor erschienen außerdem
als Heyne-Taschenbücher

Eiskalt · Band 5390
Nagelprobe · Band 5466
Finale in Berlin · Band 5641
Ipcress – Streng geheim · Band 5711
Fische reden nicht · Band 5811
Das Milliarden-Dollar Gehirn · Band 5863
Tod auf teurem Pflaster · Band 5952
Komm schon, Baby, lach dich tot · Band 6094

LEN DEIGHTON

SS-GB

Roman

WILHELM HEYNE VERLAG
MÜNCHEN

HEYNE-BUCH Nr. 6149
im Wilhelm Heyne Verlag, München

Titel der englischen Originalausgabe
SS-GB
Deutsche Übersetzung von Kurt Wagenseil
und Ursula Pommer

2. Auflage

Genehmigte, ungekürzte Taschenbuchausgabe

Printed in Germany 1983
Umschlagfoto: ZEFA, Düsseldorf
Umschlaggestaltung: Atelier Heinrichs & Schütz, München
Gesamtherstellung: Ebner Ulm

ISBN 3-453-01664-5

”

Und wenn man in England heute
sehr neugierig ist und fragt:
›Ja warum kommt er denn nicht?‹
Beruhigt Euch, er kommt!
Man muß nicht immer so neugierig sein!

“

ADOLF HITLER,
Rede am 4. September 1940 auf einer »Volkskundgebung«
zur Eröffnung des
Kriegswinterhilfswerks im Berliner Sportpalast

C. 216-c

Geheime Kommandosache

Berlin, den 18.2.41
Der Oberste Befehlshaber der Wehrmacht

Z. d. K. W. L. Nr 220/41 g. Kdos. Chefs.

10 Ausfertigungen
7. Ausfertigung

Chef-Sache!
Nur durch Offizier!

Kapitulationsurkunde
aller britischen Streitkräfte im Vereinigten Königreich von Großbritannien und Nordirland einschließlich aller Inseln.

1. Das britische Oberkommando stimmt der Kapitulation aller britischen Streitkräfte im Vereinigten Königreich und Nordirland einschließlich aller Inseln und einschließlich aller militärischen Einheiten in Übersee zu. Dies gilt auch für die Einheiten der Königlichen Marine in allen Teilen der Welt, sei es im Hafen oder auf hoher See, sowie der Königlichen Luftwaffe.
2. Alle Feindseligkeiten britischer Streitkräfte zu Land, zu Wasser oder in der Luft werden am 19. Februar 1941 um 0800 Uhr (Greenwich-Zeit) eingestellt.
3. Das britische Oberkommando wird ohne Verzug und ohne Widerspruch alle weiteren Befehle des Oberkommandos der Deutschen Wehrmacht ausführen.
4. Das Nichtbefolgen von Befehlen oder ihre Mißachtung wird als Bruch dieser Kapitulationsbedingungen betrachtet und vom Oberkommando der Deutschen Wehrmacht in Übereinstimmung mit dem Kriegsrecht geahndet.
5. Diese Kapitulationsurkunde gilt bis zu einer späteren umfassenden Kapitulationsurkunde, die vom Oberkommando der Deutschen Wehrmacht dem Vereinigten Königreich und den verbündeten Nationen des Commonwealth übermittelt wird.
6. Diese Kapitulationsurkunde ist in deutscher und englischer Sprache verfaßt. Der deutsche Text ist verbindlich.
7. Bei unterschiedlicher Auslegung der Kapitulationsbedingungen liegt die endgültige Entscheidung beim Oberkommando der Deutschen Wehrmacht.

1. KAPITEL

»Himmler hat den König im Tower festsetzen lassen«, berichtete Harry Woods, »aber jetzt sagen die deutschen Generäle, die Wehrmacht solle ihn bewachen.«

Der andere Mann beschäftigte sich mit den Papieren auf seinem Schreibtisch, ohne sich dazu zu äußern. Er drückte einen Gummistempel ins Stempelkissen und knallte ihn auf den Tagesbericht: ›Scotland Yard, 14. November 1941‹. Unglaublich, daß der Kriegsbeginn erst zwei Jahre zurücklag. Jetzt war alles vorbei und verloren. Es gab soviel Schreibarbeit zu erledigen, daß noch zwei Schuhkartons den überquellenden Papierkram aufnehmen mußten, Schuhe Marke ›Dolcis‹, Größe 37, erstklassige Lederpumps, hochhackig, schmale Form.

Superintendent Douglas Archer kannte nur eine Frau, die solche Schuhe kaufte — seine Sekretärin.

»Tja, das sagen jedenfalls die Leute«, fügte Harry Woods hinzu. Der schon etwas bejahrte Polizeisergeant war sozusagen die andere Hälfte des ›Mord-Teams‹.

Douglas Archer zeichnete den Tagesbericht ab und warf ihn in den Ablagekorb. Dann blickte er sich im Raum um und nickte. Es war schon ein jämmerliches Büro: die grün und cremefarben gestrichenen Wände altersgeschwärzt, die kleinen, bleigefaßten Fensterscheiben vom rußigen Regen derart verschmiert, daß den ganzen Tag das elektrische Licht brennen mußte.

»Mach's nie auf deiner eigenen Schwelle«, riet Harry, nun, da es für gute Ratschläge ohnehin zu spät war. Jeder andere als Harry, weniger dreist, weniger redselig und wohlmeinend, hätte es hiermit gut sein lassen. Doch Harry übersah das gequälte Lächeln seines Vorgesetzten. »Mach's lieber mit der Blondine oben in der Registratur oder mit dem dickbusigen deutschen Verbindungsweib von der Waffen-SS. Die soll darin übrigens recht munter sein, heißt es. Aber mit der eigenen Sekretärin ...?« Harry Woods verzog das Gesicht.

»Du verbringst zuviel Zeit damit, auf das zu hören, was die Leute reden«, meinte Douglas Archer gelassen. »Da hakt es bei dir, Harry.«

Harry Woods hielt dem mißbilligenden Blick stand, ohne mit der Wimper zu zucken. »Einer von der Polizei sollte überhaupt keine Zeit damit verbringen, auf das zu hören, was die Leute sagen, Chef«, meinte er. »Und wenn du den Tatsachen mehr Beachtung schenken wolltest, wäre dir inzwischen schon klar geworden, daß du zwar ein sagenhafter Kriminaler sein magst, aber ein miserabler Menschenkenner — da hakt's bei *dir*!«

Es gab nicht viele Polizeisergeants, die es gewagt hätten, so mit Douglas Archer zu reden, doch diese beiden Männer kannten einander schon seit 1920. Damals war Harry Woods ein fescher junger Polizist gewesen, mit dem Ordensband der Militärverdienstmedaille auf der Brust, dessen Revier mit den gebrochenen Herzen hübscher kleiner Hausgehilfinnen übersät und mit heißen Fleischpastetchen verliebter Köchinnen gepflastert war, und Douglas Archer war noch ein neunjähriger Knabe und stolz darauf, mit ihm im Gespräch gesehen zu werden.

Bis Douglas Archer dann schließlich als frisch gebackener Inspektoranwärter von der Hendon-Polizeiakademie kam, mit nicht mehr Polizeidiensterfahrung, als man sie eben hat, wenn man sich vorwiegend an dem Pedell der Hochschule vorbei und durch Oxfords Hintergäßchen drückt.

Harry wußte alles, was ein Polizist wissen muß. Und noch einiges mehr. Er wußte von jedem Nachtwächter, um welche Zeit der sich seinen Tee aufbrühte, und befand sich, wenn es regnete, tunlichst immer in der Nähe eines trockenen Unterstellplatzes. Harry Woods wußte, unter welchen der verschiedenen Kehrichthaufen Geld zu finden war, und er nahm auch nie mehr als ein Drittel davon, damit der Ladenbesitzer nicht etwa auf eine andere Methode verfiel, die Straßenkehrer für ihre Extradienste zu entlohnen. Doch das war alles schon lange her, noch bevor Harry, dank der Großzügigkeit der Wirte und Schankkellner, zu seinem geröteten Gesicht und einem beträchtlich erweiterten Hosenbund gekommen war, lange auch, bevor er dank Douglas Archers Beharrlichkeit bei der Kripo und dann bei der Mordkommission von Scotland Yard gelandet war.

»Abteilung C bearbeitet einen saftigen Fall«, sagte Harry Woods. »Alle sind damit nicht weitergekommen. Soll ich schon mal die ›Mordtasche‹ packen?«

Douglas wußte, daß sein Sergeant nun eine überraschte Reaktion von ihm erwartete. Er zog eine Augenbraue hoch: »Wie, zum Teufel, hast du denn davon nur Wind bekommen?«

»Eine Wohnung am Shepherd Market, vollgestopft mit Whisky, Kaffee, Tee und so weiter, und auf dem Tisch herumliegende Benzinbezugsscheine der Luftwaffe. Das Opfer ist ein gutgekleideter Mann, wahrscheinlich ein Schwarzhändler.«

»Meinst du?«

Harry lächelte. »Denk an diese Schwarzmarktbande, die den Lagerverwalter in Fulham umgelegt hat. Sie fälschten Benzinbezugsscheine der Luftwaffe. Das könnte derselbe Haufen sein.«

»Harry, willst du mir jetzt sagen, woher du all diese Informationen hast, oder willst du das Verbrechen aufklären, ohne dich von deiner Sitzfläche zu erheben?«

»Der Chef vom Revier Row ist ein alter Saufkumpan von mir. Er hat mich eben angerufen. Ein Nachbar hat die Leiche gefunden und die Polizei benachrichtigt.«

»Das hat keine Eile«, sagte Douglas Archer, »wir lassen's langsam anlaufen.«

Harry biß sich auf die Lippen. Seiner Meinung nach tat Superintendent Douglas Archer ohnehin nie etwas anderes. Harry war ein Polizeibeamter der alten Schule, der für Papierkram, Aktensysteme und Mikroskope nur Verachtung übrig hatte. Er fand Reden, Trinken, Verhören und Verhaften sehr viel besser.

Douglas Archer war ein großgewachsener überschlanker Mann von dreißig Jahren. Er gehörte zu der neuen Generation von Kriminalbeamten, die das schwarze Jackett, die Hose mit Nadelstreifen, den Hut mit Umschlagkrempe und den steifen Kragen — eine Art Uniform für die Mordkommission — verschmähte. Er trug lieber dunkle Hemden und breitkrempige Hüte, wie er sie bei George Raft in einem Gangsterfilm aus Hollywood gesehen hatte. In Übereinstimmung hierzu hatte er damit begonnen, kleine, schwarze Stumpen zu rauchen, sooft es seine Tabakration gestattete. Diesen Stumpen versuchte er schon zum drittenmal anzuzünden. Der Tabak war von minderer Qualität und brannte schlecht. Douglas sah sich nach weiteren Streichhölzern um. Harry warf ihm eine Schachtel hinüber.

Douglas war Londoner, mit dem wachen Verstand und dem hochentwickelten Gefühl für den eigenen Vorteil, etwas, wofür die Londoner bekannt sind. Wie viele, die vaterlos aufgewachsen sind, war er in sich gekehrt und hielt auf Distanz. Seine sanfte Stimme und sein Oxfordakzent hätten besser zu einem weltfremden Berufszweig der Juristerei gepaßt, doch er hatte es nie bereut, in den Polizeidienst gegangen zu sein. Das lag, wie er mittlerweile erkannt hatte, zum größten Teil an Harry. Für den einsamen kleinen Jungen aus reicher Familie war Harry Woods Vaterersatz geworden, ohne es zu wissen.

»Mal angenommen, die Benzingutscheine sind keine Fälschung, angenommen, sie sind echt«, sagte Douglas, »dann kannst du Gift darauf nehmen, daß deutsches Personal in die Sache verwickelt ist und das Ganze vor dem Militärgericht der Luftwaffe endet. Reine Zeitverschwendung, wenn wir uns da einmischen.«

»Es handelt sich um einen Mord«, erwiderte Harry, »daran können auch ein paar Benzingutscheine, echt oder gefälscht, nichts ändern.«

»Versuch nicht, neue Gesetze zu machen, Harry, wir haben schon Mühe genug damit, den bereits bestehenden Geltung zu verschaffen. Verbrechen, in die Leute von der Luftwaffe —

und sei es noch so unerheblich — verwickelt sind, werden vor Gerichten der Luftwaffe verhandelt.«

»Nicht, wenn wir uns sofort auf die Socken machen«, widersprach Harry und fuhr sich mit der Hand über sein Haar, das sich jedem Versuch, es glattzustreichen, widersetzte. »Nicht, wenn wir ein Geständnis aus einem von ihnen herausholen, Durchschläge an die Geheime Feldpolizei und an die Kommandantur schicken und ihnen auf silbernem Tablett einen schlüssigen Beweis präsentieren. Sonst schlagen diese deutschen Scheißkerle das Verfahren ja doch nur mangels an Beweisen nieder oder schieben die Schuldigen auf irgendeinen faulen Posten in ein anderes Land ab.«

Für Harry hörte der Kampf nie auf. Seine Generation, die im Dreck von Flandern gekämpft und gesiegt hatte, konnte Niederlagen nicht einfach hinnehmen. Douglas Archer war nie Soldat gewesen. Solange die Deutschen ihn weitermachen und Mörder fangen ließen, tat er seine Arbeit, wie er sie immer getan hatte. Es wäre ihm lieb gewesen, wenn er Harry dazu hätte bringen können, das genauso zu sehen.

»Ich würde es begrüßen, Harry, wenn du deine persönliche Meinung nicht in die hierorts übliche Terminologie einfließen lassen wolltest.« Douglas klopfte leicht auf die SIPO-Mitteilungen. »Außerdem bin ich durchaus nicht überzeugt davon, daß sie mit ihrem deutschen Personal milde verfahren würden. Fünf Hinrichtungen im letzten Monat, darunter ein Major der Panzertruppe, Ritterkreuzträger, der sich nichts Schlimmeres hat zuschulden kommen lassen, als eine Stunde zu spät einzutreffen, um einen Fuhrpark von Militärfahrzeugen abzunehmen.« Er ließ die Informationsblätter auf den Schreibtisch seines Mitarbeiters hinübersegeln.

»Liest du etwa diesen ganzen Mist?«

»Wenn du vernünftiger wärest, Harry, würdest du's auch lesen. Dann wüßtest du auch, daß General Kellermann sich nunmehr den Bericht der Kripo schon am Dienstagvormittag um elf Uhr erstatten läßt. Bis dahin sind es noch knapp zehn Minuten.«

»Weil der alte Sack in der Mittagspause zuviel säuft. Wenn

er am Nachmittag aus dem SS-Offiziersclub heraustorkelt, weiß er kein englisches Wort mehr außer ›morning, morning‹!«

Harry Woods vermerkte mit Genugtuung, daß Douglas Archer, ängstlich besorgt, ob jemand etwa diese Äußerung gehört haben könnte, über die Runde leerer Stühle und Schreibtische blickte.

»Was immer daran wahr sein mag oder was nicht«, sagte Douglas vorsichtig, »die Tatsache bleibt bestehen, daß er seinen Bericht haben will. Und die Aufklärung eines Mordes, den zu untersuchen wir noch gar nicht aufgefordert sind, wird nicht als hinreichende Entschuldigung dafür gelten, daß ich nicht pünktlich da oben erscheine.«

Douglas erhob sich und sammelte die Unterlagen zusammen, die der General möglicherweise würde dann sehen wollen.

»Ich würde ihm sagen, er solle sich zum Teufel scheren«, meinte Harry, »und daß die Arbeit zuerst kommt.«

Douglas drückte behutsam seinen Stumpen aus, damit der ungerauchte Rest heil blieb. Dann legte er ihn, zusammen mit einem Vergrößerungsglas, zwei ungenutzten Karten für ein Polizeikonzert und einem defekten Füllhalter in die oberste Schublade seines Schreibtisches. »Kellermann ist gar nicht so übel«, sagte er. »Er hat die Londoner Polizei mehr oder weniger intakt gelassen. Hast du ganz vergessen, daß schon die Rede davon war, uns deutsche Polizeileute vor die Nase zu setzen? Kellermann hat sich dagegen gewehrt.«

»Zuviel Konkurrenz«, nuschelte Harry, »und Kellermann mag keine Konkurrenz.«

Douglas steckte den Bericht und die übrigen Papiere in seine Aktentasche und ließ das Schloß zuschnappen.

»Für den unwahrscheinlichen Fall, daß die Westendzentrale uns verlangen sollte, halte die ›Mordtasche‹ bereit und laß einen Wagen kommen. Sag ihnen, sie sollten den Fotografen dabehalten, bis ich ihm Anweisung gebe, zu gehen. Außerdem soll der Amtsarzt so lange bleiben und der Pathologe auch.«

»Das wird dem Doktor aber gar nicht schmecken«, meinte Harry.

»Vielen Dank, daß du mir das sagst, Harry. Schick dem Doktor mit den besten Empfehlungen von mir eine kleine Schachtel Konfekt, damit er sich die Wartezeit versüßt. Vergiß auch nicht, ihn daran zu erinnern, daß du von Whitehall 1212 anrufst: die Zentrale der Kriminalpolizei, des Sicherheitsdienstes, der Gestapo und so weiter. Wenn sich jemand darüber beschweren möchte, daß er warten muß, kann er's hier ja schriftlich einreichen.«

»Mach dir nicht ins Hemd!« sagte Harry beschwichtigend.

Das Telefon läutete; die ruhige, unpersönliche Stimme von Kellermanns erstem Adjutanten sagte: »Superintendent Archer? Der General läßt grüßen und Sie fragen, ob es Ihnen jetzt recht wäre, den Bericht der Kripo heraufzubringen?«

»Sofort, Major«, erwiderte Douglas und hängte ein.

»Jawohl, Herr Major! Ich küsse Ihren Arsch, Herr Major!« sagte Harry.

»Lieber Himmel, Harry, *ich* muß mich mit diesen Leuten auseinandersetzen, nicht du.«

»Ich nenne es trotzdem Arschkriecherei.«

»Was meinst du, wieviel Arschkriecherei nötig war, um deinen Bruder von diesem Zwangsarbeitseinsatz freizubekommen?« Douglas war fest entschlossen gewesen, Harry niemals Näheres darüber zu verraten. Jetzt ärgerte er sich, daß er es doch tat.

»Er hatte ein Attest von seinem Doktor«, sagte Harry, und im gleichen Augenblick, in dem er es sagte, wurde ihm klar, daß wohl die meisten Techniker, die in deutsche Fabriken geschickt werden sollten, von mitfühlenden Ärzten so etwas Ähnliches bekamen.

»Ja, *das* hat geholfen«, erwiderte Douglas müde.

»Das ist mir nie richtig klargewesen, Doug«, sagte Harry, aber Douglas Archer war bereits im Begriff, in den ersten Stock zu eilen. Die Deutschen nahmen es mit der Pünktlichkeit peinlich genau.

2. KAPITEL

General — oder, genauer gesagt, SS-Gruppenführer — Fritz Kellermann war ein freundlich wirkender Mann zwischen 55 und 60 Jahren. Er war von mittelgroßer Gestalt. Pausbäckchen und eine rosige Gesichtsfarbe bezeugten seine Leidenschaft für gutes Essen und Trinken. Dies im Verein mit seiner Angewohnheit, mit beiden Händen in den Taschen dazustehen, konnte beim flüchtigen Betrachter den irrigen Eindruck erwecken, Kellermann sei klein und dick. Sein Stab nannte ihn ›Vater‹, aber wenn auch seine Art väterlich war, so war sie doch nicht gütig genug, um ihm den geläufigeren Kosenamen ›Papa‹ einzutragen. Sein dichtes, weißes Haar hatte manchen jungen Offizier dazu verleitet, seine Einladung zu einem flotten Morgenritt durch den Park anzunehmen. Doch kaum einer tat das ein zweitesmal. Und nur die Ahnungslosesten seiner Leute ließen sich jemals auf eine Schachpartie mit ihm ein — Kellermann war einst Schachjugendmeister von Bayern gewesen. »Das Glück scheint mir heute hold zu sein«, pflegte er zu sagen, wenn er seinen Gegner schließlich in eine demütigende Verteidigungslage hineinmanövriert hatte.

Vor dem deutschen Sieg hatte Douglas dieses Büro im ersten Stock selten betreten. Es war das Erkerzimmer, das bis dahin einzig und allein der Polizeipräsident benutzt hatte. Doch nun war er oft hier und hatte Besprechungen mit Kellermann, dessen polizeiliche Befugnisse das gesamte besetzte Gebiet umfaßten. Douglas war, zusammen mit einigen Offizieren, das Privileg zugestanden worden, das Chefzimmer durch den Privateingang statt durchs Vorzimmer zu betreten. Bevor die Deutschen kamen, war dies nur dem Stellvertreter des Chefs gestattet gewesen. General Kellermann meinte, das sei Bestandteil des Führungsprinzips. Harry Woods hingegen fand, das sei ein Schmarrn.

Das Büro des Chefs war unverändert wie in alten Tagen geblieben. An dem einen Ende stand der massive Mahagonischreibtisch. Der Sessel dahinter befand sich bereits in dem kleinen Erker, in den von allen Seiten das Licht einfiel und von dem aus man einen wunderbaren Ausblick über den Fluß hatte. Auf dem großen, marmornen Kaminsims tickte eine Standuhr. Sie schlug die vollen und halben Stunden. In der gewölbten Kaminöffnung, hinter polierten Messingschüreisen und einem Kohlenkasten, loderte ein Feuer. Die einzige ins Auge fallende Veränderung waren die zahlreichen präparierten Fische in den Glaskästen an der gegenüberliegenden langen Wand. Jede der Trophäen trug ein Schildchen, das in goldenen Buchstaben Fritz Kellermanns Namen auswies sowie die genaue Orts- und Zeitangabe des Fanges.

Zwei Männer in Wehrmachtsuniform standen bereits da, als Douglas den Raum betrat. Er zögerte. »Kommen Sie rein, Superintendent, kommen Sie rein!« rief Kellermann.

Die beiden Fremden betrachteten Douglas eingehend und nickten einander zu. Dieser Engländer war genau der Richtige für sie. Er galt nicht nur als einer der erfahrensten Kriminalbeamten in der Mordkommission, er war auch jung, wirkte sportlich und hatte die Art von hellhäutigem schmalen Gesicht, das die Deutschen für aristokratisch hielten. Er war ›nordisch‹, ein perfektes Exemplar des ›neuen Europäers‹. Außerdem sprach er hervorragend deutsch.

Einer der beiden Männer nahm ein Notizbuch von Kellermanns Schreibtisch. »Nur noch eine Aufnahme, Gruppenführer«, sagte er. Der andere schien auf einmal eine ›Leica‹ aus dem Nichts hervorgezaubert zu haben. Er kniete sich hin und warf einen Blick durch den Sucher. »Sie und der Superintendent müssen irgend etwas betrachten, Notizen oder eine Karte oder so etwas Ähnliches . . . Sie wissen ja, irgend etwas Dienstliches.«

An den Ärmelmanschetten ihrer feldgrauen Uniformen trugen die Männer einen Streifen mit der Aufschrift ›Propagandakompanie‹.

»Na, tun wir ihnen den Gefallen«, sagte Kellermann. »Diese Kameraden sind vom *Fernmelder.* Sie sind eigens von Berlin gekommen, um uns zu interviewen.«

Widerstrebend begab sich Douglas an das entgegengesetzte Ende des Schreibtisches, stellte sich dort in Positur und betrachtete etwas verlegen die Ausgabe einer Anglerzeitschrift. Er fühlte sich höchst unbehaglich, aber Kellermann hatte die Situation voll im Griff.

»Superintendent Archer«, fragte der eine der beiden PK-Journalisten in schwerfälligem Englisch, »stimmt es, daß die Leute von Scotland Yard Gruppenführer Kellermann ›Vater‹ nennen?«

Douglas zögerte. Er versuchte Zeit zu gewinnen, indem er so tat, als hielte er still für die Aufnahme.

»Sehen Sie denn nicht, wie Sie den Superintendenten in Verlegenheit bringen?« unterbrach Kellermann. »Und sprechen Sie ruhig deutsch mit ihm. Er spricht Deutsch genausogut wie ich.«

»Also stimmt es?« beharrte der Journalist in dem Versuch, die Antwort von Douglas zu erzwingen.

Die Kamera klickte. Der Fotograf überprüfte die Einstellung noch einmal und schoß in schneller Folge noch ein paar weitere Bilder.

»Natürlich stimmt es«, sagte Kellermann. »Dachten Sie, ich lüge! Oder halten Sie mich für einen, der nicht weiß, was in seiner eigenen Dienststelle vor sich geht?«

Der Journalist nahm stramme Haltung an, und der Fotograf ließ die Kamera sinken.

»Es stimmt«, sagte Douglas.

»So, meine Herren, und jetzt habe ich zu tun«, sagte Kellermann und scheuchte die Journalisten eilig hinaus: wie eine alte Dame, die in ihrem Schlafzimmer ganz plötzlich Hühner entdeckt hat.

»Tut mir leid«, wandte er sich an Douglas, als die Journalisten gegangen waren, »sie behaupteten, nur fünf Minuten zu brauchen, und dann hängen sie hier endlos herum. Na ja, es gehört zu ihrer Aufgabe, jede Gelegenheit zu nutzen, nehme ich an.« Er begab sich an seinen Schreibtisch zurück und setzte sich. »So, und jetzt erzählen Sie mir, was los war, alter Junge.«

Douglas las seinen Bericht mit den nötigen Anmerkungen und Erläuterungen vor. Kellermanns Interesse galt vorrangig der Aufzählung und Begründung von entstandenen Kosten. Douglas gab diese Berichte immer so ab, daß die für die Dienststelle aufgewandten Mittel in Besatzungsmark angegegeben waren.

Nach Beendigung des Dienstlichen öffnete Kellermann ein Kistchen mit Schwarzmarkt-Zigarren, fünf Besatzungsmark pro Stück. Eine von Kellermanns ›Monte Christo No. 2‹ galt als höchster Sympathiebeweis und kam ungefähr einem Ritterschlag gleich. Mit großer Sorgfalt suchte Kellermann zwei Zigarren aus. Genau wie Douglas, bevorzugte er das Aroma der Exemplare mit den grünen oder gelben Flecken auf dem Außenblatt. Danach begann ein wahres Zeremoniell des Schneidens und Entfernens loser Tabakfasern. Wie gewöhnlich trug Kellermann Zivil, einen seiner weichen Tweedanzüge mit Weste und goldener Kette für die Taschenuhr. Es war typisch für ihn, daß er nicht einmal für das Interview mit den beiden Propagandaleuten seine SS-Uniform angezogen hatte.

»Immer noch keine Nachricht von Ihrer Frau?« fragte Kellermann und reichte Douglas die Zigarre.

»Ich muß mich wohl damit abfinden, daß sie tot ist. Sie lief während der Luftangriffe oft hinüber ins Nachbarhaus, das dann bei Straßenkämpfen völlig zerstört worden ist.«

»Geben Sie die Hoffnung nicht auf«, sagte Kellermann, und Douglas fragte sich, ob dies wohl als ein Hinweis auf seine Affäre mit der Sekretärin aufzufassen sei.

»Aber Ihrem Sohn geht es doch gut?«

»Ja. Er war an dem Tag im Luftschutzkeller. Der Sohn wächst und gedeiht.«

Kellermann beugte sich zu Douglas hinüber, um ihm die Zigarre anzuzünden. Douglas hatte sich immer noch nicht daran gewöhnt, daß die Deutschen nach dem Rasieren Kölnisch Wasser benutzten. Der Duft überraschte ihn immer wieder aufs neue. Die Zigarre glühte nur. Douglas hätte sie lieber mitgenommen, aber sein Vorgesetzter bot ihm immer gleich Feuer an. Vielleicht war das eine Vorsichtsmaßnahme, dachte Douglas, um den Empfänger daran zu hindern, sie zu

Schwarzmarktpreisen zu verkaufen, statt sie selbst zu rauchen. Oder vielleicht nahm Kellermann einfach an, es sei nicht gentlemanlike, die Zigarre einfach so wie ein Trinkgeld in die Tasche zu stecken.

»Gibt's sonst noch Probleme, Superintendent?« Kellermann legte Douglas im Vorbeigehen leicht die Hand auf die Schulter, was diesen wiederum zu der Überlegung veranlaßte, ob der Gruppenführer wohl etwas über den Inhalt seiner Privatpost wisse. Heute morgen hatte sich ein Brief seiner Sekretärin darin befunden, in welchem sie ihm mitteilte, daß sie schwanger sei und zweitausend Besatzungsmark brauche. Englische Pfunde, ließ sie ihn wissen, sei nicht die Art von Währung, die die Abtreibungsspezialisten gerne sahen. Douglas hatte die Genehmigung, einen Teil seines Gehaltes in Besatzungsmark umzuwechseln. Im übrigen hatte er keine Ahnung, wie dieser Brief in seine Post gekommen war. Hatte Sylvia ihn einer Kollegin mitgegeben, oder war sie selbst im Hause gewesen?

»Keines, mit dem ich den Gruppenführer belasten müßte«, erwiderte Douglas.

Kellermann lächelte. Douglas' Ängste hatten ihn veranlaßt, seinen Vorgesetzten in der seltsamen Form der dritten Person anzureden, die die eher unterwürfigen Deutschen zu benutzen pflegten.

Kurz nach seiner Versetzung nach Scotland Yard hatte Douglas öfter einen Vorwand gesucht, um den leeren Raum zu betreten und mit jener Ehrfurcht zu bestaunen, wie sie aus der Vorstellung eines Schulbuben erwächst, der zuviel Kriminalromane verschlungen hat.

»Als dies noch das Büro des Polizeipräsidenten war, betrat ich den Raum nur selten.«

»Wir leben in einer schweren Zeit«, bemerkte Kellermann, als wolle er sich dafür entschuldigen, daß Douglas' Aufenthalt in diesem Raum jetzt öfter erforderlich war.

Kellermann beugte sich vor, um einen Zentimeter Zigarrenasche in ein weißes Modell der Towerbridge abzustreifen, das irgendein findiger Fabrikant insoweit zeitgemäß umgestaltet hatte, als er die Hakenkreuzflagge und die Inschrift ›Waffenstillstand, London, 1940‹ darauf angebracht hatte.

»Bis jetzt«, Kellermann wählte seine Worte äußerst vorsichtig, »bis jetzt sind noch keine politischen Aufgaben an die Polizei herangetragen worden.«

»Wir sind immer völlig unpolitisch gewesen.«

»Nein, das stimmt nicht ganz«, widersprach Kellermann freundlich. »In Deutschland nennt man einen Spaten einen Spaten und die Staatspolizei auch Staatspolizei. Hier nennen Sie Ihre Staatspolizei ›special branch‹, die ›besondere Abteilung‹. In diesen Dingen seid ihr Engländer eben weniger direkt.«

»Jawohl, Sir.«

»Aber es wird der Tag kommen, an dem ich dem Druck aus Berlin nicht länger ausweichen kann und das englische mit dem deutschen Polizeisystem gleichschalten muß.«

»Wir Engländer übernehmen Neuerungen nur ungern, wie Sie wissen, Sir.«

»Betreiben Sie keine Spiegelfechterei mit mir«, erwiderte Kellermann unverändert liebenswürdig und immer noch lächelnd. »Sie wissen genau, wovon ich rede.«

»Ich bin mir dessen nicht bewußt, Sir.«

»Keiner in diesem Haus möchte politische Einmischung. Die unvermeidliche Folge davon wäre nämlich, daß Ihre Polizei gegen politische Widerstandsgruppen angehen müßte, gegen noch nicht entwaffnete Soldaten, die sich versteckt haben, gegen politische Flüchtlinge, gegen Juden, Zigeuner und andere unerwünschte Elemente.«

Kellermann sagte das in einem Ton, der den Zuhörer überzeugen mußte, daß er, anders als seine Vorgesetzten in Berlin, derartige ›Elemente‹ keineswegs für nur ›unerwünscht‹ halte.

»Das würde den Polizeiapparat genau in zwei Teile spalten«, bemerkte Douglas.

Kellermann antwortete nicht. Er griff nach einem Telex, das auf seinem Schreibtisch lag, und las es, als müsse er sich dessen Inhalt wieder ins Gedächtnis rufen.

»Ein hoher Offizier des Sicherheitsdienstes ist auf dem Weg hierher. Sie sind zur Zusammenarbeit mit ihm eingeteilt.«

»Sind seine Aufgaben politischer Art?«

Hinter der Abkürzung SD für Sicherheitsdienst verbarg sich der deutsche Geheimdienst. Diese unerfreuliche Entwicklung war Douglas höchst unwillkommen.

»Ich weiß nicht, weshalb er hierher kommt«, beteuerte Kellermann nahezu fröhlich. »Er gehört zum persönlichen Stab des Reichsführers SS und wird deshalb in seiner Tätigkeit, worin sie auch immer bestehen mag, nur Berlin unterstehen.« Kellermann zog tief den Rauch ein und blies ihn durch die Nase wieder aus. Er ließ Douglas Zeit, die Tatsache zu verdauen, zusammen mit der Erkenntnis, daß dieser neue Mann für ihrer beider Status quo eine Gefahr bedeuten würde.

»Der Name des neuen Kameraden ist Huth«, fuhr Kellermann fort, »Standartenführer Huth.«

Daß er den SS-Rang dermaßen betonte, war deutlich genug; ein Zeichen, daß der neue Mann ›anders‹ war. Kellermann hob die Hand. »Berlin direkt unterstellt«, wiederholte er. »Das bedeutet, er wird einen ganz bestimmten«, er zögerte und ließ seine Hand wieder sinken, »Einfluß haben.«

»Ich verstehe«, sagte Douglas.

»Dann, mein lieber Freund, seien Sie doch so nett, alles zu verhindern, was zu peinlichen Indiskretionen führen könnte. Ich meine damit verbale Enthüllungen durch Ihren Freund im Stockwerk über uns.«

»Sergeant Woods?«

»Wie schnell Sie doch schalten, Superintendent«, sagte Kellermann.

3. KAPITEL

Einige Leute behaupteten, seit der Einstellung der Feindseligkeiten habe es kein wolkenloses Wetter mehr gegeben. Es sah tatsächlich fast so aus. Heute war die Luft feucht, und die farblose Sonnenscheibe, die gerade noch am bedeckten Himmel zu erkennen war, wirkte wie ein leerer Teller auf einem schmutzigen Tischtuch.

Und dennoch konnte jemand, der in London aufgewachsen war, wie beispielsweise Douglas Archer, durch die Curzon Street schlendern, und, wenn er nicht allzu genau hinschaute, das Gefühl haben, daß sich seit dem vergangenen Jahr wenig oder nichts geändert habe. Das Schild ›Soldatenkino‹ am Curzon-Lichtspieltheater war klein und unauffällig, und wenn man versuchte, das Restaurant ›Mirabelle‹ zu betreten, konnte es geschehen, daß der mit einem Zylinder geschmückte Portier einem zuflüsterte, daß dieses Lokal ausschließlich von Stabsoffizieren der VIII. Luftflotte benutzt würde, deren Hauptquartier sich schräg gegenüber in den Räumen des Kultusministeriums befand. Und wenn man nicht allzu aufmerksam hinblickte, konnte man auch die Schilder übersehen, auf denen ›Jüdisches Unternehmen‹ stand, was so ziemlich alle Kunden, außer ein paar Unverfrorenen, fernhielt. Und im September 1941 pflegte Douglas Archer, so wie die meisten seiner Landsleute, eben nicht allzu genau da- und dorthin zu blicken.

Der Schauplatz der Mordtat, wohin sie, wie Sergeant Woods es schon prophezeit hatte, gerufen wurden, war Shepherd Market. Dieses Labyrinth enger Straßen und Gäßchen wurde hauptsächlich von Londoner Arbeitern und italienischen Händlern bewohnt. Aber auch wohlhabende Fremde ließen sich gerne hier nieder. Sie glaubten, in den gewundenen Sträßchen, inmitten baufälliger Häuser — wenngleich in der bequemen Nähe eleganter Läden und Restaurants — jenes London entdeckt zu haben, von dem sie in Dickens' Geschichten gelesen hatten.

Das Haus war für diese Gegend typisch. Zwei uniformierte Polizeibeamte waren schon eingetroffen und stritten mit zwei Reportern. Im Parterre befand sich ein winziger Antiquitätenladen, nicht viel breiter als die Reichweite eines Mannes mit seitlich ausgestreckten Armen. Die Räume hatten die Dimensionen eines Puppenhauses. Die Wendeltreppe zum ersten Stock war so eng, daß die Gefahr bestand, beim Hinaufgehen die gerahmten Drucke, die dort hingen, mit den Schultern von der Wand zu fegen. Nur mit Mühe konnte Harry die ›Mordtasche‹ nach oben tragen, wo die Leiche lag.

Der Polizeiarzt war bereits anwesend. Er saß auf einer chintzbezogenen Couch, in einen britischen Armeemantel gehüllt, zugeknöpft bis unters Kinn, die Hände in den Taschen. Er war noch ein junger Mann, Mitte zwanzig etwa, aber Douglas sah auch in seinen Augen schon diese schreckliche Resignation, die so vielen Briten als letzte Möglichkeit der Abwehr geblieben zu sein schien. Vor ihm auf dem Boden lag der Tote. Es war ein etwa fünfunddreißigjähriger Mann, hellhäutig, mit Glatze. Wäre man ihm auf der Straße begegnet, hätte man einen erfolgreichen Akademiker in ihm vermutet, diese Art von zerstreutem Professor, wie man sie in Lustspielen immer wieder sieht.

Seine Weste war nicht nur mit Blut, sondern auch mit braunem Puder verschmiert. Douglas berührte den Fleck mit der Fingerspitze, aber bevor er sie noch zu seiner Nase hob, erkannte er den schweren Duft von Schnupftabak. Spuren davon fanden sich auch unter den Fingernägeln des Toten. Seit der Verknappung aller Tabakwaren war Schnupftabak immer populärer geworden, den gab es bisher noch unrationiert. Douglas fand die Schnupftabakdose in einer Westentasche. Das Geschoß hatte den Deckel davon abgerissen. Außerdem fand er noch eine halb gerauchte Zigarre mit der Banderole ›Julietta‹, eine Sorte, die heutzutage ein kleines Vermögen wert war. Kein Wunder, daß der Mann den Zigarrenrest aufbewahrt hatte.

Douglas betrachtete den Anzug des Toten: Schneiderarbeit aus hochwertigem Stoff. Dafür, daß er maßgeschneidert zu sein schien, hing er reichlich lose um den Körper des Toten, so als ob dieser durch eine plötzliche, rigorose Diät viele Pfunde verloren hätte. Darauf deutete auch das schlaffe und faltige Gesicht hin. Douglas berührte die kahlen Stellen auf dem Kopf des Mannes.

»Alopecia areata«, sagte der Doktor, »das ist weit verbreitet.«

Douglas sah dem Toten in den Mund. Er mußte wohl genug Geld gehabt haben, um hervorragende zahnärztliche Versorgung in Anspruch zu nehmen. Gold schimmerte in der Mundhöhle, aber da war auch Blut.

»Er hat Blut im Mund.«

»Vielleicht hat er sich im Fallen das Gesicht verletzt.«

Douglas glaubte das zwar nicht, wollte es aber nicht zur Streitfrage machen. Er bemerkte die winzigen Geschwüre im Gesicht des Mannes. Er schob die Hemdärmel des Toten weit genug nach oben, um die rot entzündeten Arme zu sehen.

»Wo kann man sich um diese Jahreszeit noch einen solchen Sonnenbrand zuziehen?« fragte der Doktor.

Douglas antwortete nicht. Er fertigte eine kleine Skizze der Örtlichkeit und des Körpers an, der vermutlich nach rückwärts in das winzige Schlafzimmer hingeschlagen war. Er nahm an, daß der Erschossene gerade im Türrahmen gestanden haben mochte, als die Kugel ihn traf. Er berührte leicht das verkrustete Blut, um festzustellen, wie weit es bereits geronnen war, und legte seine Handfläche auf die Brust des Toten. Er konnte keine Spur von Wärme mehr fühlen. Seiner Erfahrung nach mußte der Mann sechs Stunden oder länger tot sein. Der Doktor beobachtete Douglas schweigend. Douglas erhob sich aus seiner gebeugten Haltung und blickte sich im Raum um. Er war winzig und überladen, die Tapeten wirr gemustert, Picassodrucke an den Wänden. Tischlampen aus Chiantiflaschen standen umher. Ein kleiner Sekretär aus Nußbaum mit aufgeklappter Schreibfläche sah aus, als sei er geplündert worden. Eine altmodische Messinglampe war so eingestellt, daß ihr Licht direkt auf die grünlederne Schreibfläche fallen mußte. Die Birne war jedoch ausgeschraubt und, mit billigem Schreibpapier und einigen Umschlägen zusammen in eines der Brieffächer gelegt worden. Es gab weder Bücher noch Fotos noch irgend etwas Persönliches. Der Raum wirkte nicht anders als ein etwas besseres Hotelzimmer. Vor dem winzigen Kamin stand ein Korb mit Holzscheiten. Der Kaminrost war voll mit Papierasche.

»War der Pathologe schon hier?« erkundigte sich Douglas.

Er schraubte die Birne in das Gewinde der Messinglampe und ließ sie lange genug brennen, um festzustellen, daß sie in Ordnung war. Dann erst schaltete er sie wieder aus, ging zum Kamin und legte seine Hand in die Asche. Sie war nicht mehr warm, aber leider gab es auch keinen Fetzen unversehrt gebliebenen Papiers mehr, anhand dessen man hätte erkennen können, was da verbrannt worden war. Gewiß war es mühsam, soviel Papier zu verbrennen. Douglas wischte sich die Hände an seinem Taschentuch ab.

»Noch nicht«, erwiderte der Doktor teilnahmslos. Douglas nahm an, daß er nur widerwillig hier saß und wartete.

»Wie sehen Sie das Ganze, Doktor?«

»Können Sie ein paar Zigaretten erübrigen, wo Sie doch mit der deutschen Sicherheitspolizei zusammenarbeiten?«

Douglas zog das goldene Zigarettenetui, das sein einziger Besitz von größerem Wert war. Der Doktor nahm sich eine Zigarette heraus und nickte dankend, während er sie nachdenklich betrachtete. Sie hatte einen doppelten roten Ring aufgedruckt, der darauf hinwies, daß diese Zigarette aus Wehrmachtsbeständen stammte. Der Doktor steckte sie sich in den Mund, holte ein Feuerzeug aus der Tasche und zündete sie an, ohne seine Haltung oder seinen Gesichtsausdruck zu verändern: auf der Couch zurückgelehnt, die Beine lang ausgestreckt.

Ein Polizist in Uniform hatte, während er draußen vor der Tür auf der winzigen Diele wartete, all dies beobachtet. Er steckte den Kopf in die Türe: »Entschuldigen Sie, meine Herren, eine Nachricht für Sie: der Pathologe kann erst nachmittags kommen ...«

Harry Woods packte die ›Mordtasche‹ aus. Douglas konnte sich nicht beherrschen. Er warf ihm einen bedeutsamen Blick zu. Harry nickte nur. Jetzt war es klar, daß die Entscheidung, den Polizeiarzt hier zu behalten, richtig gewesen war. Die Pathologen kamen heutzutage ja immer zu spät.

»Also, was halten Sie davon, Doktor?« wiederholte Douglas.

Sie betrachteten beide die Leiche zu ihren Füßen. Douglas

berührte die Schuhe des Toten. Die Füße wurden immer als letztes von Leichenstarre befallen. »Bis der Pathologe kommt, werden die Fotografen auch fertig sein«, sagte Harry.

Douglas knöpfte dem Toten das Hemd auf und entblößte die blau unterlaufenen Stellen rings um die blutverkrusteten Einschußlöcher.

»Was ich davon halte?« entgegnete der Doktor. »Revolverschüsse in die Brust als Todesursache. Die erste Kugel ging ins Herz, die zweite in die Lungenspitze. Der Tod ist mehr oder weniger unmittelbar eingetreten. Kann ich jetzt gehen?«

»Ich werde Sie gewiß nicht länger aufhalten als notwendig«, sagte Douglas ohne eine Spur von Entgegenkommen in der Stimme.

Neben der Leiche hockend, blickte er nach rückwärts in die Richtung, in der der Mörder gestanden haben mußte, dabei entdeckte er, direkt an der Wandleiste unter einem etwas weiter weg stehenden Stuhl, das Glänzen von Metall. Er erhob sich, ging hinüber und griff danach. Es war ein kleines Stück legierten Metalls mit ledergefaßtem Rand. Er steckte es in seine Westentasche.

»Da hat also die erste Kugel das Herz getroffen, Doktor? Nicht die zweite?«

Der Doktor saß nach wie vor in derselben Haltung auf der Couch. Aber jetzt drehte er seine Füße nach innen, bis die Fußspitzen einander berührten. »Wenn der erste Schuß die Lunge getroffen hätte, während das Herz noch schlug, hätte es mehr Schaum im Blut gegeben«, sagte er.

»Richtig«, bestätigte Douglas.

»Vielleicht stürzte er aber bereits, als der zweite Schuß fiel? Das würde auch den Abstand der beiden Einschüsse voneinander erklären.«

»Mag sein«, nickte Douglas.

»Ich habe in diesem Jahr genug Schußwunden gesehen, um in gewisser Weise ein Experte dafür geworden zu sein«, sagte der Doktor ohne zu lächeln. »Eine Neun-Millimeter-Pistole. Die entsprechenden Projektile werden Sie finden, wenn Sie mal in dem Gips hinter dieser entsetzlichen Streifentapete nachkratzen. Das hat jemand getan, der ihn kannte. Ich würde an Ihrer Stelle nach einem linkshändigen entlassenen Soldaten Ausschau halten, der vermutlich öfters hierhergekommen war und einen eigenen Wohnungsschlüssel hatte.«

»Gute Arbeit, Doktor!« Harry Woods, der soeben die Taschen des Toten untersuchte, blickte auf. Der sarkastische Unterton in seiner Stimme war nicht zu überhören.

»Sie kennen meine Methoden, Watson«, sagte der Doktor.

»Der Tote trägt einen Mantel. Sie schließen daraus, daß er zur Tür hereinkam und seinen Mörder bereits wartend vorfand. Nehmen Sie an, die beiden Männer standen einander Auge in Auge gegenüber, beziehungsweise der Mörder saß im Sessel am Kamin. Aus dem Wundkanal schließen Sie, daß sich die Waffe in der linken Hand des Mörders befand.«

»Verdammt gute Zigaretten haben diese Deutschen«, sagte der Doktor, hielt die Zigarette in die Luft und betrachtete ihren Rauch.

»Und an einen Soldaten denken Sie, weil der erste Schuß direkt ins Herz traf.«

Der Doktor sog den Rauch ein und nickte.

»Haben Sie bemerkt, daß wir alle drei noch unsere Mäntel anhaben?« fragte Douglas. »Es ist verdammt kalt hier, und die Gaszufuhr ist gedrosselt. Nicht alle Soldaten sind Scharfschützen, Doktor, und auch von denen ist nur einer unter einer Million Experte im Pistolenschießen, noch dazu, wie Sie sehen werden, mit einer deutschen Pistole. Und Sie nehmen an, daß der Mörder einen Schlüssel hatte, weil nichts auf eine gewaltsam geöffnete Tür schließen läßt. Aber sogar Sergeant Woods könnte mit einem Zelluloiddietrich die Tür schneller öffnen als Sie mit einem Schlüssel, und dazu noch leiser.«

»Oh«, sagte der Doktor.

»So, und wie steht's mit der Todeszeit?« fragte Douglas.

Alle Ärzte hassen es, die Todeszeit zu bestimmen und dieser war davon überzeugt davon, daß auch die Polizeibeamten das wußten. Er zuckte die Achseln: »Soll ich Ihnen etwas vorzaubern? Sie wissen, wie schwierig eine genau Zeitangabe ist.«

»Sie sollen nicht zaubern«, sagte Douglas, »sondern sich an Tatsachen halten.«

Der Doktor, immer noch auf der Couch lümmelnd, drückte seine Zigarette aus und tat sie in eine zerbeulte Tabaksdose.

»Ich habe die Temperatur gemessen, als ich ankam. Die normale Berechnung sieht so aus, daß eine Leiche pro Stunde eineinhalb Grad Fahrenheit abkühlt.«

»Davon hab' ich mal was läuten hören«, sagte Douglas.

Der Doktor bedachte ihn mit einem unfrohen Grinsen, steckte die Tabaksdose in seine Manteltasche und betrachtete seine Füße. »Es könnte heute zwischen sechs und sieben gewesen sein.«

Douglas wandte sich an den uniformierten Beamten. »Wer hat den Mord entdeckt und wann?«

»Die Leute unten bringen jeden Morgen eine Flasche Milch herauf. Sie fanden die Tür offen. Es roch nicht nach Pulvergasen — nichts«, sagte der Sergeant.

Der Doktor bekam einen Lachkrampf und drohte sich dabei zu verschlucken. Er keuchte und schlug sich auf die Brust.

»Roch nicht nach Pulvergasen«, wiederholte er, »das ist großartig. Das ist wirklich stark! Das muß ich mir merken!«

»Sie haben keine Ahnung von Polizeibeamten, Doktor«, sagte Douglas, »was um so mehr ins Gewicht fällt, als Sie Polizeiarzt sind. Dieser Mann hier, ein Beamter, den ich bis jetzt noch nicht kannte, gab mir einen höflichen Hinweis darauf, daß der Eintritt des Todes möglicherweise früher erfolgte, Doktor.«

Douglas ging hinüber zu dem liebevoll bemalten Eckschrank und öffnete ihn, um eine beachtliche Anzahl von Flaschen vorzufinden. Er nahm eine Whiskyflasche heraus und wunderte sich nicht, daß die meisten der Flaschenetiketten die Aufschrift ›Abfüllung für die Wehrmacht‹ trugen. Er stellte die Flasche wieder zurück und schloß den Schrank.

»Haben Sie jemals von postmortaler Blaufärbung gehört, Doktor?«

»Der Tod könnte auch früher eingetreten sein«, gab der Doktor zu. Mittlerweile saß er aufrecht, und seine Stimme klang sanft. Er hatte gleichfalls die Blaufärbung bemerkt, die davon herrührt, daß das Blut sich verdickt.

»Aber nicht vor Mitternacht«, meinte Douglas.

»Nein, nicht vor Mitternacht«, stimmte der Doktor zu.

»Mit anderen Worten, der Tod trat während der Polizeistunde ein.«

»Das ist anzunehmen?«

»Das ist anzunehmen!« sagte Douglas spitz.

»Es war sicherlich während der Polizeistunde«, räumte der Doktor ein.

»Welches Spielchen spielen Sie eigentlich, Doktor?« fragte Douglas. Er sah den Arzt dabei nicht an, sondern ging hinüber zum Kamin und untersuchte den riesigen Haufen verkohlten Papiers, das in die winzige Kaminöffnung gestopft worden war. Der glänzend polierte Messingschürhaken war vom Rauch geschwärzt. Jemand hatte ihn benutzt, um sicher zu sein, daß auch das letzte Stück Papier von den Flammen erfaßt wurde. Douglas legte seine Hand in die federleichte Asche. Das mußte ein riesiger Haufen von genormtem Schreibpapier gewesen sein. Die Asche war kalt.

»Wie steht es mit dem Tascheninhalt, Harry?«

»Personalausweis, acht Pfund, drei Schilling und zehn Pence, zwei Schlüssel, Hausschlüssel und Wohnungsschlüssel, Taschentuch und eine Eisenbahnfahrkarte London–Bringle Sands, hin und zurück.«

»Ist das alles?«

Harry wußte, daß Douglas den Personalausweis sehen wollte, und reichte ihm diesen ungefragt hinüber. »Leichtes Gepäck hatte der«, sagte er.

»Oder seine Taschen sind gefilzt worden«, meinte der Doktor ohne seine Stellung auf dem Sofa zu verändern.

Harrys und Douglas' Blicke trafen sich. Eine Spur von Lächeln lag in diesen Blicken.

»Oder seine Taschen wurden gefilzt«, sagte Douglas zu Harry.

»Richtig«, sagte Harry.

Douglas öffnete den Personalausweis. Daraus war zu ersehen, daß der Inhaber ein zweiunddreißigjähriger Buchhalter mit Wohnsitz in Kingston, Surrey, gewesen war.

»Kingston«, sagte Douglas.

»Ja«, bestätigte Harry. Sie beide wußten, daß das Kingstoner Einwohnermeldeamt abgebrannt war. Kingston war zur beliebtesten Adresse für Paßfälscher geworden.

Douglas steckte den Personalausweis in die Tasche und wiederholte seine Frage: »Was für ein Spielchen spielen Sie, Doktor?« Er sah den Arzt an und wartete auf eine Antwort. »Warum versuchen Sie, mich bezüglich der Todeszeit irrezuführen?«

»Na schön, es war dumm von mir. Aber wenn die Leute nach Mitternacht kommen und gehen, sind die Nachbarn doch verpflichtet, dies der Feldgendarmerie zu melden.«

»Und woher wollen Sie wissen, daß sie es nicht getan haben?«

Der Doktor hob seine Hände und lächelte. »Ich habe es vermutet.«

»Sie vermuteten es.« Douglas nickte. »Vielleicht deswegen, weil alle *Ihre* Nachbarn die Sperrstunde nicht beachten?« fragte er. »Und welche Anordnungen übertreten sie außerdem noch regelmäßig?«

»Du lieber Himmel!« sagte der Doktor. »Ihr seid ja schlimmer als die Deutschen. Ich würde lieber der Gestapo was erzählen als einem Bullen wie Ihnen. Die würde mir wenigstens nicht jedes Wort im Mund verdrehen.«

»Es steht nicht in meiner Macht, Ihnen die Möglichkeit zu einer Unterhaltung mit der Gestapo zu verweigern«, sagte Douglas, »jedoch um meine eigene ordinäre Neugier zu befriedigen, Doktor — gründet sich Ihre Auffassung über die freundlichere Befragungstechnik dieser Dienststelle auf eigene Erfahrung, oder wissen Sie das nur vom Hörensagen?«

»Ist ja schon gut«, sagte der Doktor. »Nehmen wir an, es war drei Uhr morgens.«

»Das ist schon besser«, meinte Douglas. »Nun untersuchen

Sie die Leiche bitte genau, damit ich nicht hier auf den Pathologen warten muß und mit meiner eigenen Arbeit beginnen kann. Dann will ich den ganzen anderen Unsinn vergessen. Aber wenn Sie auch nur das geringste auslassen, Doktor, dann nehme ich Sie mit nach Scotland Yard und drehe Sie durch die Mangel, verstanden?«

»Ist ja schon gut«, wiederholte der Doktor.

»Unten ist eine Dame«, meldete der Polizeisergeant. »Sie will was aus dem Antiquitätenladen holen. Ich hab' ihr gesagt, sie solle auf Sie warten.«

»Gut«, sagte Douglas. Er ging hinaus und die Treppe hinunter, während der Arzt den Leichnam untersuchte und Harry Woods die Schubladen des Sekretärs durchstöberte.

Der Antiquitätenladen war einer von Hunderten, die seit den Luftangriffen und dem Strom der Flüchtlinge aus Kent und Surrey, die den schrecklichen Kämpfen dort zu entgehen suchten, aus dem Boden geschossen waren. Die deutsche Mark war künstlich im Wert gesteigert worden. Die deutschen Besatzer schickten Antiquitäten güterzugweise nach Hause. Händler zogen zwar einen guten Gewinn daraus, aber man brauchte nicht Wirtschaftsspezialist zu sein, um zu erkennen, auf welche Weise der Wohlstand hier aus dem Land herausgesogen wurde.

Es gab ein paar wirklich exquisite Möbelstücke im Laden. Douglas überlegte, wieviel davon auf gesetzlichem Weg hierher geraten und was wohl einfach aus leeren Wohnungen gestohlen worden war. Offenbar verwendete der Ladeninhaber die winzigen Apartments im oberen Stock als Lagerräume und verlangte dazu auch noch höhere Mieten.

Die Besucherin saß auf einem eleganten Windsor-Stuhl. Es war eine auffallend schöne Frau, hohe Stirn, hoch angesetzte Backenknochen, ein großflächiges Gesicht mit einem wunderbar geschnittenen Mund, der freundlich lächelte. Sie war hochgewachsen, langbeinig, die Arme schlank und wohlgeformt.

»Na, vielleicht bekomme ich jetzt eine vernünftige Auskunft.« Ihre weiche Stimme hatte amerikanischen Akzent. Sie griff in ihre Lederhandtasche und reichte ihm einen amerikanischen Paß.

Douglas nickte. Einen Augenblick lang war er wie verzaubert. Dies war die begehrenswerteste Frau, die er jemals gesehen hatte.

»Was kann ich für Sie tun, Madam?«

»Miss«, sagte sie. »Bei uns zu Hause haben wir es nicht so gern, wenn wir mit ›gnädige Frau‹ angeredet werden.« Sie schien sich über seine Verlegenheit zu amüsieren. Dabei lächelte sie in dieser selbstverständlichen Weise, die reiche oder sehr gut aussehende Menschen kennzeichnet.

»Was also kann ich für Sie tun, Miss?«

Sie trug ein zweiteiliges Schneiderkostüm aus rosa Wollstoff. Sein sportlicher Schnitt wies es unmißverständlich als ein amerikanisches Modell aus. Es wäre gewiß auch sonst aufgefallen, aber in dieser kriegszerrütteten Stadt zwischen so vielen verlotterten Uniformen oder Kleidern, die aus Uniformstoffen genäht waren, zeichnete dieses Kostüm sie als eine Seltenheit aus — eine wohlhabende Besucherin. Über die Schulter trug sie eine neue ›Rolleiflex‹-Kamera. Die Deutschen verkauften diese Kameras an Angestellte der Besatzungsmacht oder an jeden, der in US-Währung zahlte.

»Mein Name ist Barbara Barga. Ich schreibe eine Kolumne, die in zweiundvierzig US-Zeitungen und Magazinen erscheint. Der deutsche Presseattaché in Washington bot mir ein Ticket zur Eröffnung des Lufthansa-Linienverkehrs zwischen London und New York in der vorigen Woche an. Ich habe mich bedankt und jetzt bin ich hier.«

»Willkommen in London«, sagte Douglas trocken. Es war recht geschickt von ihr, den Jungfernflug in der Focke-Wulf-Linienmaschine zu erwähnen. Goebbels und Göring waren mitgeflogen, und es war eines der Ereignisse in diesem Sommer, über das am häufigsten berichtet worden war. Wer zu diesem Flug ein Ticket bekam, mußte schon ein bekannter Journalist sein.

»Und nun sagen Sie mir, was hier eigentlich los ist?« bat sie lächelnd.

Douglas Archer war noch nicht vielen Amerikanern begegnet, und schon gar nicht einer Amerikanerin, die mit diesem Mädchen hätte konkurrieren können. Wenn sie lächelte, bekam sie winzige Lachfältchen, die Douglas bezauberten. Ganz entgegen seiner Gewohnheit, lächelte er zurück.

»Mißverstehen Sie mich nicht«, sagte sie, »ich habe ja nichts gegen Polizisten, aber ich habe nicht erwartet, so viele davon heute hier in Peters Laden zu finden.«

»Peter?«

»Peter Thomas«, erklärte sie. »Also, hören Sie, an der Tür steht doch Peter Thomas? Peter Thomas, Antiquitäten, oder?«

»Kennen Sie Mr. Thomas?« fragte Douglas.

»Ist er in Schwierigkeiten?«

»Wir kommen schneller zurecht, wenn *Sie* meine Fragen beantworten, Miss!«

Sie lächelte. »Wer sagt denn, daß ich schneller zurechtkommen will? Okay, ich kenne ihn.«

»Können Sie mir eine kurze Beschreibung geben?«

»Achtunddreißig, vielleicht auch jünger, dunkel, wird schon ein bißchen kahl, ziemlich groß, etwa einssechsundachtzig, kleines Oberlippenbärtchen, tiefe Stimme, gut angezogen.«

Douglas nickte. Das genügte, um in dieser Beschreibung den Toten wiederzuerkennen.

»Können Sie mir sagen, in welchem Verhältnis Sie zu Mr. Thomas standen?«

»Meine Beziehungen zu ihm waren rein geschäftlich. Aber wie wäre es, wenn Sie mir jetzt endlich sagten, wer *Sie* eigentlich sind?«

»Entschuldigen Sie«, sagte Douglas. Er hatte das Gefühl, als ob er hier nicht besonders gut abschnitt. Das Mädchen lächelte über seine Verlegenheit. »Ich bin Superintendent Archer und beauftragt, hier Nachforschungen anzustellen. Mr. Thomas wurde heute morgen tot aufgefunden.«

»Aber doch nicht etwa Selbstmord? Peter war nicht der Typ.«

»Er wurde erschossen.«

»Foul play«, sagte das Mädchen, »nennen die Briten das nicht so?«

»Welche Art von Geschäften hatten Sie mit ihm?«

»Er half mir bei den Artikeln, die ich über Amerikaner schrieb, die sich während der Kämpfe hier aufhielten. Ich lernte ihn kennen, als ich hier hereinkam, um nach dem Preis eines Möbelstücks zu fragen. Er kannte alle Welt einschließlich einer Menge in London lebender Ausländer.«

»Wirklich?«

»Peter war ausgesprochen clever. Er beschaffte einem, was man haben wollte, wenn es ihm nur Gewinn brachte.«

Sie blickte um sich und entdeckte eine Schachtel originalverpackter Filme auf einem Bord über der Registrierkasse.

»Ich habe gestern morgen angerufen und ihn gebeten, mir ein paar Filme zu besorgen. Sie waren mir ausgegangen, und Peter versprach, mir welche zu beschaffen.«

»Es wurde kein Film bei der Leiche gefunden.«

»Vielleicht in seiner Tasche?«

»In den Taschen des Toten war kein Film.«

»Nun ja, es ist auch einerlei. Ich werde auch so welche kriegen.«

Sie stand neben ihm, und er roch ihr Parfüm. Er stellte sich vor, wie es sein würde, wenn er sie umarmte. Als hätte sie das gespürt, blickte sie ihn an und lächelte.

»Wo kann ich Sie erreichen, Miss Barga?«

»Bis Ende der Woche im Dorchester-Hotel. Dann ziehe ich in die Wohnung einer Freundin.«

»So — das ›Dorchester‹ hat wieder eröffnet?«

»Ja, aber nur ein paar Räume im rückwärtigen Trakt. Es wird lange dauern, bis die zum Park gelegene Seite wieder aufgebaut ist.«

»Geben Sie mir lieber auch noch Ihre zukünftige Anschrift«, sagte Douglas, obgleich er wußte, daß sie als Ausländerin gemeldet und vermutlich auch bei der Pressestelle der Kommandantur bekannt sein mußte.

Sie schien keine Eile zu haben. »Peter konnte wirklich an

alles herankommen«, fuhr sie fort. »Marmorstatuetten, aus den Trümmern eines Museums herausgebuddelt, samt Expertise natürlich. Entlassungsscheine aus der Armee, Ausnahmebewilligungen hinsichtlich der Sperrstunde, Befreiungen von der Reisebeschränkung, Peter war ein Hansdampf in allen Gassen. Leute wie er geraten leicht in alle möglichen Schwierigkeiten. Ich glaube nicht, daß ihm jemand eine Träne nachweint.«

»Sie waren eine große Hilfe, Miss Barga.«

Sie war bereits im Fortgehen begriffen, als er nochmals das Wort an sie richtete: »Wissen Sie übrigens, ob er sich kürzlich in heißen Klimazonen aufgehalten hat?«

Sie wandte sich um: »Wieso?«

»Er hatte Sonnenbrand an den Armen, als ob er in der prallen Sonne eingeschlafen wäre.«

»Ich habe ihn zuletzt vor ein paar Wochen gesehen«, sagte Barbara Barga. »Vielleicht benutzte er eine Höhensonne?«

»Auch das wäre möglich«, sagte Douglas, Zweifel in der Stimme.

Harry Woods hatte zwei Stockwerke höher mit Thomas' einzigem Nachbarn gesprochen. Dieser hatte die Leiche identifiziert und durch die Art seiner Informationen erkennen lassen, daß Thomas alles andere als ein idealer Hausgenosse gewesen sei.

»Da kam immer ein Feldwebel von der Luftwaffe, ein langer Kerl mit Brille. Ich kenne mich in den Rängen nicht so aus, aber er war vom Verpflegungslager, in der Marylebone Road. Der schleppte immer alles mögliche an, Lebensmittel in Konserven und auch Medikamente. Ich glaube, die haben Drogen verkauft. Da war immer was los. Sie hätten mal die Mädchen sehen sollen, die hierher kamen. In voller Kriegsbemalung und mit Alkoholfahne. Manchmal klopften die versehentlich an meine Tür. Furchtbares Volk. Man soll Toten ja nichts Übles nachsagen, aber die Clique, mit der *der* umging, war schlimm.«

»Wissen Sie, ob er eine Höhensonne hatte«, fragte Douglas, der hinzugekommen war.

»Man sollte sich fragen, was er *nicht* hatte. Wenn Sie bei dem mal die Schränke untersuchen, wird es sein, als wären Sie in der Höhle von Aladin mit der Wunderlampe. Und vergessen Sie dabei nicht die Mansarde!«

»Das werden wir. Vielen Dank.«

Als der Mann gegangen war, nahm Douglas das Stückchen Metall aus der Tasche, welches er unter dem Stuhl gefunden hatte. Es war aus gebogenem legierten Leichtmetall hergestellt, und dennoch wirkte es für seine Größe schwer und unhandlich. Das Metall war blank, seine Kanten mit einem hellbraunen Lederstreifen abgedeckt. In dem Gewinde, das hineingebohrt war, mußte einmal eine Schraube gesessen haben. Alles in allem und der schlampigen Konstruktion nach zu schließen, sah das Ding aus, als sei es Bestandteil einer der zahlreichen Prothesen, die in aller Eile für Amputierte hergestellt worden waren. Falls es zu einer *rechten* Armprothese gehören sollte, hätte der Doktor beachtliche Rückschlüsse gezogen. Douglas könnte tatsächlich hingehen und nach einem linkshändigen kriegsentlassenen Scharfschützen Ausschau halten.

Harry trat ein, und Douglas steckte die Metallkonstruktion in die Tasche. »Hast du den Doktor schon gehen lassen?« fragte er.

»Du bist wirklich ein bißchen hart mit ihm umgegangen, Doug.«

»Was sagte er sonst noch?«

»Drei Uhr morgens. Ich glaube, wir sollten diesen Luftwaffenfeldwebel suchen.«

»Hat der Doktor irgend etwas wegen des Sonnenbrands an den Armen gesagt?«

»Höhensonne«, erwiderte Harry.

»Sagte er das?«

»Nein, ich sage es. Der Doktor hat doch bloß herumgestottert. Du weißt doch, wie sie das immer machen.«

»Der Nachbar behauptete, der Ermordete sei Schwarzhändler gewesen, und die kleine Amerikanerin sagt das gleiche«, sagte Douglas.

»Paßt doch alles zusammen, oder?«

»Das paßt so, daß es schon zum Himmel stinkt.« Harry schwieg.

»Hast du eine Höhensonne gefunden?«

»Nein, aber wir waren ja noch nicht in der Mansarde.«

»Also schön, dann schau mal hinauf, Harry. Und dann geh rüber zur Feldgendarmerie und hol dir die Erlaubnis zur Einvernahme des Feldwebels.«

»Was meinst du damit: ›Es stinkt zum Himmel?‹« fragte Harry unvermittelt.

»Der Nachbar hat uns jede Kleinigkeit von diesem verdammten Feldwebel mitgeteilt, nur nicht seinen Namen. Und da taucht plötzlich die junge Amerikanerin auf und fragt mich, ob ein Film bei der Leiche gefunden worden sei. So ein Blödsinn. Ein Mädchen wie die kann sich doch selbst massenhaft Filme mitbringen, und wenn sie mehr braucht, kriegt sie jede Menge von den Nachrichtenagenturen oder von der amerikanischen Botschaft, falls ihr nicht bereits die deutsche Pressestelle soviel gegeben hat, wie sie haben will. Die hat es doch gar nicht nötig, sich auf Schwarzmarktgeschäfte einzulassen.«

»Vielleicht wollte sie es aber gerade. Vielleicht versucht sie auf diese Weise, Kontakt mit dem Widerstand zu bekommen und eine Story darüber zu schreiben.«

»Genau das nehme ich an, Harry.«

»Na, und was stört dich noch?«

»Wenn der hier gewohnt hat, warum mußte er sich dann gestern nach Bringle Sands eine Rückfahrkarte kaufen? Und wenn er hier wohnte, wo hat er seine Sachen, seine Unterwäsche, seine Anzüge?«

»Die hat er in Bringle Sands gelassen.«

»Und hatte die Absicht, hier zu Bett zu gehen und am darauffolgenden Morgen dasselbe Hemd und dieselbe Unterwäsche anzuziehen? Glaubst du das? Sieh ihn dir doch an. Dieser Mann muß einen tollen Aufwand mit frischer Wäsche getrieben haben.«

»Nimmst du an, daß er hier nicht wohnte?«

»Ich glaube, daß hier überhaupt niemand wohnte. Dies war eine Art Treffpunkt.«

»Geschäftlich oder wegen Liebschaften?«

»Du vergißt, was die Leute aus dem Widerstand ein ›sicheres Haus‹ nennen, Harry. Vielleicht haben sie sich hier getroffen und hier alles mögliche gelagert oder versteckt. Und wir wissen auch immer noch nicht genau, warum er eigentlich seinen Mantel trug.«

»Du hast doch dem Doktor gesagt, der Kälte wegen.«

»Der Doktor hat versucht, mich aus der Fassung zu bringen, und ich muß sagen, das ist ihm auch gelungen. Er kann mit seiner Ansicht, daß hier einer gesessen und auf Thomas gewartet hat, durchaus recht haben. Aber das erklärt noch lange nicht, warum er den Hut aufbehielt.«

»Also ich weiß eigentlich nie, womit ich bei dir dran bin«, beschwerte sich Harry.

»Sei vorsichtig mit dem, was du sagst, wenn du nachher zur Feldgendarmerie gehst, Harry.«

»Bin ich blöde? Was denkst du denn?«

»Nicht blöde«, berichtigte Douglas, »du bist Romantiker.«

»Glaubst du wirklich, daß er diese Verbrennungen von einer Höhensonne abbekam?« fragte Harry statt einer Antwort.

»Ich habe noch nie von jemandem gehört, der unter der Höhensonne eingeschlafen wäre«, erwiderte Douglas, »aber für alles muß es ja ein erstes Mal geben. Überleg mal, warum die Birne aus der Schreibtischlampe geschraubt worden ist. Dabei war die gar nicht kaputt.«

4. KAPITEL

Das Bier schien jeden Tag fader zu werden. Leute, die die Geschichte von den im Krieg verwüsteten Hopfenfeldern glaubten, hatten noch nie von dem Exportbier getrunken, das in den deutschen Kantinen ausgeschenkt wurde.

Obwohl ihm nichts mehr zustand, bestellte sich Douglas

ein zweites Bier und bestrich das saft- und kraftlose Käsebrot mit Senf, bevor er hineinbiß. Im ›Red Lion‹ verkehrten noch viele andere Beamte des Morddezernats. Dies war Scotland Yards ureigenste Kneipe. Hier waren mehr Verbrechen aufgeklärt worden als in sämtlichen Büros, Laboratorien und Nachrichtenzentralen zusammen. Manchmal schon nach ein paar Drinks. So wurde jedenfalls im allgemeinen behauptet.

Ein Zeitungsverkäufer vom *Evening Standard* kam herein. Douglas kaufte ein Exemplar und schlug die Seite mit den Lokalnachrichten auf.

TOTER IN WESTEND-LUXUSAPARTMENT AUFGEFUNDEN

Scotland-Yard-Beamte erschienen heute in Shepherd Market, Mayfair, nachdem ein Nachbar, der die Morgenmilch brachte, den Toten entdeckt hatte. Der Name des Toten wurde von der Polizei noch nicht bekanntgegeben. Er soll Antiquitätenhändler gewesen sein. Scotland Yard nimmt als Todesursache Mord an. Die Untersuchung leitet derselbe Polizeibeamte, der im vergangenen Sommer den schwierigen Mordfall ›Sexbestie‹ gelöst hat.

Als Douglas den ›Red Lion‹ verließ, regnete es. Er blickte nach links in Richtung des Verkehrsstroms und entdeckte auf der gegenüberliegenden Straßenseite Sylvia, seine Sekretärin. Offenbar hatte sie hier auf ihn gewartet. Douglas ließ ein paar Busse vorbeifahren und eilte bis zur Mitte der Straße, wo er wieder zwei Stabswagen mit Stander passieren lassen mußte. Sie holperten über den nach den Bombenangriffen notdürftig reparierten Asphalt und bespritzten ihn von oben bis unten. Douglas fluchte, aber das ließ die Regennässe nicht geringer werden.

»Liebling«, sagte Sylvia, und es lag nicht viel Leidenschaft in dieser Anrede. Aber die hatte es im Zusammensein mit ihr eigentlich nie gegeben. Douglas legte seinen Arm um sie, und sie wandte ihm das kühle Gesicht zu, um geküßt zu werden.

»Ich habe mir den ganzen Vormittag Sorgen gemacht. In dem Brief stand, daß du weggehen wolltest.«

»Verzeih, Liebling. Ich hätte mich, nachdem ich diesen verdammten Brief abgeschickt hatte, am liebsten geohrfeigt. Sag, daß du mir nicht mehr böse deswegen bist!«

»Bist du wirklich schwanger?«

»Ich bin mir nicht ganz sicher.«

»Sylvia! Du schreibst mir einen Brief, in dem steht, daß —«

»Schrei nicht hier auf der Straße, Liebling!« Sie legte ihm die Hand auf den Mund. Die Hand war eiskalt. »Vielleicht hätte ich nicht hierher kommen sollen.«

»Nach drei Tagen hätte ich deine Abwesenheit melden müssen. In der Teeküche wurde schon nach dir gefragt. Es war unmöglich, deine Abwesenheit zu leugnen.«

»Ich wollte dir keine Scherereien machen, Liebling.«

»Ich hab' deine Tante in Streatham angerufen, aber die sagte, sie hätte dich seit Monaten nicht gesehen.«

»Ja, ich müßte eigentlich mal hingehen.«

»Würdest du bitte so freundlich sein und zuhören, was ich sage, Sylvia!«

»Laß meinen Arm los, du tust mir weh. Ich höre ja zu.«

»Aber du hörst nicht genau zu.«

»Ich höre dir zu wie sonst auch.«

»Du hast immer noch deinen Sipo-Passierschein.«

»Welchen Passierschein?«

»Deinen Scotland-Yard-Ausweis! Bist du betrunken, oder was ist los mit dir?«

»Natürlich hab' ich nicht getrunken. Also schön, was ist damit? Hast du gedacht, ich verkauf den verdammten Passierschein an den Meistbietenden? Wer zum Teufel ist wahnsinnig genug, freiwillig in diesen Kasten zu gehen, außer wenn er Gehalt dafür kriegt?«

»Laß uns ein Stück gehen«, sagte Douglas. »Weißt du nicht, daß sie in Whitehall regelmäßig Polizeikontrolle machen?«

»Wovon redest du?« fragte sie lächelnd. »Gib mir lieber

einen vernünftigen Kuß. Freust du dich nicht, mich zu sehen?«

Er küßte sie flüchtig. »Natürlich freue ich mich. Komm, wir gehen zum Trafalgar Square, oder?«

»Mir soll's recht sein.«

Sie spazierten bis nach Whitehall, vorbei an dem Posten, der unbeweglich vor dem von den Deutschen beschlagnahmten Bürogebäude stand. Sie waren fast beim Whitehall-Theater angelangt, als sie bemerkten, daß die deutschen Soldaten tatsächlich Stichproben machten. Auf der anderen Straßenseite parkten drei Bedford-Laster, frisch bemalt mit der Inschrift ›Deutsche Wehrmacht‹.

Die Soldaten trugen Maschinenpistolen über der Schulter und waren feldmarschmäßig gekleidet. Sie legten rasch eine nägelgespickte Bretterbarriere über die Straße, so daß nur noch eine Reihe von Wagen in jeder Richtung vorbei konnte. Der Geländewagen des Kommandanten der Aktion stand zu Füßen der Statue Charles I.

Die Deutschen lernen schnell, dachte Douglas, denn dies war der Platz, den auch die Londoner Polizei für Razzien bevorzugte.

Weitere Soldaten waren damit beschäftigt, auch hinter ihnen eine Barriere zu errichten.

Sylvia machte nicht den Eindruck, als ob sie aufgeregt sei, aber sie schlug doch vor, weiterzugehen, hinunter ans Flußufer.

»Nein«, sagte Douglas, »die Seitenstraßen sperren sie zuerst ab.«

»Ich zeige einfach meinen Passierschein vor«, sagte Sylvia.

»Bist du total verrückt geworden?« fuhr Douglas sie an. »Im Yard-Gebäude sind Gestapo und SD untergebracht. Und außerdem alle anderen Kontrollorgane. Die Deutschen halten gerade diesen Passierschein für das wichtigste und, in gewisser Weise, gefährlichste Dokument, das sie einem Ausländer geben können. Du bist ohne Krankmeldung weggeblieben und hast diesen Passierschein behalten. Wenn du die deutschen Vorschriften nicht nur unterzeichnet, sondern auch gründlich durchgelesen hättest, wüßtest du, daß das dem Diebstahl eines Passierscheins gleichkommt, Sylvia. So, wie die Dinge stehen, wird deine Passierscheinnummer und dein Name auf der Fahndungsliste der Gestapo geführt. Jede Patrouille von Landsend bis John O'Groats wird dich aufgreifen.«

»Und was soll ich tun?« Selbst jetzt lag noch keinerlei Furcht in ihrer Stimme.

»Ruhig bleiben. Die haben Beamte in Zivil, die jeden beobachten, der sich auffällig benimmt.«

Sie hielten alles und jedes auf, Kurierwagen, Doppeldekkerbusse, sogar einen Krankenwagen. Der aufsichtführende Unteroffizier prüfte persönlich die Papiere des Fahrers und des Kranken, der drinnen lag. Die Soldaten beachteten den Regen nicht, der ihre Helme glänzend machte und ihre Uniformen durchnäßte. Die Zivilisten zogen sich unter den Schutz des Whitehall-Theatereinganges zurück. Dort wurde eine Show ›Wien kommt nach London‹ angezeigt. Auf den Plakaten tanzten mangelhaft bekleidete Mädchen zwischen weißen Violinen.

Bevor sie sich noch widersetzen konnte, ergriff Douglas Sylvias Arm, zog ein paar Handschellen heraus und ließ sie um ihre Handgelenke schnappen. Es tat ihr richtig weh.

»Was, verdammt, machst du da?« schrie Sylvia, aber er zog sie bereits an den vor der Sperre wartenden Leuten vorbei. Es gab zwar ein paar Äußerungen des Unwillens, aber Douglas kämpfte sich mit beiden Ellenbogen durch die Menge.

»Hallo, Wache!« schrie er gebieterisch. »Wache!«

»Was wollen Sie?« fragte ein pickeliger junger Feldwebel, der die Metallplatte mit der Aufschrift ›Feldgendarmerie‹ auf der Brust trug. Er war nicht wie die anderen im Kampfanzug. Douglas nahm an, daß er der Einsatzleiter sei. Er winkte mit seinem Sipo-Ausweis und sprach in fließendem Deutsch auf ihn ein.

»Feldwebel, ich nehme dieses Mädchen zum Verhör mit. Hier ist mein Ausweis.«

»Und ihre Papiere?« fragte der junge Mensch unbeteiligt.

»Sie sagt, die hätte sie verloren.« Der Feldwebel nahm Douglas' Ausweis und verglich das Foto sorgfältig mit dem Inhaber.

»Machen Sie schon«, sagte Douglas, »ich habe wenig Zeit.«

»Meine Handgelenke tun weh«, sagte Sylvia, »verdammt nochmal.«

Der Feldwebel sah erst Douglas, dann das Mädchen an. »Der Nächste!« schnauzte er.

»Nun mal los!« sagte Douglas und machte, daß er hinter die Barriere kam, Sylvia hinter sich herzerrend. Sie drängten sich mitten durch die Autos, die auf die Kontrolle warteten. Beide waren sie bis auf die Haut durchnäßt, und keiner von ihnen sprach ein Wort.

Ein Luxusbus kam vorbei und bog vom Admiralty Arch in den Trafalgar Square. Er war vollbesetzt mit jungen Soldaten. Sie hörten die Stimme des Fremdenführers, der deutsch sprach wie ein Schuljunge. Die jungen Soldaten grinsten über seine Aussprache. Einer winkte Sylvia zu.

Ein paar fette Tauben wichen ihnen aus, als sie über den regennassen Platz schritten.

»Ist dir klar, was du eben gesagt hast?« sagte Sylvia und rieb sich das Handgelenk, wo die Haut aufgeschürft war.

Es war typisch Frau, dachte Douglas, eine Unterhaltung über etwas anzufangen, was man längst vergessen hatte.

»Eines der wichtigsten Papiere, das die Deutschen für *Ausländer* ausstellen. Das hast du eben gesagt.«

»Hör auf, Sylvia«, sagte Douglas. Er sah über die Schulter zurück, um sich zu vergewissern, daß sie niemand mehr beobachtete. Dann schloß er die Handschellen auf und ließ ihren Arm los.

»Deiner Ansicht nach sind wir also Ausländer. Die Deutschen haben das Recht, hier zu sein, und wir sind die Ausländer und haben uns zu beugen und das Maul zu halten.«

»Hör auf, Sylvia«, wiederholte Douglas. Er mochte es nicht, wenn Frauen sich vulgär ausdrückten, obwohl er als Polizeibeamter eigentlich daran gewöhnt sein sollte.

»Nimm deine Hände von mir, du verdammter Gestapo-Widerling!« Sie stieß ihn von sich. »Ich habe Freunde, die keine Angst haben und nicht in Schüttelfrost verfallen, wenn sie einen von diesen Hunnen sehen. Aber das verstehst du ja nicht, nein, du bist ja viel zu beschäftigt damit, die Dreckarbeit für sie zu tun.«

»Du hast offenbar mit Harry Woods gesprochen«, sagte Douglas in einem schwachen Versuch, den Streit in Alberei zu verkehren.

»Du bist kläglich«, sagte Sylvia, »weißt du das? Du bist erbärmlich!« Sie war ein hübsches Mädchen, aber mit ihren regennassen Haarsträhnen, dem verwischten Lippenstift und dem unvorteilhaften Regenmantel, der schon immer zu kurz gewesen war, sah Douglas sie plötzlich, wie er sie nie gesehen hatte, und er sah gleichzeitig, wie sie in zehn Jahren aussehen würde, schmallippig, streitsüchtig, mit lauter Stimme und jähzornig. Und er erkannte, daß er eigentlich nie ein Verhältnis mit Sylvia herbeiführen hatte wollen. Aber als ihre Eltern bei dem Bombenangriff ums Leben kamen, fast zur gleichen Zeit wie Douglas' Frau, war es nur natürlich, daß sie Trost beieinander suchten und das als Liebe mißverstanden.

Was Douglas früher für anziehende jugendliche Selbstbehauptung gehalten hatte, schien nunmehr ungerechtfertigte Selbstsucht zu sein. Er überlegte, ob es vielleicht einen anderen Mann gab, vielleicht einen jüngeren, aber er fragte nicht. Er wußte, sie würde ja sagen, um ihn zu ärgern. »Eigentlich sind wir beide kläglich, Sylvia. Das steht fest«, sagte er.

Sie standen neben den Landser Löwen, die im strömenden Regen glänzten wie poliertes Ebenholz. Sie waren allein. Selbst die unentwegtesten Angehörigen der deutschen Besatzungsmacht hatten ihre zollfreien Kameras in die Futterale gesteckt und waren vor dem Regen geflüchtet. Sylvia steckte die eine Hand in die Manteltasche, mit der anderen versuchte sie, ihr nasses Haar aus der Stirn zu streichen. Sie lächelte, aber es war ein ungutes Lächeln, in dem weder

Freundlichkeit noch Anteilnahme lag. »Mach lieber keine sarkastischen Witze über Harry Woods«, sagte sie erbittert, »er ist der einzige Freund, den du hast, ist dir das klar?«

»Laß Harry aus dem Spiel«, entgegnete Douglas.

»Ist dir klar, daß er einer von uns ist, oder?«

»Von *wem*?«

»Von der Widerstandsbewegung, du Idiot!«

Douglas' Gesichtsausdruck ließ sie hellauf lachen. Eine Frau, die einen Kinderwagen schob, in dem ein Kohlensack lag, schaute zu ihnen herüber und zögerte einen Moment, bevor sie weitereilte.

»Harry?«

»Harry Woods, Assistent von Douglas Archer, rechte Hand des Protégés der Gestapo und unnachsichtigen Verfolgers aller, die auch nur einen schiefen Blick auf die Sieger werfen, jawoll, jawoll, jawoll, so ist es! Und ich sage dir, dieser Mann wagt es, gegen die verdammten Hunnen anzugehen!« Sie ging hinüber zum Brunnen und starrte auf ihr Spiegelbild im flachen Wasser.

»Du hast also doch getrunken.«

»Nur vom berauschenden Trank der Freiheit!«

»Verschluck dich nicht dran!« sagte Douglas. Es war fast komisch, sie hier so pathetisch stehen zu sehen. Vielleicht war das die Reaktion auf die Angst, die sie bei der Kontrolle empfunden hatte.

»Paß auf deinen Freund Harry auf!« rief sie schrill, »und gib ihm das mit meinen besten Grüßen!« Sie zog ihre Hand aus der Tasche, und bevor Douglas sie daran hindern konnte, hob sie ihren Arm und warf ihren Sipo-Ausweis so weit sie nur konnte, ins Wasser. Der Regen schlug mittlerweile so heftig aufs Pflaster, daß die hochauf sprühenden Tropfen wie ein graues Feld sich neigender Halme wirkten, durch das Sylvia nun hindurchschritt, hinüber zu den Stufen der Nationalgalerie.

In dem regendurchfurchten Wasser des Brunnens konnte man nur mehr den roten Rand des Passierscheins erkennen, der zwischen Touristenmünzen, Filmrollen und Eiscremestanniol allmählich auf den Grund sank. Wenn er da liegenblieb, würde er sehr bald entdeckt werden, und das würde für die ganze Abteilung einen Höllentanz geben. Douglas stand eine Weile und überlegte, aber er war schon so naß, daß es auch nichts ausmachte, wenn er jetzt bis an die Knie ins Wasser stieg.

5. KAPITEL

Als Douglas ins Büro zurückkam, hatte er kaum Zeit, sich auch nur etwas zu säubern und trockene Schuhe anzuziehen, als auch schon ein Anruf aus dem ersten Stockwerk kam: Gruppenführer Kellermann hätte gern ein Wort mit Douglas gesprochen, falls ihm das paßte. Es paßte. Douglas lief die Treppen hinauf.

»Ah, Archer, gut daß Sie da sind«, rief Kellermann, als handele es sich bei diesem um einen zu Gast weilenden Würdenträger. »Sie scheinen einen arbeitsreichen Tag hinter sich zu haben.« Kellermanns Adjutant reichte seinem Chef ein Telex über den Schreibtisch. Kellermann sah es kurz an und sagte: »Dieser Bursche aus Berlin. Standartenführer Huth, erinnern Sie sich?«

»Ich erinnere mich an alles, was Sie sagten, Sir.«

»Fabelhaft. Also, dieser Standartenführer kommt heute nachmittag mit einer Sondermaschine von Berlin. Ankunft gegen fünf Uhr. Würden Sie vielleicht hingehen und ihn abholen?«

»Gewiß! Aber ich überlege gerade ...« Douglas wußte nicht recht, wie er es ausdrücken sollte. Ihm schien, daß ein SS-Standartenführer direkt aus Himmlers Hauptquartier vielleicht nicht mit der Begrüßung durch einen englischen Superintendenten rechnete, der seinem Rang und seiner Stellung nicht entsprach.

»Der Standartenführer hat darum gebeten, daß Sie ihn abholen«, sagte Kellermann.

»Ich persönlich?« fragte Douglas.

»Seine Aufgabe liegt hauptsächlich auf dem Gebiet der Ermittlung«, erklärte Kellermann, »und ich dachte, es sei nicht verkehrt, ihn gleich mit meinem besten Kriminalbeamten bekannt zu machen.« Er lächelte. Tatsächlich hatte Huth Archer persönlich angefordert. Kellermann hatte sich zwar gegen den Befehl gewehrt, durch den Douglas Archer dem neuen Mann unterstellt wurde, aber Himmler persönlich hatte entschieden, und damit war der Fall erledigt.

»Danke, Sir«, sagte Douglas.

Kellermann faßte in die Westentasche und sah auf seine goldene Taschenuhr.

»Ich werde sofort fahren«, sagte Douglas, der diesen Wink verstand.

»Das ist nett von Ihnen«, sagte Kellermann. »Erkundigen Sie sich bei meinem Adjutanten, was zum Empfang des Standartenführers veranlaßt worden ist.«

Die Lufthansa flog die Strecke Berlin–London dreimal täglich, zusätzlich zu den weniger komfortablen und weniger angesehenen Flügen mit Militärmaschinen. Dr. Oskar Huth hatte einen der fünfzehn Sitzplätze in der Maschine, die Berlin um die Mittagszeit verließ.

Douglas wartete in dem ungeheizten Flughafengebäude und beobachtete, wie auf einer Sonderanzeige der Luftwaffe der tägliche Flug von New York gemeldet wurde. Nur die Deutschen hatten Maschinen, die für einen solchen Langstreckenflug geeignet waren. Sie flogen Nonstop, und das Propagandaministerium machte reichlich Gebrauch von dieser Möglichkeit.

Es hatte den ganzen Nachmittag weitergeregnet. Aber nun erschien am Horizont ein Riß in den grauen Wolken. Das Flugzeug aus Berlin kreiste dreimal, dann rauschte die dreimotorige Junkers im Tiefflug über das Flughafengebäude und setzte zur perfekten Landung auf dem nassen Asphalt an.

Douglas hätte erwartet, daß ein Mann, dessen Doktorgrad zusammen mit seinem Rang im Fernschreiben besonders erwähnt war, sich vielleicht eine Spur guter Manieren bewahrt haben könnte. Aber Huth, Doktor der Rechte, war ein hartgesottener SS-Offizier, einer der härtesten, denen Douglas je begegnet war, und zu jener Zeit hatte er eine Menge davon kennengelernt.

Anders als Kellermann trug der neue Mann die Uniform der Waffen-SS. Sein Ärmelstreifen zeigte die Aufschrift ›RFSS‹ (Reichsführer SS), wie sie nur den Angehörigen aus Himmlers persönlichem Stab zustand. Douglas musterte ihn rasch von oben bis unten. Irgendwie wirkte dieser große, dünne Mann wie eine Schneiderpuppe, trotz seiner tadellosen Uniform, die, obgleich sorgfältig gebügelt, keineswegs neu war. Huth war ungefähr fünfunddreißig Jahre alt, eine kräftige, energische Erscheinung mit weitausholendem Gang und einem Auftreten, das den etwas schläfrigen Blick der Augen unter den schweren Lidern Lügen strafte. Unter dem Arm trug er einen kurzen Stock mit Silberknauf, in der Hand eine Aktentasche. Er ging nicht zu der Tür, die zum Zoll führte und für Einreisende bestimmt war, sondern schlug mit seinem Stöckchen auf das Pult des Flugschalters, bis ein Angestellter der Lufthansa kam und ihm die Tür zur Ankunftshalle öffnete.

»Archer?«

»Ja, Sir!«

Der Offizier schüttelte Douglas' Hand nur kurz, so, als ob er darüber informiert sei, daß Engländer das nicht anders erwarten.

»Worauf warten wir noch?« fragte Huth.

»Ihre Begleitung ... Ihr Gepäck.«

»Sie meinen Jagdgewehre, Golfschläger und Angelruten? Ich habe keine Zeit für solchen Blödsinn«, sagte Huth. »Haben Sie einen Wagen hier?«

»Den Rolls«, erwiderte Douglas und zeigte nach draußen, wo man durch die Tür des Flughafengebäudes den blinkenden Wagen mit dem SS-Fahrer und Kellermanns offiziellem Stander erkennen konnte.

»Kellermann hat Ihnen den Rolls-Royce überlassen, tatsächlich?« sagte Huth. »Was nimmt denn er selbst heute nachmittag? Die Krönungskutsche?« Huths englische Aussprache war einwandfrei, von jener fast übertriebenen Perfektheit, wie mehrsprachige Eltern oder eine mehrsprachige Erzieherin sie vermitteln. Und dennoch, unter Huths Glätte war die Härte deutlich spürbar.

Huths Vater war Professor für moderne Sprachen. Die Familie hatte in Schleswig-Holstein gelebt, bis der Erste Weltkrieg neue Grenzen gezogen und ihre Heimat zu einem Teil Dänemarks gemacht hatte. Dann waren sie nach Berlin übersiedelt, wo Oskar Huth die Rechte studierte, bevor er zur Vervollkommnung seiner Studien nach Oxford ging, an dieselbe Universität, an der Douglas Archer ein paar Jahre später studiert hatte. Obwohl sie nicht gleichaltrig waren, hätten sie sehr gut gemeinsame Erinnerungen und gemeinsame Bekannte haben können. Douglas' Mutter war als junges Mädchen englische Erzieherin in Berlin gewesen. Douglas wußte das aus ihren Erzählungen.

»Womit sind Sie augenblicklich beschäftigt?« fragte Huth beiläufig und schaute aus dem Fenster. Der Wagen mußte des dichten Verkehrs wegen langsam fahren. Eine lange Schlange von Menschen wartete im Regen vor einem Bäckerladen auf die angekündigte Brotration. Douglas hatte halb und halb erwartet, Huth würde sich darüber äußern, aber dieser beugte sich vor, ballte die Hand zur Faust und schlug mit seinem Siegelring hart gegen das Glas, das den Fahrersitz vom Innenraum trennte.

»Stellen Sie die Sirene an, Idiot«, sagte er, »denken Sie, ich habe meine Zeit gestohlen?«

Er wandte sich wieder Douglas zu: »Nun?«

»Ein doppelter Todesfall in Kentish Town am Dienstag. Man fand die beiden Toten auf den Schienen der Untergrundbahn. Erst dachte ich, es wäre Mord, aber dann schien es mir doch eher Selbstmord zu sein. Der Mann war aus dem Lager für britische Kriegsgefangene in Brighton geflohen.« Douglas kratzte sich die Wange. »Dann eine Schießerei in einem Nachtclub in Leicester Square am Samstagabend. Dabei wurde eine Maschinenpistole benutzt. Es wurden hundertfünfzig Schüsse abgegeben. Der Betreffende schien keine Munitionsknappheit zu kennen. Alles deutet auf eine Gangsterbande hin. Es wurden sechstausend Pfund geraubt, sagt der Besitzer. Aber vermutlich stimmt die Zahl nicht, weil er Steuern hinterzogen hat und den wahren Kassenstand nicht angibt. Man kann also den Betrag durchaus verdoppeln. Es waren gebrauchte Scheine, überwiegend Besatzungsmark. Der Geschäftsführer und der Kassier sind tot, drei Gäste verletzt. Sie liegen noch im Krankenhaus.«

»Wie steht es mit dem Mord an Peter Thomas?« fragte Huth und blickte nach wie vor aus dem Fenster auf die trostlos verregnete Straße hinaus.

»Das war erst heute morgen«, sagte Douglas, überrascht, daß Huth so rasch über die Vorkommnisse informiert war.

Huth nickte.

»Soweit wir feststellen konnten, hat niemand den Pistolenschuß gehört, aber der Arzt nimmt an, daß der Tod um drei Uhr nachts eingetreten ist. Der Tote trug Papiere bei sich, die auf Peter Thomas lauteten, jedoch sind die Ausweise vermutlich gefälscht. In den Vorstrafenregistern gibt es diesen Namen nicht. Die Fingerabdrücke wurden genommen, das Ergebnis der Auswertung steht noch aus. Er hatte eine Eisenbahn-Rückfahrkarte nach Bringle Sands in der Tasche. Das ist ein kleiner Ferienort an der Küste in Devon.«

Douglas blickte zu Huth hinüber, der immer noch aus dem Fenster starrte.

»Ich weiß genau, wo Bringle Sands liegt«, sagte Huth. Douglas war überrascht. Er hatte es selbst nicht gewußt, sondern erst einen Atlas hinzuziehen müssen.

»Fahren Sie fort«, sagte Huth.

»In der Wohnung wurden Vorräte aus Militärbeständen gefunden, nicht viele, aber typische Schwarzmarktware: Filme, Getränke und Benzingutscheine. Wir haben eine eidesstattliche Erklärung vom Nachbarn, der behauptet, daß ein Luftwaffenfeldwebel dort ständig aus- und eingegangen sei. Er gab eine genaue Beschreibung, so daß mein Sergeant heute zur Feldgendarmerie gegangen ist. Jetzt muß ich abwarten, ob man dort die Ermittlungen selbst übernehmen will oder ob ich sie weiterführe.«

»Und was ist mit dem Mörder?«

»Es sieht so aus, als ob der Mörder in die Wohnung gekommen wäre und dort auf sein Opfer gewartet hätte.«

»Aber *Sie* glauben das nicht?«

Douglas zuckte die Achseln. Er sah keine Möglichkeit, diesem SS-Offizier die Problematik auseinanderzusetzen, die solche Ermittlungen mit sich brachten. Die Strafen für die leichtesten Vergehen gegen die bestehenden Vorschriften waren mittlerweile so streng, daß die bravsten Bürger, die nie mit dem Gesetz in Konflikt geraten waren, keine Aussagen machen würden. Douglas Archer verstand das, und wie die meisten der britischen Polizeibeamten drückte er in weniger schwerwiegenden Fällen auch einmal die Augen zu.

»Wahrscheinlich ein typischer Schwarzmarkt-Mord«, sagte Douglas, obwohl sein Instinkt ihm sagte, daß mehr dahinterstecken mußte.

Huth wandte sich ihm zu und lächelte. »Ich glaube, ich beginne Ihre Arbeitsweise zu verstehen«, sagte er. »Sie meinen also, es sei ein Schwarzmarkt-Mord.

Am Samstag war es eine Gangsterschießerei, am Dienstag ein Selbstmord. Arbeiten Sie auf diese Weise in Scotland Yard? Haben Sie dort diese bequeme Einteilung von Fällen? Und wenn ein Sachverhalt weder in das eine noch das andere Fach paßt, wird er dann auf den riesigen Haufen ›Unaufklärbar‹ abgelegt? Oder wie ist das?«

»Das habe ich nicht gesagt, Standartenführer. Das Wort ›Unaufklärbar‹ haben Sie gebraucht. Meiner Ansicht nach sind die meisten dieser Fälle eindeutig, ausgenommen solcher, in die Wehrmachtsangehörige verwickelt sind. Dann sind mir nämlich die Hände gebunden.«

»Sehr plausibel«, sagte Huth.

Douglas wartete, und als nichts weiter kam, sagte er: »Würden Sie bitte Ihre Meinung dazu sagen, Sir? Ich bin gespannt darauf.«

»Sie glauben nicht eine Sekunde daran, daß es ein Schwarzmarkt-Mord ist«, sagte Huth verächtlich, »weil ein Mann wie Sie jeden verdammten Halunken in London kennt. Wenn Sie angenommen hätten, daß es sich um einen Schwarzmarkt-Mord handelt, hätten Sie jeden nur einigermaßen polizeibekannten Schwarzhändler in London aufgespürt und ihm gedroht, entweder innerhalb von ein paar Stunden den Schuldigen anzugeben oder selbst für zehn Jahre in Sicherheitsverwahrung zu marschieren. Können Sie mir vielleicht sagen, warum Sie das nicht getan haben?«

»Nein«, sagte Douglas.

»Was soll das heißen: Nein?«

»Ich kann es Ihnen nicht sagen, weil ich wirklich nicht weiß, warum ich das nicht veranlaßt habe. Die Fakten sind so, wie ich sie Ihnen geschildert habe, aber ich glaube auch, daß mehr dahintersteckt.«

Huth starrte Douglas an und schob mit dem Daumen seine Schirmmütze nach hinten. Er war ein gutaussehender Mann, aber sein Gesicht war farblos. Seine graue Uniform mit den schwarz-silbernen SS-Spiegeln am Kragen glich fast seiner Gesichtsfarbe, die von einem lebenslangen Aufenthalt in schlecht beleuchteten Büroräumen herrührte. Douglas konnte sich nicht im geringsten vorstellen, was im Kopf dieses Mannes vor sich gehen mochte. Dennoch hatte er das unbehagliche Gefühl, daß Huth durch ihn hindurch und in ihn hineinschauen konnte. Douglas hielt dem Blick des anderen stand. Nach einer schier endlosen Zeit fragte Huth: »Und was werden Sie jetzt tun, Superintendent?«

»Wenn die Feldgendarmerie den Feldwebel, den der Nachbar beschrieben hat, ausfindig machen kann, werde ich zum Feldgericht der Luftwaffe gehen und —«

Huth machte eine ungeduldige Handbewegung: »Ein Telex aus Berlin hat die Luftwaffe dahingehend angewiesen, daß alle Vorgänge in dieser Angelegenheit ab sofort an Sie zu gehen haben.«

Douglas war ehrlich überrascht. Die Wehrmacht pflegte im allgemeinen eifersüchtig darüber zu wachen, selbst die Ermittlungen durchzuführen und sich das Recht dazu nicht nehmen zu lassen. Der SD — der Spionageabwehrdienst — hatte das Unmögliche erreicht, indem er seine Befugnisse auch auf die SS, die SA und die Partei ausdehnte. Aber selbst der SD ging niemals gegen Angehörige der Wehrmacht vor. Es gab nur eine Möglichkeit, die Luftwaffe dazu zu veranlassen, eine Ermittlung an die Sicherheitspolizei abzugeben: eine Anordnung durch den Obersten Befehlshaber der Wehrmacht, Adolf Hitler. Douglas' Phantasie ging mit ihm durch. Ob dieses Verbrechen wohl durch einen Nazi von hohem Rang begangen worden war? Oder durch einen Verwandten, einen Freund oder die Geliebte eines solchen Mannes?

»Gibt es eine Theorie, wer der Mörder sein könnte?« fragte er.

»Finden Sie den Mörder, das ist alles«, sagte Huth.

»Warum soll gerade ich die Ermittlungen führen?« beharrte Douglas.

»Weil das Verbrechen begangen worden ist«, entgegnete Huth. »Das sollte für einen Engländer doch gewiß Grund genug sein.«

Douglas empfand Furcht und Widerstand. Er wollte nicht in diese gewiß sehr wichtige Ermittlung hineingezogen werden in dem Bewußtsein, daß ein finsterer SS-Offizier ihm ständig dabei über die Schulter sah. Aber dies war ganz sicher nicht der Augenblick, um Einwände zu erheben.

Die trübe Sonne machte einen kraftlosen Versuch, durch die Wolken zu dringen und die regennassen Straßen zu bescheinen. Der Fahrer hatte die Sirene angestellt und raste gerade an dem ovalen Golfplatz vorbei.

Douglas sagte: »Ich werde Sie um halb acht zu dem Empfang abholen, der Ihnen zu Ehren im ›Savoy‹ gegeben wird. Aber Gruppenführer Kellermann nahm an, daß Sie auf dem Weg zu Ihrem Quartier vielleicht gerne den Buckingham Palast und das Parlament sehen würden.«

»Gruppenführer Kellermann ist ein Bauer«, sagte Huth freundlich und auf deutsch.

»Soll das heißen, daß Sie an Buckingham vorbeifahren wollen?«

»Das soll heißen, mein Lieber, daß ich nicht die leiseste Absicht habe, den Abend damit zu verbringen, mich in einem mit Wehrmachtsoffizieren und ihren aufgetakelten Weibern überfüllten Raum aufzuhalten und zuzusehen, wie sie Champagner schlürfen und fressen und mit vollem Mund darüber debattieren, wo man am günstigsten Porzellan oder etwas anderes kaufen kann.«

Er hatte fortgefahren deutsch zu sprechen und gebrauchte das Wort ›fressen‹, um darzutun, was er von viehischen Manieren hielt.

»Fahren Sie mich statt dessen in mein Büro«, sagte er, »und versuchen Sie, den besten verfügbaren Pathologen heranzukriegen, der heute abend noch die Leiche von Peter Thomas untersuchen soll. Ich möchte bei der Sektion dabeisein.« Er sah die Bestürzung in Douglas' Gesicht. »Sie werden sich bald an meine Arbeitsmethoden gewöhnen.«

Man kann sich auch an Gelbfieber gewöhnen, aber für die meisten wird bereits der Versuch tödlich sein, dachte Douglas. »Also soll ich den Empfang absagen?«

»Um Kellermann und seine Freunde des Partyvergnügens zu berauben? Sind Sie ein Spielverderber?«

Er lachte verhalten, aber es war kein freundliches Lachen. Dann klopfte er wieder an die Scheibe und schrie dem Fahrer zu: »Nach Scotland Yard!«

6. KAPITEL

Und so geschah es, daß SS-Gruppenführer Kellermann, Oberster Polizeichef in Großbritannien, den Gastgeber für einige wichtige Persönlichkeiten des öffentlichen Lebens spielte, während der Gast, dem zu Ehren die Party veranstaltet worden war, sich in der Leichenhalle in der Baker Street befand, eine weiße Metzgerschürze umgebunden, und beobachtete, wie Sir John Shields, der Pathologe, den Leichnam von Peter Thomas öffnete.

Es war ein düsteres kleines Gebäude, ein wenig zurückgesetzt von der Paddington Street, damit genug Platz für die Leichenwagen und Ambulanzen war, welche hinter den Eichentüren des Eingangs, der für Vorbeigehende so harmlos wirkte, ihre traurige Last ausluden. Die Wände der Leichenhalle waren so oft dunkelgrün und braun gestrichen worden, daß sie mittlerweile ebenso lackiert wirkten wie die Steintreppen und der Holzboden. Eine schwache Glühlampe verbreitete nur trübes gelbliches Licht im übrigen Raum, abgesehen von der grün abgeschirmten starken Leuchte, die dicht über Peter Thomas' bleichen, toten Körper herabgezogen war.

Es waren neun Leute anwesend: Huth, Sir John Shields, dessen Assistent, Douglas Archer, ein Beamter der Staatsanwaltschaft, ein Büroangestellter, zwei Leichenwärter in Gummischürze und ebensolchen Stiefeln und ein zappeliger kleiner deutscher Polizeimajor, der gleichfalls heute von Hamburg herübergeflogen war. Er machte Notizen und verlangte dauernd die Übersetzung von Shields gleichmütigen Kommentaren. Es standen zu viele Leute um den Sektionstisch, und Douglas stellte bereitwillig seinen Platz in der vordersten Reihe zur Verfügung. Er konnte dieser blutrünstigen Vorführung keinen Geschmack abgewinnen, und selbst mit abgewandten Augen waren die Geräusche des Skalpells, das Gurgeln von Flüssigkeiten und das Knirschen der Säge ihm schon genug, Übelkeit zu verursachen.

»Blutung, Blutung, Blutung«, sagte Shields und tippte mit der Spitze des Skalpells jeweils auf das, was er sah. Alle blickten, so nah wie möglich, in das Innere des Toten.

»Ich finde das Aussehen der Leber gar nicht gut«, sagte Shields, ergriff sie, schnitt sie heraus und hielt sie gegen das Licht. »Was sagen Sie dazu, Herr Kollege?« Seine Stimme widerhallte in der dunklen Leichenhalle. Shiels Assistent stach in die Leber und betrachtete sie lange Zeit durch ein Vergrößerungsglas. Shields beugte sich herab und schnüffelte.

»Erklären Sie!« sagte Huth ungeduldig.

»Krank«, sagte der Arzt. »Ich habe noch niemals eine Leber wie diese gesehen. Ich wundere mich, daß der Kerl überhaupt noch laufen konnte.«

Der kleine deutsche Polizeimajor kritzelte in sein Notizbuch. Dann wollte er gleichfalls die Leber durch das Vergrößerungsglas betrachten. »Wann wäre er durch Leberversagen gestorben?« fragte er und wartete, bis seine Frage von Huth übersetzt war.

»Das kann ich nicht so genau beantworten«, erklärte Sir John. »Es gibt Menschen, die können noch erstaunlich lange mit einer kranken Leber leben. Sie sollten die Kerle in meinem Club sehen!« Er lachte.

»Hier geht es nicht um Witze«, sagte Huth. »War der Mann krank?«

»Und ob!« sagte Sir John.

»Todkrank?«

»Ich würde ihm nicht mehr als ein paar Monate gegeben haben. Was sagen Sie, Herr Kollege?«

Sir Johns Assistent bekundete sein Übereinstimmen durch Kopfnicken.

Huth legte seinen Arm um die Schulter des Majors und führte ihn ein Stück beiseite, wo sie außer Hörweite waren. Dort standen die beiden und flüsterten miteinander.

Sir John hielt dies für äußerst schlechte Manieren und machte keinen Hehl aus seiner Verärgerung. Als Huth wieder an den Seziertisch trat, sagte er Sir John, daß er alle inneren Organe herausgeschnitten zu haben wünschte und daß diese mit der nächsten Maschine nach Berlin geflogen werden sollten.

»Dann brauche ich ja nicht weiter anwesend zu sein«, meinte Sir John Shields.

»Seien Sie nicht gekränkt, Sir John, es ist nur eine Formalität«, sagte Huth mit einer geradezu charmanten Verbindlichkeit, die Douglas noch nicht an ihm entdeckt hatte. »Auch in Berlin haben wir niemand, der Ihr Wissen und Ihre Erfahrung übertreffen könnte, und ich hoffe sehr, daß Sie und Ihr Kollege mit der Leichenschau fortfahren, so daß wir morgen einen Bericht haben.«

Sir John holte tief Atem und gedieh zu seiner vollen Höhe, wie Douglas ihn öfters gesehen hatte, wenn er bei Gericht einen allzu selbstgefälligen Richter zerschmetterte.

»Es kann gar keine Rede davon sein, daß ich auch nur im geringsten irgendeine weitere Untersuchung dieser Leiche durchführe, ohne die Einrichtung eines Laboratoriums mit vorbildlicher Ausstattung und vollzähligem Personal zur Verfügung zu haben.«

Huth nickte, ohne etwas zu sagen.

Sir John fuhr fort: »Selbst dann ist es noch eine langwierige Arbeit. Alle Londoner Krankenhäuser sind überlastet. Und so möchte ich weder Sie noch Ihre Kollegen von der Polizei durch fernere Behandlung dieses Falles in Ungelegenheiten bringen.«

Huth nickte ernst. »Natürlich nicht. Deshalb habe ich soeben veranlaßt, daß das SS-Lazarett am Hydepark Corner sein Labor samt Ausstattung und Personal völlig zu Ihrer Verfügung hält. Ich habe zwei Wagen und eine Ambulanz hier. Eine Telefonleitung wird für Sie freigehalten. Sie haben lediglich zu bestimmen, welches Personal und welche Materialien Sie brauchen.«

Sir John blickte Huth lange an, bevor er antwortete: »Ich würde ja gerne annehmen, daß dieses außergewöhnliche Angebot von medizinischem Potential ein Kompliment für mich sein sollte. Jedoch kann ich mir nicht helfen — ich habe den Verdacht, daß es mehr dem Maß an Aufmerksamkeit gilt, das Sie diesem besonderen Todesfall widmen. Ich würde es daher begrüßen, Oberst, wenn Sie mir ein wenig mehr entgegenkämen und mir die Umstände dieses Todes und das, was Sie darüber bereits wissen, zur Kenntnis brächten.«

»Standartenführer«, berichtigte Huth, »Standartenführer, nicht Oberst. Alles, was ich Ihnen dazu sagen kann, Sir John, ist, daß ich Geheimniskrämerei ebensowenig mag wie Sie, speziell wenn es sich um ungeklärte Todesfälle handelt.«

»Epidemisch?« fragte Sir John, »ansteckende Krankheit? Virus? Pest? Seuchen?« Seine Stimme geriet eine Frequenz höher. »Wollen Sie damit sagen, daß Sie etwas Ähnliches schon mal gesehen haben?«

»Einige meiner Leute *haben* etwas Ähnliches schon mal gesehen«, gab Huth zu, »und was Pest oder Seuchen anbelangt, so haben wir es hier mit etwas zu tun, das so tödlich sein könnte, daß nicht einmal der Schwarze Tod mit den Konsequenzen konkurrieren könnte, die daraus entstehen. Das behaupten zumindest Sachverständige.«

7. KAPITEL

Als Huth und Douglas Archer wieder in Scotland Yard eintrafen, war es bereits nach Mitternacht. Jetzt erst war Huth bereit dazu, das Büro aufzusuchen, das für ihn im Zwischenstock vorbereitet worden war. Es war ein prachtvoller Raum mit einem Ausblick hinüber zur County Hall jenseits der Themse. Es hatte endlosen Wirbel gegeben, bis der Raum so ausgestattet war, wie er sich jetzt präsentierte. Kellermann hatte ihn noch am Nachmittag zweimal inspiziert, um sich zu vergewissern, ob der Rosenholztisch auch wirklich poliert sei, der geschliffene Lampenschirm sauber und der Teppich tadellos gesaugt. Da stand auch ein neuer Telefunken-Fernsehapparat, da BBC um Weihnachten seine Sendungen wieder aufnehmen würde. In einem getäfelten Schränkchen befanden sich Waterford-Kristallgläser samt einer Auswahl alkoholischer Köstlichkeiten. »Das wird ihm gefallen, was?« hatte Kellermann in dem heiseren Flüstern gefragt, das Harry Woods so perfekt imitieren konnte.

»Jedem würde das gefallen«, hatte Kellermanns dienstältester Stabsoffizier erwidert.

»Ein hübsches Plätzchen«, sagte Huth nun sarkastisch, »wirklich sehr geeignet, mich im Hintergrund zu halten, so daß ich der Abteilung nicht auf die Finger sehen kann. Selbst mein Telefon geht über Kellermanns Leitung, wie ich feststelle.«

»Mögen Sie den Raum nicht?« fragte Douglas.

»Schmeißen Sie die Mögel und den ganzen Kitsch hinaus«, sagte Huth, »das sieht hier ja mehr nach einem viktorianischen Bordell als nach einem Büro aus. Hat Kellermann angenommen, ich sitze hier rum und sauf mir einen an, bis das Fernsehstündchen beginnt?«

»Dies ist eine TV-Kabelanlage«, sagte Douglas, »mit der sowohl Polizeiinformationen als auch Fotos von steckbrieflich Verfolgten verbreitet werden können.«

»Ich werde Ihnen einen Job im Propagandaministerium besorgen, was halten Sie davon?« sagte Huth.

»Ich müßte darüber nachdenken«, erwiderte Douglas und tat so, als hätte er die Frage ernst genommen.

»Also sehen Sie zu, daß das Zeug hier verschwindet! Ich möchte Metallaktenschränke, die ich überblicken kann, und einen Metallschreibtisch mit Schlössern an den Schubladen, eine vernünftige Schreibtischbeleuchtung und nicht diesen blödsinnigen geschliffenen Lampenschirm. Sie werden im vorderen Zimmer sitzen, das Sie sich einrichten können, wie Sie mögen. Sehen Sie zu, daß ich vier Telefonapparate bekomme, die *nicht* über Kellermanns Zentrale laufen, und sorgen Sie dafür, daß auch Ihr Anschluß nach hier verlegt wird. Auf dem Flur wünsche ich einen Tisch und einen Stuhl, damit meine Wache nicht dauernd herumstehen muß — ja, wo ist denn die Wache überhaupt?«

»Wache, Sir?«

»Stehen Sie nicht da und wiederholen Sie alles, was ich sage«, schnauzte Huth. »Die Mordsache Peter Thomas ist Teil einer Unternehmung, der wir den Codenamen ›Apokalypse‹ gegeben haben. Keinerlei Informationen an irgendwen. Das heißt, nichts geht ohne meine schriftliche Erlaubnis oder die des Reichsführers SS, Heinrich Himmler, nach draußen, ist das klar?«

»Unmißverständlich klar«, erwiderte Douglas und überlegte fieberhaft, was dies alles wohl zu bedeuten habe.

»Für den Fall, daß diese unmißverständliche Klarheit einmal getrübt sein sollte, wird draußen auf dem Flur ein bewaffneter SS-Mann Wache stehen.« Huth sah auf seine Armbanduhr. »Er sollte — verdammt noch mal — jetzt schon im Dienst sein. Rufen Sie den Kommandanten der SS-Wache in der Cannon Row an. Er soll gefälligst die Wache schicken, und außerdem noch ein halbes Dutzend Leute, um diesen Krempel hier rauszuschmeißen.«

»Ich bezweifle, ob um diese Tageszeit genügend Leute zur Verfügung stehen werden«, wandte Douglas ein.

Huth schlug sich leicht auf den Hinterkopf und sah unter schweren Lidern seinen Untergebenen an. Im gleichen Augenblick begriff Douglas, daß diese Angewohnheit ein Gefahrensignal war.

»Scherzen Sie, oder soll das eine neue Art von Provokation sein?«

Douglas zuckte die Achseln. »Ich werde anrufen.«

»Ich werde mit Major Steiger im Konferenzraum 3 sein. Sagen Sie dem verantwortlichen Offizier, ich wünschte alle Möbel hier draußen zu haben, bevor ich zurückkomme, und neue Möbel an ihrer Stelle.«

»Und wo soll ich einen Metallschreibtisch herbekommen?« fragte Douglas.

Huth wandte sich zum Gehen, als sei diese Frage kaum die Antwort wert. »Benutzen Sie Ihren Verstand, gehen Sie den Flur entlang, und wo Sie etwas Passendes sehen, nehmen Sie es!«

»Das wird morgen einen furchtbaren Krawall geben«, widersprach Douglas. »Jeder wird hier sein und sich sein Zeug zurückholen wollen.«

»Und dann werden sie eine bewaffnete SS-Wache vorfinden, die sie im Namen des Reichsführers SS daran hindert, irgend etwas aus diesem Raum herauszuholen, was sich bereits darin befindet.«

»Sehr wohl, Sir!«

»In meiner Mappe werden Sie eine Kartenrolle finden und darin ein kleines Gemälde von Piero della Francesca. Lassen Sie es rahmen und hängen Sie es an die Wand, um wenigstens etwas von dieser gräßlichen Tapete zu verdecken.«

»Ein echter Piero della Francesca?« fragte Douglas, der allerhand von Kunstraub gehört hatte, welcher während der Kämpfe in Polen, Frankreich und Holland stattgefunden haben sollte.

»In ein Polizeibüro, Superintendent Archer, paßt das wohl nicht, was?« Huth ging, ohne eine Antwort abzuwarten.

Douglas rief den Kommandanten der SS-Wache an und verbrämte den Befehl mit dem freundlichen Hinweis, daß Standartenführer Huth in größter Eile sei.

Der Kommandant reagierte mit Bestürzung. Kellermanns Nachricht von der Ankunft des neuen Mannes wurde von den Sicherheitskräften offenbar sehr ernstgenommen.

Douglas ging zum Fenster und blickte hinunter auf das Flußufer. Die Polizeistunde brachte es mit sich, daß nur wenige Zivilisten auf der Straße zu sehen waren. Parlamentsmitglieder und Schichtarbeiter aus den Industriebetrieben erhielten Sondergenehmigungen. Straßen und Brücke waren wie leergefegt, ein paar parkende Dienstfahrzeuge ausgenommen. Einige bewaffnete Wachen kontrollierten den Umkreis der mit Flutlicht angestrahlten Regierungsgebäude.

Ein Motorrad mit Beiwagen hielt am Kontrollpunkt Westminster Bridge: Kurze Überprüfung der Papiere, bevor das Fahrzeug in die Dunkelheit der Uferstraße davondröhnte. Über die Straße hinweg erklang der Glockenschlag von Big Ben. Douglas Archer gähnte und überlegte, wieso Leute wie Huth offenbar ohne Schlaf auskamen.

Er öffnete Huths Ledermappe, um den Francesca herauszuholen, der gerahmt werden sollte. Aber bevor er noch das Gemälde entrollte, sah er in der Seitentasche der Mappe einen Briefumschlag. Das rote Wachssiegel trug unübersehbar das Zeichen ›RSHA‹, Reichssicherheitshauptamt, Himmlers Allerheiligstes. Der Briefumschlag war bereits geöffnet, ein gefaltetes Stück Papier steckte darin. Douglas konnte seine Neugier nicht unterdrücken. Er zog einen ziemlich großen Bogen heraus, entfaltete ihn und erblickte ein aus mehreren Teilen zusammengesetztes kompliziertes Diagramm. Das offensichtlich handgeschöpfte Papier war so schwer wie Pergament. Mit Kopierstift waren handschriftliche Anmerkungen in deutscher Sprache darauf verzeichnet, die selbst Douglas mit seinem fließenden Deutsch nicht ganz zu deuten wußte. Dafür erkannte er einige der Symbole. Da standen in einem

Doppelkreis zwei umgekehrte gleichschenkelige Dreiecke und darin wiederum zwei Worte, die miteinander ein Kreuz bildeten: ›Elohim‹ und ›Zebaoth‹. Douglas, der im Jahre 1939 einige Schwarze-Magie-Morde erfolgreich aufgeklärt hatte, war imstande, diese Symbolik zu entziffern: sie stand für den Gott der Bewaffneten, das Gleichgewicht der Naturkräfte und die Harmonie der Zahl.

Eine zweite Zeichnung zeigte einen Kopf mit drei Gesichtern, von einer Tiara gekrönt, aus einem mit Wasser gefüllten Behälter herausragend. Es gab auch noch ein paar andere Wassersymbole, daneben stand handgeschrieben ›Joliot-Curie-Laboratorium, Paris‹ und, direkt neben einem anderen Wassersymbol, ›Norwegische Hydrogesellschaft, Rjukan, Mittelnorwegen‹.

Aufgehäufte Erde, Spaten und ein von einem magischen Schwert durchbohrter Diamant mit der Aufschrift ›Deo, Duce, comite ferro‹ waren, soweit Douglas sich erinnern konnte, ein Emblem des Großen Mysteriums, das, der Darstellung entsprechend, ›Omnipotenz der Eingeweihten‹ bedeutete. Darunter standen der Doppelblitz der SS-Rune und die Worte ›Reichssicherheitshauptamt, Berlin‹.

Ein drittes Symbol bestand in einer Spirale mit der Überschrift ›Transformatio‹. Die Spirale erweiterte sich zu einer Art Brummkreisel, an dessen oberem Ende ›Clarendon Laboratorium, Oxford, England‹ zu lesen stand. Die Worte ›Transformatio‹ und ›Reformatio‹ bildeten, über dem Wort ›Formatio‹ stehend, mit diesem zusammen ein Dreieck. Darunter war gegen eine sich drehende Scheibe ›Deutscher Wehrmachts-Reaktor, England‹ geschrieben. Daneben stand in eiliger Bleistiftschrift flüchtig hingekritzelt ›Peter Thomas‹.

Douglas fuhr zusammen, als er auf dem Steinboden des Flurs deutsche Armeestiefel hörte. Er faltete das Stück Papier so hastig wieder zusammen, daß er nicht sicher sein konnte, ob jemand entdecken würde, daß ein Unbefugter es in der Hand gehalten hatte. Dann steckte er den Umschlag schleunigst wieder in die rotgesteppte Seitentasche und schloß die Mappe.

Es klopfte. »Herein«, rief Douglas.

»Eine Wache und sechs Arbeitskräfte zur Stelle«, meldete der SS-Scharführer.

»Standartenführer Huth möchte diese Möbel entfernt haben«, erklärte Douglas. »Ersetzen Sie sie durch Metall-Büromöbel aus anderen Büros dieses Stockwerks.« Der Scharführer zeigte nicht die geringste Überraschung über den Befehl, und Douglas hatte den Eindruck, daß dieser Bauernsohn — aus dem Hessischen, wie Douglas vermutete — auch dem Befehl, aus dem Fenster zu springen, blindlings gehorcht haben würde. Der Mann zog ohne weiteres seine Uniformjacke aus, um seinen sechs stämmigen Begleitern zu helfen, während ein bewaffneter SS-Mann draußen vor der Tür Posten bezog.

Um zwei Uhr nachts, als die Arbeit schon fast getan war, erschien Harry Woods. Er war beim Empfang im ›Savoy‹ zugegen gewesen. Douglas bemerkte mit einigem Mißfallen, daß er leicht angetrunken war.

»Neue Besen kehren gut«, sagte Harry, während er den Umzug beobachtete. »Seit der Nacht, in der die Invasion losging, habe ich eine solche Betriebsamkeit nicht mehr gesehen.«

»Weißt du vielleicht, wo wir dieses Bild rahmen lassen können?« fragte Douglas. Harry Woods hielt das Bild an einer Ecke fest und betrachtete es. Es war die Geißelung, ein Bild, das Douglas wohlbekannt war. Ein von Kolonnaden umsäumter Platz, über den von einem tiefblauen Himmel herab das Sonnenlicht flutete. Im Hintergrund wird Christus gegeißelt. Drei prächtig gekleidete Männer, der Graf von Urbino und zwei seiner Berater, wenden der Szene den Rücken zu und sind ins Gespräch vertieft. Im tatsächlichen Geschichtsablauf standen die dargestellten Ratgeber im Verdacht der Komplizenschaft an der Ermordung des Grafen. Jahrhundertelang hatten sich Kunstexperten über den verborgenen Sinn des Bildes den Kopf zerbrochen. Douglas fand es als Wandschmuck für den kaltäugigen Abgesandten von Himmlers byzantinischem Hof außerordentlich passend.

»Komischer Kerl, findest du nicht auch?« fragte Harry, den Blick auf das Bild gerichtet.

»Wir täten gut daran, uns an ihn zu gewöhnen«, meinte Douglas.

»Er ist unten im Konferenzraum 3 und spricht mit dem quiekenden kleinen Polizeimajor, den er auch zur Leichenschau mitgenommen hat. Wer ist das überhaupt?«

»Keine Ahnung«, sagte Douglas.

»Sie reden miteinander, als handele es sich um den Weltuntergang.«

Harry zog seine Zigaretten aus der Tasche und bot sie Douglas an, der freundlich ablehnte. Es ging nicht an, daß man einem Freund die Tabakration schmälerte.

»Was soll das alles bedeuten, Chef? Du verstehst doch dieses Gemauschel. Was ist denn los?«

»Ich dachte, *du* könntest mir was berichten, Harry. Ich traf Sylvia heute. Sie erzählte mir, daß du deine Nase in allem und jedem drin hast, was in der Stadt so vor sich geht.«

Falls Harry vermutete, was Sylvia berichtet hatte, so ließ er das jedenfalls nicht erkennen. Er schien auch nicht überrascht zu sein, daß Sylvia in Scotland Yard aufgetaucht war. Douglas überlegte, ob sie wohl auch Harry aufgesucht habe.

»Ich will dir mal was sagen«, Harry ließ sich nicht beirren, »dieser kleine Major hat weder was mit Medizin noch mit Pathologie, noch sonstwas zu tun. Ich wüßte gerne, weshalb der bei der Leichenschau dabei war. Glaubst du etwa, daß dieser Bursche, der Huth, ihn nur hat kommen lassen, um mit ihm zu plauschen?«

»Du wirst schon noch selbst feststellen, daß unserem neuen Standartenführer an nichts weniger als an Plauschen gelegen ist«, meinte Douglas.

»Da wimmeln überhaupt so ein paar verdammt komische Gestalten herum, das weißt du selbst. Diesen kleinen Radiomechaniker mitzubringen, wozu das? Das werde ich Huth auch glatt sagen. Ich werde ihm sagen, was ich davon halte. Du glaubst, ich tu's nicht, aber ich sag's doch!« Harry schwankte leicht und hielt sich an der Tischkante fest.

»Radiomechaniker?«

»Ha!« sagte Harry mit der Überheblichkeit des Angetrunkenen. »Ich habe seine Akte gesehen. Der hat seine Polizeiuniform aber auch nur zum Schein. Ich habe die Lufthansa angerufen und mir seine Nummer von der Passagierliste geben lassen. Dann bin ich nach unten gegangen und hab' mir die Akte angesehen.«

»Du bist an seine Personalakte herangekommen?«

»Also, eigentlich nur an die Personalkarte. Nein, weißt du, du arbeitest für die Gestapo und kannst nicht mal die kleinste Kleinigkeit herauskriegen. Weißt du das, Douglas?«

»Dafür arbeitest *du* nicht für die Gestapo«, entgegnete Douglas maliziös.

Harry wedelte mit der Hand vor seinem Gesicht herum, als müsse er einen Fleck von einer schmutzigen Windschutzscheibe entfernen. »Radiotechnik steht da. Doktor für Radiomechanik. Es sind alle beschissene Doktoren, diese Hunnen, hast du das schon bemerkt? Der hat in Tübingen studiert. Der ist erst vor einem Jahr in den Polizeidienst eingetreten, geradewegs von einem Lehrstuhl in München.«

»Radiomechaniker studieren nicht in Tübingen und haben keinen Lehrstuhl in München.«

»Schon gut, schon gut — ist ja schon gut. Ich habe zwar nicht deine deutschen Sprachkenntnisse, aber durch eine Personalkarte finde ich mich allemal durch.« Harry lächelte verschmitzt und zog, wie der Zauberkünstler auf der Bühne das Häschen aus dem Hut, eine Personalkarte aus seiner Jackentasche. »Da hast du's, alter Junge, lies mal selbst.«

Douglas nahm die Karte und las sie schweigend.

»He, Superintendent, sag was! Du hast unrecht, und das weißt du auch.«

»Der Polizeimajor«, sagte Douglas langsam, um sich über das Gelesene selbst klar zu werden, »der Major ist Physiker, Experte für radioaktive Substanzen. Er war Professor für Atomphysik in München.«

»Du kannst es natürlich besser ausdeutschen«, gab Harry zu und rieb sich die Nase.

»Die Verbrennungen an den Armen des Toten«, fuhr Douglas fort, »Sir John hat sie gestern abend nicht erwähnt. Vielleicht war der kleine Major mit dabei, um sie zu untersuchen?«

»Von einer Höhensonne?«

»Nicht von einer Höhensonne, Harry. Die Verbrennungen waren bösartig. Das waren Hautschädigungen, wie sie sich ein Mensch zuzieht, der Radiumstrahlen oder ähnlichem ausgesetzt war.«

Wieder klopfte es. Der wachhabende Scharführer meldete, daß die SS-Leute vom Fernmeldetrupp dagewesen, vier neue Telefonleitungen gelegt und geprüft hätten. Kaum hatte er das gesagt, läutete es auch schon auf Huths Leitung. Douglas nahm den Hörer ab und meldete sich.

»Archer! Ist ja großartig!« tönte es aus dem Hörer. »Ist der Standartenführer anwesend?«

Douglas sah auf seine Armbanduhr. Daß Kellermann um diese Zeit anrief, war ungewöhnlich. Er konnte ja nicht wissen, daß Douglas immer noch auf den Beinen war.

»Nein, er ist im Konferenzraum 3, Gruppenführer«, erwiderte Douglas.

»Ja, das habe ich erfahren —.« Und dann eine lange Pause. »Leider hat er Befehl gegeben, daß kein Gespräch zu ihm durchgegeben werden darf. Das gilt natürlich nicht für mich, aber ich möchte dem Mann in der Zentrale das Leben nicht unnötig schwermachen. Mit dem Apparat im Konferenzraum scheint ohnehin was nicht in Ordnung zu sein.«

Douglas war es ziemlich klar, daß Huth dem Mann in der Zentrale einen ›direkten Befehl des Reichsführers SS‹ gegeben und dann den Hörer neben die Gabel gelegt hatte. Aber er hatte allen Grund, Kellermann eine goldene Brücke zu bauen, um ihm zu helfen, sein Gesicht zu wahren.

»Vielleicht ist das Telefon derzeit außer Betrieb, weil die Fernmelder die Leitungen verlegt haben.«

»Was?« schrie Kellermann aufgebracht, »um diese Nachtzeit? Was reden Sie da?« Er wechselte ins Deutsche über und klang nun sehr autoritär.

»Also raus mit der Sprache! Was soll das heißen — die Leitungen verlegt, und das in meinem Büro? Erklären Sie mir auf der Stelle, was da vor sich geht!«

»Eine reine Routineangelegenheit, Gruppenführer«, erwiderte Douglas. »Der Standartenführer wünscht, daß Sergeant Woods und ich den Raum direkt neben dem seinen beziehen. Das bedeutet, daß Leitungen für uns gelegt werden müssen.«

Von irgendwo neben Kellermann kam eine verschlafen gemurmelte Beschwerde. Es war eine junge Frauenstimme, die, wie Douglas feststellte, keineswegs derjenigen von Frau Kellermann ähnelte. Diese war in der vergangenen Woche nach Breslau geflogen, um ihre Mutter zu besuchen.

»Ah so, Routine«, sagte Kellermann hastig, »dann ist ja alles in Ordnung.« Er machte eine Pause und legte die Hand über die Sprechmuschel. Dann fuhr er fort: »Waren Sie heute abend mit dem Standartenführer zusammen?«

»Ja, Sir, das war ich«, entgegnete Douglas.

»Was ist eigentlich vorgefallen? Der Mann ist nicht im ›Savoy‹ erschienen, wie Sie ja wissen.«

»Der Standartenführer hatte eine Menge angesammelter Arbeit zu erledigen, Gruppenführer«, sagte Douglas. In diesem Augenblick betrat Huth den Raum. Er betrachtete Woods, der mit geschlossenen Augen gegen den Schreibtisch gelehnt stand, dann blickte er zu Douglas herüber und hob fragend eine Augenbraue. Am anderen Ende der Leitung fragte Kellermann: »Glauben Sie, ich sollte nach drüben kommen, Superintendent Archer? Ich kann mich auf einen loyalen und gescheiten Beamten wie Sie doch verlassen, wenn es darum geht, die Situation abzuschätzen.«

Huth ging hinüber zu seinem Schreibtisch und stand nun da, das Ohr gegen die Hörmuschel geneigt.

»Ah, das ist wahrscheinlich der Gruppenführer!« Huth versuchte den Hörer an sich zu nehmen, aber Douglas hielt ihn lange genug fest, um noch sagen zu können, daß ›der Standartenführer soeben eingetreten sei‹.

Huth nahm den Hörer, räusperte sich und sagte: »Huth hier, was wünschen Sie, Gruppenführer?«

»Ich bin erfreut, endlich ausfindig zu machen, wo Sie sind, mein lieber Huth. Ich wollte Ihnen sagen —«

Huth unterbrach Kellermanns Begrüßung: »Sie sind in einem hübschen warmen Haus, Gruppenführer, in einem hübschen warmen Bett mit einer hübschen warmen Frau. Bleiben Sie da und lassen Sie mich hier meine Arbeit tun, ohne mich zu stören.«

»Es ist nur, daß meine Hauptleitung plötzlich —« Das Telefon klickte, als Huth den Hörer auflegte.

Huth sah Douglas an. »Wer gab Ihnen die Erlaubnis, die Aktivitäten dieses Büros mit Außenseitern zu diskutieren?«

»Aber das war doch Gruppenführer Kellermann!«

»Woher wissen Sie, daß er es war? Sie hörten nur eine Stimme am Telefon. Ich bin ausführlich darüber informiert, daß Ihr betrunkener Freund hier«, er zeigte mit dem Daumen auf Harry Woods, der ihn anblinzelte, »in der Lage ist, eine überzeugende Nachahmung von Kellermanns Englisch zu geben.«

Keiner sprach. Harrys vorher geäußerte Absicht, Huth zu erzählen, was er davon hielt, daß der kleine Major mit bei der Leichenschau gewesen sei, war auf einen anderen Zeitpunkt verschoben worden.

Huth hing seine Uniformmütze an den Haken hinter der Tür und setzte sich. »Ich habe es Ihnen schon einmal gesagt, und nun sage ich es Ihnen zum letzten Mal: Sie werden über die Arbeit in diesem Büro mit keinem Menschen sprechen. Theoretisch können Sie mit dem Reichsführer SS, Heinrich Himmler, darüber sprechen«, sagte Huth, beugte sich nach vorne und stieß Harry Woods mit seinem Stöckchen an. »Wissen Sie, wer das ist, Sergeant, Heinrich Himmler?«

»Ja!« grollte Harry.

»Aber das ist nur theoretisch. In der Praxis dürfen Sie nicht einmal ihm etwas erzählen, es sei denn, ich hätte es befohlen oder ich bin tot und Sie haben sich persönlich davon überzeugt, daß mein Leben ausgelöscht ist. Verstanden?«

»Verstanden«, sagte Douglas schnell, weil er fürchtete, daß Harry Woods aggressiv reagieren könnte.

Huth wirbelte mit seinem Stock durch die Luft. »Jede Zuwiderhandlung gegen diesen Befehl«, sagte er, »ist nicht nur ein Kapitalverbrechen gemäß § 134 der Militärgesetze des Oberkommandos Großbritannien, das vor dem Erschießungskommando endet, sondern auch ein Kapitalverbrechen gemäß § 11 ihrer eigenen Gesetze, im Einvernehmen mit der deutschen Besatzung erlassen 1941, das mit dem Galgen im Wandsworth-Gefängnis bestraft wird.«

»Kommt das Erschießen zuerst oder das Erhängen?« fragte Douglas.

»Wir müssen der Justiz ja schließlich auch noch eine Entscheidung überlassen«, entgegnete Huth.

8. KAPITEL

Vor langer Zeit galt Seven Dials als ein Stadtteil des Lasters, des Verbrechens und der Gewalt. Heute war es nicht viel mehr als eine schäbige Hinterhofgegend des Londoner Theaterviertels. Douglas Archer kannte diesen Teil der Stadt und seine Einwohner gut genug; denn während seiner Laufbahn als uniformierter Polizist hatte er hier Dienst versehen, ohne auch nur den leisesten Gedanken daran zu verschwenden, daß er eines Tages selbst hier leben würde.

Als Archers Vorstadthäuschen beim Angriff der deutschen Panzerspitzen auf London zerstört worden war, hatte Mrs. Sheenan ihm und seinem Kind Unterkunft geboten. Ihr Ehemann, in Friedenszeiten Polizist, war als Reservist in den Krieg gezogen. Bei der Eroberung von Calais im vergangenen Jahr war er in Gefangenschaft geraten und in ein Gefangenenlager bei Bremen geschafft worden — ohne baldige Aussicht auf Entlassung.

Der Tisch war bereits zum Frühstück gedeckt, als Douglas Archer wieder in der Monmouth Street und der kleinen Wohnung über dem Heizmaterialladen eintraf. Mrs. Sheenans Sohn Bob und der kleine Douggie saßen bereits angezogen vor einem knisternden Feuer in einem Raum, der mit feuchter

Wäsche vollgehängt war. Douglas erkannte das gestreifte Handtuch, das sich sein Sohn umgehängt hatte. Es war eines der wenigen Dinge, die er noch aus den Ruinen seines Hauses in Cheam hervorziehen konnte. Es erinnerte ihn an glückliche Zeiten, die er lieber vergessen hätte.

»Hallo, Dad! Hast du die ganze Nacht Dienst gehabt? War es ein Mord?«

»Es war ein Mord in einem Antiquitätenladen, nicht wahr, Mr. Archer?«

»Das ist richtig.«

»Das habe ich dir doch schon gesagt, Douggie«, sagte der kleine Sheenan. »Es stand in der Zeitung!«

»Halt still«, sagte Mrs. Sheenan und knöpfte ihrem Sohn die Strickjacke zu. Douglas half ihr, den kleinen Douggie anzuziehen. »So«, meinte sie, »diese Arbeit wäre getan«, und griff nach einem Henkeltopf. »Sie mögen die Eier weichgekocht, nicht wahr, Mr. Archer?« Sie war darauf bedacht, daß ihre Kontakte formell blieben.

»Aber ich hatte meine Eier doch schon, Mrs. Sheenan«, sagte Douglas, »zwei gebratene am Sonntagmorgen, erinnern Sie sich?«

Die Frau legte die Eier mit einem Löffel ins Wasser und erwiderte: »Meine Nachbarin hat diese von Verwandten auf dem Land bekommen. Sie gab mir sechs, weil ich Ihren grauen Pullover dafür eingetauscht habe, den sie aufribbelt, um die Wolle neu zu verwenden. Im Grunde genommen gehören die Eier alle Ihnen allein.«

Douglas vermutete, daß dies nur eine Ausrede war, um ihn an ihrer eigenen Ration teilhaben zu lassen, doch als die Eier fertig waren, aß er. Auf dem Tisch stand ein Teller mit Brot, ein kleiner Würfel Margarine lag daneben. Das Papier, in dem er eingewickelt war, trug einen Aufdruck, daß dies ein Freundschaftsgeschenk der deutschen Arbeiter sei. Was es denn mit der Freundschaft der deutschen Bauern auf sich hätte, fragten einige Spaßvögel, denen Butter lieber gewesen wäre.

»Angenommen, da ist ein Mord in einem französischen

Flugzeug passiert, das gerade Deutschland überflog, der Mörder war Italiener und der Ermordete war —« Bob dachte einen Moment nach — »Brasilianer?«

»Sprich nicht mit vollem Mund«, mahnte seine Mutter. Im Radio wurde ein Straußwalzer angesagt, den sich ein in Cardiff stationierter deutscher Soldat gewünscht hatte. Mrs. Sheenan stellte die Musik leise.

»Oder ein Chinese«, sagte Bob.

»Plage den Superintendenten nicht! Du siehst doch, daß er in Ruhe frühstücken möchte.«

»Das müssen die Anwälte klären«, sagte Douglas zu Bob. »Ich bin nur Polizist. Ich muß nur herausfinden, wer es gewesen ist.«

»Mrs. Sheenan wird uns am Samstag ins Museum mitnehmen«, sagte Douggie.

»Das ist aber wirklich nett von ihr«, entgegnete Douglas, »sei ein lieber Junge und tu, was sie sagt!«

»Das tut er immer«, bestätigte Mrs. Sheenan, »das tun sie beide. Es sind beide liebe Jungen.« Sie betrachtete Douglas. »Sie sehen sehr müde aus«, meinte sie.

»Nun ja, es war ein bißchen viel«, erklärte Douglas.

»Gehen Sie in den Dienst, ohne geschlafen zu haben?«

»Ein Mord soll aufgeklärt werden«, sagte Douglas. »Ich muß.«

»Hab' ich doch gesagt, hab' ich doch gesagt«, rief Bob. »Ein Mord!«

»Ruhe, Jungens!« sagte Mrs. Sheenan.

»Ich habe den Wagen hier, ich komme an der Schule vorbei. Ungefähr in einer halben Stunde können wir fahren. Paßt Ihnen das?«

»Einen Wagen? Sind Sie befördert worden?«

»Ich habe einen neuen Vorgesetzten«, sagte Douglas. »Er wünscht, daß seine Leute mit dem Besten ausgestattet sind. Er selbst fährt einen Wagen mit Funk. Damit kann er sich mit Scotland Yard während der Fahrt in Verbindung setzen.«

»Alle herhören«, sagte Bob und tat so, als hielte er einen Telefonhörer in der Hand. »Ich rufe Scotland Yard. Hier spricht Bob Sheenan. Ich rufe Scotland Yard — ungefähr so, Superintendent? Geht es so?«

»Nein, es wird gemorst, über Code«, erklärte Douglas. »Der Mann in der Funkzentrale kann mit einem Codeschlüssel die Botschaft entziffern, aber er kann keine gesprochene Botschaft zurückgeben.«

»Dürfen wir Ihren Wagen sehen?« fragte Bob. »Ist es ein ›Flying Standard‹?«

»Die Polizei hat ganz viele Automarken, nicht wahr, Dad?« rief Douggie.

»Ja, viele.«

»Können wir zum Fenster gehen und uns ihn anschauen?«

»Iß zu Ende, dann kannst du.«

Mit Freudenrufen rannten die beiden Kinder in das vordere Zimmer, öffneten das Fenster und blickten auf die Straße hinunter und auf den Wagen.

»Das Badewasser ist noch warm«, meinte Mrs. Sheenan. »Nur die Jungen haben es benutzt.« Sie blickte verlegen zur Seite. Wie viele Leute empfand sie diese neue Art von Armut als soziale Abwertung, schwerer zu ertragen als die Entbehrung, die sie mit sich brachte.

»Ein Bad würde einen neuen Mann aus mir machen«, sagte Douglas, obgleich es im Yard Badezimmer und heißes Wasser im Überfluß gab.

»Sie können von drinnen verriegeln«, sagte sie. »Sind Sie übrigens sicher, daß Sie keine Schwierigkeiten bekommen, wenn Sie uns zur Schule bringen?«

»Das geht ganz in Ordnung.«

»Die Strafen für Benzinmißbrauch sind fürchterlich. Der Geschäftsführer der Kohlengroßhandlung in der Neal Street ist deshalb zum Tode verurteilt worden. Ich hab' das gestern abend in der *Evening News* gelesen.«

»Es ist schon okay«, sagte Douglas.

Sie lächelte beruhigt. »Es ist länger als ein Jahr her, daß ich in einem Wagen gesessen habe. Das war bei der Beerdigung meines Onkels Tom. Vor dem Krieg. Es scheint, als ob es hundert Jahre her wäre, finden Sie nicht auch?« Mrs. Sheenan kam herüber und setzte sich vor den Kamin, um zuzuschauen, wie das Feuer brannte. »Ich bin fast zu Ende mit dem Holz«, sagte sie, »aber der Mann aus der Brennstoffhandlung will mir noch ein paar Scheite leihen, bis nächste Woche die neue Zuteilung fällig ist.« Ihre Stimme bewirkte, daß Douglas hochfuhr. Das Essen, der warme Tee, die Wärme des Kaminfeuers hatten ihn einnicken lassen.

»Ich habe noch etwas, womit ich Sie belästigen muß, Mr. Archer«, sagte sie. Douglas griff in seine Tasche. »Kein Geld«, wehrte sie ab, »ich komme mit dem aus, was Sie mir geben, und Ihre Sonderzuteilungskarte ist eine fabelhafte Bereicherung.« Sie streckte die Hand aus und legte die Karte auf den gestrickten Teewärmer der roten Kanne. »Die beiden Jungen haben am Dienstag und Donnerstag jeweils eine Extra-Musikstunde. Das kostet einen Schilling die Woche, und sie mögen diese Stunden.«

Douglas ahnte, daß sie ursprünglich etwas anderes hatte sagen wollen, aber er drängte sie nicht. Statt dessen schloß er wieder die Augen.

»Noch etwas Tee?«

»Nein, danke.«

»Es ist deutscher Tee-Ersatz. Es heißt, sie trinken ihn mit Zitrone. Mit Milch schmeckt er nicht, oder?« Sie verschwand hinter den hängenden Gärten der trocknenden Wäsche, um jedes Stück prüfend anzufassen, und wendete einige um. »Eine Nachbarin aus einem der Häuser unten an der Straße sah am vergangenen Montag einen Zug mit Verwundeten durch Clapham Junction kommen. Die Wagen waren überfüllt, die Verwundeten schmutzig und mit zerrissenen Uniformen. Hinten waren zwei Rot-Kreuz-Wagen angehängt mit Bahren darin.« Sie nahm die Klammern in den Mund, während sie eine Pyjamajacke anders hinhängte.

»Sind denn noch Kämpfe?«

»Seien Sie vorsichtig mit dem, was Sie erzählen, Mrs. Sheenan, und überlegen Sie immer, wen Sie vor sich haben.«

»Die Frau verbreitet keine Sensationsgeschichten. Es ist eine vernünftige Frau.«

»Ich weiß«, sagte Douglas.

»Ich würde es Fremden auch nicht erzählen, Mr. Archer, aber zu Ihnen kann ich doch über alles reden.«

»In den Städten werden Bomben geworfen und deutsche Soldaten ermordet. In den ländlichen Distrikten sind die Widerstandsgruppen größer. Sie überfallen die motorisierten Patrouillen aus dem Hinterhalt, aber ich glaube nicht, daß sie sich den Winter über werden halten können.«

»Wegen der Kälte?«

»Sie können kein Feuer anmachen wegen der Rauchentwicklung. Die Blätter fallen von den Bäumen, und damit haben sie kein Versteck mehr. Im Winter können die Aufklärungsflugzeuge besser Spuren erkennen, noch dazu, wenn es schneit.«

»Die armen Jungens«, sagte Mrs. Sheenan. »Es wird erzählt, daß es in der nichtbesetzten Zone furchtbar wäre. Dabei hat der Winter noch nicht einmal angefangen. Alles ist knapp.« Sie beugte sich über Douglas, und er wußte, daß sie ihm etwas sagen wollte. Wie jeder gute Polizist ließ er ihr Zeit dazu.

»Dieser Musiklehrer«, sagte sie, »der den Unterricht gibt, ist noch sehr jung. Er ist im Krieg verwundet worden. Deshalb möchte ich mich nicht direkt über ihn beschweren«, sie legte eine Pause ein, »aber er hat den Jungen so merkwürdige Fragen gestellt. Ich weiß, daß Ihnen das nicht gefallen würde.«

Douglas war plötzlich hellwach.

»Fragen? Welche Art von Fragen?«

»Gestern nachmittag in der Musikstunde. Sie haben ein richtiges Grammophon mit Lautsprecher und alles Nötige, um Musik zu machen. Dahinter steckt wirklich Musikverständnis. Er hat auch eine Hilfskraft, die die Apparate und Instrumente bedient, und deswegen kostet es einen Extraschilling mehr.«

Douglas nickte. »Wie heißt er?«

»Ich weiß nicht, Mr. Archer. Aber Ihr kleiner Douggie erzählte, daß der Lehrer ihn über Sie ausgefragt habe. Wann Sie nach Hause kommen und so weiter. Ich wollte Douggie nicht zu eingehend darüber befragen. Sie wissen ja, wie sensibel er ist und wie er unter dem Tod seiner Mutter leidet. Manchmal könnte ich wegen des Kleinen weinen.« Sie lächelte plötzlich und schüttelte den Kopf. »Vielleicht bin ich auch nur eine verdrehte Person und hätte Sie mit dieser Geschichte nicht belasten sollen.«

»Sie haben richtig gehandelt«, beruhigte Douglas sie. »Fragen also?«

»Ich glaube, er wollte wissen, ob Sie mit den Deutschen sympathisieren.« Sie erhob sich, glättete ihr Haar und blickte dabei in den Spiegel. »Ich möchte keinen von den Leuten in Schwierigkeiten bringen, und ich weiß, daß auch Sie das nicht wollen. Aber wenn Ihnen oder dem kleinen Douggie etwas zustoßen sollte, wie könnte ich weiterleben in dem Bewußtsein, Ihnen nichts gesagt zu haben?«

»Erzählen Sie mir mehr über diese beiden Lehrer.«

»Nur einer ist richtiger Lehrer, der andere hilft lediglich mit dem Grammophon und den Instrumenten. Sie sind beide ehemalige Offiziere, glaube ich. Beide waren verwundet. Einer hat seinen Arm verloren.«

»Welchen Arm?«

»Den rechten. Er hat bis kurz vor dem Krieg noch viel Klavier gespielt. Ist das nicht furchtbar? Er kann nicht älter sein als fünfundzwanzig, wenn überhaupt.«

»Gut, Mrs. Sheenan. Ich werde jetzt baden. Ziehen Sie die Jungen fertig an, und ich werde Sie in einer Viertelstunde in die Schule bringen.«

Sie holte zwei Regenmäntel aus dem Schrank. Einer davon war ziemlich abgetragen. »Bobs Regenmantel wurde in der vergangenen Woche aus der Garderobe gestohlen. Er muß wieder seinen alten tragen. Ich habe den Jungen gesagt, sie sollten in Zukunft ihre Mäntel mit in die Klasse nehmen. Es gibt doch immer wieder furchtbare Leute, Mr. Archer, aber das wissen Sie ja besser als jeder von uns.«

»Dieser Bursche hat eine Armprothese, sagten Sie!«

»Nein, der Arm ist ab, ganz einfach ab. Der arme Junge!«

9. KAPITEL

Douglas setzte Mrs. Sheenan und die Kinder bei der Schule ab und fuhr nach Scotland Yard weiter, um einen jungen Polizeibeamten namens Jimmy Dunn aufzusuchen und die Erlaubnis für ihn zu erwirken, in Zivil Dienst tun zu dürfen. Der junge Mann war ganz versessen darauf, in den Kriminaldienst zu kommen.

»Versuchen Sie, alles über diesen Musiklehrer in Erfahrung zu bringen: politische Meinung, Sexualleben, alles, was nur herauszukriegen ist. Hat er eine besondere Abneigung gegen die Polizei? Ich kann das leider nicht selbst übernehmen, weil er mich vermutlich erkennen würde.«

»Verlassen Sie sich ganz auf mich«, sagte Dunn, der es kaum erwarten konnte, loslegen zu dürfen.

»Vielleicht ist das Ganze auch Fehlanzeige«, sagte Douglas, »vielleicht steckt überhaupt nichts dahinter.«

Höchst erfreut begann Dunn, seinen neuen Schreibtisch in Besitz zu nehmen. Er hatte seinen bisherigen Job als Verwaltungsbeamter nur deshalb einigermaßen ertragen, weil sein Dienstraum ganz in der Nähe der Räumlichkeiten der Mordkommission und des Überfallkommandos lag.

»Oh, Jimmy, und noch was«, sagte Douglas, bereits zum Gehen gewandt. »Es besteht eins zu einer Million die Möglichkeit, daß dieser Einarmige etwas mit dem Mord an Peter Thomas zu tun hat. Ich glaube fast, es ist besser, daß die unten eine Waffe für Sie herausrücken. Ich gebe Ihnen einen Waffenerlaubnisschein.«

»Eine Pistole?«

Douglas mußte lächeln. »Nehmen Sie was Kleines, Jimmy, etwas, das Sie wegstecken können, damit es keiner sieht, und halten Sie es auch außer Sicht, es sei denn, Sie hätten sich zu verteidigen. Heutzutage kann man nicht vorsichtig genug sein. Gegenwärtig haben zu viele Leute in dieser Stadt Waffen, und wenn einer die Nerven verliert, ist gleich der Teufel los.«

In dem neuen Büro am anderen Ende des Gebäudes fand

Douglas Harry Woods vor, der jeden, der nach Douglas fragte, mit ungeheuren Lügen über dessen Abwesenheit abspeiste.

Das Büro von Gruppenführer Kellermann fragte in kurzen Abständen schon seit neun Uhr morgens nach ihm.

Von Whitehall hörte man Hammerschläge und Bauarbeiter. Berlin hatte eine ›Woche der Freundschaft‹ zwischen Deutschland und der Sowjetunion proklamiert, die in allen Teilen der beiden riesigen Imperien gefeiert werden sollte. Sie würde am kommenden Samstag beginnen. Einheiten der Roten Armee und Marine würden mit Marschmusik und allem Drum und Dran, gemeinsam mit Verbänden der Deutschen Wehrmacht, durch London marschieren. Die vorgesehene Marschroute war bereits geschmückt. Aber Whitehall und Parliament's Square sollten alles übertreffen. Hunderte von Flaggen und Wappenschilden mit Hammer und Sichel und dem Hakenkreuz übertrumpften das kleine Sankt-Georgs-Kreuz, das nunmehr statt des Union Jack für alle offiziellen Anlässe in der besetzten Zone zugelassen war.

Hitler hatte der Roten Flotte Ankerplätze am Rosyth und bei Scapa Flow ebenso wie in Invergordon zugewiesen. Goebbels' Propagandaministerium behauptete, daß dies eine ganz natürliche Regelung sei, ein Beweis für die Bande der Freundschaft, die die beiden Nationen zusammenhielt. Zyniker hingegen waren der Auffassung, es sei Vorsicht, zwischen sich und die Amerikaner die Russen zu plazieren.

Trotz der vielen zusätzlichen Arbeit, die die deutsch-sowjetische Freundschaftswoche Scotland Yard verschaffte, blieb Gruppenführer Kellermann die Ruhe selbst. Auch wenn er von einer Konferenz mit der Kommandantur zurückkam, beladen mit FK-Befehlen, konnte er über die Papierflut lachen und darüber, wie die darauf festgehaltenen Anordnungen bezüglich der Freundschaftswoche alle in Atem hielten.

Diese ausufernden Befehle, die teils vom Oberkommando Großbritannien und zum anderen Teil vom Chef der Militärregierung kamen, dem die britische Marionettenregierung und die deutschen Behörden unterstellt waren, gaben ein

Zeichen wachsender Furcht, daß die Freundschaftswoche womöglich Gelegenheit zu heftigen Demonstrationen geben könnte. Dennoch war die ausgesprochene Rivalität, um nicht zu sagen der Haß, den die deutsche Generalität für Himmlers SS-Organisation und Polizeitruppen hegte, Anlaß für die Wehrmacht, von Gruppenführer Kellermann nicht mehr zu erbitten als die normale polizeiliche Überwachung.

»Was halten Sie davon?« fragte Kellermann Douglas. »Sie können frei von der Leber weg sprechen, das wissen Sie.«

Kellermann hatte die Morgenzeitungen auf seinem Schreibtisch ausgebreitet. Sie alle brachten die Freundschaftswoche auf der ersten Seite, wie von Berlin befohlen. Es lag eine gewisse Ironie darin, daß die offizielle Nazizeitung von London, *Die Englische Zeitung*, wenig mehr als die offizielle Verlautbarung abdruckte, allerdings in dekorativer Umrahmung und selbstverständlich auf der Vorderseite.

Der *Daily Worker* widmete andererseits der Nachricht vier volle Seiten und brachte Fotos der russischen und britischen Persönlichkeiten, die die Parade abnehmen würden. Stalin hatte bereits eine entsprechende Grußbotschaft gesandt. Alle, die sich an die Botschaften erinnerten, die Stalin nach der Niederlage Frankreichs an Hitler geschickt hatte, fanden seinen letzten Erguß nicht weniger übertrieben.

»Werden wir Schwierigkeiten haben?« fragte Kellermann.

»Durch wen?« sagte Douglas.

Kellermann lachte lautlos. »Das Regime hat Feinde, Superintendent«, er kratzte sich am Hinterkopf, als müsse er sich erinnern, wer diese Feinde seien, »und nicht alle befinden sich im Generalstab.« Kellermann lächelte und genoß offensichtlich seinen Witz. Douglas war sich nicht ganz sicher, ob er dieser massiven Schmähung des deutschen Oberkommandos zustimmen solle. Er nickte, als habe er nicht ganz verstanden.

»Es wird uns eine Menge Extraarbeit machen«, sagte Kellermann. »Berlin besteht darauf, daß die Wehrmacht die ganze Route entlang Spalier steht. Ich glaube, da bleiben kaum welche übrig, um in der Prozession mitzumarschieren.« Wieder lachte er. Nichts schien Gruppenführer Kellermann in fröhlichere Stimmung zu versetzen als die Aussicht darauf, die Wehrmacht in Schwierigkeiten zu sehen.

»Außerdem planen sie, alle dreihundert Meter Gendarmerieeinheiten einzuschieben. Wie wollen die das schaffen?«

»Und die Städtische Polizei?«

»Die hat ihre üblichen Polizeiaufgaben, die Ausstellung von Passierscheinen ausgenommen.«

»Wie soll das vor sich gehen, Sir?«

»Die Bevölkerung der Londoner Vororte wird während dieser Woche nur einmal täglich in die Stadtmitte dürfen. Die örtlichen Polizeireviere werden die Passierscheine ausstellen, ich fürchte für jeden Tag einen gesonderten.«

Douglas nickte. Man konnte sich leicht das Chaos vorstellen, das in den Polizeirevieren der Vorstadtbezirke entstehen würde. Halb London hatte dort nahe Angehörige, die dieser Beschränkung wegen nicht besucht werden konnten. »Es würde die Arbeit um die Hälfte leichter machen, wenn die Polizeireviere einige Passierscheine gleich für die ganze Woche ausstellen dürften.«

Kellermann sah auf und starrte ihn an.

»Natürlich nur in solchen Fällen«, fügte Douglas hinzu, »die nachweislich dringlich sind.«

Kellermann blickte ihn lange Zeit an, bevor sich sein Gesicht in einem unergründlichen Lächeln entspannte. »Natürlich. Natürlich nur in Fällen von — wie sagten Sie? — nachweislicher Dringlichkeit.« Kellermann wühlte in den FK-Befehlen und fand auch den Paragraphen über die Ausstellung von Passierscheinen. »Ich sehe keinen Grund, warum ich eine solche Klausel nicht in den diesbezüglichen Anordnungen mit unterbringen sollte.« Er lächelte Douglas zu. Beide wußten sie, daß dies ein Hintertürchen öffnen würde, das der Städtischen Polizei zu drastischer Arbeitserleichterung verhalf.

»Und die Passierscheine werden fabelhafte Souvenirs abgeben«, meinte Kellermann. »Ich habe schon einen Grafiker von der Propagandaabteilung, der daran arbeitet — eine Menge Verzierungen und nur ganz wenig Gedrucktes auf den Kontrollabschnitten.«

»Ja, Sir«, sagte Douglas, »das wäre ein Weg, die Wehrmacht an der allzu genauen Überprüfung der Kontrollabschnitte zu hindern.«

»Von all diesem betrifft natürlich nichts Sie perönlich, aber ich schätze es immer wieder, die Dinge auch aus Ihrem Blickwinkel zu betrachten.«

»Danke, Sir«, sagte Douglas.

»Ich weiß, daß Ihre Zusammenarbeit mit Standartenführer Huth für den Reichsführer SS von besonderem Interesse ist. Ich habe es deshalb auf meine Kappe genommen, Sie von allen anderen Verpflichtungen freizustellen.«

»Zu gütig, vielen Dank!«

»Sie sehen abgespannt aus, Superintendent. Ich nehme an, Sie sind spät ins Bett gekommen?«

»Ich bin überhaupt noch nicht ins Bett gekommen, Sir.«

»Aber das ist ja fürchterlich! Das kann ich nicht zulassen! Selbst einem so brillanten jungen Offizier wie Standartenführer Huth kann es nicht gestattet sein, meine Beamten bis zur völligen Erschöpfung zu belasten, speziell, wenn es sich um einen der fähigsten Beamten in meinem gesamten Kommando handelt.«

»Gruppenführer sind überaus freundlich.«

Kellermann ging hinüber zu dem winzigen Erker seines Zimmers.

»Haben Sie das schon gesehen?« Douglas folgte ihm. Sie blickten hinunter auf die Westminster Bridge. Rotten von Anstreichern waren damit beschäftigt, die Brücke zu vergolden. Rote Fahnen und Hakenkreuzflaggen wurden an über drei Meter hohen Tribünen befestigt. Douglas vermutete, daß dies ein Mittel sei, Brücke, Fluß und Straße den Blicken zu entziehen. Wahrscheinlich sollten beidseitig des Flusses motorisierte Gendarmerieeinheiten in Bereitschaftsstellung gebracht werden, um sofort überall dorthin zu gelangen, wo es möglicherweise zu Unruhen kommen konnte.

»Wie finden Sie das?« fragte Kellermann. Douglas erinnerte sich eines klassischen Zitats, in dem es hieß, daß man dem Feind goldene Brücken baue. Aber er entschied sich dann doch, es Kellermann gegenüber lieber nicht zu erwähnen.

»Ich bin Londoner«, sagte Douglas. »Ich mag die Dinge so, wie sie immer waren.«

»Ich schätze einen Beamten, der seine Meinung sagt«, bemerkte Kellermann. »Ich möchte Sie in diesem Zusammenhang daran erinnern, Archer, daß Sie in Scotland Yard ein wichtiger Mann sind. Jeder Ihrer Vorschläge, jede Ihrer Beschwerden hat für die Leute oben an der Spitze eine Menge Gewicht.«

Kellermann griff nach seiner Zigarrenkiste und öffnete sie. Diesmal ersparte er sich das Ritual, ihm die Zigarre anzuzünden. Douglas hatte das Gefühl, daß Kellermann ihn heute völlig anders behandelte als bei allen vorherigen Begegnungen.

Kellermann wartete, während Douglas sich eine Zigarre auswählte, anschnitt und sich selbst anzündete. Dann fuhr er fort: »Sie haben mehr Einfluß, als Sie wissen, Superintendent Archer. Berlin hat uns zur Verbrechensstatistik beglückwünscht. Sie spielen, wie Sie wissen, eine Hauptrolle dabei.«

»Nur, soweit es Mordfälle waren«, meinte Douglas.

»Und wer, glauben Sie, liest bei solchen Mordfällen zwischen den Zeilen? Polizeikräfte und deren Kommandeure« — er lächelte breit und kratzte sich die rosige Wange — »beurteilen einen Mordfall danach, ob er aufgeklärt wurde. Kein Mensch kümmert sich um die wirklich bedeutenden Verbrechen wie Unterschlagung, Sabotage, Brandstiftung, Raub, Erpressung und so weiter. Nein, sie konzentrieren sich auf Mord, das einzige Verbrechen, das nur selten von Kriminellen begangen wird. So seid Ihr Burschen von der Mordkommission verdammt wichtig. Das ist auch der Grund, warum gerissene alte Füchse wie ich sich immer vergewissern, daß nur die besten Detektive auf Mordfälle angesetzt werden.«

»Ich verstehe«, sagte Douglas ein wenig zweifelnd.

»Was ich damit sagen will, Superintendent: Ich werde Ihnen immer, durch dick und dünn, den Rücken steifen. Denken Sie daran. Wenn Sie erfreulich mit diesem neuen Mann zusammenarbeiten — gut und schön. Wenn aber irgendwelche Schwierigkeiten auftauchen sollten, kommen Sie zu mir. Dann werde ich ihm einen anderen Beamten zuteilen.«

»Vielen Dank. Ich habe keinen Anlaß zur Beschwerde.«

»Sie sind nicht der Typ, der sich gleich beschwert. Das ist mir wohlbekannt. Aber meine Tür steht Ihnen immer offen, damit Sie es nur wissen.«

»Vielen Dank, Sir!«

Douglas taumelte aus Kellermanns Büro, leicht benommen vom Schlafmangel, den schweren Zigarren und den überreichlichen Komplimenten.

Harry Woods schien unter einer Papierlawine begraben, als Douglas in sein Büro zurückkehrte. Die Gendarmerie hatte bislang keine Vorstellung davon gehabt, daß der Mordfall Peter Thomas womöglich der Gerichtsbarkeit der Wehrmacht unterstehen könnte, bis Harry Woods mit einer Handvoll von Luftwaffen-Benzinscheinen und einer schriftlichen Erklärung über die Schwarzmarkt-Aktivitäten des Feldwebels erschienen war.

Die Militärpolizei und ihre Gegenspieler von der zivilen Polizei einigten sich im allgemeinen über diese Art von Verbrechen. Im üblichen Ablauf würde der Fall sogar vermutlich von der Polizeieinheit bearbeitet worden sein, die die beste Möglichkeit hatte, über die wichtigsten Zusammenhänge zu ermitteln. In dieser Sache wäre wohl die Stadtpolizei gebeten worden, Nachforschungen anzustellen.

Aber dann kam, vorrangig vor allen anderen Fernschreiben ein Telex vom Oberkommando der Wehrmacht in Berlin — als geheime Kommandosache und streng vertraulich — mit der Anweisung, daß sämtliche Akten, Dokumente und Memoranden an Standartenführer Huth in Scotland Yard weiterzuleiten seien.

Jeder, der über diese neue Entwicklung unterrichtet war, wußte, daß jedes In-Abrede-Stellen des Besitzes von Akten bestenfalls als ein Zeichen von Inkompetenz und Trägheit, schlimmstenfalls jedoch als absichtliche Gehorsamsverweigerung ausgelegt werden könnte. Unter diesen Umständen war es unvernünftig von Harry Woods, alle diejenigen zu verfluchen, die ihm jungfräulich leere Akten, unausgefüllte Karteikarten und völlig unbedeutende Listen schickten, die jedoch alle mehr oder weniger als sehr geheim bezeichnet waren und deshalb behandelt und abgelegt werden mußten, für den Fall, daß eines Tages der Absender tatsächlich etwas zu dem Fall zu sagen hatte.

Douglas half Harry Woods, das Schwierigste davon auszusortieren. Viele der in Deutsch abgefaßten Formulare waren für beide Männer neu. Douglas ließ einen der Hausdiener Tee und Sandwiches bringen, und beide arbeiteten sie die Mittagspause hindurch. Immer wenn sie so eng zusammenarbeiteten, harmonierten sie bestens miteinander, und Harry Woods war wieder, jedenfalls für diese Zeit, der väterliche Kumpel. Von Huth war weit und breit nichts zu sehen. Es war zwar Nachricht gekommen, er befände sich in einer Besprechung, aber Harry meinte, vermutlich liege er im Bett und schliefe.

Es war halb drei am Nachmittag, als Jimmy Dunns Anruf kam. »Ich habe den Mann gesehen, Sir«, berichtete er Douglas, »mich aber selbstverständlich im Hintergrund gehalten. Er hatte sich mit seinem Freund, dem Musiklehrer, zum Mittagessen in der Schule verabredet. Der Direktor sagte mir, daß er heute nachmittag vermutlich in der Musikklasse sein werde. Der Name des Mannes ist John Spode.«

»Gute Arbeit, Jimmy«, sagte Douglas.

»Er ist kein fest angestellter Lehrer, sondern nur fallweise, von einem Tag auf den anderen, dort beschäftigt. Ich habe seine Anschrift von der Schulverwaltung. Ich habe gesagt, ich käme von der Kulturbehörde, aber ich bin mir nicht ganz sicher, ob sie mir das geglaubt haben. Dann bin ich hingegangen und habe mir seine Wohnung angesehen. Es ist ein verwahrlostes Loch in der Mafeking Street, Marylebone, nicht weit von der Schule entfernt. Keine vernünftigen Schlösser an den Türen, vom Hausmeister keine Spur, da bin ich rein und hab mich umgesehen.«

»Und?«

»Zwei Räume und ein Bad, das er mit jemand anderem teilt,

nicht direkt mies, wenn man die Umgebung in Betracht zieht. Ein bißchen schmuddelig. Aber da steht ein hübscher kleiner eingelegter Tisch, und einige Bilder an den Wänden sehen ganz so aus, als seien sie einen Haufen Geld wert. Kunst und Antiquitäten sind zwar nicht mein Fach, Sir. Doch diese Dinge, auch wenn sie alt aussehen, sind in einem tadellosen Zustand. Und ich denke doch, daß das im allgemeinen ein Zeichen dafür ist, daß sie was wert sind.«

»Ist er sonst sauber?«

»Na ja, ich hab' ihn noch nicht umgekrempelt. Ich würde sagen, sauber, aber nicht ganz koscher.«

Das war eine Redewendung der britischen Polizei geworden, Dinge zu umschreiben, bei denen man unter Umständen ein Auge zudrücken konnte.

»Bleiben Sie da, Jimmy«, sagte Douglas, »ich komme gleich rüber und schau mir das selbst mal an.«

10. KAPITEL

Die obere Etage des Hauses war durch Brandbomben zerstört, und Douglas konnte durch Löcher, die einmal Fenster gewesen waren, das verbrannte Gebälk sehen, das wie ein Gitter gegen den blauen Himmel stand. Die Fenster im Erdgeschoß waren mit Brettern vernagelt, angesichts der Glasknappheit in dieser Gegend ein gewohnter Anblick. Die Wohnung des Verdächtigen befand sich im zweiten Stockwerk. Jimmy Dunn ging voraus.

Er hatte das beschriebene Möbelstück zu Recht als wertvoll bezeichnet. In diesem Raum befanden sich genug Kostbarkeiten, um einen Mann zehn Jahre lang ernähren zu können, ausgesucht schön, eine Augenweide für den Kenner.

»Immer noch kein Hausmeister da?«, fragte Douglas.

»Es steht eine Flasche Milch vor seiner Tür. Sieht so aus, als sei er die ganze Nacht weggeblieben. Vielleicht hat er die Sperrstunde verpaßt und ist irgendwo über Nacht geblieben.«

Douglas nickte. Das kam häufig genug vor. Nach der erlaubten Ausgangszeit noch die Straße zu betreten, erforderte eine spezielle Bescheinigung, die Besatzer natürlich ausgenommen. So übernachtete man des öfteren bei Freunden.

»Ist an diesen Räumen wirklich etwas komisch, Jimmy, oder werde ich allmählich alt?«

»In welcher Hinsicht, Sir?«

»Wertvolle Antiquitäten im Zimmer und eine zerbrochene Seifenschale im Bad, teure Teppiche auf dem Boden und schmutzige Wäsche auf dem Bett.«

»Vielleicht ist er ein Geizhals, Sir?«

»Geizhälse kaufen überhaupt keine Seife«, sagte Douglas. Es war eine törichte Antwort, aber ihm war klar, daß dies nicht nur der Schmutz eines knauserigen Geizkragens sein konnte. »Riechen Sie die Mottenkugeln?« Douglas ließ sich auf Hände und Knie nieder und beroch den Teppich, der jedoch nicht mit Mottenpulver eingerieben worden war. »Der ist in einem Lagerraum gewesen«, sagte Douglas und kam wieder auf die Füße. Er wischte sich den Staub von den Händen. »Jedenfalls nehme ich das an.« Er begann die Schubladen einer kleinen Kommode zu durchstöbern, drehte ein paar Hemden um und wühlte sich durch Unterwäsche. Die meisten Stücke davon waren mit dem Zeichen der britischen Armee versehen. »Es *muß* hier doch irgend etwas Persönliches geben«, sagte Douglas, während er alles ausräumte, »Lebensmittelkarten, Entlassungspapiere, Rentenbescheinigung und so.«

»Viele Leute tragen all das bei sich«, wandte Dunn ein. »Es wird so oft eingebrochen, und es dauert so unheimlich lange, Ersatzpapiere zu kriegen.«

»Und dann läßt er alle Kostbarkeiten hier herumstehen, ohne ein vernünftiges Schloß an der Tür?« Douglas zog die nächste Schublade auf und durchsuchte sie sorgfältig. »Ah! Was ist denn das?« Er hatte einen Briefumschlag gefunden, mit einem halben Dutzend Fotos: Spodes Eltern irgendwo in einem Vorstadtgarten mit zwei kleinen Kindern, ein Kind auf einem Dreirad. »Manche Leute können sich von solchen Erinnerungen eben doch nicht trennen«, erklärte er dem Sergeant. »Auch wenn es um's eigene Leben geht, ist es schwierig, die Familie einfach wegzuwerfen.« Ein weiteres Foto stellte Braut und Bräutigam dar. Es war ein Schnappschuß, ein bißchen verwackelt.

Douglas besah sich alle Bilder. Das größte war ein altes Pressefoto auf Glanzpapier, scharf und deutlich. Es zeigte eine Gruppe von Leuten in weißen Mänteln, die um einen älteren Mann standen. Er wandte die Fotografie, um die Beschreibung auf der Rückseite zu lesen. Ein Gummistempel gab das Datum an und das Copyright einer Bildagentur. Die Beschriftung des Bildes lautete:

> »Heute feiert Professor Frick seinen 70. Geburtstag mit seinen Laboratoriums-Mitarbeitern, die gleichfalls an dem Experiment beteiligt waren, welches ihm im vergangenen Jahr weltweite Beachtung einbrachte. Durch das Bombardement von Uranium mit Neutronen, mit dem Zweck, Barium und Kryptongas herzustellen, bewies Frick seine zuvor aufgestellte Theorie über die Disintegration des Uraniumkerns.«

Das sah ganz und gar nicht nach einem Thema aus, das für Zeitungsschlagzeilen herhält. Auch die Namen der Wissenschaftler waren aufgeführt. Sie waren, außer den beiden Namen Dr. John Spode und Dr. William Spode, bedeutungslos. Douglas wandte das Foto um und betrachtete die Gesichter der Männer, die da an einem so lang zurückliegenden sonnigen Tag ins Licht blinzelten. »Ist das unser Mann?« fragte er Dunn.

»Ja, Sir«, bestätigte dieser, »das ist er.«

»Du lieber Himmel. Der daneben ist der Tote von Shepherd Market.«

»Soll ich mal bei der Agentur nachfragen, ob sie eine Liste der Käufer von Abzügen dieses Fotos haben?« fragte Dunn. »Es ist schließlich an diese Anschrift geschickt worden.«

»Das wäre einen Versuch wert«, stimmte Douglas zu.

Wieder machte er einen Rundgang durch den Raum. Wände, Schränke, Fußbodendielen, alles sah so harmlos aus. Nichts war im Wasserkasten des WCs versteckt, nur zusammengebackener Schmutz auf dem Schrankaufsatz und Staub unter dem Teppich.

Douglas blickte hinüber zu dem Küchentisch, der in eine Ecke geschoben worden war, um Platz zu gewinnen. Er betastete die Unterfläche, um sich zu vergewissern, ob dort nichts mit Klebeband versteckt war. Dann kniete er nieder, um die Unterseite auch noch in Augenschein zu nehmen. »Sehen Sie sich das mal an, Jimmy«, sagte er.

Wie die meisten Küchentische hatte auch dieser eine Besteckschublade, aber die war dadurch versteckt, daß der Tisch verkehrt gegen die Wand geschoben worden war. Zusammen zogen die beiden Männer den schweren Tisch zur Seite, bis genug Platz war, um die Schublade herauszuziehen. Darin befanden sich ein paar Löffel und Gabeln und ein zerbrochener Schneebesen, aber den meisten Platz in dieser Schublade nahm ein Arm ein, eine rechte Armprothese aus blankem Leichtmetall, die in ihre Einzelteile zerfallen war, nachdem eine Schraube und eine Mutter sich gelöst hatten. Douglas kannte das fehlende Teil genau, und mit der Behendigkeit eines Zauberkünstlers zog er es aus seiner Tasche und hielt ihn an die passende Stelle. Dann pfiff er leise durch die Zähne.

»Das genügt mir«, sagte Douglas. »Dieses Stückchen fand ich am Tatort. Ich möchte wissen, ob es sich in einem Handgemenge gelöst hat.«

»Bei dem Mordfall Peter Thomas?«

»Wir können ab jetzt ruhig von einem Mordfall William Spode sprechen, Jimmy.« Er steckte das Metallstück in seine Tasche zurück und legte die Armprothese wieder in die Schublade. Er fand des weiteren einen Papierbeutel und darin eine offenbar ziemlich alte, aber gepflegte Leica mit einigen Zubehörteilen, Teleobjektiv, Gegenlichtblende und einem zusammengelegten Stativ. »Das ist schon ein paar Groschen wert«, meinte er trocken.

Sie taten die Dinge an ihren Platz zurück und schoben den Tisch wieder gegen die Wand.

»Leica-Kameras sind zur zweiten Währung geworden«, sagte Dunn. »Ich kenne einen Mann, der seine ganzen Ersparnisse in ein paar Dutzend von diesen Dingern gesteckt hat.«

»Das klingt aber nach einer gefährlichen Investition«, meinte Douglas.

»Noch gefährlicher ist es, sein Vermögen in Papiergeld anzulegen«, entgegnete Dunn. »Sie glauben also, daß der Tote falsch identifiziert wurde?«

»Wir werden nie beweisen können, daß das absichtlich geschah«, sagte Douglas. »Alle werden behaupten, das sei in gutem Glauben geschehen, aber ich wette meine Monatsration an Tabak, daß sie lügen.«

»Aber warum, Sir?«

»Zu viele Zeugen haben mir das gleiche erzählt, Jimmy.«

»Vielleicht war es die Wahrheit, Sir?«

»Die Wahrheit ist nicht immer ein und dieselbe«, sagte Douglas. »Sie sagten, dieser Spode sei heute nachmittag in der Schule?«

»Sollte sein«, stimmte Dunn zu. »Gehen wir jetzt dahin?«

»Ich werde erst die Zentrale anrufen. Ich nehme an, daß mein neuer Boß mit von der Partie sein will.«

Douglas Archers Vermutung erwies sich als richtig. Standartenführer Huth gab einen typischen Beweis von — wie Harry Woods zu sagen pflegte — ›beschissener SS-Wichtigtuerei‹.

11. KAPITEL

Die Beech-Road-Schule war so wie viele andere Schulen, in denen Londoner Kinder ihre Tage verbringen, eine Art grimmige viktorianische Festung. Neben der Schule stand eine halbzerstörte Kirche. Ein asphaltierter Teil des Kirchhofs war zum Pausenhof geworden. Welch ein Platz, um Kinder dort ihre kostbare Jugend verschwenden zu lassen, dachte Douglas. Armer kleiner Douggie.

Der Schule gegenüber lag eine Teestube. Einst war es eine gemütliche kleine Bude gewesen mit dem Duft nach Woodbine-Zigaretten, gebuttertem Toast und Kondensmilch. Douglas erinnerte sich, daß er als junger Kriminalbeamter öfters dort gewesen war und die Theke immer vollgestanden hatte von dicken Scheiben Brotpuddings, schwer wie Blei und dunkel wie Geräuchertes. Nun sprudelte aus der alten Teemaschine nur Tee-Ersatz, und es war nicht warm genug in dem Raum, daß die Fenster sich vom Atemhauch beschlagen hätten.

»Wir haben vier Trupps Waffen-SS in Reserve«, erklärte Huth Douglas, »ich halte sie noch außer Sicht. Die übrigen Männer haben den Block umstellt.« Douglas ging zur Tür der Teestube und blickte hinaus. Die Männer waren in voller Kampfausrüstung, einschließlich der Handgranaten im Gürtel. In der Lisson Grove stand eine Reihe Lastwagen und daneben ein Massenaufgebot an Verhörkommandos mit allem, was dazu gehörte: Klapptischen, Reiseschreibmaschinen und Handschellen.

Douglas wußte, daß es zur deutschen Besatzungspolitik gehörte, Stärke, Recht und Ordnung zu demonstrieren: zum Nachweis der Möglichkeiten, die der Besatzungsmacht zur Verfügung standen. Aber soviel Aufwand hatte er nun doch nicht erwartet.

»Sie hätten mich das lieber allein machen lassen sollen«, sagte Douglas zu Huth.

»Ich wünsche der Bevölkerung klarzumachen, daß wir in diesen Dingen keinen Spaß verstehen«, erwiderte dieser. »Wir wollen jetzt gehen und ihn uns holen.«

Die beiden Männer überquerten die Straße. Ein Soldat lachte. Douglas blickte zurück dorthin, wo die Männer des Sturmtrupps in lockerer Haltung standen, so wie Soldaten eben die Gelegenheit wahrnehmen, wenn sie ihnen einmal geboten wird. Er überlegte, ob wohl die SS-Leute dem Befehl, das Feuer auf die Schule zu eröffnen, auch gehorchen würden? Soweit er Kinder kannte, würden sie die Nasen gegen die Fensterscheiben pressen oder mindestens darum bitten, es tun zu dürfen. Ängstlich hielt er Ausschau nach dem Gesicht seines Sohnes. Doch zum Glück sah er ihn nicht. Als sie die Eingangshalle betraten, erschien ein eifriger Pedell, um sie zu begrüßen. Es lag eine trügerische Ruhe in der Luft, so als ob die Schule mit allen, die sich darin befanden, Befehl erhalten hätte, die militärischen Aktivitäten draußen auf der Straße einfach zu ignorieren.

»Was kann ich für Sie tun, Gentlemen?« fragte eifrig der Mann.

»Gehen Sie mir aus dem Weg«, befahl Huth. »Wo ist der Direktor? Versteckt er sich unter seinem Schreibtisch?«

Douglas protestierte vorsichtig: »Standartenführer, ich muß darauf bestehen, daß die bürgerlichen Rechte des Direktors unangetastet bleiben. *Ich* bin derjenige, der ihn in Haft nimmt, wenn überhaupt.«

Huth lächelte. »Wir werden ihn ja nicht gleich erschießen, auch nicht, wenn er zu entkommen versucht, falls Sie das mit Ihrer kleinen Ansprache gemeint haben.« Er schritt weiter und öffnete die Schwingtür, durch die der Schuldiener sich zurückgezogen hatte und schrie: »Beeilen Sie sich, Direktor, verdammt noch mal!« Dann wandte er sich wieder Douglas Archer zu und sagte: »Zu viele Fragen sind in diesem Stadium der Untersuchung noch unbeantwortet, als daß es für ihn gefährlich werden könnte.«

Der Direktor näherte sich in einer schnellen, sportlichen Gangart. »Was soll diese Störung bedeuten?« fragte er mit einer Art Stimme, wie Douglas sie seit seiner Schulzeit nicht mehr gehört hatte.

Huth fixierte den Direktor eingehend, dann nahm er seinen silberbeschlagenen Rohrstock und tippte dem Mann damit gegen die Brust.

»Unterlassen Sie es«, sagte er und machte eine lange Kunstpause, in der man nur den schweren Atem des Direktors hörte, »unterlassen Sie es, so mit mir zu reden«, Huth sprach langsam, jedes einzelne Wort betonend, »oder zu einem meiner Offiziere. Das gibt Ihren Schülern ein schlechtes Beispiel.«

Die Augen des Direktors quollen hervor. Die gemessene Sprache und der bedrohliche Ton des SS-Offiziers hatten ihn aus der Fassung gebracht. »Handelt es sich etwa um diesen Spode? Ich wünschte, ich hätte ihm nie eine Beschäftigung gegeben. Ich habe nur Ärger mit ihm gehabt. Ich konnte nicht einmal seiner Loyalität sicher sein.«

»Wo ist er?« fragte Huth in einem Ton, als spräche er zu einem Kleinkind.

»Spode?«

»Wer denn sonst? Dachten Sie, ich käme hier vorbei, um Sie nach dem Verbleib von Reichsmarschall Göring zu befragen?« — wieder eine lange Pause — »oder um mich zu erkundigen, wo sich der König von England, die Königin und die beiden Prinzessinnen aufhalten?«

»Nein, selbstverständlich nicht. Sehr witzig, Herr Oberst. Der König, ja, haha! Ich weiß ja, daß sich der König mit der königlichen Familie in Schloß Windsor befindet und daß es ihnen allen gesundheitlich großartig geht. Ich habe das entsprechende Bulletin gelesen, und mein Lehrerkollegium weiß, daß ich die Gerüchte niemals dulden werde, daß Seine Majestät sich im Tower von London befände.«

»Wo ist Spode?« wiederholte Huth und schob seine Uniformmütze etwas zurück, als ob ihn das Mützenband drücke.

»Spode?« Ein nervöses Lächeln. »Spode? *Sie* müssen doch wissen, wo er ist. Er ist auf der Polizeiwache.« Wieder lächelte er gezwungen, als er bemerkte, daß Huth die Stirne runzelte.

»Ist er denn nicht dort? Ein Beamter kam heute morgen und fragte nach Spodes Adresse.« Huth hob eine Augenbraue und blickte zu Douglas hinüber, der zustimmend nickte. Der Direktor beobachtete diesen Blickwechsel ängstlich und fuhr fort: »Natürlich gab ich dem Beamten die Adresse, ich habe ja nicht geahnt, daß ich Ihnen damit in die Quere kam, wirklich nicht. Vor Kriegsausbruch verbrachte ich meinen Urlaub in Deutschland. Ich habe das System bewundert und bewundere es noch, ich meine speziell das in Deutschland. Das soll nicht heißen, daß ich nicht auch das System in England bewundere ...«

Douglas durchquerte die Halle, an deren anderem Ende Sergeant Dunn wartete.

»Laufen Sie zurück, Jimmy, holen Sie die Armprothese, die Fotos und das ganze Zeug!«

»Reißen Sie sich zusammen, Sie Lump«, sagte Huth soeben, »wo ist Spode?«

»Das habe ich Ihnen doch schon gesagt, Herr Oberst! Das Polizeirevier rief an und wollte ihn sehen. Selbstverständlich habe ich ihm die Erlaubnis gegeben, die Klasse zu verlassen.«

»Und wer hat den Telefonanruf entgegengenommen?«

»Die Sekretärin. Ich habe sofort nach Spode geschickt, damit die Polizei mit ihm sprechen konnte. Wir haben nur das eine Telefon.«

»Wann war das?«

Der Direktor sah auf seine Armbanduhr, tippte darauf und hielt sie gegen sein Ohr: »Ungefähr vor einer Stunde.«

Huth ging zum Haupteingang und blies zweimal kurz auf seiner Trillerpfeife. Einige SS-Leute kamen gelaufen. Ihre genagelten Stiefel knallten auf dem Asphalt.

»Stecken Sie diesen Idioten in Einzelarrest! Jeder Kontakt mit anderen Verhafteten ist verboten!«

»Sie meinen, daß dieser Anruf von einem seiner Komplizen kam? Oh, mein Gott!« rief der Direktor. Er griff nach Douglas Archers Arm und hielt ihn fest. »Dieser Spode hat mich ausgetrickst«, sagte er. »Erklären Sie ihm das! Sie sind Engländer, ich weiß, daß Sie einer sind. Sagen Sie ihm, daß ich unschuldig bin!«

Douglas wurde starr vor Scham über das peinliche Benehmen dieses Mannes. Ein Soldat löste den krampfhaften Griff des Direktors. »Dann lassen Sie mich mit meiner Frau telefonieren!« beharrte dieser, aber die SS-Leute zogen ihn bereits mit sich fort.

»Alle Lehrer festnehmen!« befahl Huth dem SS-Scharführer, »und die älteren Kinder dazu. Wir können nicht sicher sein, ob nicht auch Kinder da mit hineingezogen worden sind. In den letzten Monaten haben auch Fünfzehnjährige unsere Leute umgebracht.«

»Ich will versuchen, eine Spur zu finden, wo Spode geblieben ist«, sagte Douglas.

»Der ist schon in Sicherheit«, meinte Huth. »Diese Leute sind ja schließlich nicht dumm!«

»Wen meinen Sie mit ›diese Leute‹?«

»Die Terroristen«, sagte Huth und gebrauchte damit die deutsche Bezeichnung für alle Widerstandskämpfer, bewaffnet oder unbewaffnet. »Nein, gehen Sie lieber und holen Sie Ihren Sohn, der ist doch hier in der Schule, oder? Bringen Sie ihn nach Hause und erklären Sie ihm, was hier los ist.«

»Erklären ...«, sagte Douglas. Er sah keine Möglichkeit, dem Kind den ganzen Irrsinn zu erklären, der die Welt beherrschte.

»Kinder können sich auf vieles einstellen. Versuchen Sie nicht, alles auf die Mutterlosigkeit Ihres Sohnes zurückzuführen.«

Douglas gab keine Antwort. Sie beobachteten, wie die SS-Soldaten eine Gruppe von Lehrern im Schulhof zusammentrieben. Ein Lastwagen fuhr rückwärts durch das enge Schultor.

»Das wäre nicht nötig«, sagte Douglas, »diese Lehrer sind mit Sicherheit unschuldig. Die wissen von nichts.«

»Dazu ist es jetzt zu spät«, erwiderte Huth, »selbst wenn ich mit Ihnen darin übereinstimmte.«

Es gab ein lautes Krachen, als die Seitenwand eines Lastwagens herunterfiel. Dann kletterte der erste Lehrer in den Wagen. Es war ein alter Mann, ein Soldat mußte ihm helfen. Einer der Kollegen ließ einen ermunternden Zuruf hören und der alte Mann kicherte hilflos. Es war immer das gleiche, dachte Douglas: die Verhafteten fühlten sich sicherer, wenn sie mit Leuten zusammen waren, die sie kannten. Sie hatten dann das Gefühl, daß es nicht allzu schlimm kommen konnte, und empfanden Trost in der Gewißheit, daß keiner von ihnen sich eines Verbrechens schuldig gemacht hatte. Die Verhaftung bekam damit den trügerischen Anstrich eines Ausflugs, eines Picknicks, einer Unterbrechung der Monotonie des Alltags. Die Soldaten kannten das, sie unterstützten diese trügerische Sorglosigkeit, weil sie wußten, daß ihre Aufgabe leichter und weniger herzzerreißend wurde, wenn die Verhafteten lächelnd zum Verhör fuhren.

»Haben Sie nochmal von dem Mädchen gehört?« fragte Huth.

Douglas war zu abgelenkt, um hinzuhören. Er gab keine Antwort.

»Die Vorgänge am Trafalgar Square sind mir wohlbekannt, Sie Schafskopf«, sagte Huth. »Hat sie wieder Kontakt mit Ihnen aufgenommen?«

»Sie sind *mir* gefolgt und nicht ihr?«

Huth schnitt eine Grimasse. »Sie haben einen Nerv, mein Freund. Die war schnell und clever. Cleverer jedenfalls als der Mann, der ihr beigegeben war.«

»Ein Mann?«

»Hört, hört den Kriminalisten! Ja, meine Fachleute haben noch eine Menge zu lernen. Sie haben nicht mal gemerkt, daß Sie es eigentlich mit einer sehr erfahrenen Agentin zu tun hatten.«

»Sylvia?«

»Das ist Ihnen nicht aufgegangen, was? Ja, ein wichtiges kleines Mädchen. Wir hätten sie gleich einlochen sollen, noch als Gelegenheit dazu war, aber Leute wie die wittern jede Gefahr im voraus.«

»Wirklich? Sie spürte die Gefahr?«

»Oder jemand hat es ihr gesagt. Es ist immer jemand da, der die Leute unterrichtet. Es hat ja auch jemand Spode angerufen und ihm gesteckt, daß er sich auf die Socken machen soll, oder?« Er schnaufte. »Na, wie auch immer. Sie werden es wieder versuchen. Weil die nämlich unter allen Umständen mit Ihnen in Kontakt kommen wollen, Superintendent.«

»Sind Sie sicher?«

»Ich nehme doch an. Schließlich haben die einige Risiken auf sich genommen. Vielleicht ist es das nächste Mal nicht das

Mädchen. Es könnte irgend jemand anderer sein. Sagen Sie zu allem ja, was die von Ihnen wollen. Dann lassen Sie sich Vorschläge machen.«

»Was für Vorschläge?«

»Vermutlich machen die nochmals einen Versuch, dem König zur Flucht zu verhelfen.«

»Aus dem Tower von London?«

»Nichts ist unmöglich. Sie haben es schon zu Beginn des vorigen Monats vom Fluß aus versucht. Und es fast geschafft.«

»Ach ...«

Das erklärte Douglas eine Reihe von Vorkommnissen. Die Gefangenhaltung des Königs war also Gruppenführer Kellermanns wichtigste Aufgabe. Jetzt erinnerte sich Douglas plötzlich der personellen Veränderungen im Sicherheitsdienst und den SS-Einheiten. Auch daran, daß Kellermann sich ganz allmählich altverdienter Mitarbeiter entledigt hatte.

»Die würden durch Verhandlungen mehr erreichen als durch Terrorakte«, sagte Huth.

»Finden Sie?«

»Das ist nicht meine persönliche Meinung. Das ist eine Botschaft, die Sie weitergeben sollen.«

»Ich werde jetzt mal nach meinem Sohn sehen«, sagte Douglas.

»Nehmen Sie meinen Mercedes. Der Junge wird sich über das Superauto sicher freuen.«

»Es ist nicht so weit«, sagte Douglas, »und ein Spaziergang in der frischen Luft wird mir guttun.« Dennoch ging Douglas nicht. Er blieb, weil er befürchtete, daß die Kinder schlecht behandelt werden und unnötige Brutalitäten vorkommen könnten.

Er stand noch da, als der junge Sergeant Dunn angelaufen kam, hochrot im Gesicht, Schweiß auf der Stirn.

»Das Ding ist weg, die Armprothese ist weg, Sir, und der Umschlag mit dem Foto auch.«

»Sind Sie sicher?«

»Der hat sich nicht mal die Mühe gemacht, den Tisch

wieder an die alte Stelle zu rücken. Der muß abgehauen sein, während wir mit dem Yard telefonierten.«

»Pech, verdammtes Pech!« sagte Douglas bitter. »Zu viele Zufälle!«

Sergeant Dunn sah ihn verständnislos an. »Glauben Sie, daß jemand aus dem Yard ihn angerufen haben könnte?«

»Das würde ich zu gerne wissen«, sagte Douglas. »Na ja, es fehlt ihm wenigstens ein Teil.« Er steckte die Hand in seine Anzugtasche, um sich zu vergewissern, daß das Metallstück noch da war. »Die Prothese war doch ein Standardmodell von denen, die das Ministerium an Verwundete ausgab, oder?«

»Es sah so aus.«

»Um so ein Ding zu bekommen, müßte ein Mann seinen tatsächlichen Namen angeben, Dunn, und seinen Wehrdienst nachweisen. Name, Rang, Nummer — oder er müßte seinen Personalausweis vorweisen, wenn er Zivilist ist. Gehen Sie zum Ministerium und versuchen Sie, was Sie von da aus erfahren können. Falls jemand das verlorene Ersatzteil nachbestellt, will ich davon in Kenntnis gesetzt werden, bevor sie antworten.«

»Der wird wohl finden, daß das zu gefährlich ist.«

»Es *ist* zu gefährlich«, bestätigte Douglas, »ebenso wie es gefährlich ist, in die Wohnung zurückzugehen, wenn man die Polizei auf den Fersen hat. Und das hat er ja getan. Nein, dieser Bursche braucht seinen Arm. Ich glaube, der nimmt eine Menge Schwierigkeiten auf sich, um ihn wieder benutzen zu können.« Und dann entdeckte Douglas seinen Sohn und ging hinüber, um ihn nach Hause zu bringen.

Inzwischen hatte das für Massenverhaftungen gut eingespielte Team Klapptische und Stühle aufgestellt und tippte Formulare. Nicht nur Menschen wurden aktenkundig gemacht, sondern die gleiche Emsigkeit wurde auf Papiere, Bücher und Aktenordner verwandt, die man aus dem Gebäude herausschleppte. Den Männern war die Langeweile deutlich anzusehen. Sie wußten, daß diese Unternehmen, die Tag für Tag stattfanden, niemals etwas von Bedeutung erbrachten. Sie waren einfach dazu da, um nachdrücklich klarzumachen, daß jedweder Widerstand gegen die Nazi-Eindringlinge Schuldige und Unschuldige in die gleichen Schwierigkeiten bringen würde.

Die Lehrer, die sich im Lastwagen zusammendrängten, waren mittlerweile doch recht bedrückt. Eines der älteren Kinder in dem zweiten Lastwagen stand kurz davor, in Tränen auszubrechen. Einer der Lehrer, ein alter Mann mit Goldrandbrille, redete ihm gut zu, um es zu trösten.

Er lächelte dem Jungen zu und begann mit schwankender Stimme ein Kinderlied zu singen:

»Bist du glücklich, und du weißt es,
Klatsch in die Hände, klatsch in die Hände ...«

und er klatschte dabei in die Hände.

Die tonlose Altmännerstimme ließ sich in der Stille des Schulhofs deutlich vernehmen, ebenso sein In-die-Hände-Klatschen. Eine zweite Stimme fiel in den Gesang ein:

»Bist du glücklich, und du weißt es,
Klatsch in die Hände, klatsch in die Hände ...«

und plötzlich war da das Geräusch von einem Dutzend und mehr klatschender Hände, und auch das Kind, immer noch weinend, machte mit.

Die Deutschen blickten um sich, ob von irgendwoher ein Befehl käme, der das Singen verbot, aber nichts geschah.

»Bist du glücklich, und du weißt es,
Zeig es allen anderen auch!
Klatsch in die Hände, klatsch in die Hände ...«

Und nun klatschten alle Gefangenen in die Hände.

»Fahrt raus!« schrie Huth. Die Wagen starteten zu gleicher Zeit, und der erste setzte sich in Bewegung. Mittlerweile sang der ganze Gefangenenkonvoi. Es kam nicht von Herzen, es war nur der musikalische Chor verängstigter Menschen, aber der Unterton des Widerstands, der in diesem alles andere als wohlklingenden Gesang lag, war nicht zu überhören und gab allen Engländern Auftrieb, an denen die Wagen vorüberfuhren.

»Bist du glücklich, und du weißt es,
Stampf mit dem Fuß, stampf mit dem Fuß!
Bist du glücklich, und du weißt es,
Zeig es allen anderen auch!
Stampf mit dem Fuß, stampf mit dem Fuß ...«

Douglas konnte noch das Trampeln gegen die Bretterwände des Lastwagens hören, als der Konvoi schon die Edgware Road entlangröhrte. Douglas nahm seinen Sohn an die Hand und hielt sie fest, als sei dies das einzige, was er in der Welt noch besaß. Bis jetzt hatte er es für möglich gehalten, mit den Deutschen zusammenzuarbeiten. Schließlich hatte er nur Mörder gejagt und brauchte deshalb nicht sein Gewissen zu erforschen. Aber er fühlte sich immer stärker hineingezogen in einen dunklen Sog, fühlte sich wie auf einer schleimigen Schneckenspur, wie in einem Alptraum. Und sah dennoch keinen Weg zu entkommen. Die bestehenden Regeln verboten den Polizeibeamten, den Dienst zu quittieren. Diejenigen, die es doch versuchten, fanden sich auf halbe Ration gesetzt, ohne Arbeitsbewilligung und schlimmer dran als ein Bettler. Douglas faßte die Hand des kleinen Douggie fester. »Du tust mir weh«, sagte der kleine Junge.

»Entschuldige«, sagte der Vater und überlegte, ob sein Sohn ihn später mit dem gleichen mitleidlosen Gerechtigkeitssinn betrachten würde, wie alle Söhne das mit ihren Vätern taten.

In Marylebone kamen sie an einem Mann vorbei, der gebratene Steckrübenscheiben verkaufte. Der kleine Douggie lief zu dem Stand hinüber, und sein Vater folgte ihm. Die mit wenig Fett gebratenen Rübenstückchen füllten den Magen, wärmten und waren zudem nicht rationiert. Eine kleine Tüte kostete nur zwei Pence. Der alte Verkäufer tat ein Extrastück für Douggie hinein.

»Bedanke dich, Douggie«, verlangte Douglas automatisch.

»Ist schon recht, Mr. Archer. Ich freue mich, daß der Junge so wohl aussieht.«

Douglas stutzte. »Das ist Mr. Samuels, Dad«, sagte das Kind, »weißt du nicht mehr?«

Douglas traf es wie ein Schlag, als er erkannte, daß dies der Besitzer von ›Samuels Restaurant- und Teestuben‹ war, ein bevorzugter Westend-Treffpunkt, berühmt für sein feines Brot und seine Cremetorten. Aber das war vor dem Krieg gewesen. Douglas war aufgefallen, daß das Restaurant vor kurzem in ein Soldatenheim umgewandelt worden war, in ein Erholungszentrum für deutsche Soldaten. Nun sah er, daß der enteignete Samuels ein alter Mann geworden war. Seine Haut war wie Leder, die Augen waren tief in ihre Höhlen zurückgesunken. »Ich werde so zerstreut«, sagte Douglas, um zu erklären, warum er Samuels nicht gleich erkannt hatte. Vor dem Krieg war er regelmäßig mit seiner Frau und dem kleinen Douggie zum Tortenessen dorthin gegangen. »Kann ich noch eine Tüte haben? Es sieht ja lecker aus.«

Mr. Samuels schaufelte die warmen Rübenscheibchen in Zeitungspapier, das er oben einfach zudrehte. Douglas gab ihm eine Pfundnote.

»Ich kann die große Note nicht wechseln, Mr. Archer. Es tut mir leid.«

»Sie können mir das Wechselgeld ja das nächste Mal geben, wenn wir uns wiedersehen«, schlug Douglas vor.

»Nein«, sagte Samuels, aber dann besann er sich doch eines anderen und steckte das Geld dankbar in die Tasche. Als Samuels dabei den Mantel zurückschlug, entdeckte Douglas den Stern aus gelbem Stoff, den der alte Mann auf seinen Pullover aufgenäht hatte.

»Ihr Junge grüßt immer so freundlich«, berichtete Samuels, und es klang, als ob auch das manch anderer nicht genauso täte.

»Es wird alles noch zu einem guten Ende kommen, Mr. Samuels«, sagte Douglas. »Ich verspreche Ihnen: das wird's!«

Mr. Samuels lächelte, antwortete aber nicht.

Douglas beeilte sich, seinen Sohn einzuholen, der bereits seine Nase an das Schaufenster des Schneiders Benson drückte. Die zunehmende Stoffknappheit hatte viele Schneider zur

Geschäftsaufgabe gezwungen. Nur Benson gedieh. Er hatte eine Tochter, die leidlich Deutsch sprach, und seine Fenster lagen voller deutscher Uniformen und Rangabzeichen. Der kleine Douglas nahm seinen Vater bei der Hand, und sie gingen weiter, die Highstreet entlang.

»Arbeitest du für die Gestapo, Dad?« fragte sein Sohn unvermittelt.

»Nein, ich arbeite bei Scotland Yard. Ich bin bei der Londoner Polizei, genau wie immer. Es hat sich nichts geändert. Das weißt du doch, Douggi.«

»Aber die Gestapo ist in Scotland Yard«, beharrte Douggie.

»Nein, die ist im Nachbargebäude, im Norman Shaw North — und es sind fast alles Deutsche.«

»Aber du arbeitest *mit* der Gestapo«, drang sein Sohn in ihn.

»Nun ja, ich —«

»Manchmal, nicht?«

»Wo hast du das gehört?«

»Die Jungen in der Schule sagen das.« Er zog seinen Vater an der Hand. »Dad, ich und ein paar andere Jungen möchten gerne wissen ...«

Er verstummte.

»Na, nun komm schon, Douggie, heraus damit. Wir sind doch Freunde, oder nicht?«

»Könntest du ein Gestapoabzeichen besorgen?«

»Die Gestapo hat keine Abzeichen. Die haben nur so besondere Erkennungsmarken.«

»Könntest du dann wenigstens so einen SS-Ärmelstreifen oder eines von diesen SS-Abzeichen aus Silberfäden kriegen?«

»Ich glaube nicht, Douggie.«

»Oh«, sagte das Kind enttäuscht, »ich wette, du könntest es, wenn du nur wolltest, Dad. Ich wette, wenn du nur einen von den Leuten von Scotland Yard fragen würdest, jemand würde es dir schon geben.«

»Wozu denn, Douggie?« sagte Douglas. »Was willst du damit?«

»Och, ich weiß nicht«, sagte das Kind, »manche Jungen sammeln solche Abzeichen. Aber noch keiner hat eines von der SS. Die baten mich, ich sollte dich fragen.«

Als sie Mrs. Sheenans Wohnung erreichten, hatte sich der Himmel verdunkelt, und die ersten Regentropfen fielen. Douglas nieste. Er befürchtete, eine Grippe zu bekommen, und setzte sich, eng in seinen Mantel gehüllt, die Hände in den Taschen, ans Feuer, das nur sehr spärlich brannte. Douggie rückte seinen Stuhl an den Küchentisch, um seine Hausaufgaben zu machen. Einmal bat er Douglas, ihm zu helfen. Aber dann hörte das Kind die tiefen Atemzüge und wußte, daß sein Vater im Sessel eingeschlafen war. Er störte ihn nicht.

Zum Abendessen gab es für jeden ein kleines Stück gekochten Fisch, und nachdem Douggie ins Bett gebracht worden war, entschloß auch Douglas sich, schlafen zu gehen. Bis jetzt hatte er noch eine winzige Portion schottischen Whiskys aufbewahrt, nun goß er ein Gläschen für Mrs. Sheenan ein und nahm den kleinen Rest, zusammen mit einem Roman von Agatha Christie, mit ins Bett. Aber bevor er noch vier Seiten des Krimis gelesen hatte, war Superintendent Archer bereits in einen gesunden Schlaf verfallen.

12. KAPITEL

Am nächsten Morgen erhob sich Douglas früh, um hart zu arbeiten. Er versuchte, die besten seiner Informanten zu erreichen, aber es wurde ihm bald klar, daß die üblichen Unterweltgerüchte ihm in dieser Mordsache nicht weiterhalfen. Er stellte fest, daß es zwar einen Umlauf von Informationen gab, aber einige der bekanntesten Informanten waren verhaftet worden. Gegen Mittag wußte Douglas, daß die Leute, die in diesen Mordfall verwickelt waren, einen großen Bogen um Londons Unterwelt gemacht hatten.

Am Nachmittag war Douglas einer der wenigen britischen

Staatsangehörigen, die in der Caxton Hall anwesend waren. Ein hoher Funktionär der Reichsleitung der NSDAP hielt sich zu der üblichen Stippvisite hier auf: Einkaufen, Essen, Trinken und durch London bummeln. Er revanchierte sich für sein Abendessen mit einer dreistündigen Ansprache an die leitenden Beamten der Londoner Polizei und die Offiziere des SS-Hauptquartiers.

Selbst der findige Huth hatte keine Möglichkeit gefunden, dem auszuweichen. Douglas beobachtete ihn, wie er gähnte und nickte und mit behandschuhten Händen widerwillig Beifall klatschte. Es war interessant, ihn mit Kellermann zu vergleichen, der gleichfalls auf der Tribüne saß. Der war in sowas geübt, saß vorgelehnt, nickte bei jeder Plattheit und jeder Halbwahrheit, ließ laute Rufe der Zustimmung hören, wenn die wohlbekannten Phrasen gedroschen wurden. Kellermann war in der Lage, sein Gähnen in Lächeln umzumünzen, und während er sich den Nasenrücken rieb, machte er nicht den Eindruck, als döse er vor sich hin, sondern als sei er in tiefe Konzentration versunken, und dies erfordere es, die Augen zu schließen. Am Ende der Rede, während Huth unter seinem Stuhl nach seiner Mütze und seinem Stöckchen griff, um dem nächsten Ausgang zuzustreben, stand Kellermann schon auf dem Podium, klatschte begeistert in die Hände und lächelte dem Gast entgegen. Und es war gleichfalls Kellermann, der, ganz außerhalb des Programms, zum Mikrofon schritt und für die von nationalsozialistischem Gefühl getragene Rede, deren klarer Leitgedanke keine Kompromisse zuließ, einen kurzen improvisierten Dank aussprach. Diese Wendung hatte er bereits ein paar Dutzend Male bei ähnlichen tristen Unterbrechungen eines Arbeitstages gebraucht.

Als Douglas nach Scotland Yard zurückkam, aß Harry Woods gerade Toast zum Tee. »Sergeant Dunn hat angerufen«, sagte Harry ungewöhnlich förmlich. Es verstörte ihn, daß noch ein dritter Beamter mit Nachforschungen betraut war.

»Das ist gut.«

»Die Bildagentur sagte, irgend jemand hätte sie wegen eines

Abzugs des Fotos angeschrieben, aber mehr wissen die auch nicht. Der Empfänger hat per Nachnahme gezahlt. Keine Chance, die Identität festzustellen.«

»Schade«, sagte Douglas.

»Du solltest nicht zu diesen Nazireden gehen, wenn sie dich in schlechte Laune versetzen«, meinte Harry. »Dunn möchte jeden von diesen Leuten auf dem Foto überprüfen. Nur mal so, auf Verdacht.«

»Gibt's noch Tee?«

»Ich wußte gar nichts von dem Foto, das du in der Wohnung des Lehrers gefunden hast.«

»Na, jetzt weißt du's.«

»Ich habe Dunn gesagt, er soll es mir morgen mal überlassen. Ich will sehen, was ich tun kann. Nein, Tee ist keiner mehr da, aber der war ohnehin miserabel.«

»Dann sagst du ihm, bitte, wieder das Gegenteil. Wenn er anruft, sag ihm, er solle gefälligst bei der Aufgabe bleiben, die ich ihm zugeteilt habe.«

»Dunn ist doch noch ein grüner Junge. Das könnte sehr gefährlich werden. Das weißt du auch. Und ich bin nicht sicher, ob Dunn die Erfahrung hat, einen so komplizierten Fall wie diesen zu handhaben.«

Douglas ging zu einem Tisch in der Ecke des Raumes. Hier lagen die Ergebnisse einer unvorstellbar langen und mühseligen Arbeit: die Ascheflocken des Papiers, das in der Wohnung am Shepherd Market verbrannt worden war, waren Stück für Stück zusammengesetzt und zwischen zwei Glasscheiben gelegt worden.

»Bitte tu, was ich dir gesagt habe, Harry. Verstanden?«

Douglas betrachtete aus nächster Nähe eines der schwarzen Teilchen verbrannten Papiers. Er konnte nichts erkennen.

»Yes, Sir!« sagte Harry mit ironischer Dienstbeflissenheit.

»Ich mache Schluß für heute. Wo ist Huth?«

»Er bespricht sich mit irgendwelchen SD-Leuten aus Norwegen. Irgendwas über schwere Wasserpflanzen. Verstehst du das?«

Douglas grunzte Zustimmung.

Harry Woods fuhr fort: »Und was soll ich ihm sagen, wenn er wissen will, wo du bist?«

»Sag, daß du es nicht weißt«, schlug Douglas mit völlig ausdruckslosem Lächeln vor.

Dann ging er.

13. KAPITEL

›Bei Bertha‹ hieß die kleine Bar in der Old Compton Street, Soho. Es war nicht viel mehr als ein kleiner Raum im zweiten Stock, eingeklemmt zwischen dem Schneideraum einer Filmgesellschaft und dem Schneidergeschäft des alten Charly Rossi. Das bißchen Tageslicht wurde durch wildwuchernde Topfpflanzen noch verdüstert, die durch nichts besser zu gedeihen schienen als durch in ihrer Erde zerdrückte Zigarettenenden resoluter Polizisten und den Alkohol, den vorsichtige Mädchen über ihre Wurzeln ausgossen.

Auf ihrem hohen Stuhl hinter der reichverzierten Registrierkasse saß Bertha und hielt den Vorsitz über Barkeeper und Kunden. Ihre scharfe Zunge und ihr rauhes Vokabular verschafften ihr auch bei den übelsten schweren Jungs die nötige Hochachtung. Die Deutschen benutzten dieses Lokal als eine Art Lauschposten. Des öfteren saß dort ein junger Mann in der Ecke hinter dem Klavier, sagte wenig und hörte alles.

Als Douglas eintrat, saßen da schon ein halbes Dutzend Stammkunden. Sie waren alle beim Rennen von Epsom gewesen, einem der wenigen Rennplätze in Südengland, der die Kämpfe heil überstanden hatte. Nun redeten sie über ihre Verluste und stritten über ihre Gewinne. Auf der Theke stand eine Flasche französischen Champagners, und eine weitere lag im Ausguß, der als Eisbehälter diente. Die Männer begrüßten Archer herzlich, obwohl dieser zwei von ihnen eine dreijährige Gefängnisstrafe verschafft und den anderen vier zumindest Scherereien gemacht hatte. Der ›ehrliche‹ Roger war auch da, melancholisch dreinblickend, ein australischer Spieler, der aus dem Würfelspiel ein regelmäßiges Einkommen bezog. Die Gewinne des ›ehrlichen‹ Rogers waren darauf zurückzuführen, daß die Würfel innen so beschwert waren, daß sie nur niedrige Punktzahlen würfelten. Das Spiel des ›schrecklichen Jimmy‹ war womöglich noch ehrenhafter.

»Bertha, ein Glas für meinen alten Freund, Superintendent Archer von Scotland Yard!« rief ein Mann, der ganz offenkundig der Boß der Gruppe war. Er war auffallend gut gekleidet und in der Brusttasche des teuren Tweedanzuges steckte ein goldgelbes Seidentuch. Nur sein Gesicht schien nicht ganz zu diesem sorgfältig zusammengestellten äußeren Aufzug zu passen. Seine Haut war gelblich, eher wächsern, seine Augen klein und verschlagen. Auch sein Oberlippenbärtchen paßte wenig zu der Garderobe eines Landedelmannes. Dünn und sorgfältig gebürstet hätte es besser einen Schauspieler in der Rolle eines Gigolo gekleidet.

»Mach halblang, Arthur«, sagte Douglas. Er hätte gerne gesagt, daß er solche überschwenglichen Begrüßungen nicht schätzte, aber behielt es dann doch für sich.

»Mach keinen Ärger, alter Junge«, sagte Arthur, nahm dem Barkeeper den Champagner aus der Hand und goß ein Glas randvoll. »Schlucken Sie das, Superintendent, das ist was Rechtschaffenes!« Er drehte die tropfnasse Flasche so, daß Douglas das Etikett sehen konnte.

»Ich glaub's schon«, sagte Douglas. Arthur handelte mit gestohlenen Weinen und Zigaretten. Für solche Leute waren jetzt goldene Zeiten.

»Wir haben gehört, Sie verlassen den Yard und übernehmen einen Spezialauftrag für die Deutschen?«

»Es tut mir leid, Sie enttäuschen zu müssen«, sagte Douglas, »aber soweit mir bekannt ist, werde ich noch eine ganze Weile dort sein.« Er nippte ein wenig an seinem Glas. »Schmeckt gut, Arthur.«

»Trinken Sie es doch aus«, sagte Arthur, »das Leben ist kurz.«

»Sie machen derzeit wohl in hochprozentigen Sachen?« vermutete Douglas.

»Nein«, erwiderte Arthur, »ich mache in Tabak und Wein. Für Spirituosen ist Scotch-Johnny zuständig.«

Die schrägen Vögel lachten, Bertha kicherte. Selbst Douglas mußte lächeln.

»Ich kann kaum glauben, daß dies mit rechten Dingen zugeht, Arthur«, sagte Douglas.

»Nun seien Sie mal kein Miesmacher, Superintendent! Wir haben alle einen schönen Tag hinter uns, und dazu noch einen streng legalen.«

»Wohl bekomm's«, sagte Douglas und trank.

»Das ist schon eher der Superintendent Archer, den ich bisher kannte«, meinte Arthur. Hinter der Registrierkasse hob auch Bertha ihr Glas, netzte jedoch nur ihre Lippen, wie Leute das tun, die immer inmitten von Alkoholika leben müssen.

»Was haben Sie denn gewonnen, Arthur? Ich hätte ja niemals vermutet, daß Sie sich für Pferde interessieren.«

»Da haben Sie auch recht. Wir sind heute nur rausgefahren, um ein paar alte Bekannte zu treffen und ein paar hübsche Mädchen aufzureißen. Mein Gewinn hat nicht mal dazu ausgereicht, die Taxe zu zahlen.« Arthur trank ein wenig hastig, so wie einer, der damit zeigen will, daß er noch nicht fertig ist mit Reden.

»Meine alte Mamm, Gott hab sie selig, sagte immer, so ein Pferdeverstand bewahrt Pferde davor, auf Menschen zu wetten, verstehen Sie?«

»Ihre alte Mammi schien Sinn für Komik gehabt zu haben«, meinte Douglas freundlich.

»Sie kennen sie«, sagte Arthur. »Hier bei Bertha haben Sie sie Weihnachten 1938 kennengelernt. Sie hielt eine Menge von Ihnen. Sie haben Sie damals zu einem Portwein mit Zitrone eingeladen und ihr erzählt, ich sei ein ehrenhafter, hart arbeitender junger Mann, der lediglich in schlechte Gesellschaft geraten sei.« Arthur lachte so dröhnend, daß er etwas von dem Champagner über Douglas' Ärmel verschüttete. Immer noch lachend, tupfte er ihn ab. »Entschuldigen Sie vielmals! Trinken Sie noch etwas Champagner aus Frankreich! Der ist echt!«

»Im Gegensatz zu all dem anderen Schampus, den Sie in dem Keller herstellen, den Sie in Fulham gemietet haben, was?«

»Na, na, na, immer fair bleiben! Jeder auf seine Weise. Von mir erfahren Sie nicht, wie man die anderen Gauner hereinlegt.«

»Wenn Sie schon nicht beim Rennen gewonnen haben, was feiern Sie denn hier? Wo kommt das Geld dazu her?«

Arthur entdeckte einen weiteren Champagnerfleck auf Douglas' Ärmel, er zog sein Seidentuch aus der Brusttasche und betupfte ihn wiederum.

»Alles rechtens«, sagte Arthur. »Streng gesetzlich. Sie kennen doch Sydney Garin?«

»Jeder kennt ihn«, erwiderte Douglas, »den kleinen armenischen Kunsthändler.«

»Nunmehr der kleine *deutsche* Kunsthändler«, verbesserte ihn Arthur, »Graf von Garin, der Experte für arische Kunst!«

Sie lachten, und Arthur goß nochmals Champagner ein. »Also: Garin hat sich mit Peter Shetland zusammengetan, der nach dem Tod seines Vaters im vergangenen Jahr Herzog von Ich-weiß-nicht-was geworden ist. Sie kennen ihn, Superintendent, den Peter Shetland, groß, ein hageres Bürschchen. Er hat von Zeit zu Zeit hier bei Bertha mal ein Bierchen getrunken.«

»Ich kenne ihn«, bestätigte Douglas.

»Peter Shetland, jetzt mit Monokel« — Arthur zog eine entsprechende Grimasse — »der ist jetzt dick drin mit den Michels. Diese Dummköpfe mögen ja das Besondere. Garin hat das Hirn und Shetland macht das Aushängeschild, so kommen die beiden prima zurecht.«

»Womit?«

»Sie betätigen sich als Kunsthändler für die Deutschen. Wenn einer von den Nazigrößen ein Altarbild aus einer polnischen Kathedrale geklaut hat, fährt Garin in die Schweiz oder nach New York und tritt als Zwischenhändler auf, um die Sachen, ohne viel Fragen nach ihrer Herkunft, in den Kunstmarkt zu schleusen. Die beiden schwimmen im Geld.

Ich glaube, einige der Gemälde bringen Hunderttausende ein. Das gibt eine hübsche Vermittlungsgebühr, wenn Sie sich das vorstellen können.«

»Das kann ich«, sagte Douglas.

»Sie bewahren das Zeug in Peters Landsitz in der Nähe von New Market auf. Das ist eine verdammt geräumige Angelegenheit. Elisabeth hat schon da übernachtet und noch ein paar gewichtige Größen. Die beiden laden die Deutschen am Wochenende zur Jagd und zum Fischen ein, und dann werden waggonweise Geschäfte gemacht.«

»Ich weiß immer noch nicht, wie Sie dazwischengeraten sind und wie Sie zu diesem hervorragenden Champagner kommen.«

»Sie haben so was Besonderes, Chef. Habe ich Ihnen das schon mal gesagt?«

»Soweit ich mich erinnern kann, nein«, entgegnete Douglas. »Dafür weiß ich aber noch sehr gut, daß Sie mir vor Antritt Ihrer dreijährigen Strafe wegen schwerer Körperverletzung eines Buchmachers nachgeschrien haben, Sie würden mich zu Hackfleisch machen, wenn Sie wieder herauskämen.«

»Oh, eine verständliche Übertreibung«, meinte Arthur sittsam. »Ich war zu jener Zeit ja noch ein junger Mann. Aber, wie schon gesagt, an Ihnen ist was Besonderes. Wenn ich Sie hätte, als jemand, der mich aus allen gesetzlichen Schwierigkeiten raushält, da könnte ich's geschäftlich zu was bringen.«

Douglas überhörte diese Aufforderung zur Bestechlichkeit. »Sie haben also Garin Sekt verkauft?«

»Und ob ich denen Sekt verkauft habe! Nicht weniger als fünfzig Kisten. Heute abend erleben Sie die größte Fête, die diese Stadt den Sommer über gesehen hat. Sie brauchen nur zum Portman Square zu gehen, und Sie können im Nu die Hälfte aller ungeklärten Kriminalfälle in London aufklären.«

»Vielleicht mache ich das«, sagte Douglas. »Sind Sie auch da?«

»Hören Sie auf!« sagte Arthur. »Ich bin ein Bettler gegen die! Die lassen mich nicht mal bis zur Eingangstür vor, auch nicht, wenn ich käme, um das Geld für den Champagner zu kassieren, das sie mir noch schulden.«

»Bekam Peter Thomas aus dieser Quelle die Antiquitäten für seinen Laden?« fragte Douglas plötzlich.

Arthur ging hinüber zur Bar, nahm sich dort ein Päckchen Zigaretten und kam zurück, um die Unterhaltung fortzusetzen.

»Sie scherzen, Superintendent. Es gibt keinen Peter Thomas, und das wissen Sie doch wohl auch. Und unser Sydney handelt nicht mit solchem Zeug. Garin und Shetland sind Top-Kunsthändler. Sie kaufen und verkaufen nur Museumsstücke.«

»Und Peter Thomas?«

»Peter Thomas hat nie existiert. Peter Thomas ist nur ein Deckname für den Widerstand. Sie haben den Laden nur benutzt, um dort Geld zu verteilen und so weiter. Ein paar Sympathisanten gaben die Antiquitäten, um sie verkaufen zu können, falls jemand ernstlich interessiert war.« Er wandte sich um und fing gerade noch Berthas vorwurfsvollen Blick auf.

»Das hat sich erledigt, Bertha. Es kann nicht mehr schaden, das zu erzählen, denn die Sache ist gelaufen.«

»Wer war denn dann der Tote?« fragte Douglas. »Sie scheinen ja alles darüber zu wissen.«

»Ich weiß nur, was ich höre«, gab Arthur zu und rülpste dezent, weil er zuviel getrunken hatte. »Er war der älteste der Spode-Brüder, ein Wissenschaftler. Vor dem Krieg hatte er mit diesem Atomzertrümmerungs-Klimbim zu tun. Ein heller Kopf, soweit man mir erzählt hat.«

»Und er hat in diesem Antiquitätenladen gearbeitet?«

»Ach wo«, sagte Arthur. »Die Michels haben doch gleich nach dem Einmarsch alle Wissenschaftler am Kragen gekriegt. Das wissen Sie doch. Ein paar wurden zur Arbeit nach Deutschland geschickt. Andere, wie Spode, arbeiteten für die Michels an Geheimwaffen — hier in England.«

»Spode?«

»Es gibt ein paar geheime Wehrmachtsdepots in Devon. Ich

habe gehört, daß dort ein neues Giftgas entwickelt werden soll.«

»In Bringle Sands?«

»Kann sein. Hier, trinken Sie aus.«

Douglas setzte die Unterhaltung mit Arthur zwar fort, aber es wurde ihm bald klar, daß dieser nichts mehr wußte und daß das, was er wußte, nicht viel mehr als Klatsch war.

Von der Telefonzentrale in Berthas Lokal rief Douglas Sydney Garin in dessen großem Haus am Portman Square an.

»Superintendent Archer«, sagte Garin mit einer Stimme weich wie Seide und doppelt so glatt. »Welch überraschender Zufall! Hier vor mir auf dem Tisch steht, während ich mit Ihnen spreche, ein Pfund Ceylontee, den ich Ihnen gerade schicken wollte. Ich weiß, wie sehr Sie eine Tasse echten Tees schätzen, und es wäre ja völlig sinnlos, so etwas Feines Leuten zu geben, die etwa Milch und Zucker dazutun.«

»Wirklich nett von Ihnen, daß Sie sich an mich erinnern«, sagte Douglas, »aber Sie wissen ja, was ich von solcher Art Geschenken halte.«

»Kommen Sie doch nicht zu falschen Rückschlüssen!« sagte Garin, ohne auch nur einen Augenblick in Verlegenheit zu geraten. »Das ist ein persönliches Geschenk des Leiters der Handelsdelegation, die neulich in London eintraf. Er ließ mir ein paar Pakete da, die ich an Leute weitergeben soll, die wirklich Kenner sind.«

»Vielleicht können wir eine Tasse zusammen trinken, Mr. Garin.«

»Das wäre bestimmt ein doppeltes Vergnügen, Superintendent!«

»Ich habe gehört, Sie schmeißen heute abend eine Party?«

»Eine bescheidene Angelegenheit im Vorkriegsmaßstab«, sagte Garin. »Aber ich hatte das Glück, ganz zufällig über ein paar rar gewordene Lebensmittel und Getränke sozusagen zu stolpern.«

»Ich habe gerade mit einem solchen Stolperstein gesprochen«, erklärte Douglas. »Mit Arthur, dem Schieberkönig.«

»Ach, das ist ja amüsant! Arthur — wirklich ein netter

Kerl. Er hat ein- oder zweimal Besorgungen für mich erledigt.«

Während sie sprachen, konnte Douglas eine Stimme im Hintergrund hören, die sorgfältig modulierte Frage Peter Shetlands, der, nachdem er den auf den Notizblock hingekritzelten Namen ›Archer‹ gelesen hatte, Sydney Garin fragte: »Was, zum Teufel, will denn *der*?«

Aber Sydney Garin hatte zu viele gefährliche Situationen durchgestanden, um nicht zu wissen, wann man sich dem Unvermeidlichen beugen mußte. »Also, hören Sie, Douglas«, sagte er, nachdem er erfolgreich in seinem Gedächtnis nach dem Vornamen seines Anrufers geforscht hatte. »Warum kommen Sie nicht und schauen sich die Party einmal selbst an? Sie werden ein paar sehr nette Leute kennenlernen und auch ein paar Vorgesetzte von Scotland Yard treffen.«

»Das sieht ja nach einer ziemlich bunten Gästeliste aus«, meinte Douglas.

»Sie werden ihren Spaß dran haben, Douglas.« Sydney Garin lachte. »Aber *können* Sie denn überhaupt kommen?«

»Es ist mir schrecklich, Sie zu enttäuschen«, sagte Douglas. »Ja — ich *kann*. Es klingt ja ganz so, als brauchten Sie jemanden, der ein Auge auf all die Diamantendiademe wirft!«

»Sie können doch nicht vierundzwanzig Stunden um die Uhr arbeiten, Superintendent!«

»Ich wünschte, das könnten Sie meinem Vorgesetzten erklären«, sagte Douglas.

»Und wer ist das?« fragte Garin, bereit zu einem neuen Späßchen.

»SS-Standartenführer Dr. Oskar Huth«, erwiderte Douglas.

»Die ersten Leute kommen so um acht Uhr dreißig«, sagte Garin, und alle Heiterkeit war aus seiner Stimme verschwunden. »Abendanzug natürlich.«

»Oder Uniform?«

»Oder Uniform, Superintendent. Ja, das ist ein guter Witz. Aber jetzt muß ich gehen; à tont à l'heuvre!«

»Arrivederci, Mr. Garin«, sagte Douglas.

14. KAPITEL

Während *Tatler* und *Queen* sowie andere Klischee-Zeitschriften für gehobene Gesellschaftskreise zeigten, wie Englands Adelige und die Landgentry ihre Hochzeiten und einundzwanzigsten Geburtstage mit getoasteten Käseschnitten und im eigenen Land gebrautem Bier feierten, war eine neue Klasse von Menschen aus dem Zusammenbruch nach der Niederlage hochgekommen. Shetland, der hart dreinblikkende Aristokrat, und Sydney Garin, der gebürtige Armenier, verkörperten die emporgekommenen Überreichen. Und ebenso tat das ihre Gästeliste.

»Guten Abend, Douglas«, sagte Garin, als er in die Empfangshalle trat.

»Guten Abend, Mr. Garin. Guten Abend, Mrs. Garin.«

Garins Frau — eine mausgraue kleine Person mit einem breiten, mit Diamenten und Perlen besetzten Gürtel und dichtem, gewelltem Haar — lächelte, als freue sie sich, daß sie Beachtung fand. Auch ihr Sohn war da und lächelte pflichtschuldig jeden Neuankömmling an.

Wie zu erwarten, waren auch die Deutschen anwesend. Generäle und Admiräle und Männer von der winzigen Zivilverwaltung, die — unter dem Kommando des Oberbefehlshabers — das besetzte England kontrollierte. Und es gab auch Engländer: Parlamentsmitglieder und Angehörige der Marionettenregierung, die ihre Rolle in dem neuen Nazi-Superstaat, der den größten Teil Europas umfaßte, zu spielen gelernt hatten. Der Premierminister übermittelte sein Bedauern: er müsse eine Rede vor einer Versammlung deutscher Lehrer halten.

Hier waren auch die Männer aus Whitehall: Spitzenbürokraten, deren Abteilungen weiterhin ebenso reibungslos unter der deutschen Flagge funktionierten, wie sie das unter den konservativen und sozialistischen Regierungen getan hatten. Es gab auch Angehörige des Adels, die mit dieser anscheinend natürlichen Geschicklichkeit auf die Gästeliste gesetzt worden waren, die ein Gärtner bei ein paar Blumen anwendet, die mitten im tiefen Winter blühen. Adel aus Polen, Frankreich und Italien war erschienen, sowie die einheimische Spielart. Und wie immer gab es Geschäftsleute — Individuen, die einem tausend Paar Gummistiefel oder hundert Kilometer elektrisch geladenen Zaun beschaffen konnten, drei Kreuze und neun lange Nägel.

Es war wie ein halbes Erwachen aus einem schrecklichen Alptraum, dachte Douglas. Die langen Kleider aus schönen Seidenstoffen mit Handstickerei, die sorgfältig maßgeschneiderten Abendanzüge der Männer und die makellos gekleideten Lohnkellner waren wie ein Schock bei der grausamen und zynischen Stimmung nach der Niederlage — eine Stimmung, wie sie jenseits dieser schmiedeeisernen Gittertore und der gepflegten kiesbestreuten Auffahrten herrschte, jenseits des schönen Rasens, der sich leuchtend und rosafarben im letzten Abendglanz zeigte.

Und auch die Stimmen waren verschieden: schlagfertige Erwiderungen und entspannte Bewegungen in diesen großen warmen und bequemen Räumen waren ganz unähnlich jenen flüsternden Stimmen und hastigen Bewegungen, die ein Hauptbestandteil des britischen Lebens geworden waren. Aber mehr als von allem anderen war Douglas von dem Licht überrascht. Es gab so viel davon, und in jedem Raum war es dasselbe. Ein verschwenderisches goldenes Licht ließ die prachtvollen Boiserien, die marmornen Kaminsimse und Möbel im Adam-Stil hervortreten, glitzerte in den Kristall-Lüstern und schien durch die Perlen in dem endlos servierten Champagner.

Es war ein großartiges Haus, nur vergleichbar mit dem Portman House gleich um die Ecke, und es enthielt genug wundervolle Dinge, um ein Museum zu sein. Und wie ein Museum war es gedrängt voll mit solchen Dingen, so daß sie zu eng nebeneinander standen, wie ein monströser Wettbewerb des Absoluten.

Am fernen Ende des Ballsaals, zu dem man durch zwei kleine Empfangsräume gelangte, und jenseits der Flügeltüren mit Blumenmalereien aus dem 16. Jahrhundert auf den Paneelen waren Scheinwerfer installiert. Hier, auf einem eigens dafür konstruierten Podium — das diskret mit rotem Samt überzogen war — stand angestrahlt ein kleines flämisches Diptychon aus dem 15. Jahrhundert, das Sydney Garin in Genf gekauft hatte. Nur für diesen einen Abend wurde es zum persönlichen Vergnügen der von Garin geladenen Gäste gezeigt. Am nächsten Tag sollte es zur Lieferung an Reichsmarschall Görings Kunstgalerie in Karinhall in einer Lattenkiste verpackt werden. Im Austausch dafür hatten Garin und Shetland acht ›dekadente‹ surrealistische Gemälde übernommen, die Göring bei nicht-arischen Besitzern beschlagnahmt hatte.

Rundum im Ballsaal standen kleine Gruppen von deutschen Offizieren mittleren Dienstgrades, selbstbewußt in ihren Uniformen und verlegen wegen ihrer mangelnden englischen Sprachkenntnisse. Hier und dort stand ein selbsternannter Wortführer von jeder Gruppe und benahm sich wie ein Reiseleiter, der sich um eine Schar älterer Touristen kümmert.

Es gab auch Offiziere von hohem Rang, ältere selbstbewußte Männer mit kurzgeschorenen grauen Haaren und manchmal mit einem Monokel — Männer, welche die goldenen Abzeichen des Admirals auf ihren kurzen weißen Uniformjacken trugen oder den breiten roten Hosenstreifen, der einem General zusteht. Einige von ihnen waren von persönlichen Dolmetschern in der besonderen Sonderführer-Uniform begleitet.

Hier gab es auch Mädchen. Pummelige Mädchen mit zu viel teuerem Make-up und Kleidern, die am Hinterteil spannten und tief an der Rückenpartie eng geschnitten waren. Zu diesem Zeitpunkt wären solche Mädchen vielleicht anderswo in London unbeachtet geblieben, aber in dieser nüchternen Versammlung waren sie in einer Weise auffallend, die sie vielleicht beabsichtigten. Schon hatten solche Mädchen gelernt, wie man ein paar deutsche Sätze zusammenstoppelte — Aussprache einwandfrei —, und wenn sie mit ihren Deutschkenntnissen am Ende waren, genügte meist ein Lächeln oder ein Lachen. Es gab eine Menge Lächeln und Gelächter, und die Paare, die sich nicht miteinander unterhalten konnten, tanzten statt dessen.

In einem schützenden Kreis unter einer wundervollen Kreuzigung von Cranach vereinigt, erkannte Douglas eine repräsentative Versammlung von Londons Prominenz wieder. Ihnen hatte das Glück seit jener Nacht gelächelt, als eine deutsche Nachrichtenagentur meldete, Churchill habe um eine Feuereinstellung gebeten.

Hier konnte man einen Mann sehen, dessen bescheidenes Restaurant in Soho mehr als zweitausend Flaschen Champagner in dieser Woche des Feierns verkauft hatte. Dort, glitzernd von Diamanten, war eine Witwe, die vor einem Jahr noch die Bettwäsche in ihrem drittklassigen Bayswater Hotel ausbesserte. Unweit von einem großen deutschen Offiziersclub gelegen, wurde das Hotel rasch ein beliebter Treffpunkt für Offiziere und Mädchen — man stellte keine Fragen, kurze Tagesaufenthalte waren hier eine Spezialität —, bis sie es an ein Konsortium deutscher Geschäftsleute für nahezu eine Million Pfund verkaufte.

Alle berühmten Hotels versprachen Aktionären hohe Dividenden, aber es gab andere Nutznießer, für welche die Deutschen wie die gute Fee im Märchen gekommen waren. Pottinger — ein dunkelhäutiger Mann mit langem Bart und Schnurrbart, was dazu bestimmt war, ihn wie einen Franzosen aussehen zu lassen — hatte sich tief in Schulden gestürzt mit seinem Postversand englischer Sprachkurse. Jetzt war er in Verlegenheit gebracht durch einen so großen Geldstrom, daß er für die Beratung zur Kapitalsanlage Unsummen bezahlte.

Der rotgesichtige Mann in Spitzenhemd, Schottenrock und Strümpfen war der Inhaber einer verwahrlosten Branntweinbrennerei in Argyll. Sein langfristiger Vertrag zur Lieferung von Marketenderwaren an die deutschen Zahlmeistereien reichte für ihn aus, eine öffentliche Gesellschaft zu gründen und über Nacht ein reicher Mann zu werden. Derselbe deutsche Beamte, der aus dieser Vereinbarung Nutzen zog, hatte den Schwager des Schotten zu einem Einkäufer ernannt, der irische Pferde und Futter für den Befehlsbereich Süd der deutschen Armee (GB — Great Britain) beschaffte. Jetzt plauderte diese imponierende Schar wundervoll gekleideter Leute fröhlich miteinander am Fuß des gemarterten Christus.

Douglas stand abseits, als ein älterer Oberst sich einen Weg zu einem der Büfett-Tische bahnte. Im Schlepptau hatte er einen hübschen Jungen in einem nagelneuen Smoking. Einige Jagdfliegeroffiziere lachten; der Oberst errötete, blickte aber nicht auf.

»Das ist wirklich ein wundervolles kleines Turner-Aquarell, Superintendent.« Douglas wandte sich von dem Bild ab, um den eleganten Peter Shetland zu begrüßen. »Nicht vielen Leuten wird es bewußt, wie sehr Turner realistisch malen konnte. Dieses kleine Pünktchen, das durch den Torbogen kommt, ist Napoleon. Ja, hier haben Sie ein Sammlerstück.« Von Sydney Garin hatte Shetland diese seltsame Art übernommen, über solche Dinge zu sprechen, als wären sie bereits an die Person, die sie besichtigt, verkauft.

»Ich habe es schon früher gesehen«, sagte Douglas.

»Oh, was für ein gutes Gedächtnis Sie haben«, sagte Shetland. »Es gehörte früher der Tate-Galerie, aber sie haben dort so wenig Platz, und es wäre ein Jammer, ein solches Meisterwerk in den Lagerräumen der Tate vergammeln zu lassen.«

»Ist es zu verkaufen?«

»Alle Museen haben Dinge loswerden müssen«, sagte Shetland mit einem Achselzucken. »Es ist wirklich kein Schaden. Es muß nur seinen Käufer finden, sage ich immer.«

Douglas blickte auf das Bild.

Shetland zog an seiner langen dünnen knochigen Nase, bis er einen sorgenvollen Blick bekam. »Staatliche Unterstützungen aus öffentlichen Geldern sind jetzt beinahe auf den Nullpunkt herabgesetzt worden, und wir können nicht erwarten, daß die deutsche Verwaltung unsere Kunstmuseen finanziert, nicht wahr?«

»O du meine Güte, natürlich nicht«, sagte Douglas so nachdrücklich, daß Shetland ihn ansah, um zu erkennen, ob er es sarkastisch meinte. Douglas Archer stand im Ruf, sarkastisch zu sein. »Und Sie sind die Vermittler für den Verkauf?« setzte Douglas hinzu.

»Wir haben es sauberer, besser und geschäftsmäßiger gefunden, von den Museen zu kaufen. Dann verkaufen wir an Kunden weiter, wenn es uns in den Kram paßt.«

»Und das ist auch gewinnbringender, stelle ich mir vor«, sagte Douglas.

»Nicht immer«, meinte Shetland hochtrabend.

»Das überrascht mich«, versetzte Douglas.

»Sie haben die Einstellung des Polizisten«, meinte Shetland. Er lächelte.

»Ich ziehe es vor, mit der Einstellung des Buchhalters darüber nachzudenken«, sagte Douglas. Auf der anderen Seite des Raumes sah er, wie Garin seinen siebzehnjährigen Sohn David einem deutschen Oberst von der Militärprokuratur vorstellte.

Shetland schlenderte mit einem Lächeln im Gesicht davon.

»Zum Teufel noch mal! Es tut gut, jemanden zu finden, der einem widerspricht.«

Douglas wandte sich um und sah Barbara Barga in einem prachtvollen langen grauen Seidenkleid mit einem Spitzenmieder.

»Hallo, Miss Barga! Was für eine hübsche Überraschung!«

»Sie könnten mir ein Kompliment über das Kleid machen«, sagte sie. »Es ist von Schiaparelli aus Paris. Es kostete mich drei Monatsgehälter. Ein Kompliment oder zwei ist nicht zuviel verlangt.«

»Ich bin einfach sprachlos.«

»Kommen Sie wieder auf den Boden der Tatsachen, Superintendent.« Sie lachte. Sie war besonders schön, wenn sie lachte, bemerkte Douglas.

Sie wandten sich um, um in den Ballsaal zu schauen, in dem ein Dutzend oder mehr Paare zu einer geschickt orchestrierten Fassung von ›Red River Valley‹ tanzten, wobei gedämpfte Saxophone sanft moduliert waren und die Melodie von den Holzblasinstrumenten emporgehoben wurde.

»Versetzt mich in meine Tage auf der Mittelschule zurück«, sagte sie.

»In Amerika?«

»Wisconsin. Mein Freund war in der Fußballmannschaft und hatte die Schlüssel zu dem neuen Chevrolet seines Daddy. Ich hatte gute Noten und kannte keine anderen Sorgen, als daß ich Anführerin der Claqueure bei den Sportveranstaltungen werden wollte.«

»Möchten Sie gerne tanzen?«

»Wir können es ja einmal versuchen«, erwiderte sie.

Barbara Barga war keine sehr gute Tänzerin, aber sie war beschwingt und heiter — und bereit, sich zu verlieben. »Ich muß sagen, Sie sind ein guter Tänzer, Superintendent!«

»Sie müssen nicht alles glauben, was Sie über die Füße von Polizisten lesen. Ich pflegte früher viel zu tanzen.«

»Ich hörte über ihre Frau erzählen. Das ist ja eine schreckliche Sache. Und einen kleinen Jungen haben Sie auch.«

»Ich bin nicht allein in meinem Unglück«, sagte Douglas. »Sie haben also Erkundigungen über mich eingezogen?« Er war geschmeichelt und machte kein Hehl daraus.

»Das war dumm von mir damals. Ich hätte Ihren Namen behalten und begreifen sollen, daß Sie der große ›Archer vom Yard‹ waren. Macht es Ihnen etwas aus, wenn Sie von rührigen Zeitungsreporterinnen nicht erkannt werden?«

»Nicht erkannt zu werden ist ein Teil unseres Jobs.«

Sie lächelte und flüsterte ein paar Worte vom Text des Liedes.

»Was ist aus dem Fußballer in der Mittelschule in Wisconsin geworden?« wollte Douglas wissen.

»Ich habe ihn geheiratet«, sagte sie. »Irgendwelche Fortschritte in jenem Mordfall?« Bevor Douglas antworten konnte, sagte sie: »Aber Sie haben mich nicht zum Tanzen aufgefordert, um über Mordfälle zu sprechen, nicht wahr?«

»Nun, ich ...«

Sie legte ihm die Hand auf den Mund, während sie tanzten. »Nun werde ich sehr beleidigt sein, wenn Sie mit ja darauf antworten, Mister.«

»Sind Sie noch verheiratet?« fragte Douglas.

»Nun, so ist es besser«, sagte sie und schmiegte sich enger an ihn, so daß ihr Kopf seine Schulter berührte und er ihr Parfüm riechen konnte. »Ich liebe dieses Lied, müssen Sie wissen. Nein, ich bin nicht verheiratet. Ich bin es nicht mehr.« Sie summte die Melodie und sang ihm das Lied ein wenig schmachtend ins Ohr.

Barbara Barga war eine sehr attraktive Frau. An jenem Abend weckte ihr geschmeidiger junger Körper, ihr rascher Verstand und ihr unbeschwertes Lächeln in Douglas Archer Gedanken, die besser verborgen geblieben wären. Ihr duftendes Haar flatterte ihm ins Gesicht, und er hielt sie ein wenig enger umfaßt.

Plötzlich wandte sie den Kopf und schenkte ihm ein schüchternes Lächeln. »Douglas«, sagte sie sanft, »gehen Sie nicht nach Hause ohne mich, wollen Sie?«

»Nein, ich werde es nicht tun«, erwiderte er, und sie tanzten weiter, jetzt aber sprachen sie überhaupt nicht.

Wenn Douglas geglaubt hatte, daß er sie den ganzen Abend an seiner Seite haben würde, sah er sich bald getäuscht, als die Musik eine Pause machte. Einige neu angekommene New Yorker Reporter erkannten sie, und Douglas überließ sie ihrer Fachsimpelei, während er ging, um zwei Gläser Champagner zu holen.

Er bahnte sich einen Weg durch eine lärmende Gruppe Offiziere der Roten Armee, die über den Kaviar mißtrauisch die Nase rümpften, aber den Scotch Whisky gläserweise vertilgten.

»Zwei Gläser Champagner! Gehen Sie da nicht ein wenig zu weit, Superintendent?« Es war die tiefe, heitere Stimme von George Mayhew.

»Eines ist für meine Mutter bestimmt, Sir. Sie wartet draußen auf der Straße.«

»Ich glaube, ich habe sie gesehen. Hat sie nicht die Uniform eines SS-Obergruppenführers getragen?«

Diesen grausamen Scherz über die matronenhafte Körperbeschaffenheit des SS-Generals Kellermann wollte Douglas nur zögernd gelten lassen, aber er gestattete sich den Anflug eines Lächelns.

»Es ist nett, Sie zu sehen, Archer.« George Mayhew war ein Mann, der den Charme des ungezwungenen Sportlers mit der Haltung eines Berufssoldaten in sich vereinigte. Sein Abendanzug war in einem Stil geschneidert, der konservativ, um nicht zu sagen altmodisch war, und er trug einen Eckenkragen statt der umgeschlagenen Art, von der er sagte, daß sie nur für Männer passe, die Tanzkapellen dirigierten. Sein Haar war noch dunkel und dicht und straff nach hinten gebürstet. Er hatte noch den aufgezwirbelten Schnurrbart beibehalten, den er sich erstmals 1914 hatte wachsen lassen, damit er alt genug für die Verantwortung eines Kompaniekommandanten aussehen sollte. 1918 trug er schon zwei hohe Orden an seinem Uniformrock.

Zwischen den beiden Weltkriegen war Oberst George Mayhew eine wichtige Persönlichkeit in dieser zwielichtigen Welt geworden, in der sich die Einsätze der Polizei mit denen des Spionageabwehrdienstes überschneiden. Mayhew wurde oft in Whitehall gesehen. Die Beamten von Scotland Yard, des Innenministeriums, des Außenministeriums und die Mitglieder des Unterhauses kannten ihn als regelmäßigen Besucher. Mehr als einmal hatte er für die Londoner Polizei in der Rugby-Mannschaft gespielt, und selbst jetzt versäumte er es selten, sich ein wichtiges Spiel anzuschauen, während seine Baritonwiedergabe von ›Old Man River‹ als ein obligatorischer Bestandteil bei Polizeikonzerten betrachtet wurde.

»Wie geht's Harry Woods in der heutigen Zeit?« fragte Mayhew. Harry Woods hatte einst Douglas Archer und George Mayhew zu sich in seinen Rugbyclub gebracht.

»Es ist schwierig für Harry«, erklärte Douglas.

»Schwierig für uns alle«, sagte Mayhew und rieb sich die Hände, als friere es ihn plötzlich. Mayhew hatte immer eine besondere Zuneigung für Harry Woods und seine ausgesprochene ›Dorfpolypen‹-Philosophie gehabt. Er warf einen Blick auf Douglas, musterte den entliehenen Abendanzug und versuchte sich vorzustellen, welche Rolle der Superintendent hier und heute abend bei der Party spielte. Er suchte gewiß nicht nur eine Gelegenheit, etwas Kaviar und Champagner vorgesetzt zu bekommen. Niemand, der Douglas Archer kannte, nicht einmal seine Gegner aus Verbrecherkreisen, würden das glauben.

»Das Alter ist dabei ein wichtiger Faktor«, sagte Douglas. »In Harrys Alter ist es nicht leicht, so plötzlich vom Leben im Herzen des Empire zu dem im Außenposten einer vom Feind besetzten Kolonie überzuwechseln.«

»Armer alter Harry!« sagte Mayhew. »Er wird sich bald zur Ruhe setzen, nehme ich an?«

»Es ist nicht einfach, von der Pension eines Sergeanten zu leben.«

»Die Dinge werden besser werden«, versicherte Mayhew, als habe er einen besonderen Grund, das zu sagen. Er nippte von seinem Champagner. »Aber nur wenn wir sie besser machen.«

»Und wie sollen wir das tun, Sir?«

»Möchten Sie es wirklich wissen, Archer, alter Knabe?«

»Ja, das möchte ich.«

»Können wir uns darüber ... später am Abend unterhalten?«

»Natürlich.«

»Da ist jemand, mit dem ich Sie bekanntmachen möchte.«

Douglas nickte und schaute sich um, um zu sehen, was Barbara Barga tat. Oberst Mayhew bemerkte das und sagte: »Da haben Sie einen Treffer erzielt, alter Knabe. Miss Barga hält die Londoner Polizeileute für wundervoll.«

»Kennen Sie das Mädchen?«

»Sie ist ein verdammt liebes Ding, Archer ... Wenn ich ein paar Jahre jünger wäre, würde ich Ihnen den Laufpaß geben.«

Douglas blickte ihn erstaunt an. Mayhew glaubte, er hätte ihn beleidigt, und fügte rasch hinzu: »Ich meinte es nicht persönlich, Archer.«

»Ich hoffe, Sie später am Abend nochmals zu sehen, Sir.«

Für Douglas verstrich der Abend rascher als alle anderen, an die er sich gerne erinnerte. Er tanzte mit Barbara, und sie aßen Hummer und stimmten darin überein, daß Manet besser als Rubens war, daß Champagnerperlen einem in die Nase steigen und daß London nicht mehr das war, was es einmal gewesen.

Es war Bernard Staines, der kam, um Douglas zu sagen, daß Oberst Mayhew ihn suche. Bernard war Steuermann im Universitätsboot gewesen, als Douglas das Recht erhielt, die blaue Sportkleidung zu tragen. Bernard Staines hatte dieselbe vogelartige Gestalt, die er schon damals gehabt hatte, ausgenommen, daß sein ernsteres Auftreten, seine gekrümmten Schultern und die Brille die Bachstelze in eine Schleiereule verwandelt hatten.

»Nie sehe ich dich in Oxford und Cambridge, Douglas.« Bernard, im Gegensatz zu vielen Oxforder Freunden, nannte ihn nie Archer.

»Ich fühle mich dort fehl am Platz, um dir die Wahrheit zu sagen. Heutigentags wollen die Leute in ihren Club gehen können und sich dort kein Blatt vor den Mund nehmen, ohne daß sie sich Sorgen machen brauchen, ob ein Polizist da ist, der ihnen zuhört.«

»Jemand, der glaubt, daß er irgendwo in der Stadt sich entspannen kann, ohne daß ein Polizist ihm zuhört, ist ein Narr«, sagte Bernard mit derselben sanften, schüchternen Stimme, die schon so viele verleitet hatte, ihm zu widersprechen.

»Du hast recht, Bernard«, sagte Douglas. »Und paß auf, daß du es nie vergißt.« Bernard freute sich, daß sein Freund ihm zustimmte. Wie so viele Männer, die seine Art von Erfolg hatten, bedauerte Bernard immer wieder, daß er seine Ausbildung nicht in einer mehr wissenschaftlichen Weise verwendet hatte. Douglas Archer verkörperte seine vagen, unerfüllten Ehrgeizbestrebungen, und obschon Douglas es nicht vermutete, beneidete und bewunderte Bernard seinen Freund.

Wie in den meisten dieser großartigen Häuser aus dem 18. Jahrhundert schufen verborgene Türen und enge Treppen einen Weg für die Dienerschaft, um sich geräuschlos und ungesehen durch das Haus zu bewegen. Ein livrierter Diener stand ein wenig abseits, während ein anderer eine unscheinbare Tür öffnete, die in die Täfelung der Wand eingelassen war. Bernard führte seinen Freund auf den Weg nach oben. Im zweiten Stock wartete ein anderer Diener, ein großgewachsener Mann mit der Konstitution und der platten Nase, die viele mit einem Berufsboxer in Verbindung bringen.

»Soviel ich gehört habe, gibt es ein Kartenspiel«, sagte Bernard.

Der Diener blickte auf Bernard und dann auch auf Douglas, bevor er antwortete: »Ja, Sir, der andere Herr ist bereits da.« Er trat zurück, damit man George Mayhew sehen konnte.

»Schon gut, Jefferson«, sagte Mayhew zu dem Diener. »Dies sind meine Leute.«

Die drei Männer gingen den düsteren Gang entlang, vorbei an einem großen leeren Billardzimmer und anderen Räumen, in denen Staubhüllen die Möbel verbargen. Douglas hatte keinen Zweifel, daß diese Zimmer seit Jahrzehnten für die Art gesetzwidriger Glücksspiele mit hohen Einsätzen verwendet worden waren, die ausfindig zu machen oder dagegen vorzugehen ungemein schwierig war. Das Zimmer am Ende des Ganges war beleuchtet. Mayhew führte die anderen hinein.

Es gab nur eine Lampe, einen eleganten bronzenen Wandleuchter mit grünem Glasschirm. Er warf einen Schein gelben Lichts auf einen Kartentisch, während das übrige Zimmer in einem geheimnisvollen Dschungel grüner Düsternis verblieb, aus dem riesige Blattpflanzen starrten. Vor dem antiken Kartentisch, das Gesicht in gleicher Höhe mit dem reflektierten Licht, saß die unverkennbare Gestalt von Sir Robert Benson. Douglas kannte ihn nur vom Hörensagen. Ein mächtiger Mann in den Gängen von Whitehall, der jede Art von Publizität vermied und bei jedem Argument recht bekam, ohne seine Stimme über ein Flüstern hinaus zu steigern. In der letzten Zeit hatte Douglas viele Leute fragen hören, wie denn der erhabene Sir Robert mit seiner neuen Stellung fertigwurde, in der er wenig anderes als ein Gummistempel für den deutschen Hochkommissar für Verwaltung und Justiz war, der die meisten lebenswichtigen Abteilungen des Home Office absorbiert hatte. Vielleicht, dachte Douglas, würde dieser Abend eine Antwort bringen.

»Bridge?« fragte Oberst Mayhew und nahm das Päckchen Karten auf. »Penny beim Bieten?«

»Nie hätte ich mir träumen lassen, daß ich den Tag erleben würde, an dem ich einen Abend wie diesen mit einem Spiel gebrauchter Karten beginnen müßte«, sagte Sir Robert. Dann lachte er und setzte hinzu: »Archer! Es gibt keinen Mann, den ich heute abend lieber bei uns hätte.« Er schüttelte Douglas die Hand mit einem festen, aber kurzen Druck.

»Danke Ihnen, Sir Robert«, sagte Douglas. »Ich freue mich, hier zu sein.«

Es lag eine Vorsicht in der Antwort, die den anderen nicht entging. An Oberst Mayhew gewandt, sagte Douglas: »Ich fürchte, mein Bridgespiel wird selbst Sir Roberts gerühmte diplomatische Geschicklichkeit übermäßig strapazieren. Besonders wenn er mich als Partner hat.« Sir Robert — der ihm gegenübersaß — lächelte grimmig.

»Dann Whist«, schlug Mayhew vor, als ob dies eine wichtige Entscheidung sei.

»Wundervoll«, sagte Sir Robert ohne Begeisterung. »Ich habe nicht mehr Whist gespielt, seit ich im Schützengraben war.«

Bernard Staines mischte die Karten, ließ Douglas abheben und begann dann, sie auszuteilen. Er erklärte Douglas: »Wir spielen meist um Geld. Das macht es mehr . . .« Er zuckte die Achseln und lächelte.

»Noch aufregender«, erklärte Mayhew.

»Und auch . . .«, setzte Sir Robert hinzu.

»Der Superintendent versteht schon«, sagte Mayhew.

»Natürlich tut er das«, versicherte Sir Robert. Douglas nickte. Er begriff: *Wenn* Sir Robert eine Widerstandszelle bildete und regelmäßige Zusammenkünfte rund um einen Kartentisch abhielt, konnte er mit dem Geld vor sich vielleicht jemanden dahingehend irreführen, daß das einzige Geheimnis, das man hatte, ein illegales Glücksspiel sei.

Mayhew beugte sich zu dem Anrichtetisch hinüber, auf

dem, im halben Licht kaum unterscheidbar, ein Tablett mit vier Gläsern und eine Karaffe mit Wein standen. Der Butler hatte die leere Weinflasche neben dem Tablett stehen lassen. Mayhew nahm sie hoch und las das Etikett, bevor er sie zurückstellte. »Sydney hat noch zwei Flaschen von seinem Château Lafite 1918 gespendet.« Mayhew nahm die Karaffe und schenkte respektvoll den Wein ein.

»Das ist bemerkenswert zuvorkommend von ihm«, sagte Bernard. »Ich wäre dankbar für ein Glas Rotwein. Champagner bereitet mir immer Verdauungsstörungen, fürchte ich.«

»Champagner ist was für junge Leute«, verkündete Sir Robert. »Rotwein ist das einzige Getränk für einen Mann meines Alters.«

Mayhew wandte sich dem Licht zu, so daß er durch den Wein hindurchsehen konnte. Während er ihn einschenkte, sagte er: »Sydney Garin ist ein guter Kerl.« Douglas wußte, daß diese Bemerkung nur an ihn gerichtet war, aber er gab keine Antwort, und auch Mayhew blickte nicht auf. Mayhew war ein typisches Beispiel für alle Berufsoffiziere, die Douglas kennengelernt hatte. Es war etwas an der Art, wie solche Männer sich benahmen, den Nacken gestrafft und die Hände nervös herumzappelnd. Selbst wenn Mayhew total betrunken wäre, so vermutete Douglas, würde er noch sein Kinn einziehen und seine Daumen würden versuchen, die Naht seiner Hose entlangzustreichen. Solche Männer entspannten sich niemals.

Nur Bernard schien in diesem Quartett deplaciert zu sein. Er war ein weicher Typ und hatte Anlage zum Dicksein, mit weißen Händen und einem unschlüssigen Auftreten. Er nahm seine Hornbrille ab und polierte sie mit dem seidenen Einstecktuch aus seiner oberen Jackentasche. Mayhew stellte ein Glas Wein vor ihn hin. Bernard zwinkerte und nickte ihm dankend zu.

Sir Robert nippte an seinem Wein. »Ziemlich gut«, sagte er behutsam. Es war kein Jahrgang, von dem er sich sehr viel erwartete, aber er rühmte sich, daß er für alle Dinge aufgeschlossen blieb. Er lächelte. Es war die Art von Lächeln, die

Männer zeigen, wenn sie sehr wenig Erfahrung im Lächeln haben. Sein Gesicht war hart wie Granit, abgesehen von den winzigen Äderchen in seinen Wangen und seiner Nase. Sein Haar war grau und lang genug, um sich an den Ohren und im Nacken zu kräuseln. Seine Stirn war flach, und unter den gekräuselten Brauen waren seine Augenhöhlen tiefliegend und dunkel umrandet, so daß seine Augen manchmal in einem dunklen Schatten verschwanden.

Sir Robert Benson war sechzig, aber seine Vitalität entsprach der eines viel jüngeren Mannes. Er konnte lange ohne Schlaf auskommen, mit keinem offensichtlichen Verlust seiner Spannkraft nach Ablauf von Tagen — so behauptete man jedenfalls. Aber es waren nur seine kleinen, blauen Augen, die das rasch arbeitende Gehirn enthüllten, denn seine körperlichen Bewegungen waren langsam und bedächtig, wie die eines Kranken. Er sprach mit einer Stimme, die bis zur Heiserkeit rauh war.

»George war in Harrow mit meinem jüngsten Bruder zusammen«, sagte Sir Robert und deutete auf Oberst Mayhew. »Sie waren ein Paar von Taugenichtsen nach dem, was ich gehört habe ... gründeten einen Wettclub. Damit sage ich Ihnen nur ehrlich, was da zu erwarten ist.«

»Und Sir Roberts anderer Bruder war dort mit Winston«, sagte Mayhew. »Ist es wahr, Sir Robert«, fragte Bernard, »dieses Gerücht, daß Winston Churchill hingerichtet worden ist?«

Sir Robert nickte ernst. »Verurteilt durch ein geheimes Kriegsgericht in Berlin. Wir alle drangen in Winston, er solle nicht diese verdammte RAF-Uniform tragen, aber er wollte nicht darauf hören.« Sir Robert seufzte. »Das gab den Deutschen einen rechtlichen Vorwand für das Kriegsgericht.« Er nahm die auf dem Tisch vor ihm liegenden Karten auf und sortierte sie, ohne sie wirklich anzuschauen. »Gewissen britischen Politikern von hohem Rang wurde es mitgeteilt, aber die Hinrichtung wird erst nach einiger Zeit offiziell bekanntgegeben.« Er warf die Karten auf den Tisch.

»Sie meinen also, Churchill ist tot?« fragte Bernard.

Sir Robert kratzte sich am Kopf und nahm Bernards Karten

und sah sie an. Die anderen drei Männer beobachteten, was er getan hatte, aber keiner wollte es ihm sagen. »Erschossen! Von einem Luftwaffen-Exekutionskommando in der Gardekaserne in Berlin-Lichterfelde. Tod durch militärische Hinrichtung war eine besondere Ausnahmebewilligung des Führers«, setzte Sir Robert ohne persönliche Anteilnahme hinzu. »Es heißt, daß Winston sich geweigert habe, sich die Augen verbinden zu lassen, und daß er die Finger zu einem V-Zeichen hochhob. Ich möchte gerne glauben, daß das wahr ist.« Er ordnete Bernards Karten nach ihren Farben. »Nun, machen Sie weiter, was hält Sie vom Spielen ab?« Er blickte auf die anderen drei Männer und dann auf die Karten auf dem Tisch, bevor es ihm zum Bewußtsein kam, daß er die falschen Karten genommen hatte. »Oh! Was für ein Narr bin ich!«

Oberst Mayhew griff nach den Karten und sammelte sie alle ein, wobei er hastig sprach, um Sir Roberts Verlegenheit zu überbrücken. »Und der junge Bernard hier ist mit der Cousine meiner Frau verheiratet. Ein Glückspilz! Sie ist ein schönes Mädchen.«

»Wir sind zusammen aufgewachsen«, meinte Bernard. »Jeden Sommer ist meine Familie nach Schottland gefahren. Ihre Leute hatten eine Farm dort in der Nähe.«

»Ist jetzt alles verloren, ach«, seufzte Mayhew. »Die Farmhäuser sind aufgegeben worden, und die Felder sind völlig zugrunde gegangen.«

»Und als Sir Robert seine Kompanie in die Frontlinie brachte«, sagte Bernard, »vor der Schlacht von Amiens im Jahr 1918, war mein Vater der Kompanieführer, den er ablöste.«

Armee, Familie, Schule: verwobene Fäden, welche die Engländer der Oberschicht enger miteinander verbinden, als das Geld oder Geschäfte imstande sind. Die Anhänger totalitärer Grundsätze der Rechten und der Linken müssen ständig vom Glauben reden, den sie gemeinsam haben. Für diese Männer aber — und Tausende ihresgleichen — war es wichtiger in der Mannschaft zu spielen, als das Spiel selbst. Vorausgesetzt, daß sie zusammen mit Männern spielten, die so wie sie waren.

»Und ich war mit Douglas in Oxford«, sagte Bernard. »Ich beneidete dich, weil du dich mit den Großen dieser Welt beschäftigen konntest, während ich mich mit dem Zivilrecht abrackerte.«

Sir Robert blickte Douglas lange genug an, um ihn sich ein wenig unbehaglich fühlen zu lassen. Dann sagte er: »Ich habe Ihren Vater gekannt, Archer.«

»Wirklich, Sir?« Sein Vater war gestorben, als Douglas noch ein Kind war. »Wann war das?«

»Wir waren enge Freunde, von 1916 bis zu der Zeit, da er ums Leben kam. Ihr Vater war achtundzwanzig Jahre alt, als ich ihm das erstemal begegnete, und das ist zu alt, um subalterner Offizier bei der Infanterie zu sein. Ich weiß das, weil ich auch ein Subalterner war, und ich war zehn Jahre älter als er.« Sir Robert ließ ein trockenes Lachen hören.

»Wir waren die beiden alten Käuze des Bataillons. Die jüngeren Burschen mußten immer zurückkommen und helfen, uns vom Stacheldraht freizumachen und um uns zu ermutigen, daß wir uns hinsetzten und ausruhten, wenn wir eigentlich hätten exerzieren sollen. Ihr Vater war im Zivilberuf Bauingenieur, nicht wahr?«

Douglas nickte.

»Er hätte bei den Pionieren sein sollen«, sagte Sir Robert, »aber er hatte das Gefühl, er würde damit das Bataillon im Stich lassen. Verdiente das Viktoriakreuz mehr als ein dutzendmal, Ihr Vater, haben Sie das gewußt? Alle seine Untergebenen wußten es, und sein dienstführender Kompaniesergeantmajor verehrte ihn.«

»Meine Mutter bekam einen Brief von diesem Sergeantmajor«, sagte Douglas. »Sie hat ihn noch aufgehoben.«

»Ich hätte Ihnen alles das schon vor langer Zeit sagen sollen«, sagte Sir Robert, »aber es schien ziemlich anmaßend, so persönlich zu sein. Auch war ich nicht sicher, ob Sie über Ihren Vater würden reden wollen.«

»Ich bin dankbar«, beteuerte Douglas.

»Er wäre stolz auf Sie gewesen«, sagte Sir Robert. »›Archer vom Yard‹ nennt man Sie, nicht wahr?«

»Ich fürchte, daß man das tut, Sir, jawohl.«

»Nun, das gehört heutzutage alles zu dem Job. Einen Mord aufklären oder zwei hat der Polizei noch nie geschadet. Veranlaßt vielleicht auch einige Leute, darüber in den Zeitungen nachzulesen.«

»Ich bin sicher, daß Sie recht haben, Sir«, sagte Douglas.

Mayhew mischte die Karten. »Möchten Sie spielen, Archer? Sind Sie sich dessen sicher?«

Es hing mehr von der Antwort ab als nur ein Kartenspiel.

»Ich spiele eine Runde«, sagte Douglas.

»Sie heben für den Partner ab«, sagte Mayhew und legte die Karten vor Douglas hin. Dieser hob ab: Pik-Zwei. Sir Robert hob auch eine Zweier-Karte ab, die anderen zwei bekamen Figurenkarten.

Einen Augenblick lang sprach niemand ein Wort, dann sagte Sir Robert: »Wir sind Partner« — in dem gleichen Ton, in dem er vom Tod Winston Churchills berichtet hatte.

Mayhew machte mit Herz-Vier den Anfang, Douglas spielte die Sieben aus, Bernard den König, und Sir Robert das As.

»Ich wollte, ich hätte Rechtswissenschaft studiert«, sagte Sir Robert. »Ein akademischer Grad mit Auszeichnung in Geschichte hilft einem herzlich wenig, wenn man versucht, alle diese deutschen Verordnungen zu entwirren. Wissen Sie, einer meiner Leute hat mir heute erzählt, daß niemand einen Gestapo-Mann verhaften darf. Das kann doch nicht wahr sein, hm?« Niemand antwortete. »Sie müssen doch alle diese Dinge wissen, Archer. Was sagen Sie dazu?«

»Nein, Sir Robert. Niemand ist geschützt vor Verhaftung unter dem deutschen System. Ihr Gewährsmann bezog sich wahrscheinlich auf die Tatsache, daß gegen SS-Angehörige nur vor ihrer eigenen Gerichtsbarkeit verhandelt werden darf. Aber die Gestapo ist kein Teil der SS.«

»Ha«, sagte Sir Robert. Treff war Trumpf, und er begann seine Treff auszuspielen, wobei er die Augenbrauen runzelte, als Douglas seine Königin und sein As warf. Mit den Trümpfen im Spiel machte er vier Stiche mit seiner langen Farbe, den Karokarten. Sie gewannen die Runde zehn zu drei. »Tut mir leid wegen Ihrer Königin«, bedauerte Sir Robert. »Mußte die Karten fortschaffen. Mußte rücksichtslos handeln.«

Mayhew fuhr fort zu reden, während er die Karten gab. »Wirklich? Die Gestapo ist kein Teil der SS?«

»Keineswegs«, erwiderte Douglas. »Die Gestapo ist ein Teil der Polizeigewalt. Einige Gestapo-Leute sind Mitglieder der SS, und einige von ihnen sind Mitglieder der Nazipartei, andere sind keines von beiden.«

»Lassen Sie mich das richtig mitbekommen«, sagte Mayhew, während er sich fast den Hals ausrenkte. »Die SS ist auch nicht ein Teil der Nazipartei?«

»Technisch sind sie ein Teil davon«, erklärte Douglas. »Jeder Personalausweis der SS ist von der Schutzstaffel der NSDAP ausgestellt, aber es gibt keinen wirklichen Zusammenhang. Und die SA — die Braunhemden — betrachten sich sogar noch weiter entfernt von der Partei.«

»Das erklärt eine Menge«, sagte Mayhew nachdenklich. »Und der SD, zu dem Ihr Busenfreund Huth gehört?«

»Ist der geheime Abwehrdienst der Nazis. Sie sind eine Superelite, die einzigen Leute, denen es erlaubt ist, ihre Nase in die Angelegenheiten von jedermann zu stecken«, erklärte Douglas. »Sie können tun, wozu sie Lust haben.«

»Mit Ausnahme im Bereich der Wehrmacht«, warf Bernard ein.

»Ja, die deutschen Streitkräfte haben ihr eigenes Rechtssystem. Niemand von der Gestapo oder sogar vom SD kann ein Gerichtsverfahren gegen einen Soldaten einleiten.« Douglas wollte seinen letzten Trumpf ausspielen.

»Nun kommen Sie schon«, sagte Sir Robert. »Wir spielen Karten.« Er begann zu reizen, setzte dann aber fort: »Ich bin froh, daß Sie das bestätigen. Einige Leute von der Armee benahmen sich äußerst hilfreich zu uns. Mit der Gestapo auf den Fersen wären sie vorsichtiger gewesen.«

Douglas nickte. Brennend gern wollte er wissen, in welcher Eigenschaft Sir Robert von der deutschen Armee geholfen worden war, aber er stellte keine Frage.

»Und wie steht es mit diesen Burschen mit Ehren-SS-Rängen oder SS-Offizieren, die in der Zivilverwaltung eingesetzt werden?« fragte Sir Robert. »Wir haben verschiedene, die bei uns arbeiten. Sind solche Leute auch nur dem SS-Rechtssystem unterworfen?« Er hielt sein Zigarrenetui Douglas hin, der eine Zigarre nahm und dankend nickte.

»Himmler ist an der Spitze des Polizeisystems und auch an höchster Stelle bei der SS«, sagte Douglas. »In solchen Fällen gilt seine Entscheidung. In jedem Fall unterliegen die Männer mit einer zeitweisen Zugehörigkeit zur SS dem Zivilrecht.« Er zündete seine Zigarre an und zog daran, bevor er hinzufügte: »Aber Himmler benützt diese Ehrenmitglieder der SS, um seine Gegner mundtot zu machen und sie zu bestechen. Einige dieser Männer gehören zu Himmlers bittersten Feinden.«

»Mein Gott, ich habe geboten«, sagte Mayhew. Er fuhr ohne Pause fort: »Was denken Sie von diesem Konteradmiral Conolly?« Seine Frage war nicht an jemanden im besonderen gerichtet, aber Douglas wußte, daß dies ein Thema gewesen sein mußte, das die anderen viele Male erörtert hatten.

Douglas sagte: »Ein eiskalter Kunde, nach dem zu schließen, was ich höre. Obschon ich nicht viel gehört habe. Sich von einem Flugzeugträger in Halifax, Nova Scotia, zu stehlen und sich als Führer von ›Free Britain‹ zu erklären, zeigte eine atemberaubende Kühnheit.« Douglas hielt inne. Jedermann sonst schien mit seinen Karten beschäftigt zu sein. Douglas fuhr fort: »Besonders, da der deutsche Propagandadienst behauptete, daß Conolly nur als unbedeutender Commander in der Marineliste stehe.«

Sir Robert spielte den letzten Trumpf aus. »Der Rest gehört uns, denke ich.« Er legte sein Blatt auf den Tisch.

»Ich frage mich«, sagte Douglas, »ob sich noch jemand an jenen französischen Armeeoffizier namens de Gaulle erinnert, der nach dem Zusammenbruch Frankreichs hierher nach England entkommen ist? Hat mehr oder weniger dasselbe getan, soviel ich mich erinnere. Er ernannte sich selbst zum General und erklärte, er sei die Stimme Frankreichs. Aber es führte zu nichts. Soviel ich weiß, machten sich die Deutschen nie die Mühe, ihn auf die vordringliche Fahndungsliste zu setzen.«

»Sie irren sich, wissen Sie«, sagte Sir Robert liebenswürdig. »Conolly handelte aufgrund der Instruktion des Kriegskabinetts. Es war Winstons Idee, als er selbst sich weigerte, auf eines der Flugboote zu gehen, die ganz zum Schluß nach Island abflogen. Und Conollys Ernennung zum Konteradmiral wurde vom König persönlich unterschrieben. Ich habe es selbst gesehen. Und obwohl die von Goebbels freigegebene Pressenachricht meldete, daß Conolly sich an den Kongreß gewandt habe und behauptete, der Führer von ›Free Britain‹ zu sein, melden die Kongreßaufzeichnungen, daß er gesagt habe, er spreche als Vertreter der britischen Nation und als Kriegsminister, der vom Kabinett ernannt und vom König bestätigt wurde. Und am Ende seiner Rede wiederholte er, daß er ein treuer Untertan von König Georg und jedem seiner rechtmäßigen Nachfolger sei.«

»Aber wie viele Leute auf dieser Seite des Atlantiks wissen, was er sagte?« fragte Douglas. »Und welche Möglichkeit besteht, es ihnen zu sagen?«

»Wir sind nicht unmittelbar daran interessiert«, sagte Sir Robert. »Unsere vordringliche Aufgabe ist es, sicherzustellen, daß Konteradmiral Conollys Stellung in Washington nicht in Frage gestellt werden kann, weder durch einen juristischen Vorgang, noch durch das Protokollamt. Vergangene Woche gab es Versuche, das Botschaftsgebäude zu besetzen, und die Deutschen setzen einige der besten Anwälte in Amerika ein.«

»Sogar jetzt«, sagte Bernard, »ist der Fall noch nicht beigelegt worden. Wenn die Deutschen dieses Gebäude übernehmen, wird das ein schlimmer Schlag für Conollys Prestige in Washington sein.«

»Dann stehen Sie also mit Conolly in Verbindung?« fragte Douglas. Er vermochte es nicht, die Überraschung aus seiner Stimme herauszuhalten.

Niemand gab eine Antwort. Nachdem er Sir Roberts Upmann-Zigarren abgelehnt hatte, ließ sich Mayhew Zeit, eine seiner eigenen Romeo y Julietas anzuzünden. Bernard! dachte Douglas. War er der Verbindungsmann?

Sie fuhren fort zu spielen, wobei sie beiläufige Worte miteinander wechselten, wie das Männer tun, wenn das Kartenspiel ihre Gedanken ausschließlich in Anspruch nimmt. Sir Robert spielte mit dem Eifer eines Mannes, der es haßt, zu verlieren.

»Nicht viele Leute besuchen heutzutage den Tower von London«, sagte Mayhew so nebenbei, als spreche er über die Besucher beim Vergleichsspiel zwischen England und Australien.

So also standen die Dinge, dachte Douglas. Huth hatte recht. Diese Männer erwogen einen Versuch, den König aus dem Tower zu befreien. »Ein besonderes Wachbataillon der SS ist dort einquartiert«, sagte Douglas.

Sir Roberts Augenbrauen hoben sich ein bißchen mehr, und Mayhew gestattete sich den Anflug eines Lächelns. Wenn das nicht Archers Art war, zu sagen, daß er keinen Wert darauf legte, mit diesem SS-Wachbataillon aneinanderzugeraten, dann klang es zumindest wie eine dringende Warnung.

»Wenn der König befreit wäre und öffentlich Conollys Rang und Stellung bestätigen könnte, würde das Englands Lage in der Welt verändern«, sagte Bernard.

Würde es das? fragte sich Douglas. Er war so zynisch zu befürchten, daß es lediglich die Stellung Conollys und die der mit ihm in Verbindung Stehenden ändern würde. Er blickte auf die anderen drei und war ärgerlich über die wohlerzogene Überheblichkeit ihres Benehmens. »Sie schlagen nicht ernstlich einen offenen Angriff auf den Tower von London vor, nicht wahr?« fragte er.

Die drei Männer bewegten sich unbehaglich. Dann sagte Mayhew. »Mit Verlaub, Sir Robert, und trotz unseres früheren Gesprächs werden wir Superintendent Archer ins Vertrauen ziehen müssen.«

»Ich selbst habe das auch gedacht«, sagte Sir Robert.

Bernard äußerte nichts. Er brauchte sie nicht erst daran zu erinnern, daß es genau das war, was er ihnen geraten hatte.

»Die Wehrmacht wird uns in jeder Weise helfen, soviel sie kann. In einen Kampf eingreifen wird sie natürlich nicht«, sagte Mayhew.

»Warum?« fragte Douglas.

»Sie haben das Gefühl, daß es unvereinbar mit der Ehre der Wehrmacht ist, daß der König von England sich in Schutzhaft befindet und von SS-Einheiten bewacht wird.«

»Und die Flucht des Königs aus der SS-Schutzhaft würde die SS in Ungnade bringen und überdies die Machtposition der Wehrmacht stärken!«

»Nicht nur hier«, meinte Mayhew. »Die Auswirkungen würden auch in Berlin zu spüren sein. Wir haben die Unterstützung des Generalstabs bei dieser Sache.«

Douglas nickte. So ungeheuerlich es nach britischen Begriffen sein würde, paßte das zu seiner Kenntnis der Deutschen und seinen Erfahrungen mit ihnen. »Ich glaube, ich würde Ihnen einen sogar noch wertvolleren Verbündeten verschaffen können«, sagte er. »Ich bin sicher, SS-Standartenführer Dr. Oskar Huth würde Ihre Unternehmung mit Wohlwollen betrachten.«

»Huth?« sagte Mayhew. »Warum?«

»Kellermann ist höchster SS-Offizier in England und Polizeichef. Die Flucht des Königs aus der Schutzhaft würde unweigerlich bedeuten, daß er gefeuert würde. Ich glaube, Huth trachtet nach Kellermanns Stellung. Die beiden Männer stehen einander mit solcher Gehässigkeit gegenüber, daß Ehrgeiz hier nur von untergeordneter Bedeutung wäre.«

»Nun, der Teufel soll mich holen«, sagte Sir Robert.

»Es scheint mir leinleuchtend«, sagte Mayhew. »Mit einem Burschen wie diesem, der bereit ist, die Augen zu verschließen, wären die Dinge ungleich einfacher.«

»Was ist der nächste Schritt?« fragte Sir Robert. »Können Sie Ihrem Mann Huth auf den Zahn fühlen?«

»Nicht ohne Namen zu nennen«, sagte Douglas. »Sie bestimmen besser jemanden, der bereit ist, als Mittelsmann zu handeln.«

»Es könnte gefährlich sein«, meinte Mayhew. »Es könnte eine Falle sein.«

»Ich werde den Vermittler spielen, ich glaube, daß es das Risiko wert ist«, sagte Bernard. »Was habe ich zu tun?«

»Nichts«, sagte Douglas. »Ich muß jemanden haben, den ich als Wortführer für Sie alle namhaft machen kann. Aber denken Sie während der Nacht darüber nach, Bernard. Sir Robert und Oberst Mayhew werden vielleicht zu dem Schluß kommen, daß Sie uns zu wertvoll sind, um bei einem solchen Spielchen alles zu riskieren.«

»Das finde ich auch«, sagte Sir Robert. »Es tut mir leid, Bernard, aber ich könnte es nicht erlauben.« Es trat ein langes Schweigen ein. Die Besprechung war zu Ende.

»Na schön, lassen Sie es mich wissen«, sagte Douglas. »Ich werde den Mann natürlich schützen, soweit ich das kann.«

Mayhew legte das Päckchen Karten endgültig zusammen. »Ich glaube, das ist genug.«

Douglas blickte auf seine Uhr. »Ich sollte jetzt gehen.«

»Noch einen Augenblick«, sagte Sir Robert. »Diese Herren schulden uns noch Geld.«

Eine Handvoll Pennies wurden ausgetauscht. Douglas sagte gute Nacht zu Sir Robert und Bernard, und Mayhew ging mit ihm den dunklen Gang entlang. Sie standen am Treppenabsatz. »Ich werde Ihnen jetzt gute Nacht sagen, Archer«, sagte er, aber er blieb stehen, als gebe es noch etwas anderes.

»Sie haben mich nicht aufgefordert, die Untersuchung des Mordes in Shepherd Market einzustellen«, sagte Douglas.

Mayhew zuckte zusammen. »Es wäre eine gute Sache für alle Beteiligten«, sagte er.

»Mich eingeschlossen?«

»Auf lange Sicht ja.« Er lächelte. »Sie wußten, was ich sagen würde?«

»Halb London scheint daran interessiert zu sein, daß ich den Mord nicht aufkläre. Warum sollten Sie eine Ausnahme machen?«

Mayhews Lächeln war starr wie eine billige Papiermaske. »Nun, denken Sie darüber nach, Archer«, sagte er.

»Das habe ich bereits«, erwiderte Douglas. »Gute Nacht.« Er gab ihm nicht die Hand.

15. KAPITEL

Douglas setzte sich mit Barbara Barga in den Wagen, nachdem sie nicht viel mehr als einen kurzen Gruß und eine behutsame Umarmung ausgetauscht hatten. Barbara war nicht beschwipst, sie stand nicht einmal unter Alkoholeinfluß, wie das die englischen Gerichte definieren, sondern war entspannt und katzenfreundlich und neigte dazu, über Witze zu lächeln, die sie nicht zum Besten geben wollte. »War das nicht eine prima Party?«

»Partys wie diese sind ein erworbener Geschmack.«

»Dann muß ich ihn erworben haben«, meinte sie. »Als wir schon aufbrachen, brachten die Kellner noch eine Kiste Moët und diese Ein-Pfund-Büchsen mit Weißstör-Kaviar. Sie haben wirklich Stil, diese Burschen.«

»Ebensogut könntest du sagen, Al Capone habe Stil.«

»Schätzchen, das habe ich tatsächlich einmal gesagt. Vor einem Jahr oder noch länger habe ich einen Artikel in zwei Teilen für die *Saturday Evening Post* geschrieben. Ich spürte zwei Bierbarone aus der alten Zeit in Gary, Indiana, auf — das ist genau jenseits der Staatsgrenze von Chicago. Einstmals war es ein Paradies für Gangster ... Und diese beiden verschafften mir eine vortreffliche Geschichte. Und ich sagte damals, Al Capone habe Stil — ich habe das wirklich gesagt.« Sie zog Douglas am Ärmel, mit einer ernsten Entschlossenheit, auch richtig verstanden zu werden — einer Entschlossenheit, von der geglaubt wird, daß sie häufig nach ein paar Extradrinks in Erscheinung tritt.

Douglas blickte aus dem Wagenfenster. Er verübelte die Art, wie Garin und Shetland einen Wagendienst für ihre Gäste eingerichtet hatten, und ärgerte sich über die Aufklebezettel an den Windschutzscheiben mit der Aufschrift ›Sondergenehmigung‹, die es den Autofahrern ermöglichten, die Polizeistunde zu umgehen.

Er ärgerte sich auch über die Art, mit der er seine Meinung über Garin und Shetland revidieren mußte — schamlose Kollaborateure und Gauner —, und darüber, sich mit der Tatsache abfinden zu müssen, daß sie angesehene Männer waren und von Mayhew, Sir Robert und seinem alten Freund Bernard bewundert wurden. Nur nach und nach konnte er seinen Unwillen abschütteln. Barbara Barga diese Party über den grünen Klee loben zu hören, trug nicht dazu bei, die Sache besser zu machen.

»Sei nicht verstimmt«, bat sie. »Laß nicht Al Capone zwischen uns kommen.«

»Es tut mir leid«, sagte Douglas. Er wandte sich in dem Augenblick um, als sie sich vorbeugte. Sie stießen gegeneinander.

»Autsch!« rief sie und rieb sich die Nase. Die plötzliche unerwartete körperliche Berührung ließ in Douglas eine Mischung von Dringlichkeit, Unbeholfenheit, Leidenschaftlichkeit und Verzweiflung aufkommen, wie er sie seit den Eseleien seiner Schultage nicht mehr gekannt hatte.

Der Wagen fuhr in Richtung auf Belgravia. »Das ist nicht der Weg nach Dorchester«, sagte Douglas.

»Mußt du denn vierundzwanzig Stunden am Tag ein Polyp sein? Ich habe ein kleines Stadthaus nahe vom Belgrave Square gemietet. Es gehört einem Freund, der für drei Monate nach Missouri zurückgereist ist und es nicht unbewohnt lassen wollte. Weißt du, daß es in den letzten drei Monaten vierzehn Raubüberfälle in diesen ehemaligen Stallungen gegeben hat?«

»Nun, ich bin nicht persönlich verantwortlich für alle die Verbrechen, die in London begangen werden«, sagte Douglas unbeholfen. Es war immer so gewesen, als er jung war. Die Mädchen, die er am meisten begehrte, waren diejenigen, die er beleidigte und bei denen er sich sogar zum Narren machte.

»Ich hätte dich aufgefordert, zu einem Drink hereinzukommen«, sagte sie, »aber sie haben uns alle gebeten, die Wagen so bald wie möglich für die anderen Gäste zurückzuschikken.«

Douglas langte über sie hinüber und öffnete den Verschlag, bevor der Fahrer das tun konnte. »Kein Problem deswegen —

bleiben Sie, wo Sie sind, Fahrer! — ich kann nach einem Wagen vom Yard telefonieren.« Er stieg mit ihr aus.

»Mein Mitarbeiter behauptet, in dieser Stadt über einen Wagen verfügen zu können, sei ein Zeichen der Begünstigung — du mußt ein wichtiger Mann in Scotland Yard sein.« Sie nahm die Schlüssel aus ihrer Handtasche.

»Jedermann sagt mir immer wieder, daß ich das bin«, erwiderte Douglas. Er blickte auf das winzige umgebaute Stallungshaus, auf das Kopfsteinpflaster und den Efeu an den Mauern. Vor einigen Jahren wurden diese Häuser gerade noch als gut genug für Kutscher oder Chauffeure angesehen. Jetzt, nachdem die Wagenschuppen in Wohnzimmer umgewandelt worden waren, wurden solche Wohnungen schick.

Als sie im Haus war, knipste sie die Lichter eines nach dem anderen an. Douglas bewunderte den Anstrich und die Täfelung, alles mit handwerklichem Können ausgeführt, das man aber rasch übersah. Auch die Einrichtung war nicht nach seinem Geschmack: riesige chinesische Vasen, die als Tischlampen montiert waren, weißer Mokett auf dem Fußboden und ein Perserteppich an der Wand — aber es war unleugbar behaglich. »Was tut dein Freund aus Missouri zum Lebensunterhalt?« wollte Douglas wissen. »Betreibt er eine Opiumhöhle?«

»Du bist ein grausamer Idiot«, erwiderte sie freundlich.

»Nun, es ist alles sehr luxuriös.« Er zog seinen Mantel aus.

Sie hatte ihren Mantel nicht abgelegt, und jetzt schlug sie sogar den Pelzkragen hoch.

»Kennst du den Ursprung des Wortes ›mews‹?« fragte sie und beeilte sich, bevor er sie um das offensichtliche Vergnügen bringen konnte, das darin bestand, daß sie es ihm erklärte. »Es bedeutet einen ›Falkenkäfig‹. In alten Zeiten war ein Mews das, worin die königlichen Jagdvögel gehalten wurden.«

»Das habe ich nicht gewußt«, bekannte er.

Sie lächelte. Nur für einen Augenblick sah er das kleine Mädchen vor sich, das sie einmal gewesen war — stolz lächelnd über ein Wort des Lobes.

Er liebte dieses kleine Mädchen und die kluge und schöne junge Frau, die es geworden war. Zum erstenmal wagte er zu hoffen, sie würde vielleicht in derselben Weise über ihn denken.

Er verweilte nicht bei dem Gedanken. Er wandte sich ab und studierte die Bücher in dem Regal, zwang sich, die Titel zu lesen und alles andere aus seinem Geist auszuschalten. Da waren die *Encyclopedia Britannica*, 14. Auflage, vier Reiseführer von London, einer davon mit beschädigtem Buchrücken, ein großer Sears & Roebuck-Katalog mit mehr als einem Dutzend eingelegten Lesezeichen, ein Telefonbuch von Manhattan, ein kleiner Atlas und ein englisches Lexikon im Taschenbuchformat und mit einem deutschen Begleitband. Er fühlte, daß sie ihn beobachtete, drehte sich aber nicht um. Er blickte auf die Schreibmaschine auf einem Tischchen beim offenen Kamin. Daneben ein Stoß dünnes Maschinenpapier, mit einer Rolleiflex-Kamera beschwert, ein Topf Gesichtscreme und ein Dutzend Haarnadeln. Der Papierkorb war halb voll mit zerknitterten Blättern.

»Streichhölzer?« Er ging, um ihr zu helfen.

»Ihr Briten fühlt die Kälte nicht, habe ich recht?« Sie waren jetzt sehr eng beisammen und kauerten gemeinsam vor dem Kaminfeuer. Er konnte beinahe die Wärme ihres Körpers fühlen. Sie blickte ihn an, vielleicht versuchte sie zu sehen, warum er die Kälte nicht empfand. Sie sprang auf und trat von ihm zurück. »Es gibt keine Wärme hier«, stellte sie fest.

Er wußte, daß sie die Gasheizung meinte. Er lächelte. Er drehte den Hahn auf und zündete das Gas an. Es gab ein lautes Geräusch, als es aufflammte. Er stand auf.

»In meinem Heimatland«, setzte sie rasch hinzu, »will selbst ein Fabrikarbeiter ein Haus mit Warmwasser- und Zentralheizung.« Sie trat wieder einen Schritt zurück und stand sehr ruhig da. Einen Augenblick lang war er versucht, seine Arme um sie zu legen, aber sie fröstelte und wandte sich ab und ging durch die Drehtür in die angrenzende Küche.

»Menschenskind, gab es dort heute abend einige schauderhafte Leute!« sagte sie aus der Küche.

Douglas ging ihr nach. »Das ist das Schlimme an Kriegen«, sagte er.

»Das kannst du ruhig noch mal sagen. Ich war in Katalonien und in Madrid. Überall ist es dasselbe, glaub mir. Schwarzhemden, Rothemden, Braunhemden — die gleichen lausigen Gauner versuchen die Herrschaft über die Welt zu übernehmen. Derselben Sorte habgieriger Politiker bin ich vom Chaco bis Addis Abeba begegnet.«

»Das klingt nach einer Menge Kriege.«

»Ich war achtzehn, als meine Zeitung mich hinüber nach Paraguay schickte, um über den Kampf in Chaco zu berichten. Seitdem habe ich Berichte aus China, Abessinien und Spanien gesandt, und letzfes Jahr war ich in Abbeville, als die deutschen Panzerdivisionen kamen.«

»Das ist ein seltsamer Job für eine Frau«, meinte Douglas.

»Sei kein aufgeblasener Engländer!« Sie drehte den Wasserhahn auf. Die Rohre quietschten und das Metall dröhnte, während sie die Kaffeemaschine auffüllte. Sie holte eine Büchse Kaffee aus dem Schrank. »Ich habe echten Kaffee. Was sagst du dazu, Superintendent?«

»Du warst Zeugin eines Krieges, als du erst achtzehn warst?« fragte Douglas. »Was hat dein Vater dazu gesagt?«

»Er war Besitzer der Zeitung.«

Sie sah zu ihm auf und lächelte. Er erwiderte den Blick und schaute ruhig in ihre Augen. Bis jetzt hatte es nach nicht viel mehr als einem Flirt oder höchstens einer kurzen Liebesaffäre ausgesehen, und es war nicht das erste Mal, daß sie einen einflußreichen Beamten in einem vom Krieg heimgesuchten Land ihrem Job zuliebe ausgenutzt hatte. Doch jetzt fand sie den Spieß umgedreht. Sie begann, diesen gebildeten englischen Polizisten in einer Weise zu mögen, die sie nicht bezähmen konnte.

Sie versuchte es mit der Taktik, mit der sie früher so gute Erfolge erzielt hatte. Sie erinnerte sich an alle die anderen widerlich selbstsüchtigen Liebhaber, die sie gehabt hatte. Sie konzentrierte sich auf die letzte Zeit ihrer verfehlten Ehe, die Misere der Trennung und die Bitterkeit der Scheidung. Aber es half nichts — dieser Mann war anders. »Nimmst du Zucker, Superintendent?« Oder war es nur, daß sie sich verletzlicher, einsamer in dieser gottverlassenen elenden Stadt fühlte, als sie es je zuvor gewesen war?

»Douglas«, sagte er. »Die Leute nennen mich jetzt Douglas. Es ist Teil einer neuen Einstellung zur Ungezwungenheit, von der die Zeitungen behaupten, daß der Krieg sie gebracht habe.«

Er öffnete die neue Büchse Kaffee, und ihrer beiden Finger berührten sich, als er ihr den Kaffee reichte. Sie fröstelte.

»Douglas, ja? Nun, ich glaube, auch ich sage das lieber als Superintendent.« Sie schüttete den Kaffee oben in die Kaffeemaschine, schloß den Deckel und stellte sie auf die Flamme. Sie sah sich nicht um, aber sie fühlte, daß seine Augen auf ihr ruhten. Sie sprach wieder hastig: »Jetzt wirst du mir doch nicht ein Delikt dritten Grades anhängen wollen wegen des Schwarzmarkthandels, den ich machen mußte, um den Kaffee zu bekommen?«

»Ich habe gehört, daß die US-Botschaft die Amerikaner versorgt, die hier leben.«

»Ich mache nur Spaß«, sagte sie. »Ja, ich habe ihn von der Botschaft bekommen.« Sie beschäftigte sich in der Küche. Sie stellte ihre besten Tassen und Untertassen auf ein Tablett, dazu die silbernen Löffel und die Zuckerdose. Dann öffnete sie eine Büchse Milch und füllte das Rahmtöpfchen. »Bring diese Flasche Cognac und die Gläser mit«, bat sie, als er das Tablett hochnahm. »Der Winter in dieser Stadt wird mich noch umbringen, wenn ich nicht Mittel und Wege finde, mich warm zu halten.«

»Da kann ich vielleicht dabei helfen.«

Sie ging mit dem Tablett ins Wohnzimmer. Dieser Raum war einstmals ein Pferdestall gewesen für das großvolumige Haus, das daran angebaut ist. Holzfußböden waren auf den ursprünglichen Steinboden gelegt worden, aber selbst mit den weißen Teppichen darauf gab es nicht genug Abdichtung gegen die Kälte. Sie stellte das Tablett so nah wie möglich vor das offene Kaminfeuer. Dann nahm sie einige Kissen vom

Sofa und ließ sie daneben auf den Boden fallen. Sie setzten sich dicht vor das Feuer. Douglas schenkte etwas Cognac für sie beide ein. Er nippte an seinem Glas, während Barbara den ihren hinunterstürzte.

»Versteh mich nicht falsch«, erklärte sie, »aber ich friere.« Sie hielt ihre kalte Hand an sein Gesicht, um es zu beweisen. Douglas langte hinter sich und löschte die Tischlampe aus. »Jetzt ist es richtig gemütlich«, sagte sie, aber wieviel Sarkasmus dahintersteckte, das war schwer zu sagen. Vielleicht wußte sie es selbst nicht. Jetzt war das Zimmer nur von dem roten Licht des Gasofens beleuchtet, und das einzige Geräusch war sein Zischen und das Knattern, das von der Luft in den Gasröhren erzeugt wurde. Douglas legte seinen Arm um sie. »Der Kaffee wird überkochen«, meinte sie und versuchte aufzustehen.

»Ich habe den Herd abgedreht«, sagte Douglas.

»Und dafür habe ich die letzte meiner Kaffeerationen geopfert!« sagte sie, aber die Worte gingen in dem Kuß und der drängenden Umarmung verloren. Für eine lange Zeit blieben sie still und stumm.

»War ich wirklich so sehr in die Augen springend?« sagte sie schließlich. Irgendwo, zutiefst in ihrem Geist, wehte immer noch ein Gefahrensignal.

»Sag nichts«, bat Douglas.

»Der gute Rat eines Polizisten«, sagte sie. »Ich ergebe mich auf Gnade und Ungnade.« Als sie sich wieder küßten, sanken sie zurück auf die Kissen. Das rote Licht des Feuers ließ ihre Haut wie flüssiges Metall aussehen. Ihre Haare waren zerzaust und ihre Augen geschlossen. Douglas machte sich daran, die winzigen Knöpfe ihrer Taille aufzumachen. »Zerreiß nichts«, bat sie. »Ich werde vielleicht nie wieder ein anderes Pariser Kleid bekommen, solange ich lebe.«

Aus der Küche kam der Ton von überkochendem Kaffee, aber wenn sie es hörten, dann ließen sie es sich nicht anmerken.

16. KAPITEL

Die tiefe, grollende Sirene einer deutschen Panzer-Patrouille, die die Knightsbridge mit hoher Geschwindigkeit hinunterfuhr, weckte Douglas. Er blickte auf seine Uhr: Es war dreiviertel vier am frühen Morgen. Barbara war neben ihm eingeschlafen, ihre Kleider waren nirgends zu sehen. Das Gasfeuer tauchte das Schlafzimmer in einen roten Schimmer. Seine Bewegungen weckten sie auf. »Du gehst doch nicht fort?« fragte sie schläfrig.

»Ich muß.«

»Um nach Hause zu gehen?«

»Ich gehe nicht ins Büro, wenn es das ist, was du meinst!«

»Sei nicht gereizt«, sagte sie und strich mit dem Fingernagel seine nackte Haut entlang. »Ich versuche nur festzustellen, ob es noch jemand anderen gibt.« Sie wollte ihn festhalten und für sich in Anspruch nehmen, aber sie versuchte es nicht.

»Du meinst eine andere Frau? Bestimmt nicht!«

»Diese Art von Gewißheit gibt es nur, wenn ein Liebesabenteuer gerade beendet ist.«

»Da hast du recht.«

»Küß mich.«

Douglas küßte sie zärtlich. Dann löste er sich sanft aus ihrer Umarmung und ging ins Nebenzimmer. Er holte seine Kleider und zog sich bei dem Schein des Feuers an. Sie sah ihm zu und sagte: »Ich wollte, du würdest ein wenig länger bleiben, so daß ich ein Frühstück für dich herrichten könnte. Soll ich dir jetzt etwas Kaffee machen? Zu dieser Nachtzeit ist es vielleicht eisig kalt auf den Straßen.«

»Bleib, wo du bist. Schlaf wieder ein!«

»Brauchst du einen Rasierapparat und was dazu gehört?«

»Einen richtigen Rasierapparat?«

»Schau mich nicht so an. Er gehört den Leuten, die hier wohnen. Er liegt im Schrank im Badezimmer — im oberen Fach.«

Douglas beugte sich herunter und küßte sie wieder. »Es tut mir leid«, sagte er. »Werden wir uns wiedersehen?«

Sie hatte den Gedanken gefürchtet, daß er sie das nicht fragen würde. »Kann ich deinen kleinen Jungen kennenlernen? Geht er gern in den Zoo? Ich bin versessen auf den Zoo.«

»Er mag ihn gern«, erwiderte Douglas. »Gib mir nur einen Tag oder zwei, um die Dinge ins rechte Gleis zu bringen. Es ist schon lange her, daß so etwas mit mir geschehen ist.«

Er dachte, sie würde lachen, aber sie tat es nicht. Sie nickte nur.

»Douglas«, sagte sie. »Jene Leute, mit denen du dich vergangene Nacht unterhalten hast — Sir Robert Benson, Oberst Mayhew und Staines ...«

»Ja ... was ist damit?«

»Sag ihnen nicht nein. Sag ja, sag nächste Woche, oder sag vielleicht, aber sag ihnen nicht nein.«

»Warum?« Er trat einen Schritt zurück ins Schlafzimmer, so daß er sie vor sich sehen konnte. Sie hatte den Kopf abgewandt und war sehr still. »Warum?« Das Bettuch war zerknittert um ihren Hals gewickelt, wie eine elisabethanische Halskrause, und lange Strähnen ihres Haares lagen auf ihrer Haut wie die Adern rosafarbenen Marmors. »Was weißt du von ihnen? Hast du dich mit ihnen eingelassen?«

»Sie sagten zu mir, ich solle an diesem Tag damals in den Antiquitätenladen von Peter Thomas gehen. Dann sagten sie zu mir, ich solle dich fragen, ob du eine Filmrolle gefunden hast.«

»Und du hast getan, was sie wollten?«

»Nein. Sie wollten auch, ich solle in das Leichenschauhaus gehen und die Leiche als Peter Thomas identifizieren.«

»Das wäre eine ernstliche Straftat gewesen«, sagte Douglas.

»Ich begriff, daß es für dich ein schwieriger Fall war, daher zog ich mich zurück. Ich bin ihnen zu nichts verpflichtet.«

»Was gab es sonst noch?«

»Nichts, außer daß ein Freund von mir — ein Reporter, der über das Weiße Haus für die *Daily News* berichtet — sagt, daß Bernard Staines letzte Woche dreimal den Präsidenten getroffen hat. Eine der Zusammenkünfte fand auf der Jacht des Präsidenten statt und dauerte nahezu zwei Stunden!«

»Präsident Roosevelt?«

»Ich meine nicht den Präsidenten von Macy's Warenhaus. Diese Burschen planen etwas Großes, Douglas. Ich sag' dir, geh nicht zu ihnen und sage: ›Nicht mit mir!‹«

Douglas gab einen Grunzlaut von sich.

»Sie werden dich umbringen.«

Douglas fand es schwierig, das zu glauben. Aber dies waren verrückte Zeiten, und es war unklug, selbst die wildesten Ideen auszuschließen.

»Du meinst das doch nicht im Ernst?«

Sie drehte sich im Bett herum, so daß sie ihn besser sehen konnte. »Ich bin Kriegsberichterstatterin, Douglas. Ich habe tausend solche Burschen in der ganzen Welt getroffen. Wenn es darum ginge, zu wählen zwischen deinem Leben und einer Chance, die Anerkennung der US-Regierung für die Conolly-Clique zu bekommen, glaubst du, daß sie auch nur einen Augenblick zögern würden?«

»Ist die Queen auch im Tower?« fragte Douglas diese Frau, die alles zu wissen schien.

»Die Queen und die zwei Prinzessinnen sind in Neuseeland. Sie haben keine politische Bedeutung.«

Nicht, solange der König am Leben bleibt, dachte Douglas, aber er sagte das nicht.

»Kann ich dein Telefon benützen, um einen Wagen zu bekommen?« fragte er.

»Tu dir keinen Zwang an, Liebling!« Sie kuschelte sich ins Kopfkissen.

»Barbara ...«

Sie blickte wieder auf. Er wollte sagen: ich liebe dich, aber Erinnerungen, wie er das zu Sylvia sagte, drängten sich dazwischen. Er würde es sich für einen anderen Tag aufsparen. »Der kleine Douggie und ich — wir beide lieben den Zoo«, sagte er.

Douglas wählte Whitehall 1212 und fragte nach dem diensthabenden Offizier. Nachdem er seinen Namen genannt hatte, gab es ein langes Klicken und ein langes Warten. Schließlich kam die Stimme von Huth. »Sie telefonieren wegen eines Beförderungsmittels — wo sind Sie?«

Verdammt! Nun mußte er das Mädchen mit hineinziehen oder eine bewußte Lüge riskieren. »Ich bin am andern Ende vom Belgrave Square«, sagte Douglas und gab eine Adresse gleich um die Ecke an.

»Sie Narr«, sagte Huth ohne Zorn. »Warum, glauben Sie, daß wir einen Wagendienst für diese großen Partys erlauben?«

Natürlich, die Fahrer hatten berichtet, welche Gäste heimgefahren waren und welche sich um die Polizeistunde nicht gekümmert hatten, vielleicht sogar den Inhalt der Gespräche der unter Alkohol gesetzten Gäste, deren Zunge gelöst war.

»Sie waren mit dem Mädchen, nicht wahr?« fragte Huth.

»Ja, Sir.« Er erwartete, daß Huth eine Bemerkung darüber machen würde, aber er enthielt sich jedes Kommentars. »Bleiben Sie dort. Ich schicke jemanden, um Sie abzuholen und Sie zu mir zu bringen.«

»Zum Yard?«

Huth legte den Hörer auf, ohne zu antworten.

Douglas rasierte sich in aller Eile, ohne Barbara aufzuwekken. Obschon es Zeit für ihn war, hinunterzugehen, war sie wieder eingeschlafen — das Zeichen eines guten Gewissens.

Es war ein großes BMW-Motorrad mit einem wie ein Luftschiff geformten Beiwagen und einer Achse, die beide Hinterräder miteinander verband. Mit einer Maschine wie dieser konnte man den steilsten Berg hinauffahren. Sie hatte ein SS-Schild mit der Zulassungsnummer und das taktische Zeichen des Londoner SS-Hauptquartiers. Douglas kletterte in den Beiwagen und nickte dem Fahrer zu. Dann mußte er sich schon fest an den Maschinengewehr-Drehkranz klammern, während sie den Grosvenor Place hinuntersausten mit einem Getöse, das ausreichte, um halb London zu wecken.

In der Luft lag der grüne, rußige Nebel, der typisch für die Nebelschwaden ist, unter denen London leidet, aber der Fahrer verlangsamte das Tempo nicht. Eine Gendarmeriepatrouille zu Fuß marschierte durch den Vorhof des Viktoria-Bahnhofs, aber sie beachteten das SS-Motorrad nicht. Der Nebel wurde schlimmer, als sie sich dem Fluß näherten, und Douglas bekam den häßlichen Geruch davon in die Nase. Nach der Vauxhall-Brücke bog der Motorradfahrer rechts ab, in eine Straße mit flachen kleinen Häusern und hohen Backsteinmauern und Reklamewänden mit Plakaten, auf denen um Freiwillige in deutschen Fabriken geworben wurde, auch gab es Ankündigungen über Rationierung und ein frisch aufgegeklebtes Plakat über die deutsch-sowjetische Freundschaftswoche, das regennaß durch den Nebel schimmerte.

An der Südseite des Flusses parkte der Motorradfahrer auf einem überstürzt umzäunten Grundstück — nicht viel mehr als ein Stück von der Straße, umgeben von Rollen von Stacheldraht und Wachtposten, daneben ein häßliches kleines Gebäude mit der Bezeichnung ›Brunswick House, Southern Railway‹. Der Nebel war viel dichter über diesem offenen Land, das sich hinunter bis zu den Lagerhäusern und dem Getreidespeicher am Flußufer erstreckte. Vom Pool — dem Teil der Themse unterhalb London Bridge — konnten sie die Geräusche von den Schiffen hören, wo man sich auf die Flut vorbereitete, die in einer halben Stunde kommen würde.

Außerhalb des Hauses, unbeweglich wie Statuen und ungeachtet des wirbelnden Nebels, standen zwei SS-Posten, in voller Uniform, mit den weißen Handschuhen und weißen Gürteln einer paradierenden Wache. Der Fahrer begleitete Douglas bis zur Tür des Hauses. Zum Scharführer der Wache sagte er: »Dies ist Superintendent Archer, für Standartenführer Huth.«

Ein älterer SS-Offizier prüfte Douglas' Paß und sagte dann in ausgezeichnetem Englisch: »Sie müssen bis zum äußersten Ende der Rangieranlagen gehen. Besser, wenn Sie Ihr Transportmittel behalten. Einer meiner Leute wird mit Ihnen kommen, um sich zu vergewissern, daß Sie sich zurechtfinden.«

Nicht viele Fahrzeuge hätten die kurze Strecke bewerkstelligen können: über Eisenbahnschienen und Schwellen ging es dahin. Douglas war nie zuvor hier gewesen — ›Neun

Ulmen«, einer der größten Frachtumschlagsplätze in Europa. Es war ein trostloser Ort, der Boden mit Schutt und Abfällen übersät, die unter dem Lichtstrahl des Scheinwerfers überdeutlich in Erscheinung traten: rostige Zugräder, zerschlagene Lattenkisten und, am schlimmsten von allem, die Weichenstellvorrichtungen, die sie wie Lanzenträger anstarrten, als der Fahrer sich zwischen langen Reihen von Güterwagen hindurchzwängte, die rings um sie in dem dunkelgrünen Nebel klirrten und ächzten ...

Vor sich sahen sie Scheinwerferlicht und SS-Leute, in riesige, bis zu den Knöcheln reichende Schafpelzmäntel gehüllt, die meist für nördlichere Klimazonen gedacht waren. Die Hütte eines Eisenbahners war in den Aufenthaltsraum für Wachtposten verwandelt worden. An der Schranke wurde Douglas' Paß nochmals eingehend geprüft, bevor sie telefonierten, um seine Ankunft zu melden. Er mußte die letzten 200 Meter mit bewaffneter Begleitmannschaft zurücklegen. Sie überquerten die Gleise und duckten sich unter der Kupplung eines Güterzugs hindurch. Erst dann sah Douglas seinen Bestimmungsort. Eine Reihe rechteckiger gelber Lichter verloren sich im Nebel, bis sie ganz verschwanden. Es war ein Zug.

Sie kamen an einem anderen Personenzug vorbei, der längsseits vorgefahren war, und hörten das Summen der Klimaanlage und Musik von Franz Lehar. Ein Grammophon spielte in den Abteilen, die den Wachtposten zugewiesen waren. Von dort kam auch der Geruch gebratener Zwiebeln.

Jetzt konnte Douglas den Zug besser sehen, zu dem er ging. Er war sehr lang, mit Plattformwagen, auf denen behelmte Männer in voller Ausrüstung mit schweren Maschinengewehren Stellung bezogen hatten. »Was für ein Zug ist das?« fragte Douglas den SS-Mann.

»Sind jetzt beinahe da. Rauchverbot«, sagte der Mann.

Sie stiegen über das Trittbrett in einen Personenwagen hinauf, aber dies war kein gewöhnlicher Zug. Die Ausstattung war vorzüglich ausgedacht und in Chromstahl und Leder ausgeführt. Stühle und Schreibtische ließen sich zusammenlegen, so daß, wenn der Zug fuhr, dieser Wagen in einen Aussichtswagen verwandelt wurde. Douglas setzte sich in einen der weichen Sessel.

Er hatte zwei oder drei Minuten gewartet, als eine Tür am entfernten Ende des Wagens sich öffnete und Huth hereinblickte. Er sah Douglas und nickte, bevor er wieder verschwand. Aber bevor die Tür sich vollkommen schloß, sah Douglas hinter ihm einen Mann in Hemdärmeln. Sein Kopf war abgewandt, und die Haare waren so kurz geschnitten, daß das Weiße seiner Kopfhaut hindurchschimmerte. Gerade als die Tür sich schloß, drehte der Mann sich um und sagte etwas zu Huth. Douglas entdeckte, daß er geradewegs in das runde Gesicht, den Stoppelbart und den Kneifer des Reichsführers SS Heinrich Himmler blickte.

Es dauerte noch einmal fünf Minuten, bis Huth von der Konferenz zurückkehrte. Douglas war verblüfft: Der tatkräftige Mann in seiner schönen Uniform war von Müdigkeit gebeugt, seine Augen waren von dunklen Ringen umgeben und vor Erschöpfung gerötet. Seine Uniform war zerknittert und fleckig, und der Ledermantel, den er über dem Arm trug, war zerkratzt und schmutzig wie seine Stiefel.

Huth war nicht allein. Mit ihm kam ein Mann herein, den Douglas als Professor Springer erkannte, in SS-Gruppenführer-Uniform mit den von Silberlitzen eingefaßten Mantelaufschlägen, die den allerhöchsten Rängen der SS vorbehalten waren. In Himmlers Umgebung — eine Sammlung von Straßenkämpfern, ehrgeizigen Bürokraten, skrupellosen Rechtsanwälten und ehemaligen Polizisten — war Professor Maximilian Springer der einzige wirkliche Akademiker. Und doch, wie so viele Deutsche, hatte Springer mühelos das Auftreten eines preußischen Generals übernommen. Er war hochgewachsen und mager, mit einem lederigen Gesicht und einem geraden Rücken, als hätte er einen Ladestock verschluckt. Nachdem er die Konferenz des Reichsführers verlassen hatte, nahm Springer hastig die Brille ab und steckte sie in seine Tasche. Es war nicht soldatisch, eine Brille zu tragen.

»Wer ist dies?« wollte Springer wissen.

»Mein Mitarbeiter«, erwiderte Huth. »Sie können unbesorgt vor ihm sprechen.«

Springer entrollte die Papiere, die er bei sich trug. Douglas sah dasselbe Diagramm, das er in Huths Mappe gefunden hatte. Hier waren sie wieder: die magischen Symbole von Wasser und Feuer und das magische Schwert.

»Haben Sie jemals von einer Atombombe gehört?« wandte sich Springer an Douglas.

»Vor dem Krieg ... es gab Zeitungsartikel, aber niemand nahm sie ernst.«

Springer nickte und wandte sich ab. Nur durch die Ausschmückung der Schwierigkeiten mit einem Hokuspokus Schwarzer Magie konnte er die entsprechende Reaktion bei dem Reichsführer SS erreichen. Selbst jetzt würden sehr wenige Leute seine Schätzungen des Schadens, die eine atomare Explosion anrichten könnte, glauben. Sogar noch weniger konnten den Argumenten folgen, die ihn zu dieser Schlußfolgerung geführt hatten. Douglas stand beiseite, während Springer sich mit Huth unterhielt. Schon bald war es offensichtlich, daß Huths Kenntnisse zu nicht sehr viel mehr ausreichten als zu einer flüchtigen Lektüre der einschlägigen Theorien, geschickt auf die Tatsachen der täglichen Probleme angewandt. Aber selbst das überschritt den Wortschatz von Douglas' ausgezeichnetem und fließendem Deutsch, und die Ideen überstiegen sein wissenschaftliches Fassungsvermögen. Aber jetzt verstand er den Weg, auf dem die beiden Männer die Unterstützung von Himmlers persönlichem Astrologen erreicht hatten. Mit Hilfe der graphischen Darstellung Schwarzer Magie hatten sie den Reichsführer SS davon überzeugt, daß die Atomexplosion Teil eines vorbestimmten Schicksals war — ein Mittel, durch das Himmler und sein Führer das deutsche Volk zu einer Welteroberung führen würden. Aber Springer und Huth hegten keine Illusionen hinsichtlich der Schwarzen Magie, sie befaßten sich mit mehr praktischen Aspekten ihrer Zukunft.

»Wissen wir, wie weit die Armee mit ihrem Programm gekommen ist?« wollte Springer von Huth wissen.

»Der Atommeiler muß in Betrieb gewesen sein«, meinte Huth. »Er wurde wahrscheinlich zu heiß, und die Reaktion geriet außer Kontrolle. Das ist die einzige Möglichkeit, um die Brandwunden an Spodes Körper zu erklären.«

»Die Armee hat ihre Geheimnisse gut bewahrt«, sagte Springer. »Sie müssen die britischen Unterlagen mehr oder weniger intakt erbeutet haben.«

»Ich hoffe, daß wir feststellen können, ob Spodes Brandwunden von Uran oder Plutonium stammen«, sagte Huth.

»Nicht Plutonium«, sagte Springer. »Wenn sie schon so weit gekommen sind, werden wir niemals mehr die Kontrolle über das Programm bekommen.«

»Dieser Beamte befaßt sich mit dem Spode-Mord«, erklärte Huth.

Springer drehte sich um und warf einen Blick auf Douglas, als bemerke er ihn zum erstenmal. »Wissen Sie, was Radioaktivität ist?«

»Nein, Sir«, sagte Douglas, statt bei diesem ihm widerwärtigen Mann auf gut Glück zu raten.

»Es ist die Emission von Ausstrahlung aus unbeständigen atomaren Nuclei — Alpha-Partikel, Kernteilchen, Gammastrahlen, Elektronen und so weiter. Für den menschlichen Körper kann sie tödlich sein. Wir nennen es Strahlungskrankheit«, erklärte Springer.

»Würde das die Haut verbrennen?« erkundigte sich Douglas. »Wie Sonnenbrand?«

»Ja«, sagte Huth, wobei er die nächste Frage voraussah. »Dr. Spode ist daran gestorben.«

»Ist es ansteckend oder direkt übertragbar?«

»Nein«, sagte Huth.

»Wir wissen es nicht«, versetzte Springer und blickte streng auf Huth. »Aber wenn sie ungeschützt sind, kann jede radioaktive Substanz eine unbegrenzte Zahl von Menschen töten.«

»Sollten wir nicht das Haus in Shepherd Market untersuchen?« fragte Douglas besorgt.

»Wir haben das bereits getan«, sagte Huth. »Dort ist nichts

gefährlich. Eine Sondereinheit mit Meßgeräten ist Tag und Nacht in Bereitschaft.«

Springer nickte. »Ich muß jetzt zum Reichsführer zurück«, sagte er. Er rollte die graphische Darstellung zusammen. »Ich bin froh, daß er verstanden hat, daß dies das Ende von uns allen sein könnte.«

Douglas fragte sich, ob Springer das Ableben der ganzen Menschheit meinte oder nur das Ende der politischen Laufbahn seines Herrn und Meisters und der obersten Führung. Springer schlug die Hacken zusammen und ruckte mit dem Kopf, bevor er in das Landkartenzimmer zurückkehrte.

»Es gibt eine ständige Vorschrift«, sagte Huth ärgerlich zu Douglas. »Alle leitenden Polizeioffiziere haben Kontaktadressen oder die Telefonnummer zu hinterlassen, Tag und Nacht.«

»Ja«, sagte Douglas.

»Tag und Nacht«, wiederholte Huth, als ob er versuche, einen Streit vom Zaun zu brechen. Dann konnte er seinen Ärger nicht mehr bezähmen. Er klatschte Douglas auf den Arm. »Gehen wir. Ich werde Ihnen eine Lektion erteilen, die Sie nie vergessen werden.« Er öffnete die Wagentür und stieg die Stufen des Trittbretts hinunter. Von irgendwoher auf der entfernten Seite des Verschiebebahnhofs ließ eine Dampflokomotive ein Grunzen und ein Keuchen hören, dann kam ein langes Rieseln metallischer Töne, als an einem Güterzug die Puffer der Waggons aneinanderstießen und der Zug langsam in Bewegung geriet.

Als sie das Motorrad erreichten, stieß Huth den Fahrer beiseite. Er schwang ein gestiefeltes Bein über den Sattel und ließ stolz die Maschine an. Wenn er sich der Gefahren für einen uniformierten Deutschen, der durch die dunklen Straßen fuhr, bewußt war, so ließ er sich das nicht anmerken.

Sie begannen eine haarsträubende Fahrt durch den Nebel. Huth beugte sich über den Lenker wie eine Hexe, die auf einem Besenstiel zum Blocksberg reitet. Er hatte die Silberschnüre seiner Schirmmütze unter sein Kinn gezogen und eine Schutzbrille in der Tasche seines Ledermantels gefunden. Der

Schmutz in seinem Gesicht entsprach bald der Form der Schutzbille und seiner schnabelförmigen Nase. Auch Douglas in dem Beiwagen neben ihm schien er vergessen zu haben. Ihn wurmte ein Ärger, der ihm noch Stärke verlieh, obwohl er offensichtlich schon erschöpft war.

Douglas konnte diese Fahrt mit rücksichtsloser Geschwindigkeit durch den übelriechenden Londoner Nebel, der vor dem Scheinwerfer hin und her geisterte, nie vergessen. Dann und wann blendete er sie mit einer Mauer von reflektiertem grünen Licht, ein anderes Mal zerteilte er sich, um lange geisterhafte Hohlräume zu enthüllen, die in armseligen grauen Gassen endeten. Und die ganze Zeit über gab es das ohrenbetäubende Heulen der Maschine. Ungehemmt brüllten und gellten die vier Zylinder über die engen Straßen von Süd-London und verliehen Huths Verachtung und seiner Raserei Ausdruck.

Douglas war wegen Huths Geisteszustand an jenem Abend besorgt. Wie ein Wahnsinniger beugte Huth sich über den Lenker, blickte weder nach rechts noch nach links, sondern brüllte die Welt an. »Ich werde es euch schon zeigen!«, »Wartet nur!« und »Ihr werdet schon sehen, wie es um eure Freunde beschaffen ist!« Obschon der Wind seine Stimme entführte und entstellte, erkannte Douglas die Worte, denn Huth wiederholte sie von Zeit zu Zeit in einer Litanei des Zorns.

Die Fahrt führte sie durch die triste Ausbreitung des Stadtgebiets südlich der Themse: eine Wildnis, schweigend und leer, nur hin und wieder Patrouillen zu Fuß. Nach Clapham begegneten sie immer mehr Anzeichen der Schlacht um England, deren in den Straßenkämpfen vom vorhergehenden Winter geprägte Spuren noch nicht behoben waren. Granattrichter und Trümmerhaufen waren nur durch gelbe Leinenbänder gekennzeichnet, die schmutzig zwischen Absteckpfählen herabhingen.

Auf halbem Weg nach Wimbledon High Street — an der Ecke, die einen so vollkommenen Platz für einen Hinterhalt bot — standen die rauchgeschwärzten Trümmer eines ›Panzer

IV‹, ein Denkmal für einen unbekannten Jugendlichen, der mit einer benzingefüllten Bierflasche und einer Schachtel Zündhölzer in die Legende eingegangen war und in die Songs, die manchmal leise und schmachtend gesungen wurden, wenn keine deutschen Ohren zuhörten.

In Wimbledon stand noch die Tafel mit dem Totenkopf und den gekreuzten Knochen und der Warnung ›Achtung Minen!‹ Hier hatte eine Pionierkompanie mit diesem Trickschild und mit einem Dutzend ihnen verbliebener Panzerminen versucht, die Angriffsspitze der 2. Panzerdivision davon abzuhalten, den Verteidigern in die Flanke zu fallen, die sich am höchsten Punkt von Putney Hill verschanzt hatten. Die aufgewühlte Erde zeugte davon, daß der Bluff mißlang.

Sie gelangten jetzt nach Motspur Park, bevor es Douglas zum Bewußtsein kam, daß sie nach Cheam Village unterwegs waren, wo er einstmals so glücklich gelebt hatte. Es war ein kleiner Ort, inmitten von Parks, Golf- und Sportplätzen und Kliniken für Geisteskranke. Die meisten Leute erinnern sich an ihn nur als an einen Ort, an dem man um die Ecke biegt, auf ihrem Weg nach Sutton. Solche Durchreisende kannten von Cheam nur die häßlichen modernen Häuser, welche die Hauptstraße säumten, aber dahinter war es ein hübscher kleiner Ort. Die Straße, in der Douglas gewohnt hatte, bestand damals aus mit Schindeln gedeckten Fachwerkhäusern. Sie waren lange vor den feuerpolizeilichen Vorschriften, die eine solche Bauweise verboten, gebaut worden. Das war der Grund, warum sie schwer unter dem gelitten hatten, was das offizielle Gefechtstagebuch der 29. Infanteriedivision (mot.) nur als Plänkelei bezeichnete. In der Sycamore Road verwendete die plänkelnde Infanterie Leuchtspurmunition, und die daraus entstehenden Brände zerstörten mehr Häuser als fünf vorangegangene Stuka-Angriffe.

Der MG-Drehkranz auf dem Beiwagen versetzte Douglas einen Schlag auf den Kopf, als Huth das schwere Rad mit voller Geschwindigkeit hinauf über das Gras und durch die Überreste eines Nachbarhauses fuhr. Jetzt sah Douglas die

Ruinen seines eigenen Hauses aufgerissen, so daß es sein verbranntes Innere enthüllte. Als er aus dem Beiwagen kletterte, fühlte Douglas unter seinen Füßen das Knirschen der Asche, die selbst während der Regenmonate nicht weggeschwemmt worden war — die begrabenen, zerbrochenen Stücke seines Lebens. Und ihm stieg der eigenartige und unverkennbare Geruch des Krieges in die Nase. Es ist eine seltsame Mischung von Gerüchen nach Brand, altem Ziegelmehl und von Abwässern durchdrungenem Boden. Er hält noch lange an, nachdem der Gestank nach Fäulnis schon verschwunden ist. Douglas nahm diesen Geruch jetzt wahr und war dankbar, denn er entfremdete diesen Ort, so daß seine Erinnerungen daran nur noch gedämpft waren, wie es ein Traum in einem wechselvollen Schlaf ist.

»Ist es Jill?«

Huth wischte sein Gesicht mit seiner Handkante ab. »Was?«

»Meine Frau. Hat es etwas mit meiner Frau zu tun?«

»Nein«, sagte Huth. Douglas folgte Huths starrem Blick dorthin, wo ein deutscher Lkw, ein Ambulanzwagen und zwei Autos in dem geparkt waren, was früher der Garten seines Nachbarn war. Jetzt gab es keine sichere Möglichkeit zu wissen, wo ein Grundstück endete und wo ein anderes anfing. Von hier konnte er die Stelle sehen, wo die nächste Häuserreihe in Grund und Boden gepflügt worden war, von dem Geschützfeuer der britischen Batterie, die zwei deutsche 8,8-cm-Geschütze vernichtete.

Hier, am Rand von Surrey, hatte sich der Nebel gehoben, aber tiefe Wolken jagten über den Mond, dessen verschwommener Umriß ständig die Form wechselte und manchmal ganz verschwand, so daß die ganze verödete Landschaft im Dunkeln lag.

Huth wandte sich ab, um zwei Soldaten zuzurufen, die an einem elektrischen Kabel arbeiteten. »Die Leiter! Geben Sie mir eine Leiter, hier! Sofort!« Es war die gebieterische Stimme des Soldatenschinders vom Kasernenhof, und die SS-Soldaten antworteten darauf mit doppelten Anstrengungen. Zwei weitere Männer kamen über den unebenen Boden gelaufen und ließen ein Kabel über eine Rolle ablaufen. Hinter ihnen lief das Kabel zu einem Platz, wo sich noch weitere Männer mit dem Starten eines transportablen Generators abmühten.

»Kommen Sie mit mir«, befahl Huth, und ohne auf die Leiter zu warten, begann er, auf den Schutthaufen hinaufzuklettern. Douglas hielt sich dicht hinter ihm. Sie krochen über Holzbalken, Asche und Staub. Huth hustete und fluchte, weil die Gürtelschnalle seines nicht zugeknöpften Mantels sich in einem Gewirr von rostigem Draht verfing. Huth kratzte mit den Stiefeln einen Halt für die Zehen in den Gips und in die Teddybär-Tapete von dem, was einmal das Schlafzimmer von Douglas' Sohn war, und zog sich hoch zu der beinahe unversehrten Balustrade des Treppenabsatzes im oberen Stockwerk.

Huth keuchte heftig und machte keinen Versuch, Douglas zu helfen, als er hinter ihm hochkam, aber er rückte beiseite, um auf dem unsicheren Fleck Platz zu machen. Als Huth sein Gewicht gegen das Holzgeländer lehnte, hörte Douglas das Bersten von Holz und faßte nach Huths Arm, als ein Teil des Fußbodens nachgab. Die beiden Männer rückten eng zusammen und hörten das Poltern des zersplitterten Balkens, der auf den Schutthaufen unter ihnen fiel.

Wenn Douglas ein Wort des Dankes erwartet hatte, weil er den Standartenführer vor gebrochenen Gliedern oder einem Schädelbruch bewahrt hatte, wurden seine Erwartungen enttäuscht. Sogar Huths kaltes, humorloses Lächeln dauerte nur so lange, bis er sein Taschentuch herausgezogen und geräuschvoll hineingeniest hatte.

»Alles bei Ihnen in Ordnung, Standartenführer?« kam eine Stimme aus der Dunkelheit unten.

»Nichts weiter als ein Schnupfen«, rief Huth als Antwort und schneuzte sich die Nase. Unter ihm lachte jemand leise. »Rücken Sie zu dieser Seite herüber«, sagte Huth.

Douglas folgte ihm, als er durch das verschwand, was einmal der Wäscheschrank im oberen Stockwerk gewesen war. Der Heißwasserboiler, beinahe bis zur Unkenntlichkeit zermalmt, baumelte in das Zimmer darunter. Auf dieser Seite des Hauses, an der Front im oberen Stockwerk, waren genügend Stützbalken erhalten geblieben, um das Gewicht der riesigen Messingbettstelle zu tragen, die das Hochzeitsgeschenk von Jills Eltern gewesen war.

»Werfen Sie das Kabel herauf!« rief Huth. Sofort wurde ein Stück Seil zu ihm hinaufgeworfen. Mit fachmännischem Geschick machte er eine Seilschlinge und zog Kabel und Handlampe hoch. »Machen Sie Licht, verdammt noch mal!« schrie er, als er fand, daß er keinen Strom hatte.

»Sofort, Standartenführer, sofort!« rief eine anonyme Stimme.

Inzwischen hatten Douglas' Augen sich an die schattenhaften Überreste des Schlafzimmers gewöhnt. Er blickte auf das Bett. Die Messingstäbe waren völlig verbogen, das Gestell irreparabel verunstaltet und die Sprungfedern ein Gewirr von rostigem Draht.

Und dennoch, dachte Douglas, muß sich wahrscheinlich ein Plünderer damit beschäftigt haben, denn das große Bett war an seiner einen Seite hochgestellt und abgestützt worden, dort wo früher das Fenster ihres Schlafzimmers einen Blick auf die winzigen Vorgärten der Sycamore Road gewährte. Die tieftreibenden Wolkenfetzen verflüchtigten sich so weitgehend, daß sie einen Schimmer des Mondlichts durchließen. Und jetzt entdeckte Douglas etwas anderes. Sie waren nicht allein. Ohne sich um ihre Stimmen zu kümmern, blieb die Gestalt auf dem Bett in einer Stellung liegen, die jeder Schwerkraft zu spotten schien.

»Licht!« gellte Huth wieder. »Licht, verdammt noch mal!« — ein Befehlsstil, den Douglas mittlerweile zu erkennen gelernt hatte. Es gab ein kurzes Gestammel in Deutsch, zwei Versuche, den Generator anzuwerfen und Schreie und Flüche, als er nach einigen Fehlzündungen wieder erstarb.

Bestürzt bewegte sich Douglas ein kleines Stück weiter vorwärts. Unter sich sah er die Taschenlampen der Soldaten. Das Gebälk des Hauses krachte in allen Fugen, und der Wind summte in den Telefondrähten über den verkohlten Dachbalken. Dann, mit einem Husten, Stottern und Dröhnen, startete der Generator, aber die Lichter flammten nicht auf — weder die Lampe in Huths Hand noch die Scheinwerfer, welche die Soldaten unten im Garten aufgestellt hatten.

»Hat Ihnen jemals jemand gesagt, daß die Deutschen eine tüchtige Rasse sind?« erkundigte sich Huth bei Douglas.

»Es ist alles eine Frage der Priorität«, erwiderte Douglas. Als er das sagte, erwachten die Bogenlampen zum Leben, ihre Lichtstrahlen schnitten durch die Nacht wie Stahlskalpelle, die einen Treffpunkt suchten. Douglas schloß die Augen und wandte sich von dem blendenden Licht ab, bevor er seinen Blick auf das Bett und den Mann darin richten konnte.

Er war nur mit zerrissener blutbefleckter Unterwäsche bekleidet, die Hände mit Draht an die Bettstelle gefesselt. Der Kopf war zur Seite gesunken, das Gesicht blutig. Er sah aus wie Christus, und das hatten die Männer, die ihn gefoltert hatten, wohl beabsichtigt.

»Jimmy Dunn!« rief Douglas aus.

»Es wird nicht der erste Tote sein, den Sie gesehen haben, Superintendent!« sagte Huth.

»Armer Jimmy!«

»Mußte er einen Auftrag für Sie erledigen?«

»Den Mord untersuchen«, sagte Douglas.

Huth streckte die Hand aus und stocherte mit einem Stock an dem großen Stück Pappkarton herum, das mit Draht an der Brust des Toten befestigt war. »Ich war ein englischer Jagdhund, der für die deutschen Jäger arbeitete«, hieß es in den unbeholfen geschriebenen Schriftzeichen.

»Der arme, kleine Jimmy.« So hatte Harry Woods doch recht behalten. Es war wirklich zu gefährlich gewesen für einen unerfahrenen jungen Polizisten, und jetzt war Douglas bekümmert wegen seiner Verantwortung für den Tod des Jungen.

»Die tapferen britischen Patrioten!« höhnte Huth. »Sind Sie stolz auf sie?« Douglas wandte sich ab. »O nein, Sie sind es nicht!« fügte Huth hinzu und versuchte ihn dazu zu bringen, daß er das Gesicht der vom Scheinwerferlicht angestrahlten Leiche mit den Schnittwunden und Verbrennungen, welche die letzten Stunden des gefolterten jungen Polizisten kennzeichneten, zuwandte. Doch Douglas kehrte sich um und begann sich einen Weg hinunter durch die Trümmer zu bahnen. Huth kam hinter ihm drein.

»Jimmy war ein guter Polizist«, sagte Douglas.

»Und das ist das letzte Lob in seiner Dienstbeschreibung, nicht wahr?«

»Ich habe ihn in den Tod geschickt.«

»Und Ihre Freunde vom Widerstand haben ihn ermordet.« Huth stolperte, fand aber rasch sein Gleichgewicht wieder. »Aber Sie schieben es *mir* in die Schuhe«, sagte er.

»Meine Frau liegt auch irgendwo unter diesen Trümmern«, sagte Douglas anstatt einer Erklärung, aber es war keine Spur von Rechtfertigung in seiner Stimme.

»Ich weiß, ich weiß«, winkte Huth ab.

»Wann ist es passiert?«

Huth sprang von dem letzten Schutthaufen herunter. »Eine Armeepatrouille zu Fuß fand ihn dort oben um 22 Uhr 47. Alle zwei Stunden regelmäßige Patrouillen! Diese Wehrmachtsidioten werden nie lernen, wie man mit Partisanen umgeht.«

Die zwei Männer gingen zu den Fahrzeugen. »Dies bedeutet eine Ankündigung, daß sie beabsichtigen, auch Sie umzulegen«, sagte Huth leise. »Darüber sind Sie sich doch im klaren, nicht wahr?«

»Vielleicht.«

Als sie die Wagen erreicht hatten, wandte Huth sich an einen jungen SS-Offizier, der sich in der Nähe herumtrieb, mit gestrafftem Körper und Robotergesicht, nur auf ein Wort des Befehls bedacht. »Schicken Sie den Fotografen nach dort oben«, sagte Huth. »Ich möchte, daß man dieses groteske Tableau vor Tagesanbruch vollständig ausräumt und außer Sichtweite schafft.« Und an Douglas gewandt: »Sie gehen jetzt besser nach Hause und ziehen diese lächerliche Kleidung aus.« Douglas blickte an sich hinunter und sah den Abendanzug, den sein flatternder Regenmantel enthüllte.

»Nehmen Sie einen Wagen«, fügte Huth hinzu. Sein Gesicht war verzerrt und tief gefurcht, sein Kinn unrasiert. Er rieb sich das Gesicht und hielt dann inne, als erwarte er zu niesen, aber es kam zu keinem Niesen. »Ich bin so gut wie in alles verwickelt«, sagte er in einem seiner seltenen Eingeständnisse menschlicher Schwäche.

»Lassen Sie Jimmy jetzt herunterholen?«

»Gehen Sie nach Hause«, erwiderte Huth. »Das ist nicht ›Jimmy‹, das ist ein Kadaver.« Huth folgte Douglas' Blick und fügte hinzu: »Wir haben alle Häuser bis zum Bahnhof durchsucht. Keiner Ihrer früheren Nachbarn will irgend etwas gesehen haben.«

Huth hatte eine perverse Gabe, die Gedankengänge in Douglas' Gehirn zu entdecken. Und er ließ Douglas sich deswegen verachten. Was sollte es Douglas kümmern, ob diese Leute gesehen hatten, was man mit Jimmy anstellte, und warum sollte Douglas sich deswegen schuldig fühlen? Und doch tat er es.

»Noch keine Fühler ausgestreckt?« fragte Huth. »Hat Ihnen noch niemand heikle Fragen gestellt darüber, wie es Ihnen gefällt, für die Hunnen zu arbeiten?«

»Nein!« sagte Douglas. Ein Ja hätte gereicht, um Huth jeden Gast bei der Garin-Party auf Herz und Nieren prüfen zu lassen, zu drohen und nicht locker zu lassen, bis die geheime Zusammenkunft enthüllt war. »Nein«, wiederholte Douglas mit weniger Nachdruck.

»Seltsam.« Huth schnüffelte und wischte sich die Nase mit einem bunten Taschentuch ab. »Sehr seltsam«, sagte er zu dem Taschentuch. »Ich erwartete mir um diese Zeit schon etwas Winseln und Schnüffeln in Ihrem Umkreis.«

»Ich werde nach Hause gehen«, erklärte Douglas. »Vielleicht wartet schon eine Brieftaube auf mich.«

»Sparen Sie sich Ihre humorvollen Randbemerkungen für Harry Woods auf«, sagte Huth. »Sergeanten *müssen* über die Witze ihrer Vorgesetzten lachen.« Er schneuzte sich die Nase. »Dies sind gefährliche Leute, mein Freund. Versuchen Sie nicht, beide Enden gegen die Mitte auszuspielen.«

Douglas öffnete die Tür des Wagens.

»Kennen Sie ein Heilmittel, das bei meinem Schnupfen helfen würde?« fragte Huth.

Überrascht sagte Douglas: »Ein Inhalator, den Sie in Ihre Nase stecken können.«

Huth lächelte. »Ich habe bereits zu viel um die Nase ... Bringen Sie diesen Beamten nach Hause«, wandte er sich an den Fahrer.

Der Wind verjagte die Wolken und enthüllte eine dunkelblaue Nacht. Als sie das Zentrum von London erreichten, zog die Morgendämmerung rote Streifen über den östlichen Himmel. Douglas ließ die Klinke behutsam einschnappen, um nicht das ganze Haus zu wecken, aber Mrs. Sheenan hörte den Wagen.

»Sind Sie das, Mr. Archer?«

Er ging auf den Zehenspitzen nach oben. Aus dem Heizmaterialladen kamen die Gerüche von frisch gehacktem Brennholz und Öl. Inzwischen hatte er sich daran gewöhnt, und es war wie ein Willkommen daheim.

»Tut mir wirklich leid, daß ich Sie geweckt habe, Mrs. Sheenan.«

»Ich trinke gerade Tee. Möchten Sie auch welchen?« Seit sie ihre zwei Mieter in der Wohnung aufgenommen hatte, schlief sie in dem vorderen Zimmer über dem Laden. Jetzt fand Douglas sie, wie sie im Bett saß, eine dicke wollene Strickjacke eng um sich geschlungen, während sie an dem Tee nippte.

»Holen Sie sich eine Tasse und Untertasse aus dem Schrank, wollen Sie?« Mit zwei kleinen Kindern im Haus, hatte Mrs. Sheenan in dieses winzige Zimmer alle zerbrechlichen Erinnerungsstücke ihres Ehelebens zusammengetragen. Da waren Porzellanhunde, die bellten, Margate und Southsea, eine junge sepiabraune Braut, eine angeschlagene Staffordshire-Teekanne, die Taschenuhr mit dem Namenszug ihres Vaters und beste Wünsche von seinem Arbeitgeber nach fünfundzwanzig Dienstjahren eingraviert, zwei Farbfotos ihres

Mannes und alle Postkarten aus seinem Kriegsgefangenenlager.

Sie schenkte Douglas Tee ein. »Regnet es?«

»Nein. Und der Nebel hat sich aufgelöst.« Er trank einen Schluck von dem Tee. »Der schmeckt gut.«

»Ich habe einen Teelöffel voll echtem Tee dem Ersatz zugefügt. Ich wache regelmäßig um vier auf und kann nie wieder wirklich einschlafen.«

»Sie sehen nicht sehr gut aus, Mrs. Sheenan. Es gibt eine Menge Influenza überall.«

Sie bemerkte den Abendanzug, den er unter seinem Regenmantel trug, machte aber keine Bemerkung darüber. »Glauben Sie, daß ich Tom jemals wiedersehen werde, Mr. Archer?« Sie rührte ihren Tee mit unnötiger Sorgfalt und Aufmerksamkeit um. »Der Junge fragt mich immer wieder, sehen Sie, und ich weiß einfach nicht, was ich dem Kind antworten soll.«

Sie blickte auf, und Douglas erkannte, daß sie geweint hatte. Er wußte, daß sie keine Verwandten hatte, und die Verantwortung für ihren Sohn lastete schwer auf ihr. »Tom wird zurückkommen, Mrs. Sheenan.«

»Wir hören nur alle zwei oder drei Monate von ihm. Selbst dann darf er nur eine vorgedruckte Karte schicken, auf der steht, es gehe ihm gut.«

»Besser als ein langer Brief, in dem er sagt, er sei krank«, sagte Douglas.

Mit einiger Anstrengung lächelte sie. »Da haben Sie recht.«

»Der Waffenstillstand nennt kein Datum, aber die Deutschen haben versprochen, die Kriegsgefangenen so bald wie möglich nach der Heimat zu entlassen.«

»Was kümmern sich die Deutschen darum«, sagte sie bitter. »Deutsche Mütter und Ehefrauen haben ihre Männer schon vor Monaten zurückbekommen. Was scheren sie unsere Jungens? Sie verwenden sie als billige Arbeitskräfte. Was kann unsere Regierung ihnen im Austausch schon anbieten?«

Douglas konnte keine Argumente finden, um ihre Gedankengänge zu widerlegen. Gegenwärtig versprachen die Deutschen, daß ein britischer Kriegsgefangener heimkehren dürfe im Austausch für jeweils zehn Männer, die freiwillig in deutschen Fabriken arbeiteten. Es würde ein langes Warten auf Tom sein. »Lassen Sie Ihren Sohn nicht merken, daß Sie unglücklich sind, Mrs. Sheenan. Es könnte ihn mehr berühren, als wenn sein Vater von daheim fort ist.«

»In der Schule haben sie jetzt einen neuen Lehrer, der ihnen sagte, daß Churchill — und alle die britischen Soldaten — Kriminelle seien. Mein Junge kam nach Hause und fragte mich, warum.«

»Ich werde mit ihm sprechen«, meinte Douglas, »und ihm sagen, daß sein Vater ein prächtiger Mensch ist.«

»Den Kindern wurde gesagt, sie sollten Eltern melden, die gegen die Vorschriften verstoßen.«

»Diese Deutschen haben schlimme Ideen mitgebracht.«

»Mein Sohn hält große Stücke auf Sie, Mr. Archer.«

Douglas trank seinen Tee aus und stand auf.

»Ich weiß nicht, was wir ohne Sie tun würden, Mr. Archer. Und ich spreche da nicht nur von der Lebensmittelkarte und dem Geld.«

Douglas sah verlegen aus.

»Ach, ich habe vergessen, Ihnen von dem Paket zu sagen«, fuhr Mrs. Sheenan rasch fort.

»Was für ein Paket?« fragte Douglas.

»Der gedruckte Aufkleber sagt, daß es von Scotland Yard ist. Ich dachte, vielleicht hat es Sergeant Woods geschickt. Ich weiß, er liebt Ihren Douggie wie ein Vater.«

»Ein Paket für Sie?« fragte Douglas.

»Nein, für Ihren Douggie. Für Douglas Archer junior, wie sie in diesen amerikanischen Filmen sagen, wissen Sie.« Sie sah die Furcht in seinem Gesicht. »Ich habe es in Ihr Zimmer gelegt. Hoffentlich habe ich es nicht falsch gemacht, nicht wahr?«

»Nein, nein, nein«, beteuerte Douglas. »Ich werde es mir anschauen.« Sie hörte ihn sehr eilig die Treppe hinauflaufen.

Douglas untersuchte das Paket sorgfältig. Der Aufkleber und der Gummistempel von Scotland Yard sahen echt aus, und die Schreibmaschinenschrift hatte alle die charakteristischen Kennzeichen der neuen Adler-Schreibmaschine, welche die Deutschen in ihren Büros verwendeten. Das Porto war bezahlt worden, nicht mit gewöhnlichen Briefmarken, sondern mit besonderen Dienstmarken, mit denen alle offizielle deutsche Post vorausbezahlt wurde.

Douglas nahm das Paket hoch und kam zu dem Schluß, daß es nicht schwer genug für eine Bombe war. Er war tatsächlich zu müde, um alle die üblichen Vorsichtsmaßregeln anzuwenden, und er schnitt mit dem Federmesser die Schnur durch und entfernte die Hülle. Innen war ein Modellauto von einer Spielzeugfabrik in Nürnberg. Es war wunderschön gemacht und mit allen Schikanen — einen Schaltknüppel, Miniatursteuerung, Differential und einer Motorhaube, die beim Öffnen eine ins einzelne gehende Motoranlage zeigte. Eine Glückwunschkarte begleitete das Geschenk, und in General Kellermanns schöner Handschrift enthielt sie die Botschaft: ›Für Douglas Archer, einen tapferen Jungen — zu seinem Geburtstag. In aufrichtiger Liebe — Fritz Kellermann.‹ Douglas wußte, daß sein Sohn davon begeistert sein und es wegen der schriftlichen Glückwünsche um so mehr schätzen würde. Doch fühlte er sich unbehaglich. Er legte das prächtige Geschenk zurück in die Schachtel und wickelte diese in das Packpapier ein. Der Geburtstag seines Sohnes war erst in drei Wochen. Aber bis dahin konnte die ganze Welt sich verändert haben.

17. KAPITEL

Douglas dämmerte ein, aber die Gedanken an Jimmy Dunn ließen ihn bald wieder hellwach werden. Was war aus dem Foto in dem braunen Umschlag geworden, das die Grundlage für Dunns Nachforschungen abgegeben hatte?

Douglas setzte sich im Bett auf. Wo würde ich ein adressiertes Kuvert verstecken? fragte er sich. Es gab einen ausgezeichneten Platz, um es zu verbergen — der nächste Briefkasten. Es war ein ganzes Stück Wegs, aber Douglas wußte, er würde keine Ruhe haben, bis er es festgestellt hatte. Er blickte auf seine Uhr auf dem Nachttisch. Es war zu spät, den Brief im Sortierbüro der Post abzufangen. Inzwischen würde er bereits unterwegs zur Zustellung sein.

Das Haus in der Mafeking Road, wo der jüngere Bruder Spodes gewohnt hatte, besaß kein Eisentor mehr. Es war während einer der Schrottsammlungen weggeschafft worden, die von einem Monat zum andern immer fordernder geworden waren. In den Ruinen des zerbombten Hauses nebenan hatte man Kohlköpfe gepflanzt, aber jetzt, da die Ernte vorbei war, erstickte Unkraut die verfaulten braunen Strünke.

Douglas konnte die Hausglocke nicht finden, daher klopfte er laut an den Bretterverschlag, der über das Fenster des vorderen Zimmers genagelt war. Es dauerte fast fünf Minuten, aber schließlich öffnete ein dicker, unrasierter Mann in einem schmutzigen Unterhemd und Kordsamthose und sagte: »Ja? Was?«

»Ich war schon einmal hier«, sagte Douglas. »Der Schullehrer im oberen Stock — Spode.«

»Was ist denn jetzt wieder los?«

»Ich muß hinein«, sagte Douglas.

»Sie sagen mir besser, um was es sich handelt«, beharrte der dicke Mann, ohne einen Zollbreit beiseite zu gehen.

Douglas legte eine Hand auf den Bauch des Mannes und wollte ihn beiseiteschieben. Aber seine Hand war beinahe in dem weichen Fleisch verschwunden, bevor der Mann sich bewegte. »Zerbrechen Sie sich nicht Ihr hübsches Köpfchen, um was es sich handelt, Sie Schlafmütze«, sagte Douglas. »Rollen Sie sich ruhig wieder zusammen und schlafen Sie weiter.«

»Ich bin schon seit zwei Stunden auf«, sagte der dicke Mann. Douglas drängte sich an ihm vorbei, ging den Garten entlang und öffnete die Tür des warmen, gut beleuchteten kleinen Privatgemachs, aus dem der dicke Mann gekommen war. Es roch nach ungewaschenen Körpern und altem Kohl. Douglas sah sich im Zimmer um. Der große Geschirrschrank enthielt Teller, Tassen und Untertassen, unbezahlte Rechnungen, einen halbverbrauchten Streifen Aspirintabletten, ein Wasserglas, darin Stücke einer zerbrochenen Taschenuhr, einen Büchsenöffner und eine Legion toter Fliegen. Im obersten Fach lag ein von Fliegendreck beschmutzter Kalender vom Monat Oktober 1937, er war aufgeschlagen und enthüllte eine farbige Ansicht von Mount Snowdon.

In einer Ecke des Zimmers stand ein ungemachtes Bett ohne Leintücher und mit einem farbigen Kissen. Darauf lag eine Nummer von *Dandy* mit Bildergeschichten. Auf einem Stuhl, in Reichweite des Bettes, zeigte ein Tablett die Überbleibsel eines reichlichen Frühstücks: Spuren von einem Ei und ein halbes Dutzend Speckschwarten.

Nur ein kleiner Tisch war sauber und aufgeräumt, mit Federn und Bleistiften, die neben einem Blatt Löschpapier aufgereiht lagen. Hinter dem Telefon stand ein Karteikasten mit der Aufschrift ›Beiträge Mafeking Street 1941‹. Und doch, dieses chaotische Zimmer beherrschend, gab es ein hell glühendes Kohlefeuer. Ein so lustig flammendes war in diesen harten Zeiten nur selten zu sehen.

»Verdammt kalt draußen heute morgen, was, Sergeant?« sagte der dicke Hausmeister.

»Superintendent«, verbesserte Douglas. »Kriminal-Superintendent Archer von Scotland Yard.« Aus dem Radioapparat ertönte die Wiederholung des Interviews ›Heute abend in der Stadt‹. Douglas stellte ihn ab.

Der dicke Mann rülpste und brachte die Energie auf, seine nackten Arme kräftig zu reiben, bevor er die Tür noch einmal prüfte, um ganz sicher zu sein, daß sie gegen den Zugwind vom Gang fest geschlossen war. »Superintendent ... ja, das ist's, was ich meinte — Superintendent.«

»Hat sich jemand das Zimmer im oberen Stock angesehen?« erkundigte sich Douglas, während er nachschaute, ob es irgendeinen Anhaltspunkt in der Morgenpost gab. Denn dieser Mann war einer der ›Blockwarte‹. Mit Hilfe der Blockwarte verteilten die Nazis Lebensmittelkarten und Post aus den Kriegsgefangenenlagern, richteten Winterhilfe und Suppenküchen für die besonders Bedürftigen ein. Im Austausch für die Machtbefugnis und den Einfluß, die solchen ›Blockwarten‹ gewährt wurden, erwartete man von ihnen, daß sie mit den Deutschen gegen ›asoziale Elemente‹ zusammenarbeiteten. Eine genaue Prüfung der Post ihrer Nachbarn war ein wesentlicher Bestandteil dieser Zusammenarbeit.

»Bestimmt nicht. Das Zimmer ist abgeschlossen, genau wie es die Polizei verlangt hat.«

»Nehmen Sie die Sache nur nicht zu leicht!« sagte Douglas und schlug den Ordner über die Beitragszahlungen der Mafeking Road auf. »Es handelt sich hier um eine Morduntersuchung.«

»Glauben Sie ja nicht, daß ich den kleinen Bastard in Schutz nehme«, sagte der dicke Mann entrüstet. Douglas blickte ihn an. Er konnte sich nicht vorstellen, daß der dicke Mann irgend jemanden in Schutz nahm. »Verdammter Aristokrat!« sagte der dicke Mann. »Bildet sich wunder was ein mit seinem Phantasieakzent und seinen quatschigen verdammten Befehlen wegen Schuttabladen.« Der dicke Mann folgte Douglas rund um das Zimmer. »Keine Zeit für verdammte Aristokraten — nicht jetzt, nicht unter diesem Regime, habe ich recht?«

»Rülpsen und furzen«, sagte Douglas, »und zwei oder drei Eier und ein halbes Dutzend Speckscheiben zum Frühstück, in einem Zimmer, das warm genug ist, um im Unterhemd herumzulaufen! Eine Menge Aristokraten würden gerne wissen, wo man solchen Luxus findet!«

»Ah, schon gut. In einem schlimm zerbombten Haus wie diesem muß man versuchen, die Feuchtigkeit herauszuhalten.«

»Schon mal Postler gewesen?«

Der dicke Mann öffnete eine Schublade und sah auf einen Blechwecker. »Jetzt jederzeit, Superintendent«, sagte er mit einer Spur von Sarkasmus.

Douglas ging zu der Anrichte und sah die Ansichtskarten und unbestellten Briefe durch. Sie waren an andere Leute adressiert. »Ich sammle Briefmarken«, erklärte der dicke

Mann. »Meine Nachbarn schenken sie mir.« Er ging zu dem Schrank unter der Anrichte. »Würden Sie an einem kleinen Etwas Interesse haben, um die Kälte abzuhalten, Superintendent?«

»Was ist es, ein Nerzmantel?«

Er lachte stillvergnügt in sich hinein. »Sie sind ein Original, wissen Sie.« Er fand eine Rumflasche, entkorkte sie und goß eine gewisse Menge in den Tee, den er aus einer Tasse mit der Aufschrift ›Savoy Hotel‹ trank. Da er überzeugt war, daß Douglas' Antwort negativ ausfallen würde, stellte er den Rum an seinen Platz zurück und setzte sich mit einem lauten Seufzer.

Einige Minuten später erfolgte ein Klappern am Briefkasten. Der Mann wollte aufspringen, aber Douglas stieß ihn mit einer schweren Hand auf der Schulter in den weichen Lehnsessel zurück. »Sie haben für heute schon genug harte Arbeit geleistet, Blockwart«, sagte er. »Ich werde Ihre Post für Sie holen.« Als er aus dem Zimmer ging, eignete Douglas sich den Schlüssel für Spodes Wohnung an, der am Schlüsselbrett hing.

Douglas' Ausdauer machte sich bezahlt, Jimmy Dunns letzte Tat, bevor er gewaltsam entführt wurde, hatte darin bestanden, den großen Umschlag mit der Aufschrift ›Fotos — nicht knicken!‹ zur Post zu bringen. Er nahm ihn an sich und ging damit nach oben. In dem Zimmer, in dem Douglas und Jimmy Dunn den künstlichen Arm in der Küchenschublade gefunden hatten, blieb Douglas einen Augenblick stehen, bevor er den Umschlag öffnete.

In dem Kuvert fand er das Foto von Professor Frick und seinen wissenschaftlichen Mitarbeitern. Da war auch ein Brief von Jimmy Dunn. Er war mit Bleistift geschrieben, auf die Rückseite eines braungelben Formulars über zusätzliche Seifenrationen für Arbeiter in lebenswichtigen Betrieben. Die meisten Ämter hatten haufenweise davon, denn der Irrtum eines Verwalters hatte halb London mit Papier für Notizen, Verpackung und die Toiletten versorgt.

An Sergeant Woods,

da Sie diese Tätigkeit morgen übernehmen, dachte ich, daß ich eine Liste aller Bibliotheken und Archive anfertigen sollte, mit denen ich telefoniert und die ich besucht habe wegen des gegenwärtigen Aufenthalts der Wissenschaftler, die früher mit dem verstorbenen Professor Frick zusammenarbeiteten. Wie Sie aus dem beigefügten Brief ersehen, bin ich weiterhin rührig gewesen. Aber gewisse Leute haben sich noch mehr angestrengt, um alle Hinweise auf den Professor und sein Werk zu beseitigen. Bei meinen Nachforschungen konnte ich nicht ein einziges Exemplar von irgend etwas, das der Professor jemals geschrieben hatte, ausfindig machen. Fernerhin sind alle Dokumente, die sich auf den Professor beziehen, nicht mehr auffindbar.

Da ich glaubte, daß dies vielleicht auf offizielle Anordnung hin geschehen ist, machte ich eine Gegenkontrolle bei Scotland Yard, in den Gestapo-Protokollen und in den SS-Archiven, aber überall wurde mir gesagt, daß die Werke von Professor Frick weder zensiert noch verboten oder beschlagnahmt worden seien, und es gebe keinen ungewöhnlichen offiziellen Befehl, ihn oder seine Familie betreffend.

Ich wäre sehr dankbar, wenn Sie mich auf einen Fehler oder ein Versäumnis, das Sie in dem sehen, was ich unternommen habe, aufmerksam machen würden. Und ich hoffe, daß Sie mir die Antwort auf das geben können, was ich ungefähr als das größte Rätsel halte, mit dem ich es in meiner kurzen Erfahrung im Polizeidienst zu tun hatte.

Nebenbei bemerkt, sagen Sie bitte Superintendent Archer, daß ich den Besitzer des künstlichen Arms festgestellt habe. Ein Mann namens Spode soll den Ersatzteil im Little Wittenham Depot (Gefangenenlager), Berkshire, um 3.30 Uhr nachmittags am 17. November angepaßt erhalten.

Hochachtungsvoll
James Dunn

War es, so fragte Douglas sich später, ein Gefühl der Vorahnung, müßige Neugier oder nichts anderes als zuwenig Tageslicht, das ihn ans Fenster gehen ließ, um den Brief nochmals zu lesen? Als er davon aufblickte, sah er ein Pferd und einen Wagen jenseits der Straße. Ein Mann wartete an der Straßenecke mit einem geretteten Lehnstuhl, hob ihn in den Wagen und kletterte danach hinauf. Das Segeltuchdach verbarg ihn vor Douglas' Sicht. Fünfzig Meter die Straße hinunter hatten zwei Radfahrer angehalten und plauderten miteinander. Es begann zu regnen — dunkle Flecken erschienen auf der Straße. Die Männer knöpften ihren Kragen zu.

Douglas öffnete seine Mappe und legte den Brief und das Foto hinein. Dann nahm er sie noch einmal in die Hand. Er las den Brief zum drittenmal. In seinem Beruf war man sehr auf die sorgfältige Verwahrung von Beweisstücken bedacht, aber jetzt lernte er neue Regeln. In einem plötzlichen Gefühl der Reue zerriß er den Brief in kleine Stücke und spülte sie die Toilette hinunter. Dann tat er dasselbe mit der Liste der Bibliotheken, an die Dunn sich gewandt hatte. Er ging zum Fenster zurück. Es gab keinen Fuhrmann für das Pferd und den Wagen. Die Zügel waren um den Laternenpfahl geschlungen. Das Pferd stand geduldig im Nieselregen. Douglas schloß seine Aktenmappe ab und ging die Treppe hinunter. Der Flur unten war leer, ausgenommen ein paar zerbrochene Möbelstücke, die als Brennholz zusammengebündelt waren.

Er probierte den Lichtschalter für die dunkle Diele, aber das Licht ging nicht an. Er wartete einen Augenblick, um seine Augen an die Dunkelheit zu gewöhnen. Der einzige Lichtschein kam von dem Spalt unter der Tür aus dem Zimmer des Blockwarts, und von dort kam auch die Radiomusik — Harry Roy's Tanzkapelle spielte ›Somebody loves me, I wonder who‹. Wie als Antwort auf das Geräusch der Schritte auf den Treppenstufen wurde auch das Radio lauter.

»Kommen Sie näher, Officer!« Jetzt konnte Douglas ihn sehen, eine schattenhafte Gestalt, mit den Schultern flach gegen die Innenseite der Haustür gelehnt, wobei er sich sehr, sehr still verhielt.

»Wer, zum Teufel, sind Sie?« fragte Douglas.

»Ich bin ein fünfundvierziger Colt und starre auf Ihren Bauchnabel, Officer! So kommen Sie doch her zu mir!« Er hatte einen West-Country-Akzent, vielleicht Devon. Und die einzigen Leute, die Polizisten mit ›Officer‹ anredeten, waren jene, die als angesehene Angehörige des Mittelstandes erscheinen wollten. Douglas ging noch eine Treppenstufe hinunter, sehr langsam. Der Mann bewegte sich auf ihn zu. Es galt noch drei Treppenstufen zu gehen, als Douglas die Aktentasche auf ihn schleuderte und die letzten drei Stufen hinuntersprang.

Es gab ein heftiges Schnaufen — es war eine schwere Aktenmappe —, und dann hörte er das weiche ›Plop‹ eines Revolvers mit Schalldämpfer, gefolgt von dem Splittern von Glas, als eine Kugel durch eine Scheibe des fächerförmigen Fensters über der Hintertür schlug. Douglas Archer war nicht in erstklassiger körperlicher Verfassung, aber wie so viele Männer, welche ihr sportliches Training vernachlässigen, war er übergewichtig. Die Gewalt seines Sprungs schleuderte den Mann nach hinten, und er schlug krachend gegen die Tür, so daß sie beinahe aus ihren Angeln gehoben wurde. Der Mann stieß ein tiefes stöhnendes ›Ahhhhhhh!‹ vor Schmerz aus. Douglas versetzte ihm noch einen Hieb in den Bauch, nur für den Fall, daß er versuchen sollte, einzuatmen, und während der Mann noch verzweifelt nach Luft schnappte, schlug ihm Douglas den Revolver mit so viel Kraft aus der Hand, daß er dabei seinen Schuh verlor. Er bückte sich hinunter, um die Waffe aufzuheben. Dann zielte er damit auf den Mann. Dieser Colt .45, mit einem riesigen selbstangefertigten Schalldämpfer, war so groß wie eine Donnerbüchse und zweimal so schlecht ausbalanciert. Mit einer kleineren Waffe wäre der Mann vielleicht noch zum Schuß gekommen.

»Stehen Sie auf!« befahl Douglas. »Wir wollen sehen, wie Sie bei Licht ausschauen.« Douglas trat zurück, um ihm mehr Platz zu machen. Wäre der Mann auf dem Boden weniger benommen gewesen, wäre Douglas vielleicht vorsichtiger gewesen, aber der Kerl hatte beide Hände auf dem Boden, sein

Kopf war nach vorn gebeugt, und er versuchte sich zu erbrechen.

Plötzlich wurde Douglas von hinten wie mit Stahlklammern gepackt. Er versuchte sich zu befreien, vermochte aber keinen Muskel zu bewegen oder auch nur den Kopf zu wenden. Die schmutzige Tapete war in Licht gebadet, als eine Tür sich hinter ihm öffnete und die Musik von Harry Roy sehr laut wurde.

»Wer fing denn mit der verdammten Schießerei an?« Es war die Stimme des dicken Mannes.

»Geh in deinen Käfig zurück, du Gorilla«, sagte eine andere Stimme sehr dicht an Douglas' Ohr. »In weniger als einer Minute ist alles vorbei!«

Douglas bekam einen süßlichen, stickigen Geruch in die Nase, und dann wurde ein nasses Tuch in sein Gesicht geklatscht. Seine Augen brannten. Er schnappte nach Luft, konnte aber nur den Geruch einatmen. Er versuchte den Kopf wegzudrehen, aber die Hand preßte das Tuch fest auf sein Gesicht. Die Lichter verdüsterten sich, und Douglas sank in ein bodenloses Loch, das sich sehr langsam drehte.

Es war Harry Woods, der Douglas stützte, als er wieder zum Bewußtsein kam.

Irgendeine Stimme sagte: »Wir brauchen keinen Ambulanzwagen — er erholt sich schon.«

Harry Woods' Gesicht kam sehr nahe heran. »Wie fühlst du dich?«

»Ich fühle mich blöd«, sagte Douglas und schloß die Augen wieder.

»Ich bin mit einem Wagen hier. Ich glaube, daß du es schaffen kannst, wenn ich dir helfe.«

»Meine Aktentasche.«

Harry Woods schüttelte den Kopf. »Ich habe schon danach gesucht. Ich dachte mir, daß du sie dabei haben würdest ... jemand muß sie mitgenommen haben.«

»Der Blockwart?«

»Geklaut!«

»Machen wir, daß wir hier fortkommen«, sagte Douglas. Er

blickte auf Harry Woods und fragte sich, ob es ihm wirklich nicht gelungen war, die Aktentasche zu finden und — was noch wichtiger war — das Foto von Professor Frick, das darin war. Douglas starrte seinen Sergeanten an, wobei er ihn insgeheim der Komplizenschaft beschuldigte in allem, was bei dieser Untersuchung schon schiefgegangen war, aber Harry Woods erwiderte harmlos seinen Blick.

»Du übernimmst dich«, sagte Harry Woods. »Jedermann wird nachlässig, wenn er erschöpft ist. Befolg meinen Rat: Bleib im Bett und schlaf einmal rund um die Uhr.«

»Ich muß ins Büro«, erwiderte Douglas.

»Bitte, Douglas«, sagte Harry Woods. Nur selten redete er seinen Vorgesetzten mit dem Vornamen an. »Ich sag dir nichts Verkehrtes — du brauchst Ruhe.«

So vieles auch dafür sprach, daß Harry Woods für die eine oder andere Widerstandsgruppe arbeitete, Douglas fand es unmöglich, die Anhänglichkeit und Loyalität, die sein Sergeant immer für ihn gezeigt hatte, in Frage zu stellen. Harry Woods war wie ein Vater zu Douglas gewesen. Gleichgültig, wie tief die Kluft jetzt zwischen ihnen geworden war, die enge Beziehung blieb bestehen. »Ich muß zum Yard zurück, Harry. Aber ich werde nicht lange dort bleiben und früh zu Bett gehen.«

»Da würdest du gut daran tun«, sagte Harry mit spöttischer Strenge.

18. KAPITEL

Es war am Nachmittag, als General Kellermann fragte, ob Douglas sich wohl genug fühle für ›ein Geplauder‹. Douglas ging in den oberen Stock in das berühmte Büro und fand seinen General in jenem bekannten Zustand der Euphorie nach dem Essen, den Harry Woods schonend ›über-erfrischt‹ bezeichnete.

Kellermanns Garderobe britischer Prägung war noch weiter vervollständigt worden. Heute trug er einen einreihigen

Anzug mit glattem Fischgrätmuster, komplett mit Weste und einem crèmefarbenen Hemd aus bester Sea-Island-Baumwolle, sowie eine Foulardfliege und Golfschuhe. Es war die Art von Kleidung, die ein Ausländer etwa bei einem Lektor der Universität Oxford zu sehen erwartete — eine Überlegung, die nicht völlig abwegig bei Fritz Kellermanns Motiven für seine Wahl war.

Auf dem Beistelltisch hatte Kellermann ein silbernes Tablett mit einer großen Kanne echten Kaffees stehen, der den ganzen Raum mit seinem Duft erfüllte. Es gab zwei Limoges-Tassen mit Untertellern sowie eine Auswahl von zusätzlichen netten Dingen. Kellermann ließ sich Zeit, den Kaffee zuzubereiten, mit einer reichlichen Menge Schlagsahne obendrauf. »Ach, Wien«, sagte Kellermann und erinnerte sich, daß Douglas seinen Kaffee ohne solche Beigaben trank. »So veraltet, so passé, so dekadent ... und immer noch die bezauberndste Stadt in der Welt. Im Geist bin ich Wiener.«

»Wirklich?« sagte Douglas höflich und schlürfte anerkennend seinen schwarzen Kaffee. Alle Österreicher, denen er in London begegnet war, schienen darauf bedacht, sich als Deutsche auszugeben.

»Ja, in der Tat. Wien ist eine Stadt mit Seele.« Selbst im Englischen vermochte Kellermann diesen leichten Nasalton nachzuahmen, der einen österreichischen Witz so sehr viel komischer macht.

»Sie werden einen hübschen blauen Fleck bekommen«, sagte Kellermann plötzlich. »Er wechselt bereits die Farbe. Verdammte Gangster! Sind Sie sicher, daß Sie nicht lieber ins St. Georg's Hospital am Hyde Park Corner gehen wollen?« Aus Rücksichtnahme auf die Gefühle seiner englischen Untergebenen nannte er das SS-Hospital nicht bei seinem richtigen Namen.

»Die Polizeistation in der Cannon Row hat mir ein paar Aspirintabletten aus dem Verbandkasten gegeben«, sagte Douglas. Er trank noch etwas Kaffee. »Und ich danke Ihnen für das Geschenk für meinen Sohn. Ich werde es ihm an seinem Geburtstag geben, und dann wird er Ihnen schreiben.«

»Alle Jungen schwärmen für Wagen«, sagte Kellermann, »und ich bin zu dem Schluß gekommen, daß Ihnen ein Auto lieber wäre als militärisches Spielzeug.«

»Es war äußerst aufmerksam, General.«

»Sind Sie Angler, Superintendent?«

»Nein, Sir.«

»Schade. Der beste Zeitvertreib, den meiner Ansicht nach ein Polizist haben kann. Fischen lehrt einen Mann Geduld und eine Menge über die Menschen.« Er ging durch das Zimmer, um an einen Glaskasten zu klopfen. Im Innern war eine große Forelle, die in dem Augenblick ausgestopft worden war, als sie ein langes Gesicht zog. »Diesen Burschen habe ich gefangen, Superintendent.«

»Wirklich, Sir«, erwiderte Douglas, obgleich Kellermann seine Aufmerksamkeit schon ein dutzendmal oder noch öfter auf diese Tatsache gelenkt hatte und die Umstände des Ablebens der armen Kreatur überdies in Goldbuchstaben auf dem Glaskasten vermerkt waren.

»Standartenführer Huth andererseits«, sagte Kellermann und ging zu seinem Schreibtisch zurück, setzte sich aber nicht hin, »ist ein Ski-Champion.« Kellermann nahm die Kaffeekanne und blickte Douglas lächelnd an.

Douglas, der annahm, daß eine Reaktion von ihm erwartet wurde, sagte: »Das wußte ich nicht, Sir.«

»Er war in Garmisch bei der Olympiade 1936«, sagte Kellermann, trotz seiner feindseligen Haltung gegenüber Huth mit einem Anflug von Stolz in der Stimme. »Er hat am kombinierten Abfahrts- und Slalomlauf der Männer teilgenommen. Zwar hat er keine Medaillen gewonnen, aber es ist eine Auszeichnung, teilnehmen zu dürfen, habe ich recht?«

»Das ist es allerdings«, sagte Douglas. Sein Kopf begann zu schmerzen. Es war die Nachwirkung des Äthers, mit dem er betäubt worden war.

»Der Sport, den ein Mann wählt, sagt eine Menge über seine Persönlichkeit aus«, lächelte Kellermann. »Standartenführer Huth ist immer in Eile, ich bin nie in Eile. Verstehen Sie, was ich meine?«

»Allerdings, Sir.«

»Nehmen Sie noch ein bißchen Kaffee«, sagte Kellermann und goß ihn für Douglas ein. Als er ihm nahe kam, roch Douglas das Pfefferminzbonbon, mit dem Kellermann seinen Atemgeruch angenehmer zu machen pflegte.

Draußen in Whitehall begannen die vereinigten Kapellen der Armeegruppe L (Londoner Distrikt) eine Probe für die Feierlichkeiten zur deutsch-sowjetischen Freundschaftswoche. Douglas erkannte den ›Petersburger Marsch‹, zu dessen Klängen früher einmal nur die 2. Garde-Infanteriebrigade marschieren durfte und den die Berliner mit ordinären Gassenhauertexten sangen.

»Sind Sie sicher, daß Sie keine Schlagsahne haben wollen?«

Douglas schüttelte den Kopf. Kellermann zog den Fensterriegel fester zu, aber das veränderte die Lautstärke der Kapelle nicht. »Der Reichsführer SS hat mich über die Entwicklung in dieser Mordsache, an der Sie arbeiten, gefragt — die in Shepherd Market. Ich mußte ihm sagen, daß ich sehr wenig darüber weiß. Ich fühlte mich ziemlich verlegen, um Ihnen die Wahrheit zu sagen.« Kellermann spielte mit dem Zuckerlöffel.

»Da ist nicht viel zu berichten«, sagte Douglas.

»Ich verstehe nicht, warum Sie heute morgen in das Haus zurückgegangen sind?«

Douglas trank etwas Kaffee und ließ sich Zeit. Huth hatte ihm gesagt, er solle die Untersuchung geheimhalten, aber ohne anderslautende schriftliche Weisung von höherer Stelle betrachtete Douglas General Kellermann als seinen vorgesetzten Offizier. »Einer meiner Beamten, Sergeant Dunn, der in Zivilkleidung für mich arbeitete . . .«

»Derjenige, der gestern abend ermordet wurde?«

»Ja, Sir. Dunn hat mir geholfen. Wir haben eine Fotografie in der Wohnung des Verdächtigen gefunden. Es ist ein Foto, auf dem die Männer zu sehen sind, die vor dem Krieg mit Professor Frick zusammengearbeitet haben. Ich schickte Dunn los, um über diese Männer Nachforschungen anzustellen. Ich glaube, daß er sich im klaren darüber war, daß ihn jemand verfolgte, daher steckte er den Umschlag in den Postkasten — er war an das Haus in der Mafeking Street adressiert —, da er wußte, daß bei einer Untersuchung die Post schließlich doch bei mir hier im Yard ankommen würde.«

»Aber Sie sind in das Haus gegangen, um sie zu bekommen?«

»Ja, Sir.«

»Erscheint es Ihnen nicht seltsam, daß diese Männer vom Widerstand, die gewiß immer Mittel und Wege finden, tatsächlich zu spät kamen, um den Brief entweder bei der Post oder beim Briefträger abzufangen?«

»Der Blockwart in dem Haus muß sie telefonisch verständigt haben«, erwiderte Douglas. »Er verschwand zusammen mit den Leuten, die mich angegriffen haben.«

»Und Sie haben das Foto von Professor Frick und seinen Mitarbeitern verloren?«

»Ja, Sir.«

»Sie brauchen nicht erstaunt dreinzusehen, daß ich so viel darüber weiß. Dunn erkundigte sich telefonisch wegen Professor Frick bei der Registratur, den SS-Zentralarchiven und bei der Gestapo. Natürlich werde ich über solche Vorgänge unterrichtet.«

»Natürlich, Sir.« Draußen hatten die deutschen Kapellen zu spielen aufgehört. Nach einer kurzen Pause begannen sie ›O Tannenbaum, o Tannenbaum‹ zu spielen. Oder konnte es ›Die Rote Fahne‹ sein? dachte Douglas. Wie bequem, daß die Musik dieselbe war.

»Professor Frick ist tot. Er starb bei den Kampfhandlungen im vergangenen Jahr. Sein Mitarbeiterstab befaßt sich mit einer Spezialarbeit für das Reich.«

»Spezialarbeit?« fragte Douglas.

»Oh, das bedeutet nicht, daß man von Ihnen verlangt, das Tempo Ihrer Untersuchung zu verlangsamen. Es bedeutet einfach, daß Sie Professor Fricks Wissenschaftler aus dem Spiel lassen müssen.« Kellermann nahm den Löffel und schaufelte sich eine winzige Portion Schlagsahne in den Mund. »Und dieser Befehl ergeht im Auftrag des Führers. Nicht einmal der

Reichsführer SS kann dagegen angehen. Habe ich die Lage klargestellt, Superintendent Archer?«

»Kristallklar, Sir.«

»Guter Junge!« sagte Kellermann und schob die Schlagsahne beiseite. Er blickte hoch, strahlte und warf den Kopf zurück, um eine weiße Haarsträhne, die ihm ins Gesicht gefallen war, zurückzustreichen. »Ich wußte ja, daß bei Ihnen ein Kopfnicken so gut sein würde wie ein Wink mit dem Zaunpfahl.«

»Das begreift selbst ein blindes Pferd, Sir«, sagte Douglas.

»Sie werden Ihren kleinen Spaß haben, Superintendent«, sagte General Kellermann.

Das staubige gelbe Sonnenlicht, das London im Herbst färbt, war den Schauern des Morgenregens gefolgt. Douglas blieb in dem zum Themse-Embankment gelegenen Flur stehen und sah aus dem Fenster, um die Musikkapellen die Straße entlang marschieren zu sehen. Die Uniformen sahen prachtvoll aus, Dutzende von Blechinstrumenten glitzerten in der Sonne, voran der rasselnde Schellenbaum mit seinen Roßhaarschwänzen, ursprünglich ein Instrument der Janitscharen. Es war eine gebieterische Pracht. In schlauer Weise verwendeten die Deutschen ihre Militärmusik, um die unterworfenen Völker Europas einzuschüchtern und zu beruhigen. Als Douglas zurück in seinem Büro war, spielten sie gerade ›Greensleeves‹.

Die Verbindungstür zu Huths Zimmer stand offen, und Douglas konnte Harry Woods sehen, wie er die amtlichen Papiere, die auf dem Schreibtisch des Standartenführers gehäuft lagen, durchging. »Was tust du da, Harry?« Douglas setzte sich an seinen Schreibtisch und begann die Post durchzusehen.

»Ich nütze meine Zeit richtig aus, Sir.«

»Ich beginne zu begreifen, daß du mich nur ›Sir‹ nennst, wenn du dabei bist, irgendein verdammtes Unheil anzurichten.«

Harry grinste. Trotz reichlicher Verwendung von Pomade wollte sein kurzgeschnittenes Haar nicht liegenbleiben. Das verlieh ihm ein etwas komisches Aussehen. »Schau dir das einmal an«, sagte er und winkte mit dem Durchschlag eines maschinegeschriebenen Berichts. »Den ganzen deutschen Text kann ich nicht lesen, aber ich verstehe das Wesentliche davon.« Douglas ging in Huths Büro, nahm aber das angebotene Formular nicht. »Lies es«, sagte Harry. »Du wirst dich totlachen. Los! Machiavelli wird erst in etwa fünf Minuten zurückkommen. Ich habe auch seine körperlichen Funktionen fest im Griff!«

Douglas nahm den Durchschlag des Berichts.

AKTENNOTIZ
VERTRAULICHER BERICHT.
SICHERHEITS-EINSTUFUNG
Superintendent Douglas Archer

1. Zu einem Zeitpunkt, da wenige Londoner Polizeibeamte akademische Bildung oder berufliche Qualifikationen mitbringen, hat der obige Beamte gezeigt, wie wertvoll eine solche Ausbildung sein kann.
2. Die Schwierigkeiten, die man den Absolventen der Polizeiakademie Hendon macht, wenn sie um eine Überstellung zum CID-Dienst (Kriminalpolizei) nachsuchen, erweisen sich bei D. Archers ungewöhnlicher Befähigung zur Detektivarbeit als kurzsichtige Politik.
3. Douglas Archer ist der Sohn eines mittelmäßig erfolgreichen, aber nicht bekannten Bauingenieurs, der an der Westfront ums Leben kam. Seine Mutter ist die Tochter eines bekannten Rennfahrers. Archer besuchte eine Mittelschule und studierte dann Jura an der Universität Oxford, bevor er in die Polizeiakademie Hendon eintrat. Seine strenge Erziehung und akademische Bildung haben zu einer konservativen, humorlosen Persönlichkeit geführt, die sich mit den langsamen, erfolglosen und veralteten Methoden herumschlägt, die im britischen Polizeiwesen noch gang und gäbe sind.
4. Obschon er über eine beachtliche Intuition bei seiner Arbeit verfügt, ist eine mehr vernunftmäßige Erklärung seiner

bemerkenswerten Laufbahn als Polizeidetektiv die, daß er die wissenschaftlichen Gerichtsmethoden der Theoretiker, einschließlich unseres eigenen großen Pioniers Dr. Hans Gross, eingehend studiert hat. Seine sorgfältigen Methoden und langen Arbeitszeiten sind die einer neurotischen Persönlichkeit, die von dem Entschluß besessen ist, jeden Übeltäter zu überführen. Aus diesem Grund — und aus anderen Gründen — wird die Sicherheits-Klassifizierung dieses Beamten hiermit von Ba auf Aa erhöht.

5. Es muß hinzugefügt werden, daß dieser Beamte einer der beliebtesten und angesehensten Männer ist, die bei der Londoner Polizei Dienst tun, und daß, im Widerspruch zu den Ausführungen dieses Berichts, seine englischen Kollegen ihn für einen witzigen und unterhaltsamen Menschen von beträchtlichem Format halten.

Gezeichnet: Fritz Kellermann
Gruppenführer
(Höherer SS und Polizeiführer)

»Was sagst du dazu?« meinte Harry. »Klingt, als seist du kurzfristig für eine Kommandostelle in Hendon vorgesehen.«

»Bin ich wirklich humorlos und konservativ?«

»Du warst okay, bis diese Schweinehunde auftauchten«, sagte Harry. »Mit diesen Hunnen, die einem ständig eins aufs Dach geben, verlieren wir alle unseren Sinn für Humor.« Er nahm den Bericht und steckte ihn zurück in den Akt. »Und jetzt schau dir dies an«, sagte er.

»Ich möchte mir nichts mehr anschauen«, erwiderte Douglas. Draußen spielte die Kapelle laut und schmetternd eine altenglische Volksweise.

»Diese deutschen Schweinehunde wollen es uns zeigen, hab' ich recht?« sagte Harry. Douglas runzelte die Stirn, aber Harry grinste zurück und sagte: »Ich meine, unsere deutschen Besucher wollen es uns gerne zeigen.«

»Sie glauben vielleicht, daß altenglische Volksweisen zu spielen sensibel stimmt und lieblich ist.«

Harry Woods machte ein derbes Geräusch.

»Eine Menge Leute fühlen so wie du«, sagte Douglas. »Aber sie behalten es bei sich.«

»Dann würde ich wünschen, sie täten das nicht«, sagte Harry bitter. Er kam näher an Douglas heran. »Würdest du gerne einige meiner Freunde kennenlernen? ... Sie würden dich interessieren, ich weiß, daß sie das tun würden.«

Douglas wollte Harry ins Vertrauen ziehen und ihm von der Begegnung mit Mayhew erzählen, ihm sagen, daß er bereits in Kontakt mit Anti-Nazigruppen stand. Douglas hatte immer auf Harry vertraut, schon seit er ein Kind war. Er hatte Harry bei jeder Entscheidung, die er in seiner Polizeikarriere getroffen hatte, um Rat gebeten und Harry von seinem Entschluß, sich zu verheiraten, erzählt, noch bevor er es seiner eigenen Mutter gesagt hatte. Auch als Jill entdeckte, daß sie ein Kind erwartete, erfuhr Harry die gute Neuigkeit, noch bevor sie sich auf den Weg zu Jills Eltern machten.

Aber er vertraute sich seinem alten Freund nicht an. »Du bist immer ein Vereinsmensch gewesen, Harry. Damals in den alten Tagen waren es der Rugby- und der Boxclub. Dann warst du Sekretär beim Briefmarkensammlerclub ...«

»Philatelistische Vereinigung«, verbesserte Harry pedantisch.

»Du hast immer gern Leute kennengelernt und geplaudert und —«

»Gesoffen, das ist's, was du sagen wolltest, stimmt's?«

Douglas hob die Hände zu einer wegwerfenden Geste. »Das ist's, was aus dir einen guten Polypen macht, Harry. Und was aus uns beiden ein gutes Team macht. Du hast immer die Beinarbeit getan, immer einen guten Riecher gehabt, mit den Schurken ein zwangloses Gespräch geführt und dann alles in deinem Gedächtnis gespeichert. Ich bin anders — ich bin ein trockener Jurist.«

»Sprich mit meinen Freunden, Doug. Sprich mit ihnen, *bitte.*«

»Harry, du machst es mir nicht leicht. Ich kam jetzt gerade hier herein, um dich zu überreden, daß du dich von diesen

Leuten lossagst. Und jetzt versuchst du, auch mich hineinzuziehen.«

»Bitte, Doug!« Es war nicht viel mehr als ein Flüstern, aber es kam aus vollem Herzen, und nur widerstrebend konnte Douglas das tun, von dem er wußte, daß es logisch und vernünftig war: Er schüttelte den Kopf.

Vom Gang her hörten sie das Geräusch von Stiefeln auf dem Mosaikfußboden, und der Wachtposten stand stramm und grüßte: »Heil Hitler!« Die Tür ging auf, und Huth kam herein. Er trug eine Luftwaffenjacke aus schwarzem Leder mit Reißverschluß und ein Paar Armeehosen. Nur das Hemd und die Krawatte gehörten zur SS-Uniform.

»Kennt einer von Ihnen einen guten Schneider? Ich brauche eine neue Uniform.« Er schien nicht zu bemerken, daß seine zwei Untergebenen an seinem Schreibtisch lehnten.

»Es gibt einen Mann in Lambeth Road«, sagte Harry, der immer eine Antwort für solche Fragen parat hatte. »Er ist Spezialist für deutsche Uniformen. Prima Qualität, erstklassige Ausführung.«

»Ich beteilige mich nicht an einem Schönheitswettbewerb«, versetzte Huth. »Arbeitet er rasch? Das allein ist wichtig. Ich muß sie bis morgen abend haben.«

»Ich werde ihn anrufen, Boß.« Huth reagierte nicht darauf, daß er Boß genannt wurde, und Douglas vermutete, daß er sich schon daran gewöhnt hatte. Harry hatte die Kompliziertheit des SS-Rangsystems noch nicht gemeistert.

»Harry«, sagte Huth leutselig. »Würden Sie das ins Fotolabor hinaufschicken und drei Dutzend Abzüge verlangen? Ich brauche es binnen einer Stunde. Ich bereite Fahndungsplakate vor.« Er reichte Harry dasselbe Bild von Professor Frick, das Douglas geraubt worden war. »Und setzen Sie jedermann, der auf diesem Foto erscheint, auf die Liste für ein Haftformular und bringen Sie mir diese zur Unterschrift.«

»General Kellermann ist hier die einzige Persönlichkeit, die ermächtigt ist, Haftformulare zu unterzeichnen«, erklärte Harry.

»Nicht mehr«, sagte Huth. Douglas blickte auf Harry, der die Augenbrauen runzelte.

Als Harry Woods ins Fotolabor gegangen war und Douglas an seinem Schreibtisch arbeitete, kam Huth heran und stützte sich auf den Fenstersims. »Sergeant Woods ist ein harter Arbeiter«, sagte er.

»Er ist der verdammt beste Polyp in dem ganzen Gebäude.«

»Aber das würde überhaupt nichts bedeuten, wären nicht Sie da und würden ihm Rückendeckung geben«, meinte Huth.

»Was meinen Sie?« fragte Douglas, ohne seine Arbeit zu unterbrechen.

»Daß Sergeant Harry Woods Ihnen verpflichtet ist — in gefährlicher Weise verpflichtet. Das meine ich. Wie lange stellen Sie sich vor, daß Sie in der Lage sein werden, ihn vor dem Unvermeidlichen zu schützen?«

»Wie lange glauben Sie?« fragte Douglas mit einer Ruhe, die er nicht empfand.

»Nicht lange.« Douglas blickte gerade noch rechtzeitig auf, um ein haarscharfes, überlegenes Lächeln Huths aufzufangen. »Nicht lange.«

»Dies benötigt Ihre Unterschrift«, sagte Douglas. Er drehte das Schriftstück um und legte es auf den Schreibtisch, so daß Huth es lesen konnte. Aber Huth zog einen goldenen Bleistift aus der Hemdtasche und zeichnete das Formular ab, ohne mehr als einen flüchtigen Blick darauf zu werfen.

»Wollen Sie es nicht lesen?«

»Es ist ein Memorandum von Kellermann«, sagte Huth. »Er teilt mir mit, daß die eine oder andere seiner Verwaltungskonferenzen künftig an Dienstagen abgehalten wird — statt zu einer andern Zeit in der Woche. Eine Menge Entscheidungen werden in Zukunft an Dienstagen getroffen werden. Sie werden sehen, ob ich recht habe, Superintendent Archer.«

Huth nahm ein Päckchen ›Player's‹ Zigaretten aus seiner Tasche und zündete sich eine mit der beiläufigen Geschicklichkeit eines Film-Cowboys an. Er inhalierte und blies den Rauch durch die Nasenlöcher. »Weil ich an den Dienstagen nicht hier sein kann«, erklärte er. »Kellermann fürchtet sich vor dem, was meine Bemerkungen den gedruckten Protokollen seiner gemütlichen kleinen Konferenzen hinzufügen könnten.« Huth steckte seine Zigaretten ein, ohne Douglas eine anzubieten. »Er ist beunruhigt, jemand könnte diesen kleinen Job, den er in London hat, übernehmen. Schmeichelhaft zu denken, daß er in mir den wahrscheinlichsten Kandidaten sieht, finden Sie nicht auch?«

»Sehr schmeichelhaft, Sir.«

»Sie sind ein Narr, nicht wahr, Archer?«

»Eine Menge Leute haben in letzter Zeit diese Ansicht vertreten, Sir.«

Huth antwortete nicht und sah aus dem Fenster. Douglas' Telefon klingelte. Es war seine direkte Leitung.

»Superintendent Archer? Hier ist Oberst Mayhew.«

Verwirrt blickte Douglas auf Huth, aber dieser interessierte sich nicht für den Anruf. »Ja?« fragte Douglas vorsichtig.

»Wie ich erfahren habe, werden Sie heute abend Miß Barga besuchen.«

»Ja«, erwiderte Douglas ruhig. Er fragte sich, ob der Mann in der Zentrale das Telefongespräch abhörte.

»Ich werde Sie dort sehen . . . etwa um neun?«

»Ist gut.« Douglas legte den Hörer auf, ohne sich zu verabschieden. Er schaute auf Huth, aber der Standartenführer blickte noch immer aus dem Fenster.

»Habe ich Sie recht verstanden, daß Sie Befehl gegeben haben, jeden, der auf dieser Fotografie zu sehen ist, zu verhaften?«

»Das stimmt«, sagte Huth ohne sich umzudrehen.

»Wegen des Mordes an Dr. Spode?«

»Zur Vernehmung im Zusammenhang mit dem Mord.«

»Es gibt einen triftigen Grund zu glauben, daß sein jüngerer Bruder ihn ermordet hat. Er war jedenfalls an jenem Tag in der Wohnung.«

»Ich bleibe durchaus aufgeschlossen in dieser Sache«, sagte Huth. »Ich möchte, daß sie alle verhaftet werden.«

»Aber wenn ich jemanden von Professor Fricks Stab ausfindig mache, wollen Sie, daß ich ihn verhafte und verhöre?« Douglas war erbittert über Huths Zurückhaltung.

»Professor Frick werden Sie nicht finden, und ich bezweifle, daß Sie jemanden von seinem Stab finden werden.«

»Warum nicht?« wollte Douglas wissen.

Huth drehte sich langsam um und blickte Douglas an. »Weil Fricks Mitarbeiter unter dem Schutz der Wehrmacht stehen.«

»Aber die Steckbriefe, die Sie eben vorbereiten? Die Plakate?«

»Nur eine Finte, die diese Wehrmachtsstümper verleiten wird, uns zu sagen, was wir wissen müssen!«

»Ich verstehe«, sagte Douglas, der es überhaupt nicht verstand. Hatte Huth denn nicht die Rückfahrkarte nach Bringle Sands gesehen, die in der Tasche des Toten gewesen war? Harry Woods mußte sie vernichtet haben. Jetzt hatte Douglas keinen Zweifel mehr, daß Professor Fricks Team irgendwo unweit von Bringle Sands für die Wehrmacht arbeitet. Von dort war der Tote gekommen.

Huth sagte: »Sie müssen herausfinden, wo die Wehrmacht Professor Fricks wissenschaftlichen Mitarbeiterstab versteckt hat, und ich werde Harry Woods den notwendigen Schutz geben, den niemand anzufechten wagt.«

Er inhalierte den Rauch seiner Zigarette und starrte noch immer auf Douglas. »In Berlin hatte ich einmal einen trunksüchtigen Homosexuellen, der für mich arbeitete. Einige seiner hochverräterischen Bemerkungen hätten selbst Sie erblassen lassen.«

»Ich werde sehr leicht blaß«, sagte Douglas.

Huth hörte nicht zu. Er hatte jene stahlgrauen Augen, die sich in Douglas' Kopf bohrten. »Wissen Sie, was ich getan habe?« Ohne Pause fügte er hinzu: »Ich habe Anleitungen für ihn verfaßt, wie er als *agent provocateur* arbeiten sollte.« Huth lachte kurz auf. »Eine perfekte Verteidigung. Von da an hatte er niemand mehr zu fürchten.«

»Und wen hat Harry Woods zu fürchten?«

»Nun, sicherlich nicht diesen weißhaarigen väterlichen

alten Fritz Kellermann. Er ist ein preußischer Gentleman der alten Schule.« Huth lachte, stand auf, zog seinen Mantel an und nahm das Stück Papier, auf das Harry Woods Namen und Adresse des Schneiders in Lambeth geschrieben hatte. Als er an die Tür kam, drehte er sich nochmals um und sagte: »Werden Sie für mich den jungen Spode finden?«

»Ich denke wohl.«

»Die Zeit läuft«, sagte Huth und ging fort.

19. KAPITEL

Douglas fand es schwierig, sich nicht selbstzufrieden zu fühlen, als er den Mann erstmals bemerkte. Er war genau der Typ, wie ihn Huth mit Sicherheit gewählt hätte. Er war in den Zwanzigern, vielleicht jünger, ein untersetzter Mann mit der rötlichen Gesichtsfarbe, die noch immer unter der unreinen Haut der Jugendjahre litt. Er trug einen Mantel mit Gürtel und einen Tweedhut von der Art, wie er von Anglern und Universitätsprofessoren bevorzugt wird. In der Hand hatte er einen unsorgfältig zusammengerollten Schirm und eine Straßenkarte, die er jedesmal, wenn Douglas stehenblieb, zu Rate zog.

Am Haymarket sprang Douglas auf einen vorbeifahrenden Bus auf. Seine Plattform war bereits dicht besetzt, aber die anderen Leute machten Platz für ihn. Er blickte zurück und sah den jungen Mann, wie er sich ungestüm mit den Ellbogen einen Weg durch die nach Hause eilenden Büroarbeiter bahnte und sich den Hals ausreckte, um Douglas weiterhin im Blickfeld zu haben. Beim Piccadilly Circus hatte Douglas seinen Verfolger aus den Augen verloren. Halbwegs die Regent Street hinauf stieg er aus dem Bus und ging in östlicher Richtung nach Soho.

Es war noch zu früh für Bertha's Bar. Douglas ging in das darüberliegende Stockwerk hinauf und brachte Charlie Rossi den Abendanzug zurück. Dieser nörgelte ein wenig in seiner gutmütigen Art wegen der Flecken, war aber mit zwei Zigaretten zu beschwichtigen. Hier lag für ihn sein eigener Anzug bereit, sorgfältiger zusammengelegt, als er jemals zuvor zusammengelegt worden war. Douglas erinnerte sich an die Zeit, als Rossi noch schwarzes und weißes Seidenpapier, Dutzende Anstecknadeln und wunderschöne Schachteln mit Namenszug in Schnörkelverzierung verwendet hatte. Jetzt hatte der alte Mann seinen Anzug in Zeitungspapier eingewickelt und konnte nicht mehr als zwei Lagen davon erübrigen.

Douglas bestand darauf, für das Ausleihen des Anzugs zu bezahlen, und Rossi reagierte darauf, indem er unter der Theke eine Flasche Marsala und zwei Gläser hervorholte. Verglichen mit seinen Geschäftskollegen, war Charlie Rossi ein glücklicher Mensch. Als Italiener genoß er den besonderen Status, mit den Deutschen verbündet zu sein. Aber wie der alte Mann sagte — mit unbewegtem Gesicht, aber mit einem Augenzwinkern —, hatten die Briten ihn zu Beginn des Krieges nicht interniert, und das war sein Ruin gewesen. Tatsächlich wußten beide, Deutsche wie Italiener, daß Charlie wegen seiner Mussolini-feindlichen Witze mehr als ein Jahrzehnt lang eine Berühmtheit gewesen war.

Es herrschte Zwielicht, als Douglas in das Gedränge auf den Straßen von Soho hinausging. Trotz der Stromsparmaßnahmen gab es immer noch viele beleuchtete Firmenschilder, und Deutsche aller Gattungen in jeder erdenklichen Art von Uniform gaben ihr Geld für die überall angebotenen Vergnügungen aus. Am Ende der Old Compton Street hatte die Feldgendarmerieeinheit, die der West End Central-Polizeistation angeschlossen war, einen Kontrollpunkt. Der Unteroffizier erkannte Douglas und ließ ihn die Schranke vor zwei schwarz uniformierten Panzeroffizieren und ihren Mädchen passieren. Sie beklagten sich darüber, aber der Gendarmeriefeldwebel erzählte ihnen, Douglas sei SIPO-Beamter, und dies brachte die Offiziere sofort zum Schweigen.

Douglas wandte sich nach Süden, vorbei an den Ruinen des Palace Theatres, jetzt ein ›Garten‹ mit Unkraut und Wildblumen, von denen es heißt, sie würden besonders gut auf

Pulverschleimspuren gedeihen. Im unteren Teil der Charing Cross Road blieb Douglas stehen, um einen im Freien stehenden Wühltisch mit antiquarischen Büchern anzuschauen. Dann erblickte er ihn wieder. Natürlich hatte Huth diese Aufgabe einem erfahrenen Mann zugeteilt. Douglas fragte sich, ob die Beschattung etwas mit dem Telefonanruf von Oberst Mayhew zu tun habe, obschon Huth keine Notiz genommen zu haben schien. Douglas blieb stehen, um einem alten Mann an der Kurbel einer Straßenorgel einen Penny zu geben, und sah sich dann um. Der Mann blieb stehen und blickte auf seine Straßenkarte.

Gereizt beschloß Douglas, ihm ein für allemal eine Lektion zu erteilen. Er bewegte sich rasch durch die Menschenmenge, hielt sich dicht an den Häusern, so daß, als er den Eingang zur Untergrundbahn am Leicester Square erreichte, er ohne Schwierigkeit die Stufen hinuntergehen konnte, wobei er den heraufkommenden Leuten hin und wieder auswich. Nachdem er einmal auf dem Bahnsteig war, lief er durch das Gedränge, vorbei an den Fahrkartenschaltern, Automaten und Kiosken. Indem er seinen Polizeiausweis vorzeigte, ging er durch die Sperre, begleitet von einem Nicken des Fahrkartenkontrolleurs. Dann eilte er die lange Rolltreppe hinunter, die zu den Piccadilly-Linienzügen führte.

Hier wimmelte es von Menschen, und Douglas sah im Geist den jungen Mann, wie er noch mit seinem Wechselgeld am Fahrkartenschalter herumfummelte oder sich mit dem Fahrkartenkontrolleur stritt. Er bahnte sich seinen Weg durch die Menge und zu dem ersten Zug, der ankam. Ein Gepäckträger mußte helfen, die letzten paar Fahrgäste hineinzuquetschen. Die automatischen Türen schlossen sich, und der Zug fuhr ab.

An der nächsten Haltestelle — Piccadilly Circus — wartete Douglas, bis die Türen sich gerade schließen wollten, und sprang heraus auf den Bahnsteig. Dann ging er auf die andere Seite hinüber und wartete, bis ein Zug seine Fahrgäste ausspuckte. Er mischte sich darunter und ging mit ihnen den Ausgangstunnel entlang.

Douglas stand am Fuß der Rolltreppe, als er den Mann

wiederum sah. Inzwischen hatte der Mann den Gedanken aufgegeben, seine Absichten zu tarnen, und diesmal, als Douglas stehenblieb, um zurückzuschauen, zog der Mann seine Straßenkarte nicht zu Rate. Douglas trat auf die Stufen der Rolltreppe und blieb ruhig stehen, damit sie ihn nach oben beförderte. Beide Männer brauchten einen Augenblick der Atempause. Beide starrten harmlos auf die Werbeplakate, die an ihnen vorbeiglitten, und atmeten die warme, abgestandene Luft ein.

Nunmehr war der Wettstreit zu einer Kraftprobe geworden. Jeder redete sich ein, daß nichts wichtiger war. In seinem Zustand der Überbeanspruchung und Müdigkeit begann Douglas zu glauben, daß er die Zielscheibe des Spottes der ganzen Polizei werden würde, wenn es ihm nicht gelang, diesen Mann, der anscheinend nicht aufgeben wollte, abzuschütteln.

Die Piccadilly-Linienzüge verkehren tiefer unter der Erde als alle anderen der Londoner Untergrundbahn, und hier befand man sich am tiefsten Punkt des Eisenbahnsystems. Die Rolltreppe, die den Fahrgast wieder auf das Straßenniveau hinaufbringt, ist von einer schwindelerregenden Länge.

Douglas beobachtete den Verfolger sorgfältig. Der Mann spielte mit dem Griff seines Schirms und blickte nicht auf. Vielleicht war dies ein gutes Zeichen. Wenn er glaubte, daß Douglas die Hoffnung aufgegeben hatte, ihn abzuschütteln, würde vielleicht eine letzte List Erfolg haben.

Als Douglas schließlich oben angekommen war, schwenkte er vor dem Fahrkartenkontrolleur seinen Ausweis, statt aber durch den Ausgang zu gehen, drehte er sich um und fuhr auf der anderen Rolltreppe wieder hinunter. Schon bald standen die zwei Männer einander gegenüber, wobei jeder sich in einer anderen Richtung bewegte. Das Gesicht des Mannes war vor Wut entstellt. Er steckte seinen Schirm in den Gürtel seines Mantels und begann von einer sich bewegenden Treppe zur anderen zu klettern. Einen Augenblick lang schien es, als ob er hinfallen würde. Doch mit der Behendigkeit und der Kraft eines Athleten setzte er sein ganzes Gewicht zu einem Sprung ein, der ihn hinüber auf die andere Treppe brachte. Der Schirm fiel aus dem Gürtel und rollte polternd die Treppenstufen hinunter. Der Mann lief hinter dem Schirm her, erreichte ihn gerade noch und stürzte schwer. Eine Frau schrie auf.

Er war heftig aufgeschlagen, und es sah aus, als würde er ohnmächtig werden oder sich erbrechen. Als er sich aufrichtete, hielt er den Schirm in beiden Händen. Dann sah Douglas die ganze blitzende Länge einer Stahlklinge, die in dem Bambusstock verborgen gewesen war. Und plötzlich sprang der Mann vorwärts.

Er schrie aus vollem Hals mit der ganzen verzweifelten Wut des Mörders. Er hatte die Arme weit gebreitet und die Klinge hoch in der fest geschlossenen Faust. Er schwang sie herunter und begann eine Kurve in der Luft mit ihr zu beschreiben, die in Douglas Archers Herz geendet hätte, wäre dieser nicht voll Entsetzen bis an den Rand der Treppe zurückgesprungen. Die Klinge schnitt die Achselklappe von Douglas' Regenmantel entzwei, und Blut quoll aus seinem Ohr.

Die Frau schrie und schrie weiter, und eine andere Stimme rief nach der Polizei. Schon schwang der Mann seine Klinge zum zweiten Streich. Sein Gesicht war so nahe, daß Douglas den warmen Atem spüren konnte, die weitgeöffneten Augen waren auf seine Brust gerichtet, als er den Stich in Douglas' Herz berechnete.

Douglas schlug zu. Er hörte den Mann vor Schmerz stöhnen und fühlte seine Faust im Gesicht des Angreifers. Das ganze Gewicht des Mörders brach auf Douglas herein, und einen Augenblick lang schien es, als müßten beide hinstürzen. Gegen das Geländer gestemmt, stieß Douglas nochmals grimmig zu. Sein Schuh traf das Knie des Mannes — und diesmal war der Kampf entschieden.

Mit gestreckten Armen, mit dem Gesicht voran, als versuche er einen Kopfsprung, flog der Angreifer die Treppe hinunter. Mit einem schrecklichen Lärm schlug er auf die Stufen auf, Arme und Beine zappelten verzweifelt in der Luft. Aber jetzt gab es kein Halten mehr. Wie ein Bündel Lumpen, auf einer Rutschbahn zusammengeballt, kollerte er die schier endlose Rolltreppe hinunter. Als er am untersten Ende hart aufschlug, schien er sich aufzulösen: Schuhe, Hut, Schirm und Straßenkarte segelten in verschiedene Richtungen, Gürtel und Knöpfe platzten auf, und der Mantel verhüllte seinen zerschmetterten Kopf.

Als Douglas unten ankam, gab es dort einen kleinen Menschenauflauf, aber die Bahnpolizei traf bald danach ein. Der Mann war tot, sein Schädel zersprungen und sein Gesicht grausam verunstaltet. Douglas untersuchte die Kleider des Toten. Im Innern seiner Jacke, in einer besonders angefertigten Tasche, steckte ein dünnes Bündel von Widerstandsflugblättern, jetzt in einen blutigen Klumpen verwandelt. Seine Brieftasche enthielt über zweihundert Pfund in Fünfernoten und einen gefälschten Paß für die Polizeistunde, die nicht einmal den kurzsichtigsten Patrouillenführer zum Narren gehalten hätte.

Douglas wartete, bis die Leiche abgeholt wurde, und sprach mit dem diensttuenden Offizier von Scotland Yard, um sicher zu sein, daß ein ausführlicher Bericht mit Dringlichkeitsvermerk an Standartenführer Huth geschickt würde. Douglas lehnte den Vorschlag ab, zu einer ärztlichen Untersuchung zu gehen und sich den Schnitt an seinem Ohr verbinden zu lassen. Er hatte sich ohnedies bereits verspätet bei seiner Verabredung mit Barbara Barga.

20. KAPITEL

»Als ich noch ein junger Polizist war und auf der Straße Dienst machte, gab's hin und wieder natürlich Gezänk und Rangelei mit Betrunkenen. Aber diesmal war es anders. Nie habe ich mir träumen lassen, wie es sein würde, wenn ich es mit einem kräftigen, entschlossenen jungen Burschen zu tun hätte, mit einem Messer in der Hand, der mich zu ermorden versuchte.« Douglas ruhte sich in dem bequemsten Lehnsessel aus und schlürfte seine heiße Suppe.

»Und du glaubst nicht«, gab Barbara Barga zu bedenken, »daß der Attentäter einen Auftrag von Standartenführer Huth gehabt haben könnte?«

»Mich zu ermorden? Huth bräuchte sich nicht erst so viel Mühe zu machen. Jetzt, da er bevollmächtigt ist, die Verhaftungsformulare zu unterzeichnen, könnte er mich in ein Konzentrationslager stecken, und man würde mich nie wieder sehen.«

Sie schauderte. »Aber könnte er vielleicht diesen Mann geschickt haben, um dich zu erschrecken?«

»Huth erschreckt mich schon genug«, sagte Douglas. »Er braucht niemanden, der mit dem Dolch droht.« Barbara kam hinter der Rückenlehne des Stuhls hervor und beugte sich herunter, um ihn zu küssen.

»Armer Liebling«, sagte sie. »Nimm noch einen Teller Suppe.«

»Nein danke, mir geht's sehr gut.«

»Ich glaube noch immer, daß du einen Whisky brauchst.« Sie nahm eine Brotschnitte und eine Toastgabel. »Du stehst noch unter Schock.«

Douglas nahm ihr das Brot und die Toastgabel aus der Hand und beugte sich vor, um die zischende Flamme des Gasfeuers zu erreichen. Seine Hand zitterte.

»In England ist es Männerarbeit, Toast zu machen«, sagte Douglas. Es war seine Art zu sagen, daß er nicht wie ein Kranker behandelt werden wollte.

»Oder jedes Engländers schleichende Art, das Feuer zu schnüren«, war ihre eigene Art zu sagen, daß sie verstanden habe.

»Ist das deine Erfahrung mit Engländern?«

»Mit einigen von ihnen ... Die Leute sind deprimiert und nervös, nicht wahr, Douglas? Der Mangel an Selbstvertrauen macht sie unaufrichtig und unzuverlässig.« Sie hielt inne, unsicher, ob sie ihn beleidigt hatte.

»Wir sind immer so gewesen«, meinte Douglas und nahm ihre Kritik unter die Lupe. »Aber wenn das die Art ist, wie du fühlst, warum riskierst du dann Kopf und Kragen mit ...?«

Douglas erwähnte nicht die Namen von Mayhew, Benson und Staines.

»Ach, du meine Güte, bist du aber diskret«, sagte sie. »Einer Dame ehrenwerter Name hat nichts in deinen Händen zu fürchten, Doug.«

Der Toast rauchte. Douglas drehte ihn um und hielt die andere Seite an die Flamme. »Du hast es mir noch immer nicht gesagt.«

»Wollen wir es so sagen: Ich kann einem Engländer nicht widerstehen, wenn er einen hohen Titel führt.«

Douglas wußte, daß es andere Gründe gab, aber er bestand nicht darauf, sie zu erfahren. Das Radio übertrug Tanzmusik, direkt aus dem Ballsaal des ›Savoy‹. Carrol Gibbons spielte auf seinem berühmten weißen Klavier. Einige Minuten lang hörten sie dem Gesangskünstler zu, der ›Anything Goes‹ sang.

Sie hatte Butter für den Toast — weißlich und voller Flecken, sie war selbstgemacht und schmeckte köstlich. »Ich gehöre wirklich nicht zu ihnen, Doug«, sagte sie plötzlich. »Aber mit meinem Pressesyndikat hinter mir kann ich für Mayhew und die anderen wertvoll sein ... und, von meinem Standpunkt aus, ist das eine Geschichte, auf die kein guter Reporter verzichten kann.«

»Aber wie bist du mit ihnen in Verbindung gekommen? Und warum sollten sie dir trauen?«

»Mein Ex-Gatte arbeitet für das State Department in Washington.«

Ach, so also steht die Sache, dachte Douglas.

»Er hat Konteradmiral Conollys Leuten geholfen, sich ein bißchen zurechtzufinden.«

»Was für Aussichten hat Conolly?«

»Er ist ...« Sie wollte gerade eine respektlose Bemerkung machen, aber sie sah, daß Douglas ihrer Antwort vertraute. »Keine guten, Douglas. Der Kongreß mißtraut militärischen Machthabern. Sie haben zu viele davon in Südamerika gesehen. Wäre Churchill dort in Washington oder Lord Halifax — oder irgendein Mann, von dem sie schon zuvor gehört haben ...« Sie wartete, um zu sehen, wie Douglas diese pessimistische Einschätzung aufnehmen würde. Sie nickte und sagte: »Oberst Mayhew glaubt, daß es beinahe jede Art von Risiko lohnen würde, den König aus der deutschen Haft zu befreien.«

»Das hat er mir auch gesagt«, versetzte Douglas. »Aber du bist diejenige, die mich vor Mayhew und den übrigen gewarnt hat.«

»Und ich warne dich noch immer.« Sie faßte nach seiner Hand und drückte sie liebevoll. »Wenn Mayhew sagt, er wolle alles riskieren, dann meint er damit, daß er jede Anzahl junger Männer wie dich aufs Spiel setzen möchte.«

»Du magst Mayhew nicht?«

»Er ist zu sehr wie mein Ex-Gatte«, erwiderte sie, und Douglas war erfreut über beide Urteile.

Oberst Mayhew kam um neun Uhr fünfzehn. Er trat in das überladene kleine Wohnzimmer und schüttelte den Regen von seinem Mantel. »Guten Abend, Archer.« Er zog seinen Mantel aus. »Jetzt, seitdem Boodles & Whites wegen der Polizeistunde gezwungen sind, früh zu schließen, hat ein Mann wie ich kein Lokal mehr, um dort seine Abende zu verbringen.«

Barbara und Douglas lächelten höflich. Sie wußten beide, daß Mayhew nie zu den Männern gehört hatte, die ihre Abende in Herrenclubs verbringen. »Was ist mit Ihrem Hals passiert?«

»Ein junger Bursche versuchte heute abend, mich mit einem langen Messer zu erstechen«, sagte Douglas.

»Großer Gott«, rief Mayhew aus. »Und war verdammt nahe daran, Sie umzubringen, so wie es aussieht. Wer?«

»Einer Ihrer Jungens, glaube ich«, sagte Douglas.

»Ich habe keine *Jungens*«, sagte Mayhew unfreundlich. »Haben Sie hierfür einen Korkenzieher?« Er hielt die Flasche Wein hoch, die er in seiner Manteltasche gehabt hatte.

Barbara hielt bereits einen Korkenzieher in der Hand.

»Ah, die stets praktischen Amerikaner!« sagte Mayhew. Mit der vollendeten Geschicklichkeit eines Kellners entfernte er das Stanniol, rieb den Korken oben ab und zog ihn heraus, ohne die Flasche zu schütteln. »Ich habe keine Jungens«, sagte er noch einmal und hielt die Flasche ans Licht, um sicher zu sein, daß der Bodensatz nicht erschüttert worden war. »Und ich habe auch keine Killer.«

»Er hatte eine Tasche voll von diesen«, sagte Douglas. Er reichte ihm ein Flugblatt.

Mayhew nahm es an einer Ecke und hielt es mit offensichtlichem Abscheu in der Hand. »Was sind das für Flecken?«

»Blut«, erklärte Douglas. »Er ist mausetot.«

Mayhew hatte das Flugblatt mit derselben Sorgfalt behandelt, die er der Flasche mit rotem Bordeaux, aus der er jetzt einschenkte, hatte angedeihen lassen.

»Die Leute wollen etwas zu tun haben«, sagte Barbara. »Selbst wenn es nur das Verteilen von Flugblättern mit Schlagworten ist. Die Leute wollen zeigen, wie sehr sie die Deutschen hassen.«

»Da sehen Sie's«, sagte Mayhew. »Diese Amerikaner! Ungestüm, ungeduldig und so voller Energie.« Er reichte ihr ein Glas Wein und gab das andere Douglas.

»Auf Ihr Wohl!« sagte Douglas. Sie tranken Mayhews Wein.

»Mein Job ist es, Verbrechen aufzuklären. Die britische Öffentlichkeit hat ein Recht, vor Mord, Raub und Gewalttat geschützt zu werden. Muß ich den Opfern solcher Verbrechen erst sagen, daß ich nicht gern unter den Deutschen arbeite?«

»Immer mit der Ruhe, mein lieber Junge! Niemand kritisiert die Polizei, genausowenig wie ein vernünftiger Mensch sagen würde, die Feuerwehr sei ehrlos, weil sie auch unter dem deutschen Regime Brände löscht.«

»Ich wollte, jemand hätte alles das dem jungen Burschen erzählt, der mich heute abend angefallen hat.«

»Sie sind ein besonderer Fall.« Mayhew stellte sein Glas hin, hob seine Hände, um sie am Feuer zu wärmen, und rieb sie kräftig gegeneinander. »All diese Publicity über ›Archer vom Yard‹ ... natürlich haben Sie das nicht gewollt.« Er lächelte kurz, wie ein Filmstar für den Fotografen lächelt. »Aber es sind stets die prominenten Leute, die für einen Angriff herausgeangelt werden. Keiner vom Chor, von den Tänzern oder Musikern, die diese besonderen Wehrmachtsshows im Palladium machen, bekommt Drohbriefe — aber Maurice Chevalier bekommt sie, und ebenso die anderen Superstars.«

Barbara hielt ihm ihr leeres Glas hin. Mayhew schenkte ein. »Aber alles das ist akademisch, Oberst«, sagte sie. »Am dringlichsten ist, daß Sie etwas unternehmen, um einen neuerlichen Mordversuch zu verhindern.«

»Was soll ich tun, liebe Dame? Soll ich der Welt verkünden, daß Douglas Archer ein eingeschriebenes Mitglied des Widerstands ist?«

»Großer Gott, Oberst«, sagte Barbara. »Werden Sie ihn wie eine Schießbudenfigur auf einem Jahrmarkt von irgendeinem Verrückten oder Besessenen abknallen lassen, ohne etwas dagegen zu unternehmen?«

»Ich werde alles tun, was Sie und der Superintendent wünschen. Aber ich glaube, eine reifliche Überlegung wird Sie davon überzeugen, daß es nicht weniger gefährlich ist, als Mitglied des Widerstands bekannt zu sein . . .« Er ließ den Rest unausgesprochen.

»Oberst Mayhew hat recht, Barbara. Ich muß einfach vorsichtig sein.«

»Es ist vielleicht das beste, was uns passieren konnte«, sagte Mayhew. »Nach allem, was Sie mir erzählen, könnte niemand glauben, daß dies ein angestifteter Job war.« Er trank etwas von dem Wein. »Von jetzt an werden die Deutschen Sie als einen der zuverlässigsten Männer ansehen, die sie haben.«

»Und wenn der nächste Anschlag auf mein Leben *gelingt*«, sagte Douglas, »dann werden die Deutschen mir ein Denkmal errichten. Wie Sie es sagen, klingt es sehr vielversprechend, Oberst.«

Mayhew lächelte. Es war ein gewinnendes Lächeln, und trotz seiner Bitterkeit lächelte auch Douglas.

»Das ist schon besser«, meinte Mayhew. »Wenn der König befreit ist und über den wahren Status von Konteradmiral

Conolly eine Erklärung abgibt, wird sich alles andere von selbst ergeben.«

»Wohin wird der König gehen?« erkundigte sich Barbara.

»Eine Menge Leute werden enttäuscht werden müssen. Die Kanadier erwarten sich, daß er nach Ottawa geht, nehme ich an. Aber politisch wirkungsvoller wird seine Stellung in Washington, D.C., sein. Andererseits wird es Seine Majestät vielleicht vorziehen, sich mit seinem Bruder auf den Bahamas zu vereinen, oder sogar nach Bermuda gehen.«

»Ich werde einen Trinkspruch auf diesen Tag ausbringen«, sagte Barbara.

»Und Barbara Barga wird das einen Knüller verschaffen«, sagte Mayhew vorsichtig, um nie das rechtmäßige Interesse jeder Partei bei jeder Diskussion zu übersehen.

»Nicht viel Aussicht dafür«, meinte Barbara. Sie trank. »Besteht wirklich eine Möglichkeit?«

»Wir haben Gespräche mit einem Mann namens Georg von Ruff geführt, einem Generalmajor im Stab von Admiral Canaris, dem Chef der Abwehr. Er ist ein General, müssen Sie wissen, aber ein überzeugter Anti-Nazi. Er spielte darauf an, daß sogar ein Plan im Gang ist, Hitler zu ermorden.«

»Und Sie glauben ihm?« fragte Douglas.

»Ja, das tue ich«, sagte Mayhew. »Es handelt sich hier um Männer aus ersten deutschen Familien, Berufssoldaten der alten Schule. Sie haben keine Zeit für die Nazis und SS-Rohlinge.«

»Es gibt bittere Gefühle zwischen der deutschen Besatzungsarmee und der SS«, pflichtete Douglas bei.

»Und wir müssen diese Spaltung ausnützen«, sagte Mayhew. »Aber ich danke der Vorsehung, wenn ich einen gemeinsamen Boden mit diesen Preußen finden werde, jedenfalls besser als mit jenen SS-Halsabschneidern.«

»Aber werden sie wirklich etwas unternehmen?« fragte Barbara. »Oder ist es nur Gerede?«

»Es gibt ein Element des eigenen Interesses«, sagte Mayhew. »Die Wehrmacht lehnt sich nachdrücklich gegen diese neue Idee auf, daß Großbritannien schon bald von einem

Reichskommissar regiert werden soll, statt von einem Oberkommandierenden der Wehrmacht. Ich glaube, daß es in unserem eigenen Interesse ist, daß die Wehrmacht die Kontrolle behält. Alles, was das Prestige von Kellermann und seiner SS in Frage stellt, ist für die Wehrmacht automatisch von Nutzen.«

»Wenn man den König befreit, wird die SS sicherlich lange Gesichter machen«, sagte Douglas. »Kellermann würde wahrscheinlich den Laufpaß bekommen.«

»Und Sie sagen, daß das Ihrem Freund Huth nicht ungelegen käme?« fragte Mayhew.

»Ja«, sagte Douglas. »Aber in welchem Umfang er tatsächlich Hilfe leisten würde, das bleibt abzuwarten.«

»Wenn Huth in das Geheimnis eingeweiht wird, könnte er dich verraten«, meinte Barbara.

»Superintendent Archer hat sich bereits einverstanden erklärt, zu helfen«, sagte Mayhew. »Er kann Gerüchte in dem Sinn an Huths Ohr dringen lassen, um uns über die Reaktion des Standartenführers zu berichten.«

»Ja, das kann ich tun«, sagte Douglas.

»Sei vorsichtig, Doug«, warnte Barbara. Er langte nach ihrer Hand und drückte sie beruhigend.

Mayhew erhob sich. »Nun, das ist der nächste Schritt, Archer. Ich überlasse es Ihnen, wie Sie es anstellen wollen.« Er musterte sich in dem reichverzierten, gerahmten Spiegel über dem Kaminsims. »Übertreiben Sie nicht Ihr Spiel, es ist zu riskant. Nur eine Anspielung wird genügen.«

Mayhew runzelte die Stirn über seine Überlegung und zog an den Enden seiner gesprenkelten Fliege, um den Knoten fester zu knüpfen. »Simpson in Piccadilly hat einen kleinen Vorrat an langer Herrenunterwäsche — Wolle, Vorkriegsqualität. Ich habe einiges gestern dort gekauft. Es wird ein verdammt kalter Winter werden.«

»In dem Stuhl, den ich benütze, wird es nicht kalt sein«, meinte Douglas.

Mayhew lächelte. »Na schön, dann gute Nacht. Lassen Sie von sich hören, wenn Sie glauben, daß Sie eine Antwort haben. Ich brauche Ihnen wohl nicht zu sagen, was passieren wird, wenn die Sache schiefgeht.«

»Nein, das brauchen Sie nicht«, erwiderte Douglas.

»Nun, seien Sie ein braver Junge und halten Sie sich für eine Woche oder so aus den Schlagzeilen heraus.« Douglas nickte. Er wußte, daß Oberst Mayhew immer gerne das letzte Wort hatte.

21. KAPITEL

Die Wolken hingen tief und die Luft war kalt. Douglas frühstückte mit den Jungen und Mrs. Sheenan, bevor er nach Little Wittenham in Berkshire aufbrach.

Douglas war es gelungen, einen der Wagen des Überfallkommandos für seine Fahrt längs des Themsetals nach Wallingford und zum Lager zu bekommen. Es war ein ›Railton Special‹, und auf der Hauptstraße stieg Douglas ordentlich aufs Gaspedal und ließ den Wagen mit über neunzig Meilen laufen. Er kam lange vor Mittag dort an.

Es war ein idealer Ort für ein Gefangenenlager: Ein Stück Ackerland, in einer Windung der Themse gelegen und durch die Straße zwischen den zwei am Flußufer gelegenen Wittenham-Dörfern von der Umwelt abgeschlossen. Im Westen verhießen rasch dahinsegelnde Wolken mehr Regen, während sich am östlichen Horizont die Sinodun-Hügel und ihre prähistorischen Festungsanlagen hell und hart im kalten Sonnenlicht abzeichneten.

Es war ein gottverlassener Ort: eine Quadratmeile oder mehr, ohne besonderes Merkmal, darauf Baracken von der Art, wie sie jeder britische Soldat kannte. Aber jetzt waren sie von hohen Stacheldrahtzäunen umgeben, die das Gefangenenlager von den Schuppen trennten, in denen die künstlichen Gliedmaßen angefertigt wurden, und von den Hütten unweit von Day's Lock, wohin die Amputierten kamen, um sie abzuholen.

Das Büro des Kommandanten befand sich in einem schönen

alten Haus im Dorf Long Wittenham. Douglas wurde mit höflicher Förmlichkeit empfangen, ohne willkommen zu sein, und niemand gab sich besondere Mühe, das zu verbergen. Der Kommandant begrüßte ihn nur mit einem Kopfnicken und gab ihm einen Offizier zur Begleitung.

Der Hauptmann war ein junger Mann. Hochgewachsen und schlank, hatte er die Art pigmentloser Hautfarbe, die sein Gesicht in jedem Klima bleich erscheinen ließ. Sein Haar war blond und wuschelig, so daß seine Augenbrauen beinahe unsichtbar waren, aber seine Augen waren tiefliegend und dunkel umrändert, seine Lippen blaß und blutleer. Und doch war seine Erscheinung nicht die eines Mannes, der ein ausschweifendes Leben geführt hat, eher hatte er dieses zarte und sensitive Aussehen, das unter den präraffaelischen Malern in Mode kam.

»Nach Ihnen«, sagte er und öffnete mit übertriebener Höflichkeit für Douglas die Tür.

Der junge Hauptmann sprach in derselben nervösen Weise, mit der ehrgeizige Gastgeberinnen bedeutende Besucher unterhalten. Er stammte aus Köln, und da fast die ganze 35. Infanteriedivision aus der Schwarzwaldregion rekrutiert wurde und in Karlsruhe stationiert war, war er zum gesellschaftlichen Einzelgänger geworden. Als erfahrener Berufssoldat hatte er schon eine Zeitlang im Kriegsministerium in Berlin gearbeitet und einige Zeit in einem Divisionsstab gedient. Er war einer der wenigen Offiziere, die Kampferfahrung mit den neuen Geschützen auf Selbstfahrlafette mit Raupenketten aufweisen konnten. Es war für ihn in der Tat ärgerlich, daß man für ihn nichts Besseres gefunden hatte als den Posten eines zweiten Adjutanten in einem Gefangenenlager. Und er überzeugte sich davon, daß Douglas das wußte.

Es war ein monotoner Ort mit seinen weißgestrichenen Steinen, die jeden Pfad säumten, und den Seilen, die den Vorhof des Wachraums abgrenzten: alles mit einer besessenen Ordnungsliebe angeordnet, die der Militärdienst sowohl dem Menschen wie auch der Natur auferlegen möchte.

Als sie den Lagerbereich betraten, sah Douglas die Wegweiser, die den Besucher zum Dienstraum des Wachhabenden führten, und er stellte fest, daß dies kein gewöhnliches Gefangenenlager war, sondern ein Offizierslager, in dem die Deutschen britische und alliierte Offiziere vom Rang eines Brigadiers aufwärts gefangenhielten.

»Sie arbeiten hier«, erklärte der junge Hauptmann. »Sie werden jeden Tag in die Fabrikationsschuppen geführt, um künstliche Glieder für die Kriegsopfer anzufertigen und zu reparieren.«

»Arbeiten kriegsgefangene Offiziere auch?«

»Die Genfer Konvention — meinen Sie das?«

Er zupfte an seinem grauen Seidenschal und schlug den Kragen seines schweren Uniformmantels hoch. »Das war zuerst ein Problem, aber die Juristen waren bald mit der Antwort bei der Hand. Wir haben diese Generäle aus der britischen Armee entlassen. Im juristischen Sinn sind sie jetzt Zivilisten, die als Gefangene gehalten werden.«

»Dann sollten sie im Gewahrsam der Zivilpolizei sein«, versetzte Douglas.

»Nun, wir wissen, wie der Hase läuft. Sie werden wegen schwebender Untersuchungen hinsichtlich dessen, was sie in der Armee getan haben, in Haft behalten. Dies rechtfertigt, daß man sie hier in diesem Gefangenenlager behält.«

»Sehr schlau«, sagte Douglas.

»Und sie werden auch einem Prozeß beim Kriegsgericht entzogen«, erklärte der Hauptmann. »Nach internationalem Gesetz hat ein Kriegsgefangener dieselben Prozeßrechte wie ein Soldat gleichen Ranges in der Armee, die ihn gefangengenommen hat. Und in der deutschen Armee bedeutet dies, von Männern gleichen Ranges abgeurteilt zu werden. Können Sie sich das vorstellen? Um einen dieser Zeitgenossen vor Gericht zu stellen, wäre ein Gerichtshof aus deutschen Wehrmachtsgenerälen notwendig gewesen.« Er lachte bei dem Gedanken in sich hinein.

Sie gingen raschen Schrittes weiter. Der Sturm zerrte an ihren Mänteln und peitschte die Bäume. Sie erreichten die Schranke und den Stacheldraht. Die Wachtposten grüßten, und der Hauptmann ging bis zu dem ersten Schuppen und führte Douglas hinein. »Es ist eine leichte Arbeit«, erklärte der Hauptmann. »Und sie haben ihr Essen und ein Bett. Sie sind besser dran als viele Zivilisten.«

»Denken Sie das wirklich, Hauptmann?« fragte Douglas.

Der Schuppen war ungeheizt. Die älteren Gefangenen arbeiteten an Bänken, wobei sie einfache Maschinen verwendeten — Handpressen, Bohrer und Hämmer —, um die künstlichen Gliedmaßen herzustellen. Das Innere der Scheune widerhallte vom Lärm. Keiner von ihnen blickte auf zu den Besuchern.

»Möchten Sie sehen, was sie tun?« fragte der Hauptmann und erhob seine Stimme über den Lärm.

Douglas schüttelte den Kopf. Doch dann erblickte er ein Gesicht, das er aus den Zeitungen und Wochenschauen jener letzten Kampftage wiedererkannte. »Ich möchte gerne mit diesem Mann sprechen«, sagte Douglas.

Der Hauptmann wandte sich an den Mann, den Douglas ihm gezeigt hatte. »Sie!« sagte er. »Name, ehemaligen Rang und Lagernummer!«

Der alte Mann nahm militärische Haltung an, die ausgestreckten Finger angelegt und das Kinn an die Brust gedrückt, wie es Rekruten in preußischen Kadettenschulen lernen. »Ja, Sir«, sagte er laut, ohne die Augen zu erheben. »Wentworth, Generalmajor, Gefangenennummer 4583.«

»Sie haben den Abschnitt W kommandiert?« fragte Douglas.

»Ja, ich bin jener Wentworth«, sagte der alte Mann. Es war ganz gegen Schluß gewesen. Wentworth' motorisierte Brigade lag viel zu schwach am Colne-Fluß. Die deutschen Panzer versuchten Colchester zu umgehen und die Verteidigung von der der See zugewandten Flanke aufzurollen. Die Niederlage stand bereits fest, aber Wentworth' entschlossener Widerstand hatte einer Zerstörerflottille der Home Fleet genügend Zeit verschafft, um aus Harwich davonzudampfen. Zu jenem Zeitpunkt ging das Gerücht, daß Churchill und der König an Bord der Kriegsschiffe seien. Einige Leute glaubten es immer noch.

»Sie haben tapfer gekämpft, General«, sagte Douglas.

»Ich habe getan, wofür ich bezahlt wurde«, sagte der General.

»Mehr«, meinte Douglas. »Sie haben Geschichte gemacht.«

Etwas im Innern des alten Mannes flackerte auf. Seine Augen glänzten, und er starrte auf Douglas und versuchte zu sehen, ob er glaubte, daß Churchill und der König entkommen waren. Dann nickte er und wandte das Gesicht ab, als sei er plötzlich an dem Stück Metall interessiert, das er polierte. Und Douglas war erfreut, daß der alte Mann so bewegt war. Jetzt hatte das Hämmern fast aufgehört, und in der Scheune war es still. Vielleicht würde das Gespräch jetzt geendet haben, aber die Männer bewegten sich nicht von der Stelle.

»Auch ich war dabei«, sagte der Hauptmann. »Ich befehligte eine Batterie auf Selbstfahrlafetten, Sturmgeschütze.«

»Sie kamen die Straße von London herauf, etwa um fünf Uhr nachmittags«, sagte Wentworth. Er nickte. »Mein Artilleriekommandant sagte, Sie seien ganz einfach nicht aufzuhalten.«

»Ich unterstützte unser Panzerpionierbataillon«, sagte der Hauptmann. »Dann wollten wir die Verteidigungslinie südlich von Colchester angreifen und Sie dort festnageln. Unsere Verluste spielten dabei keine Rolle, versicherte man uns.«

»Zu dem Zeitpunkt, als Sie ankamen, war alles mehr oder weniger vorbei«, sagte der General. »Ich war überrascht, daß meine Jungens so lange durchhielten, wie sie das getan haben. Es waren gute Truppen, wissen Sie.« Ein Windstoß hämmerte an die Fensterrahmen und ließ den alten Mann erschreckt aufschauen. »Um sieben Uhr an jenem Abend gab ich der Artillerie den Befehl, die Geschütze zu sprengen. Ich sagte meinen Truppenteilkommandeuren, es sei vorbei, und sie hätten nun freie Hand. Die auf Mersea Island eingeschlossene Infanterie hängte bereits weiße Tücher aus den dortigen Häusern. Und die Marine berichtete, daß schwere deutsche Geschütze in Schußweite des Hafens von Harwich Stellung bezogen.«

»Kann ich eine Nachricht für jemanden draußen übermitteln?« fragte Douglas den alten Mann. Er blickte auf den Hauptmann und erwartete, daß dieser Einspruch erheben würde. Jedoch der Hauptmann entfernte sich und zeigte kein Interesse mehr für den alten General.

»Meine Frau«, sagte der General. »Erzählen Sie ihr, daß Sie mich gesehen haben und daß es mir gut geht und ich guter Dinge bin.« Mühsam knöpfte er sein Militärhemd auf und brachte einen Zettel mit Adresse und Telefonnummer seiner Frau zum Vorschein. Es war, als habe er dieses zerknitterte Stück Papier seit Monaten mit sich herumgetragen, in der Hoffnung, daß jemand ihm ein solches Anerbieten machen würde.

Douglas nahm das Papier und ging hinter dem Hauptmann her, der bereits zu der weiter entfernten Tür schritt. Er blickte nicht zurück auf Wentworth und fand sich den Blicken vieler alter Männer ausgesetzt, deren Gesichter die verschiedenartigsten Reaktionen zeigten, von Erstaunen bis zu Verachtung, Haß und Eifersucht.

»Warum er?« fragte der Hauptmann. »Warum Wentworth?«

Douglas griff in seine Jackentasche und zog einen SD-Paß hervor, der die unverkennbare Unterschrift des Reichsführers SS trug. Es war eine seltsame Zickzack-Handschrift, die eine unheimliche Ähnlichkeit mit den SS-Runen hatte. Douglas hielt den Paß in Augenhöhe dem Hauptmann hin. Dieser antwortete mit einem leisen Lächeln und nickte. Es gab keine Fragen mehr über Wentworth.

»Wollen Sie noch zu der Auslieferungsabteilung gehen?«

»Das wäre mir sehr recht«, sagte Douglas.

Sie gingen wieder hinaus in die Kälte. Sie kamen an Reihen von Hütten vorbei, jede der andern gleich, ausgenommen die aufgemalten Nummern. Die Sinodun-Hügel wurden vom Nebel verschluckt, und dunkle Wolken jagten so schnell über den Himmel wie kohlegeheizte Lokomotiven — und doppelt so schmutzig. Als sie die vier miteinander verbundenen Hütten erreicht hatten, die als Auslieferungsabteilung verwendet wurden, fühlten sie den Regen in der Luft.

Die längste Scheune wurde durch einen Ladentisch in ihrer ganzen Länge geteilt. Hinter diesem Ladentisch wurden Reihen von Regalen mit Dokumenten, Handwerkszeug und Ersatzteilen von einem Dutzend älterer Männer in braunen Lagerhauskitteln beaufsichtigt. Vor dem Ladentisch hielten sich die Amputierten auf und wurden aufgrund ihrer Vormerkung bedient.

»Wer bekommt hier eine Prothese?«

»Britische Veteranen aller Ränge, die in der Kontrollzone Südost wohnen«, erklärte der Hauptmann. Seine Stimme klang kurz und bündig. Seine Begeisterung, mit der er die Beteiligung an den Kampfhandlungen um Colchester geschildert hatte, war jetzt verschwunden.

»Oder dort gewohnt haben, als das Gesuch eingereicht wurde?«

»Ja«, bestätigte der Hauptmann.

»Welche Ausweispapiere braucht man, um durch diese Tür zu kommen?«

»Ohne Soldbuch kommt keiner herein, nicht einmal durch das äußere Tor. Im Soldbuch muß der Entlassungsvermerk aus der britischen Armee eingetragen sein. Dazu bedarf es noch einer Bestätigung, daß der Mann nicht auf der Liste des Kriegsverbrechergerichts steht. Man braucht auch einen gültigen Personalausweis, um nachzuweisen, daß der Betreffende bei der Ortspolizei registriert ist. Und dann natürlich muß er die Karte vorlegen, mit der er aufgefordert wurde, seine Prothese hier abzuholen.«

»Klingt okay«, meinte Douglas.

»Es *ist* okay«, sagte der Hauptmann. Er glättete seinen Kragen an der Stelle, wo das Ritterkreuz hätte hängen sollen, wäre ihm diese begehrte Auszeichnung verliehen worden.

»Sie haben mir nur die Theorie erklärt«, sagte Douglas. »Wann war es das letztemal, daß Sie probeweise jemanden geschickt haben, um sein Glück zu versuchen und ohne alle diese Papiere Eintritt zu erlangen?«

Der Hauptmann schnitt eine Grimasse und nickte. »Wollen Sie, daß ich die Wache alarmiere?«

»Das ist das Letzte, was ich will«, erwiderte Douglas. »Ich möchte, daß mein Mann durchkommt.« Douglas wandte sich um und blickte den Ladentisch entlang. »Und jetzt zeigen Sie mir, wo Sie die Ellbogengelenke und die Gelenkzapfen aufbewahren.«

»Ist das ein Witz?« fragte der Hauptmann.

»Wenn ich Witze mache, wackle ich mit den Ohren.«

»Ersatzteile sind am andern Ende des Ladentischs zu haben. Durch die Tür dort geht es in einen Arbeitsraum, in dem sie neue Teile anpassen und kleinere Reparaturen ausführen.« Sie wandten sich beide um und beobachteten einen jungen Mann mit einem glänzend neuen künstlichen Bein. Es war offensichtlich zum ersten Mal, daß er es trug. Vielleicht hatte er gehofft, es anzuschnallen und nach Hause laufen zu können. Eine tragische Enttäuschung war in seinem Gesicht zu lesen. Ein alter Mann, in einem braunen Kittel, stützte ihn, einen Arm eng um den mageren Körper des Jungen geschlungen. »Zuerst ist es immer schwierig«, sagte der alte Mann freundlich. Die Stirn des Jungen schimmerte vor Schweiß und Schmerz.

»Lassen Sie mich los!« sagte der Junge sanft, aber doch dringend.

»Niemand schafft es beim ersten Mal«, sagte der alte Mann. Seine Stimme war volltönend und schmelzend — eine Stimme voll Autorität. Alles, was er tun konnte, war, den Jungen zu stützten, und seine Lippen waren gespitzt vor Anstrengung.

»Es geht schon in Ordnung«, beharrte der Junge. Seine Stimme war dünn wie der Körper, aus dem sie kam.

»Du wirst fallen, junger Freund!«

Sie waren nur wenig entfernt von der Schranke, und die Hand des Jungen tastete nach ihr. Aber der alte Mann gab ihn nicht frei.

»Lassen Sie mich los!« Die Stimme des Jungen klang jetzt lauter und überschlug sich. Er sträubte sich, um freizukommen. »Sie sind kein verdammter General mehr. Lassen Sie mich los, Sie dummer alter Kerl!«

Der alte Mann machte sich steif, zögerte und ließ ihn los, aber seine Hand blieb in der Luft hängen, als hielte er eine unsichtbare Schnur. Der Junge torkelte vorwärts, wobei er sich vor Entschlossenheit in die Lippe biß. Zuerst schien es, als würde es ihm gelingen, aber bevor er die Schranke zu fassen bekam, verdrehte sich das Metallbein unter ihm, und er brach mit einem schrecklichen Krachen zusammen. Einen Augenblick lang verharrte er still und wie leblos, aber dann zitterte er am ganzen Körper und begann sich zu schütteln, als schluchze er in schweigender und untröstlicher Verzweiflung.

Der alte Mann wartete. Er beobachtete den Jungen sorgfältig und schien jedermann sonst in dem Raum vergessen zu haben. Dann, indem er sich mit der Sorgfalt des betagten Menschen niederkniete, flüsterte er: »Wollen wir's noch einmal versuchen, ja?«

Der Junge gab keine Antwort. Sein Gesicht war in seine Arme vergraben, aber sein Kopf bewegte sich in einem beinahe unmerklichen Nicken. Der alte Mann spielte mit den Fingern in dem Haar des Jungen — mit einer Geste, die sowohl ermahnend wie liebevoll war.

»Armteile gibt es hier«, sagte der Hauptmann.

Es gab Regale, die sich bis zur Decke erstreckten, voll von ihnen. Die größeren Teile lagen in flachen Schalen, während die kleinen in Blechbüchsen verstaut lagen. An jeder Büchse hing außen ein Muster.

Douglas sah die Blechbüchse, die er suchte. Er nahm die Stufenleiter und kletterte zu dem Regal hinauf. In der Büchse fand er ein Teilstück wie dasjenige, das er vom Boden der Wohnung in Shepherd Market aufgehoben hatte. Es war kein Bestandteil, nach dem große Nachfrage herrschte, und die Büchse enthielt nur ein einziges solches Stück. Sie hatte ein Anhängeetikett: ›Robert John Spode — Eilt!‹

Douglas betrachtete das Ersatzteil. Es war nicht genauso wie das, das er in der Wohnung gefunden hatte. Das Stück mochte passen, aber es war schon etwas besser konstruiert und vor allem leichter. Er steckte es in seine Tasche. Er blickte hinunter nach dem Hauptmann, aber dessen Gesicht war leer. »Sind Sie jetzt fertig?« fragte der Hauptmann. »Wenn wir uns nicht pünktlich um ein Uhr beim Kommandeur zum Lunch setzen, werden wir mit den diensthabenden Offizieren in der Messe essen müssen, und da bekommen wir eine Mahlzeit, die Sie so bald nicht vergessen werden.«

»Ich möchte keinen Lunch haben«, sagte Douglas. »Ich hoffe, daß ich eine Verhaftung vornehmen kann.« Er kam die Sprossen herunter.

»Nicht hier«, sagte der Hauptmann scharf.

»Was meinen Sie damit?«

»Sie haben gesagt, Sie wollten das Ersatzteillager sehen, da ist nichts dagegen einzuwenden. Aber dieses Lager untersteht der Wehrmacht und hat mit Polizei oder SS nichts zu tun. Selbst Heinrich Himmler macht hier keinen Eindruck. Unsere Befehle kommen vom OKH in Berlin, über den Oberbefehlshaber der Besatzungsarmee und die Kommandantur. Sie werden hier niemanden verhaften.«

»Ich stelle Nachforschungen in einer Mordsache an«, erklärte Douglas. »Die britische Armee läßt immer die Zivilpolizei ...«

»Ich bin nicht interessiert an Geschichten aus alten Zeiten«, sagte der Hauptmann. »Wenn es einen Mann gibt, der verhaftet werden soll, dann wird das die Wehrmacht tun. Aber Sie müssen mir alle Unterlagen verschaffen und mir die entsprechende Vollmacht vorlegen, um den zu Verhaftenden in Gewahrsam zu nehmen.«

»Dann werde ich mich vor dem Tor aufstellen und meinen Mann außerhalb des Geländes verhaften.«

»Eine ausgezeichnete Idee«, sagte der Hauptmann. Sein Gesicht war unbewegt, aber seine Stimme hörte sich scharf an. »Aber wenn Sie bewaffnet sind und es zu einer Schießerei kommt, geht das auf ihre Verantwortung.«

»Ich war schon Polizist, als Sie noch in der Schule waren«, erklärte Douglas. »Ich habe noch nie eine Waffe gebraucht, um einen Mann zu verhaften, und ich brauche auch heute keine.«

Der Hauptmann nickte und sah wieder auf seine Uhr, als ob er feststellen wollte, wie kurz es vor der Lunchzeit war. »Warum machen Sie sich's nicht in der Wachstube bequem?« sagte er in einem versöhnlicheren Ton. »Von dort sehen Sie

Ihren Burschen, wenn er die Straße von Clifton Hampden heraufkommt. Schnappen Sie ihn, noch bevor er den Lagerbereich betritt.«

»Na schön«, erwiderte Douglas. Der Hauptmann öffnete die Tür, und sie gingen in die Kälte hinaus und schlugen den Weg zur Wachstube ein.

»Es ist Ihnen doch recht, wenn ich in die Messe zum Lunch gehe?« sagte der Hauptmann. »Ich habe heute morgen das Frühstück versäumt.«

»Sie haben doch nicht etwa verschlafen?« fragte Douglas mit einem Anflug von Sarkasmus.

»Ich bin in die Kirche gegangen«, sagte der Hauptmann herablassend. »Ich werde Ihr Essen zum Wachlokal bringen lassen. Gibt es etwas, das Sie nicht mögen?«

»Früher hat es das gegeben«, erwiderte Douglas, »aber jetzt habe ich vergessen, was es war.«

»Bei Schweinekoteletts kann nicht viel schiefgehen«, meinte der Hauptmann.

»Sie sind äußerst liebenswürdig«, sagte Douglas.

Der junge Hauptmann berührte flüchtig seine Mütze zu einem Gruß, der einen Anflug von Spott an sich hatte. Seine Augen blickten hart und unfreundlich drein. »Freue mich immer, wenn ich den Herren von der Sicherheitspolizei behilflich sein kann«, sagte er. Er öffnete die Tür zur Wachstube und winkte Douglas, hereinzukommen. Es war eine Baracke mit Fenstern an allen Seiten — wie ein Eisenbahnstellwerk. Sie stand an einem schmalen Feldweg. Drinnen stand an einer Seite ein kleiner Bürotisch, und es gab ein Schiebefenster, durch das die Besucher ihre Passierscheine vorzeigten.

In der Hütte war es sehr warm, die Luft roch nach dem Ölofen und nach hastig ausgedrückten Zigaretten. Drei Männer befanden sich in der Hütte. Einer saß vor dem Schiebefenster und starrte den Feldweg entlang. Die anderen zwei bemühten sich um die Reparatur eines riesigen Modellflugzeugs. Die Soldaten nahmen Haltung an. »Dies ist Superintendent Archer von Scotland Yard«, erklärte der Hauptmann. »Er wird sich eine Stunde oder so in der Hütte aufhalten, aber er wird nichts tun, das die Dienstanweisung behindert, nicht wahr, Superintendent?«

»Nein, das werde ich nicht«, sagte Douglas.

Als der Hauptmann gegangen war, gaben die Männer das Strammstehen auf und boten Douglas einen Stuhl nahe dem Ofen an. Er stellte ihn so, daß er den Feldweg so weit wie möglich im Auge behalten konnte. Nach einer Anstandspause zündete sich der Soldat am Schalter eine Zigarette an, und die anderen beiden machten sich wieder an die Arbeit mit Balsaholz und dem scharf riechenden Klebstoff.

Das Warten war langweilig, und Douglas war froh, als eine Ordonnanz in weißer Jacke ihm ein Tablett mit Essen brachte: Bouillon in einer Thermoskanne, Schweinekotelett und Kohl, grünen Salat, Limburger Käse und Schwarzbrot.

Er aß gerade noch den letzten Rest Käse, um drei Uhr fünfzehn, als der Hauptmann zurückkam. »Noch immer kein Glück gehabt, was?« Er rückte sich einen Stuhl Douglas gegenüber zurecht. »Wie lange wollen Sie noch warten?«

»Er wird kommen«, beteuerte Douglas. Der Hauptmann ließ sich in den Stuhl sinken.

Inzwischen hatten dunkle Wolken den Himmel überzogen, und ein Nieselregen setzte ein. Der Hauptmann knöpfte seinen Mantel auf, streckte seine gestiefelten Füße aus und gab eine Art Seufzer der Erleichterung von sich, wie das manchmal nach einer üppigen Mahlzeit geschieht. »Ich erinnere mich noch an die Zeit, als ich die Aufsicht über 800 Gefangene hatte, die ich mit der Fähre von Harwich nach Deutschland bringen mußte. Es war Nacht ... nur natürlich, daß sie flüchten wollten. Sie hatten alle Frauen und Familien in England. Einige von ihnen wohnten ganz in der Nähe. Sie gehörten einem Regiment an, das in diesem Teil des Landes rekrutiert worden war. Ich wußte, daß ich wachsam sein mußte. Auf dem früheren Transport waren zwei Kriegsgefangene geflüchtet, und der diensttuende Offizier kam vor das Kriegsgericht. Obwohl es eine glaubwürdige Zeugenaussage gab, daß die verschollenen Männer ertrunken waren, wurde der Offizier trotzdem verurteilt — verdammtes Pech.«

»Verdammtes Pech«, wiederholte Douglas, aber der Sarkasmus blieb unbemerkt.

»Die schottischen Hochländer waren die robustesten — harte Männer, und wir hatten zwei Kompanien davon auf diesem Schiff. Sie haben den Gedanken, in ein Gefangenenlager gesteckt zu werden, nicht gerade freundlich aufgenommen ...«

Douglas spürte ein Zögern in der Erzählung des Hauptmanns. Er sah, wie dieser einen raschen Blick zur Seite warf. Douglas stand auf, um aus dem Fenster hinter ihm zu sehen. Etwa dreißig Meter entfernt ging ein Mann in einem braunen Mantel, den viele der Gefangenen anhatten. Er trug eine große Pappschachtel und hielt sie so auf seiner Schulter, daß sie seinen Kopf vor den Augen der Männer in der Wachstube verbarg.

Douglas lief zu der Tür der Hütte. Der Hauptmann beobachtete ihn.

»Warten Sie!« rief er. Aber Douglas hatte sie bereits geöffnet und war hinausgelaufen.

Die Schachtel, die der Mann trug, hinderte ihn daran, Douglas zu sehen, wie er durch das Gras lief, wobei er in dem vom endlosen Regen aufgeweichten Boden einsank. Douglas griff in seine hintere Hosentasche. »Schießen Sie nicht, oder ich lege Sie um!« schrie der Hauptmann in der Meinung, Douglas würde eine Pistole ziehen.

Inzwischen hatte Douglas den Unterarm des Mannes ergriffen. Seine Hand kam mit einem Paar Handschellen zum Vorschein, und die eine Hälfte schnappte schon um Spodes Handgelenk, bevor dieser noch die Pappschachtel losließ. Der rechte Ärmel seines Baumwollmantels flatterte im kalten Wind.

»Okay«, sagte Spode, »okay«, und die Pappschachtel fiel mit einem dumpfen Schlag zu Boden.

Douglas blickte zurück, wo der Hauptmann draußen vor dem Wachlokal stand und ein Gewehr in der Hand hielt, das er aus dem Gestell neben der Tür genommen hatte. Ob er damit Spode hatte erschießen wollen oder Douglas, oder ob er nur den geheiligten Boden des deutschen Gefangenenlagers Little Wittenham verteidigen wollte, vermochte Douglas nicht zu sagen. Er lächelte den Hauptmann an und schloß die zweite Hälfte der Handschellen um sein eigenes Handgelenk. »Sie sind verhaftet, Spode«, sagte er.

»Weswegen?«

»Mord. Ich bin von Scotland Yard. Ich mache Sie darauf aufmerksam, daß alles, was Sie sagen, niedergeschrieben und als Beweismaterial gegen Sie verwendet werden kann.«

»Ach, wegen Mordes«, sagte Spode traurig.

Douglas stieß mit dem Fuß gegen die Pappschachtel. Der Deckel verschob sich, und er erblickte darin die einzelnen Teile des künstlichen Arms. Douglas hob sie auf, wobei er sich unbeholfen hinunterbeugte, den Gefangenen an sein Handgelenk gefesselt. Der Hauptmann kam zu ihnen herüber.

»Sie fürchteten eine Schießerei, Herr Hauptmann?«

Der Hauptmann blickte auf die Handschellen und den Gefangenen, dann wieder auf Douglas. »Was wollen Sie jetzt, Superintendent? Eine Runde Applaus?«

Douglas hatte den Hauptmann und alle seine Vorschriften überlistet. Der einzige Weg, wie dieser es verhindern könnte, daß der Polizeibeamte seinen Gefangenen zurück nach London brachte, bestand darin, auch Douglas dazubehalten, denn nun waren die beiden aneinandergefesselt. Douglas durchsuchen zu lassen, um den Schlüssel zu den Handschellen zu finden — davor schreckte sogar der Hauptmann zurück.

»Ich brauche einen für die Vernehmung geeigneten Raum«, sagte Douglas.

»Und ich frage mich, wie Sie mit Ihrem Wagen fahren wollen«, sagte der Hauptmann. Er lächelte. »Wir werden einen Kompromiß finden«, schlug er vor. »Ich werde bei der Vernehmung dabei sein. Wenn Sie mich davon überzeugen, daß Ihr Fall mit unserer Militärgerichtsbarkeit nichts zu tun hat, werde ich Ihnen einen Chauffeur und eine bewaffnete Begleitmannschaft zur Fahrt nach London zur Verfügung stellen.«

»Na schön«, sagte Douglas. Der Gefangene ließ sich nicht anmerken, ob er Deutsch verstand, aber als sie weitergingen, schien er zu wissen, wohin sie ihre Schritte lenkten. Die drei Männer gingen durch den Ausgabeschuppen und kamen an den Vorratsregalen vorbei. Douglas bemerkte, daß die Blechbüchse mit dem Ersatzteil noch immer auf dem Regal stand, offen und leer, wie er sie zurückgelassen hatte. Aber jemand hatte den Draht mit dem Muster von der Außenseite der Büchse abgemacht und mitgenommen. Zweifellos war alles schon bereit gewesen für Spodes Vorladung, dachte Douglas. Es gab Zeiten, in denen er die Fixigkeit seiner Landsleute aufrichtig bewunderte.

Der Hauptmann führte sie nun zu einer der mit Holzschutzmitteln imprägnierten Baracken. Hier hatte sich nur wenig geändert, seit sie von der RAF benützt worden war: dieselben dreißig Eisenbettstellen, fünfzehn abschließbare Spinde, zwei einfache Holztische, etliche harte Stühle, ein Ofen und ein Blecheimer für den Koks. Mit der Ausnahme, daß die RAF-Leute in den schweren Zeiten vor dem Waffenstillstand sich kaum die Mühe gemacht hatten, die Baracke so peinlich sauberzuhalten: Das Linoleum glänzte wie ein Spiegel, der eiserne Ofen war wie poliert, der Holztisch geschrubbt, die Bettücher mit Sorgfalt zusammengelegt.

Über jedem Bettplatz enthielt ein kleiner Holzrahmen ein sorgfältig beschriftetes Papierrechteck, und auf jedem von ihnen stand der Name eines britischen Generals. Der Hauptmann ging zu den Räumen am Ende der Hütte, die in früheren Zeiten den Unteroffizier vom Dienst beherbergt hatten. Douglas bemerkte, daß, kaum wahrnehmbar unter dem neuen Anstrich, der Name eines längst vergessenen RAF-Korporals kaum noch zu erkennen war. Jetzt hing ein Messingrähmchen dort, das eine Visitenkarte enthielt. In gotischer Schrift stand darauf: »Dieter Scheck, Unterfeldwebel.«

»Scheck ist einer meiner Leute«, erklärte der Hauptmann. »Er ist zu Hause auf Urlaub. Wir können diesen Raum benützen.« Er öffnete für die beiden anderen die Tür.

Es war ein winziger Raum, aber dieser Deutsche hatte sein Bestes getan, um ihn gemütlich zu gestalten. An der Wand hing ein kleines antikes Kruzifix, der verzerrte und totenstarre

Christus unverkennbar deutsch in seiner stilisierten Agonie. Über dem Eisenbett hing eine farbige Postkarte, die eine Giotto-Madonna und das Kind darstellte. Douglas warf einen flüchtigen Blick auf das Bücherbrett: eine Wagner-Biographie, Wordsworth in Übersetzung, eine Bibel, einige deutsche Krimis und Bücher über Schach. Auf dem Tisch neben dem Bett stand eine Schachtel mit Schachfiguren und ein zusammenlegbares Schachbrett. Ein paar Feldpost-Briefformulare und die Rechnung eines Kleidergeschäfts in Oxford lag daneben.

»Wird es gehen?«

Es war eng, aber Douglas sagte, es sei gut genug. »Werden Sie dableiben?« fragte er den Hauptmann in der Hoffnung, daß er vielleicht sein Vorhaben geändert habe.

»Ja«, sagte der Hauptmann. Douglas drehte den Schlüssel im Schloß um und steckte ihn in die Tasche.

»Sind Sie bewaffnet, Herr Hauptmann?«

»Nein. Warum?«

Douglas wollte es einfach nur wissen, ob eine Waffe in dem Raum war, aber er zuckte nur die Achseln, ohne zu antworten. Er haßte es, Dinge zu erklären. Harry brauchte er nie etwas zu erklären. Douglas schloß Spodes Handschelle auf. »Machen Sie keine Dummheiten, alter Knabe«, sagte er.

Spode lächelte. Er hatte ein Babygesicht und war der Typ von einem Mann, der sich noch immer als Sechzehnjähriger auszugeben vermag, obschon er dreißig ist. Er war nicht hübsch in der Art, wie Schauspieler hübsch sind. Er hatte keine stattliche Erscheinung, keine tiefe Stimme und keine vornehmen Züge. Und doch hatte er das unschuldige Benehmen und die Gelassenheit eines Kindes, und es war schwierig, diese Eigenschaften unbeachtet zu lassen.

»Ist Ihr Name Spode und sind Sie der Bruder von ...«

»Sie brauchen sich mit alldem keine Mühe zu machen«, sagte er. Er lächelte. »Haben Sie etwas dagegen, wenn ich ...« Er zog den Mantel von seinen Schultern. Es war eine unbeholfene Handlung, mit nur einem Arm, aber es gelang ihm schließlich doch. Er hängte den Baumwollmantel, feucht von dem dünnen Regen, über die Stuhllehne. Darunter waren seine Kleider alt, aber von guter Qualität, und Douglas stellte fest, daß Spodes Hand weiß und weich war, wie die Hand eines kleinen Kindes.

»Erzählen Sie mir, wie Sie mich ausfindig gemacht haben?« sagte er. Da gab es kein Winseln, keine Bitterkeit, keine Gegenbeschuldigungen. Es gab wenige verhaftete Männer, die so im Frieden mit sich selbst lebten, wie es dieser Mann tat.

»Das Drehgelenk Ihres künstlichen Arms. Ich habe es in der Wohnung in Shepherd Market gefunden. Es war unter den Stuhl gerollt.«

»Ich habe gewußt, daß es riskant war, heute hier aufzutauchen, aber es ist verdammt schwierig, ohne ihn auszukommen.«

»Es war Pech«, sagte Douglas verständnisvoll.

»Das war es, nicht wahr?« Er schien durch diese Bemerkung ermutigt. »Ich wußte ja, es gab eine Chance, daß er in der Wohnung heruntergefallen war, aber die Chance war eine Million zu eins.«

»Eine Million zu eins«, wiederholte Douglas. »Sie sind in dem Lager hier beschäftigt, nicht wahr?«

»Meine Entlassung geht ganz in Ordnung! Und ich bin nicht für Zwangsarbeitsdienst in Deutschland vorgesehen. Das ist nur etwas für *taugliche* Männer im Alter zwischen achtzehn und vierzig. Hatten Sie von mir erwartet, daß ich die Straße herunterkommen würde, was? Beinahe wäre ich an Ihnen vorbeigekommen, nicht wahr?«

»Aber nur beinahe.«

»Und ich bin Ihnen in der Beech-Road-Schule entkommen?«

»Ich war nachlässig«, sagte Douglas.

»Ich suchte eine Gelegenheit, mit Ihnen zu sprechen. Er ist ein netter Junge, Ihr Sohn. Ich fragte ihn, wann Sie zu Hause seien, damit ich vorbeikommen und mit Ihnen sprechen könnte.«

»Um sich freiwillig zu stellen?«

»Man sagt, Sie seien ein anständiger Mensch. Sie fangen immer Ihren Mann, das ist's, was man in den Zeitungen schreibt, nicht wahr? Sieht so aus, als ob die Zeitungen recht haben.« Spode lächelte.

»Haben Sie Ihren Bruder getötet?«

»Ja, das habe ich«, sagte er, aber er lächelte jetzt nicht mehr.

»Warum?«

»Hat jemand eine Zigarette?«

»Ja«, sagte Douglas, aber schon hatte der Hauptmann ein schweres Zigarettenetui hervorgezogen. Es war von der Art, von der Mütter hoffen, daß es das Herz gegen Kugeln schützt.

»Warum versuchen Sie beide nicht meine?« fragte der Hauptmann. »Was haben Sie lieber, Superintendent? Ich habe französische, habe türkische und habe amerikanische.«

Douglas blickte ihn einen Augenblick lang an, ohne zu antworten. Dann sagte er: »Es ist eine lange Zeit her, seitdem ich eine französische Zigarette probiert habe.« Der Hauptmann reichte ihm eine und gab ihm Feuer, bevor er sagte: »Und Sie erlauben dem Gefangenen zu rauchen?«

»Meinetwegen«, erwiderte Douglas.

Spode saß auf einem kleinen geradlehnigen Stuhl mit dem Rücken nahe zur Tür des Zimmers. Der Hauptmann hielt ihm das Etui hin: »Die türkischen links ... hier die französischen, immer fällt der Tabak heraus ... die amerikanischen rechts.«

»Ich danke Ihnen«, sagte Spode. Der Hauptmann gab auch dem jungen Mann Feuer. Als er eine Wolke von wohlriechendem blauen Rauch ausgeatmet hatte, sagte Spode: »Ich liebte meinen Bruder ... mehr als jeden andern Menschen auf der Welt.« Er blickte aus dem Fenster nach dort, wo die rote Nachmittagssonne in einem wilden Wirbel von Regenwolken versank. »Mein Bruder wollte, daß ich Musiker werde.« Er schwieg, als sei das genug, um Douglas begreiflich zu machen, warum er seinen Bruder geliebt hatte.

»Mein Vater hatte keinen Glauben an mich. Er liebte mich, aber er hatte keinen Glauben, nicht an mich, nicht an Gott und nicht an sonst etwas.« Er blickte jetzt auf seine Zigarette, als ob seine Gedanken weit, weit weg wären. »Ich fühle mich bekümmert über meinen Vater — möge Gott ihn segnen.« Noch immer gedankenverloren, führte er seine Zigarette behutsam zum Mund und zog tief den Rauch ein.

»Aber warum haben Sie dann Ihren Bruder umgebracht?«

Douglas wollte, daß die Frage brutal klang, und so klang sie auch.

Spode wurde nicht so leicht herausgefordert. Er rauchte und lächelte. »Ich habe es getan. Ist das nicht genug? Möchten Sie gerne auch ein unterschriebenes Geständnis haben?«

»Ja«, antwortete Douglas.

Spode benützte das einzig vorrätige Schreibpapier, eines der Feldpost-Briefformulare auf dem Tisch. Er nahm einen Bleistift aus der Tasche und kritzelte quer über das Papier, das sich den unbeholfenen weißen Fingern des einarmigen Mannes zu entziehen schien. »Ich habe meinen Bruder getötet«, schrieb er und unterzeichnete es. Er reichte das Papier dem deutschen Hauptmann. »Würden Sie das beglaubigen, Herr Hauptmann, wollen Sie?«

Der Hauptmann setzte seinen Namen, Rang und Datum unter das mit Bleistift geschriebene Geständnis und reichte es Douglas. »Ich danke Ihnen«, sagte Douglas, und zu Spode gewendet: »Aber ich möchte noch immer wissen, warum?«

»Sie sind wirklich wie aus einem alten Kriminalroman«, sagte Spode. »Ein Detektiv muß nach den Mitteln und Wegen, nach dem Motiv und der Gelegenheit suchen. Sagt man das nicht den Detektiven in ihren Ausbildungsschulen?«

»Nein«, erwiderte Douglas. »Das lesen sie nur in den Krimis.«

»Dies ist die beste Zigarette, die ich seit ewigen Zeiten geraucht habe«, warf Spode ein. »Ist Ihre auch gut, Superintendent? Vermutlich gibt es im Gefängnis keine Zigaretten.« Es lag keine Herausforderung in seinen Worten. Er war wie ein ganz einfacher Junge. Douglas fand es verständlich, daß so viele Leute bereit waren, Spode vor dem Gesetz zu schützen.

»Haben Sie in der Armee gedient?« fragte Douglas ihn.

»Mein Bruder und ich haben zusammen in einem Laboratorium gearbeitet. Als die deutschen Panzer kamen, versuchte ich einen mit einer Flasche Petroleum in Brand zu stecken. Bei der Ausbildung klang das alles ganz einfach. Aber die Flasche, die ich warf, fing kein Feuer. Waren Sie auch bei der Kampftruppe?«

»Nein«, antwortete Douglas. »Die ersten Deutschen, die ich sah, waren eine Militärkapelle, die die Oxford Street hinuntermarschierte, und man hat mir erzählt, daß London im Lauf der Nacht zur offenen Stadt erklärt worden war.« Douglas hatte nicht beabsichtigt, beschönigend zu klingen, aber die Aufgabe, jemanden zu verhaften, der einen Arm bei der Bekämpfung eines Panzers verloren hatte, machte es nicht leicht.

»Da haben Sie nichts versäumt«, sagte Spode. »Es war alles vorbei, ehe es begann. Nur ein verdammter Narr konnte noch versuchen, die Ketten eines Mark-IV-Panzers mit einem Wagenheber zu verklemmen. Er fuhr an mir vorbei, ohne mich auch nur zu sehen — und nahm meinen Arm mit.« Er seufzte und lächelte. »Wenn Sie mit dabei gewesen wären, hätte das die Sache nicht viel geändert. Superintendent, glauben Sie mir.«

»Nun, immerhin ...« meinte Douglas.

»Wollen Sie ein Geständnis oder eine Absolution?« Er lächelte.

Der Hauptmann nahm seine Uniformmütze und rieb das Lederband ab. Er wurde vorzeitig kahl, und das dünne blonde Haar trug wenig dazu bei, seine blasse Kopfhaut zu verbergen. Ohne seine Kopfbedeckung schien er um zwanzig Jahre älter zu sein, denn seine Augen waren nicht die eines jungen Mannes. Dies war nicht der Ort für eine ordnungsgemäße Vernehmung, dachte Douglas. Spode schien seine Verhaftung nicht ernst zu nehmen.

»Ihr Bruder hat durch Strahlung Verbrennungen erlitten«, sagte Douglas. »Wissen Sie, was das ist?«

»Ich bin Physiker«, sagte Spode. »Natürlich weiß ich es.«

»Sie haben mit ihm gearbeitet?«

»Wir waren in Professor Fricks Team.«

»Wo?«

»In einem Laboratorium.«

»Seien Sie kein Narr, alter Knabe«, sagte Douglas. »Sie werden es mir früher oder später ja doch sagen müssen.«

»Was ist Strahlung?« fragte der Hauptmann.

»Es ist eine Art von Emission aus Atomkernen«, erklärte

Douglas. »Mr. Spode wüßte es sicher besser zu definieren. Jedenfalls kann diese Strahlung lebensbedrohend sein.«

»Es war das erste Mal, daß wir miteinander gestritten haben«, sagte Spode. »Mein Bruder kümmerte sich immer um mich. Er half mir bei meinen Hausarbeiten, rettete mich vor Mitschülern, die mich tyrannisieren wollten, nahm Bestrafungen und jedweden Tadel, den ich wegen irgendwelcher Dinge bekam, auf seine Kappe. Ich bewunderte ihn, und ich liebte ihn, bis wir begonnen hatten, an diesem verdammten Atombomben-Experiment zu arbeiten. Ich wollte nie an dem Bombenprojekt arbeiten. Ich sagte ihm, es wäre unser Tod — und es war unser Tod.«

»Seine Todesursache war eine Kugel«, warf Douglas ein.

Spode dachte einen Augenblick darüber nach, dann nickte er zustimmend. »Haben Sie das Ellbogengelenk bei sich?« fragte er.

Douglas langte in seine Tasche und fand es. Er zeigte es Spode, der es prüfte, als habe er es noch nie zuvor gesehen. »Sie haben dieses Stück in der Wohnung gefunden?«

»Ganz recht«, erwiderte Douglas. Spode behandelte den Bestandteil, als ob das Ding ein großes Wunder wäre. Erst nachdem er das Stück zurück in seine Tasche gesteckt hatte, entdeckte er, daß er noch etwas anderes in der Tasche fühlte. Douglas begriff, daß er Spode das leichter wiegende neuere Modell gezeigt hatte und nicht dasjenige, das er als Beweisstück hätte vorlegen müssen. Aber Douglas sah keinen Grund, warum er ihm etwas davon sagen sollte. Zu dem Zeitpunkt schien es ohne Belang.

»Ich kam hin und wußte, daß er den Wohnungsschlüssel immer unter der Fußmatte versteckt hatte«, berichtete Spode. »Ich schloß auf und wartete auf ihn, bis er heimkam.«

»Mit einer Pistole?«

»*Er* hatte die Pistole, Superintendent. Er hatte sie in einem Pub unweit der Euston-Eisenbahnstation gekauft. Drei Pfund hatte er dafür bezahlt.« Das kleine Zimmer wurde dunkler, und man hörte ein plötzliches Prasseln des Regens an das Fenster. Das trübe Licht, das vom schmalen Fenster kam, schien auf die Tischplatte und hob den Umriß des Kruzifixes an der Wand hervor.

»Warum?« wollte Douglas wissen.

»Er verspürte große Schmerzen. Und er wußte, wie es um ihn stand. Er wußte, daß er sterben mußte.«

»Wollen Sie jetzt plötzlich sagen, daß es Selbstmord war?« fragte Douglas.

»Es ist schwierig, es zu erklären«, sagte Spode. »Wir beide kannten die Risiken. Sobald man einmal mit einer solchen Sache angefangen hat, beginnt die Neutronenverschmelzung sich zu steigern, und ehe man sich's versieht, was passiert ist, hat man eine Kettenreaktion.«

»Aber Sie haben sich mit ihm gestritten?« sagte Douglas.

»Er hatte kein Schutzschild, aber ich hatte eines.« Spode bekreuzigte sich. »Wir stritten uns, weil ich mir Sorgen um ihn machte — um ihn und um seine Seele.«

Der Hauptmann setzte seine Mütze auf. »Ist das nun Mord oder nicht, Superintendent?«

»Mord ist eine mit Überlegung ausgeführte vorsätzliche Tötung eines Menschen.«

»Dann ist es also kein Mord?«

»Es ist Sache des Gerichts, das zu entscheiden«, sagte Douglas. »Kommen Sie jetzt mit, alter Knabe. Ziehen Sie Ihren Mantel wieder an.« Douglas stand auf. Er blickte aus dem Fenster. Es regnete noch immer.

»Eleazar«, sagte Spode. »Er hat sich dem Tod überantwortet, um sein Volk zu retten.«

»Wer ist Eleazar?« fragte Douglas. Als er sich wieder zu Spode wandte, sah er, daß dieser zum Gebet niedergekniet war. Er wartete, peinlich berührt und verlegen, wie es so viele angesichts einer innigen Andacht sind. Spodes sanftes Gebet war beinahe unhörbar durch die Hand, die er dicht vor sein Gesicht hielt. Dann taumelte er sanft gegen Douglas' Knie. Er rollte auf die Seite und krachte mit dem Gesicht voran auf den Boden.

Douglas beugte sich hinunter und faßte Spode am Kragen, wobei seine Finger forschend in den schlaffen Mund drangen.

Er bemerkte den scharfen und unverkennbaren Geruch nach bitteren Mandeln. »Blausäure«, sagte Douglas. »Er hat sich vergiftet!« Er wälzte den Körper herum und hielt nach Wasser Ausschau, um Spodes Mund auszuspülen. »Rufen Sie einen Arzt«, bat er den Hauptmann. »Vielleicht können wir ihn retten.«

Der Hauptmann nahm den Hörer ab. »Er ist erledigt«, sagte er ruhig. »Ich habe die Wirkung dieser Blausäurekapseln gesehen, als man in den ersten Tagen des Waffenstillstands die Kriegsverbrecher aufgegriffen hat.« Er klickte mit der Telefongabel. »Na komm schon! Komm schon!« sagte er ungeduldig. Spodes schlaffer Körper reagierte nicht auf Douglas' Versuch, ihn zum Erbrechen zu bringen. Spodes Augen waren glasig, und er hatte keinen Puls mehr.

Der Hauptmann legte den Hörer wieder auf die Gabel. »Die Zentrale schläft«, sagte er. »Kein Pflichtbewußtsein mehr, da der Krieg vorbei ist. Alle denken nur noch daran, wie sie rasch wieder Zivilisten werden können.«

»Armer Kerl«, sagte Douglas. Er schloß Spodes Augen.

»Sie sind kein Katholik, nicht wahr?«

»Nein«, erwiderte Douglas. »Ich bin nichts dergleichen.«

»Dann können Sie es auch nicht verstehen«, sagte der Hauptmann.

»Machen Sie einen Versuch.«

Der Hauptmann musterte Douglas nachdenklich und blickte dann auf Spodes Leiche. »Thomas von Aquino argumentierte, daß Selbstmord eine Sünde ist, weil er ein Vergehen gegen die Gesellschaft darstellt. Wenn man sich das Leben nimmt, beraubt man die menschliche Gesellschaft einer Sache, die rechtmäßig ihr gehört. Und die moderne Theologie hat das Mitleid auf diejenigen ausgedehnt, die freiwillig ihr Leben einer größeren Sache opfern ... Ärzte, die vorsätzlich ihr Leben bei Epidemien aufs Spiel setzen, Männer der Kirche, die Verfolgung in einem gottlosen Staat auf sich nehmen. Und es gibt heilige Jungfrauen, die sich lieber getötet haben, als sich vergewaltigen zu lassen. Diese werden jetzt als Märtyrerinnen verehrt.«

»Eleazar, ich hörte ihn von Eleazar sprechen.«

»Der sich dem Tod überantwortete, um sein Volk zu befreien. Ja, für den Selbstmörder ist nicht alles verloren. Die Versöhnung ist das Wesentliche und die Schönheit des Sakraments, und sie muß es immer bleiben. Und wenn wir genug Barmherzigkeit haben, um zu glauben, daß er vor dem Tod Reue zeigte, dann könnte ihm sogar ein kirchliches Begräbnis gewährt werden.«

»Aber?«

»Er hat seinen Bruder getötet. Ein Katholik würde sich nicht wünschen, mit einer solchen Sache auf dem Gewissen lange zu leben.«

»Ich hätte ihn durchsuchen sollen.«

»Was kümmert es Sie?« sagte der Hauptmann. »Sie haben das Geständnis und Ihr handgeschriebenes Stück Papier. Sie können den Fall abschließen, nicht wahr?«

22. KAPITEL

»Eigentlich sollte man Sie dafür erschießen«, sagte Huth, als die Verbindung hergestellt war. Douglas gab keine Antwort.

»Sie gehen fort, ohne zu hinterlassen, wo man Sie erreichen kann oder mir oder Sergeant Woods zu sagen, was Sie vorhaben. Dann erzwingen Sie eine Amtshandlung im Bereich der Wehrmacht ...« Huth hielt inne, als fehlten ihm die Worte. »Diese Wehrmacht-Schweinehunde wollen uns ohnedies jeden Fehler anhängen, und Sie haben ihnen eine vortreffliche Gelegenheit gegeben, sich über uns zu beschweren. Können Sie sich vorstellen, daß ich die letzten zehn Minuten damit verbringen mußte, mich bei einem verdammten kleinen Oberst von der Wehrmacht zu entschuldigen. Ich hasse Ihr dummes Gesicht, Archer. Warum, zum Teufel, sagen Sie nichts? Sind Sie stumm geworden?«

»Ich habe ein unterschriebenes Geständnis«, sagte Douglas.

»Sie dummes Schwein! Ich habe tausend Leute, die an dieser

Aufgabe arbeiten. Meine Erhebungen reichen von der Schwerwasser-Anlage in Norwegen bis zum Curie-Laboratorium in Paris! Glauben Sie denn, daß ich mich für ein gekritzeltes Mordgeständnis interessiere, wenn der Mörder bereits tot ist?«

»Sie sagten mir, ich solle den Mörder finden«, erwiderte Douglas. »Ich habe ihn gefunden. Und die anderen neunhundertneunundneunzig Männer, von denen Sie mir immer wieder erzählen, haben ihn nicht gefunden. Was, zum Teufel, wollen Sie noch mehr?«

Ein kurzes Schweigen trat ein. Dann sagte Huth: »Oh! Das klingt schon besser. Ich wußte nicht, daß Sie auch einmal Ihre Stimme erheben können!«

»Nun, jetzt weiß ich, daß Sie das brauchen. In Zukunft werde ich öfters brüllen.«

»Hören Sie mir einmal zu, Archer. Sie haben Verwirrung bei dieser Nachforschung gestiftet. Ich wollte nicht Spodes Leiche. Ich wollte nur mehr über ihn herausfinden — was er wußte, was er getan und mit wem er am Telefon gesprochen hat. Und ich wollte seine Post abfangen, um Aufschluß über den Rest dieser Verbrecherbande zu bekommen.« Bevor Douglas antworten konnte, setzte Huth hinzu: »Hatte er sie aus seiner Tasche genommen, oder hatte er sie in seinem Mund versteckt . . . die Blausäurekapsel, von wo hatte er sie her?«

»Was ändert das an der Sache?«

»Ich werde Ihnen sagen, was es ändert«, sagte Huth mit erneutem Ärger. »Wenn er sie aus seiner Tasche genommen hat, dann brauche ich tüchtigere Polizisten, die besser aufpassen. Wenn diese Leute aber die Möglichkeit haben, ständig Blausäurekapseln zwischen den Zähnen zu verstecken, dann müssen wir alle Verhaftungsmethoden neu überprüfen. Und zwar sofort. Bis morgen früh sind Ihre Vorschläge auf meinem Tisch!«

»Er hatte sie aus seiner Tasche. Er bekreuzigte sich und sprach ein Gebet. Er konnte sie bei dieser Gelegenheit in den Mund stecken.«

»Und Sie standen einfach da und sahen ihm zu, Sie Dummkopf?«

»Ja.«

»Und dieser schwachsinnige Hauptmann hat auch zugesehen?«

»Ja«, sagte Douglas.

»Und keiner hat gesehen, wie er es getan hat?«

»Nein.«

»Gibt es eine Möglichkeit, daß dieser Offizier ihm die Kapsel zugesteckt haben könnte?«

»Nein, Sir. Natürlich nicht.«

»Lassen Sie mich mit diesem ›Nein-Sir-natürlich-nicht‹ in Ruhe, ich habe das alles schon viel zu oft gehört. Ich habe sofort nach unserem ersten Telefongespräch die Gestapo-Akten nachprüfen lassen. Soeben ist die Antwort eingetroffen. Dieser Hauptmann Hesse ist ein Katholik. Haben Sie das gewußt?«

»Wir haben uns nicht über Theologie unterhalten.«

»Dann würde ich wünschen, daß Sie es getan hätten«, sagte Huth. »Dieser Spode ist auch ein Katholik. Haben Sie das gewußt?«

»Es gibt jetzt Gründe, das zu glauben«, erwiderte Douglas.

»Seien Sie nicht so sarkastisch zu mir, Archer, ich mag das nicht. Ich stelle Ihnen eine einfache Frage, und ich will eine ehrliche Antwort. Von dem Augenblick an, da Sie Spode verhaftet haben, bot sich da auch nur die kürzeste Gelegenheit für diesen verdammten Hauptmann, Spode überhaupt irgend etwas zuzustecken?«

»Überhaupt keine Gelegenheit, Sir.«

Douglas hörte am Apparat das Rascheln von Papier, als Huth die Berichte auf seinem Schreibtisch durchblätterte. »Bereiten Sie im Augenblick keinen schriftlichen Bericht oder Notizen vor«, sagte Huth schließlich. »Wir werden das nochmals zusammen durchgehen. Wenn wir einen Fehler machen, Superintendent Archer, werden Sie in Dachau landen. Wissen Sie, was Dachau bedeutet?«

»Ich habe darüber Gerüchte gehört.«

»Sie sind alle wahr, glauben Sie mir.« Douglas konnte eine Spur von Ängstlichkeit aus Huths Stimme heraushören. »Der

Reichsführer SS wird vielleicht einen persönlichen Bericht von mir haben wollen. Ich möchte absolut sichergehen, daß er genau richtig ist. Ich werde heute abend selbst einen entsprechenden Entwurf abfassen.«

»Sehr wohl, Sir.«

Es gab wieder eine lange Pause. Dann: »Gute Detektivarbeit, Archer. Das gebe ich zu.«

»Danke Ihnen, Sir«, sagte Douglas, aber Huth hatte bereits eingehängt.

Lange Zeit saß Douglas sinnend in der Schreibstube, die der Hauptmann ihm verschafft hatte. Es war jetzt beinahe dunkel. Douglas blickte aus dem Fenster. Das Licht der Lampen über den Türen der Baracken wurde in den dunklen Pfützen reflektiert, die im kalten Wind schimmerten. Es herrschte Totenstille. Douglas konnte sich nur schwer an den Gedanken gewöhnen, daß mehrere hundert Gefangene und die zur Bewachung abkommandierten Deutschen in diesem großen Truppenlager untergebracht waren.

Douglas schaltete das Schreibtischlicht an und blätterte müßig in den Zeitungen und Zeitschriften, die auf dem Tisch lagen. Es gab einige Nummern einer Zeitung aus Stuttgart und eine neue Nummer von *Signal*.

Das Titelblatt der Zeitschrift *Signal* war einem ganzseitigen Foto des Generals Fritz Kellermann gewidmet. Er war stehend unter einem Straßenschild abgebildet. Der Begleittext lautete: »In den Fußstapfen von Sherlock Holmes. Ein deutscher SS-Gruppenführer hat das Kommando in Scotland Yard, London.«

Douglas wandte sich dem Textteil zu. Die Geschichte erstreckte sich über drei doppelte Bildseiten. Auch Douglas war an nicht zu übersehender Stelle zu bewundern. Er studierte mit Kellermann die *Angler's Time*, nur daß ein Retuscher den Titel der Zeitschrift unleserlich gemacht hatte. »Gruppenführer Kellermann gibt dem berühmten ›Archer vom Yard‹, Britanniens jungem Meisterdetektiv, der als ›der Sherlock Holmes der 1940er Jahre‹ geschildert wird, seine Richtlinien. Wie die meisten der Londoner Polizeibeamten heißt auch Archer die modernen und wissenschaftlichen Methoden der Verbrechensbekämpfung, die von seinem deutschen Vorgesetzten eingeführt wurden, willkommen. Superintendent Archer — und seine Kollegen — sprechen mit freundlichen Worten von ihrem Chef und nennen ihn vertraulich ihren ›Vater‹.«

Es gab noch eine Menge mehr in derselben lobhudelnden journalistischen Tonart. Douglas überlief es kalt bei dem Gedanken, daß seine Freunde vielleicht diesen Blödsinn glauben würden. Erst jetzt verstand er Mayhews seltsame Bemerkung, er sollte sich aus den Magazinen heraushalten. Natürlich! Vielleicht war es sogar dieser Artikel, der den Mordanschlag auf ihn in der Piccadilly-Untergrundbahnstation veranlaßt hatte. Er schloß die Zeitschrift und schob sie von sich weg. Dieser verdammte Kellermann! Es paßte alles zu seinem Streit mit Huth und dem SD. Vielleicht war es ein wertvoller Schritt in Richtung auf den Job des Reichskommissars in England, wenn es das war, was Kellermann anstrebte. Aber es verwickelte Douglas in einen Machtkampf, in den er sich nicht einmischen wollte — denn dieser Machtkampf konnte ihm das Leben kosten ...

Der Teufel hole sie alle, dachte Douglas. Zum Teufel mit Scotland Yard und Harry Woods, mit Mayhew und allen übrigen. Sie waren alle nur selbstsüchtig. Selbst Harry schien ein kindischer Held sein zu wollen. Und zum Teufel mit diesem Hauptmann, der in Douglas eine Art Gestapo sah. Vielleicht hätte er den Hauptmann nicht vor Huths mißtrauischen Fragen über die Herkunft der Giftkapsel schützen sollen. Dann würde der junge Mann entdeckt haben, wie ein Verhör bei der Gestapo in Wahrheit aussah.

Erst dann wurde sich Douglas über das klar, was er im Unterbewußtsein die ganze Zeit gewußt hatte: es war der Hauptmann, der Spode die Kapsel zugesteckt hatte. Sie mußte in der Zigarette gewesen sein. Er hatte eine Zigarette für Douglas ausgewählt und sie ihm mit den Fingern gereicht, und dann hatte er Spode sein Zigarettenetui angeboten. Douglas erinnerte sich an seine Bemerkung über den losen Tabak. War er deshalb locker, weil an einem Ende der Zigarette die Kapsel hineinmanipuliert worden war, und zwar so, daß Spode sie bemerken konnte? Und der Hauptmann war in der Lage gewesen, sich solche ausgefallenen Dinge zu beschaffen! Er hatte zugegeben, daß er dabei gewesen war, als Leute, die auf der Kriegsverbrecherliste standen, verhaftet wurden. Ein Offizier, der solche Verhaftungen befehligte, konnte unbenutzte Blausäurekapseln gefunden haben!

Es paßte alles zusammen. Der Hauptmann hatte sich zuerst erboten, Douglas zu begleiten, und dann hatte er versucht, die Verhaftung zu verhindern, indem er ihm verbot, sie auf Wehrmachtsgelände vorzunehmen. Vielleicht war es auch dieser Offizier, der Spode — einem Mitverschwörer — den Ausweis verschafft hatte, der ihn berechtigte, das Depot durch den Personaleingang zu betreten.

Und es war der Hauptmann, der das Ersatzteil von der Blechbüchse losgemacht hatte, um es Spode heimlich zuzustecken. Und der Hauptmann, der Douglas jenen Platz in der Wachstube verschafft hatte, so daß er verkehrt saß, während Spode zu seinem Termin eintraf — nicht auf der öffentlichen Landstraße, sondern von der Lagerseite ... Der ausgiebige Lunch war nur ein Vorwand gewesen. Wahrscheinlich hatte er die Lunchzeit dazu benützt, suchend in der ganzen Gegend umherzulaufen, um Spode zu finden und zu warnen. Da ihm das nicht gelang, war er in die Wachstube zurückgekommen und hatte begonnen, mit Douglas ein ernsthaftes Gespräch zu führen, um seine ganze Aufmerksamkeit von dem Fenster abzulenken, an dem Spode vorbeikommen würde. Und als die Verhaftung erfolgt war, ergriff der Hauptmann ein Infanteriegewehr. Hatte er beabsichtigt, seinen Mitverschwörer zu erschießen, bevor er etwas ausplaudern konnte?

Seine zynischen Bemerkungen über die Genfer Konvention und seine grobe Behandlung des alten Wentworth waren nichts anderes gewesen als ein Ablenkungsmanöver. Aber das Gespräch über den Glauben war ernsthaft und keine Verstellung gewesen. Er hatte Spode absichtlich in das Zimmer eines katholischen Unterfeldwebels gebracht, so daß der Anblick des Kruzifixes eine Tröstung für die letzten Augenblicke im Leben des jungen Mannes sein sollte. Und die theologischen Spitzfindigkeiten hinsichtlich des Unterschiedes zwischen Mord und Selbstmord erwähnte er nicht nur im Hinblick auf Spode. Jetzt verstand Douglas, warum die Stimme des Hauptmanns einen Unterton von Seelenangst gehabt hatte — denn jetzt hatte der Hauptmann selbst eine große Sünde begangen, mit der er leben mußte.

Douglas ging ans Fenster hinüber. Der Hof war naß, aber der Regen hatte aufgehört. Zwischen den dahinjagenden Wolken konnte er einige Sterne flüchtig zu sehen bekommen. Er hörte den Motor eines schweren Fahrzeugs und blickte auf seine Uhr, denn nun mußte bald der Ambulanzwagen kommen, den er in London bestellt hatte. Nach kurzer Überlegung ging er hinüber in das Büro der Transportstaffel und fand dort zwei deutsche Zivilangestellte vor. Der eine war ein anämisch aussehender Schreibtischmensch mit einem pickeligen Gesicht und unbekümmertem Lächeln. Der andere war Mechaniker, ein muskulöser Sechzigjähriger mit gezwirbeltem Schnurrbart und metallgefaßter Brille. Kein Ambulanzwagen, berichteten sie. Douglas setzte sich zu ihnen und fragte sie, ob sie gern in England seien, und sie erkundigten sich bei ihm, wo er so ausgezeichnet Deutsch gelernt hatte.

»Und Sie haben diesen Railton mitgebracht«, sagte der Mechaniker. »Nun, das nenne ich einen wirklichen Wagen. Ist doch alles nur Ausschuß, was wir hier haben und ständig reparieren müssen.«

Douglas blickte sich in dem Büro um. An der Wand gab es in einem Regal die übliche Reihe von Büroordnern, und über ihnen hing ein Befehl des Lagerkommandanten. Er verzeichnete diejenigen Offiziere des Lagerstabs, denen Wagen zu persönlichen Verwendungszwecken zugeteilt waren.

»Ich kenne Ihr Gesicht von irgendwoher«, sagte der ältere Mann plötzlich zu Douglas.

»Das ist nicht wahrscheinlich«, sagte Douglas. Er las die Liste der Wagen.

»Ich vergesse nie ein Gesicht«, sagte der ältere Mann. »Habe ich recht, Walter? Nein, ich vergesse nie ein Gesicht.«

»Er ist bekannt dafür«, sagte der Bleichsüchtige zustimmend. »Er vergißt nie ein Gesicht.«

»Sie sind ein Polizist!« Er zeigte ein breites, vergnügtes Lächeln. »Sie sind von Scotland Yard. Wir haben Ihren Wagen aufgetankt. Ich erinnere mich an das Nummernschild. Warten Sie einen Augenblick ... Nein, sagen Sie's mir nicht, ich werde mich gleich daran erinnern.«

Der Blasse lächelte Douglas zu, wie ein Handlungsreisender lächeln mag, wenn er ein besonders einfallsreiches mechanisches Spielzeug vorführt.

»Archer vom Yard! Ich hab's! Sie sind Archer vom Yard. Wo, zum Teufel, habe ich erst kürzlich etwas über Sie gelesen?«

Douglas wollte dem Gedächtnis des Mannes nicht nachhelfen.

Der Mann schüttelte den Kopf, aufgeregt, als könnte er sich selbst nicht glauben. »Sie sind der Detektiv, der die Bethnal-Green Giftmorde aufgeklärt und den ›Rottingdean-Bauchaufschlitzer‹ gefangen hat — damals vor dem Krieg.«

Daß Douglas die Wahrheit dieser Behauptung nicht bestätigte, machte ihm nichts aus. Es verlangsamte nicht einmal seinen Redefluß. »Archer vom Yard! Nun, ich interessiere mich für geheimnisvolle Morde. Im Roman wie auch im wirklichen Leben. In meiner Wohnung habe ich ein ganzes Zimmer mit Büchern, Zeitschriften und Presseausschnitten angefüllt.« Er nahm seine ölige Stoffkappe ab und kratzte sich am Kopf. »Ich habe über Sie gelesen ... erst ganz kürzlich ... ich wußte von Ihnen natürlich schon zuvor: Sie sind berühmt ... aber ich habe über Sie gelesen. Wo habe ich über ihn gelesen, Walter?«

»In *Signal*«, sagte der andere.

»Natürlich«, sagte der Alte, indem er seine riesige Faust in den offenen Handteller klatschte. »Das erstemal, daß ich von Ihnen gehört habe, war jener Fall in Camden Town. Der Ehemann tötete seine Frau mit verdorbenen Meerestieren — Krabben waren es nicht — und wäre beinahe ungestraft davongekommen. Gute Detektivarbeit war das. Das muß etwa 1938 gewesen sein.«

»Dezember 1937«, verbesserte Douglas. »Nicht Camden Town ... Great Yarmouth.«

»Great Yarmouth, ja, und Sie haben herausgefunden, von der Schwester der Frau, daß sie eine Allergie gegen Meerestiere hatte.« Er trat zurück, so daß er Douglas in voller Größe mustern konnte. Er blickte ihn von Kopf bis Fuß an und schüttelte wieder den Kopf. »Wer hätte je geglaubt, daß ich eines Tages hier sein würde und so mit ›Archer vom Yard‹ sprechen könnte. Eine Tasse Kaffee?«

»Ja, bitte«, antwortete Douglas.

Der alte Mann nahm seine Brille ab und ließ sie in ein Lederfutteral gleiten, bevor er dieses in seinen schwarzen Overall steckte. »Hol dreimal Kaffee, Walter, und sag dem Koch, es sei für mich, und ich möchte richtigen Kaffee, keinen Ersatzmuckefuck. Und ein Kännchen Rahm, wenn er dieses verdammte Motorrad wieder überholt haben will.«

»Der Ambulanzwagen sollte mittlerweile hier sein«, sagte Douglas.

»Sie werden unterwegs für eine Tasse Kaffee Station gemacht haben«, meinte der Alte. Er blickte auf seine Taschenuhr. »Sie müssen eine Leiche wegschaffen, wie ich höre. Natürlich hätte ich es mir zusammenreimen können, als ich hörte, daß Sie mit Hauptmann Hesse zusammen waren.«

»Zusammenreimen?« fragte Douglas.

»Um aus zweimal zwei vier zu machen«, sagte er. »Sie sind aus Scotland Yard gekommen und haben fast den ganzen Tag mit einem Offizier der Abwehr verbracht.«

»Hauptmann Hesse ist bei der Abwehr?«

Der alte Mann lachte in sich hinein. »Vor mir brauchen Sie sich nicht zu verstellen«, sagte er. »Ich werde es keiner Menschenseele erzählen. Und es gibt sowieso schon Leute genug hier, die über Hauptmann Hesse Bescheid wissen.«

Douglas blickte den Mann an und versuchte zu ergründen, was er meinte. Die Abwehr war ein besonderer Teil des Sicherheitsdienstes, der sich mit ausländischen Spionagediensten befaßte. »Was sollte ein Offizier der Abwehr hier zu tun haben?«

»Das wissen Sie besser als ich«, sagte er. »Der Hauptmann

— er ist in Wirklichkeit nur ein Leutnant, aber die Abwehr trägt nach Belieben jede Uniform — kommt und geht, wann es ihm beliebt. Er hat einen viertürigen Horch zur ständigen Verfügung.« In diesem Augenblick kam Walter mit einem Tablett und zwei Kännchen wieder herein. »Wir sprechen gerade über unseren Hauptmann Hesse, Walter. Ich habe Superintendent Archer gesagt, was für ein netter Kerl er ist.«

Walter lächelte und nahm offenbar zur Kenntnis, auf welch vertrautem Fuß der Alte schon mit dem Polizeibeamten stand. Er schenkte drei Tassen Kaffee ein, und sie tranken ihn schweigend.

»Meine Frau und mein Sohn werden es mir nie glauben, wenn ich es ihnen schreibe«, sagte der Mann. »Sie verfolgen beide, so wie ich, alle großen Mordfälle. Bei der nächsten Fahrt nach London werde ich diese Stelle in Pimlico fotografieren, wo man die sterblichen Überreste des Mädchens gefunden hat — die Brotmesser-Morde, wie Sie sich erinnern.« Er atmete tief das Aroma des heißen Kaffees ein. »Oh, und das erinnert mich daran, Walter: Hauptmann Hesse hat mich vorhin angerufen. Er wird seinen Wagen heute abend abholen, ungefähr um Mitternacht. Sieh zu, daß seine Karte zur Unterschrift bereitliegt. Du weißt ja, wie er es haßt, wenn man ihn warten läßt.« Er setzte seine Brille wieder auf, um die Liste der Fahrzeuge an der Wand zu studieren. »Sie wollen also hier warten, bis der Ambulanzwagen kommt, Superintendent?« Er zwirbelte die Enden seines Schnurrbarts.

»Nein«, antwortete Douglas in einem plötzlichen Impuls. »Die Vorbereitungen für den Abtransport der Leiche sind alle getroffen. Ich werde jetzt meinen Wagen nehmen. Ich will versuchen, zur Abwechslung einmal frühzeitig nach Hause zu gehen.«

Der Oberfeldwebel ging mit ihm über den Hof zu der Stelle, wo der Railton geparkt war. Er fragte noch nach der zurückgelegten Meilenzahl und der Geschwindigkeit des Wagens, und als Douglas einstieg, streichelte er liebevoll die Lackierung. »Die haben noch gewußt, wie man einen Wagen zu bauen hat«, sagte er.

Durch die kalte Nachtluft kam von fern leise Musik. Der alte Mann sah Douglas die Ohren spitzen. »Der Chor«, erläuterte er. »Der Lagerchor. Alles Kinder! Wurden eingezogen, als die Kampfhandlungen schon zu Ende waren. Sie wissen nicht, was Krieg bedeutet. Schauen Sie sich diesen pickeligen Walter im Büro dort an — das sind Touristen, keine Soldaten.«

»Und sie singen im Chor?« Das Singen wurde deutlich hörbar. »Stille Nacht, Heilige Nacht.« Zwei Dutzend fröhliche junge Männerstimmen.

»Es gibt zu Weihnachten eine große Party für die hiesigen englischen Kinder«, sagte er. »Ich bin überrascht, wieviel Geld gesammelt worden ist. Das geht schon seit Wochen so«, setzte er hinzu. Er strich mit der Hand über den Lack. »Immer mehr und mehr junge Rekruten werden kommen. Uns wird man nach Hause schicken. Schon bald wird der Krieg vergessen sein.«

»Vielleicht«, erwiderte Douglas. Er brachte den Motor auf höhere Touren. »Verdammt guter Kaffee«, sagte er.

Der alte Mann lehnte sich näher zu ihm hin. »Jederzeit, wenn Sie Ihren Wagen überholen lassen wollen, kommen Sie her und suchen mich auf, Superintendent.« Er tippte seine Nase an, um zu verstehen zu geben, daß eine solche Dienstleistung vertraulich und unter der Hand erfolgen würde.

»Vielen Dank und gute Nacht«, sagte Douglas. Er fuhr bis zur Schranke. Als er dort hielt und wartete, daß die Schranke geöffnet würde, kam der junge Angestellte aus dem Büro heraus und schwang etwas, das im schwachen Licht wie eine riesige Pistole aussah. Er schob ihren Lauf durch das Wagenfenster, so daß er auf Douglas' Kopf gerichtet war. »Was ist los?« fragte Douglas nervös.

»Wollen Sie mir ein Autogramm geben?« sagte der Angestellte. Der Lauf der Pistole entpuppte sich jetzt deutlich erkennbar als eine eng zusammengerollte Nummer der Zeitschrift *Signal*. Mit zitternder Hand kritzelte Douglas seine Unterschrift über die Ecke der Titelseite.

»Danke und Weidmannsheil«, sagte der Angestellte zum Gruß, den er offensichtlich sorgfältig vorbereitet hatte.

»Gute Nacht«, sagte Douglas, als die Schranke hochgehoben wurde.

Douglas fuhr los und über die schmale Brücke, die nach Clifton Hampden führt. Es war die einzige erlaubte Route nach Einbruch der Dunkelheit, wenn die anderen Tore des Lagers geschlossen waren. An der Brücke gab es noch einen deutschen Kontrollpunkt. Nachdem er ihn passiert hatte, entdeckte er bald einen verlassen daliegenden Feldweg, der zum Dorf führte. Er lenkte den Railton von der Landstraße herunter, schaltete das Licht ab und lehnte sich zurück, um auf Hauptmann Hesse und seinen Horch mit vier Türen zu warten.

Es dauerte nicht lange, bis er kam. Hesse bog nach der Brücke rechts ab und fuhr dann weiter zur Landstraße, die durch Shillingford, Wallingford und ostwärts nach London führte.

Der abnehmende Mond schimmerte nur hin und wieder durch die dichten Wolken, und Douglas war auch kein Experte für solche Unternehmungen, aber es war nicht schwer, dem Horch zu folgen. Zu dieser Nachtzeit waren nur mehr Dienstfahrzeuge unterwegs. Ein paar Motorrad-Meldefahrer, ein Zivilbus, der Schichtarbeiter nach Hause und an den Arbeitsplatz fuhr, etliche unterschiedlich lange Konvois — alle diese Fahrzeuge machten es Douglas möglich, nicht aufzufallen.

Es gab ein halbes Dutzend Kontrollstellen, aber die Posten begnügten sich mit einem flüchtigen Blick auf die Klebezettel an den Windschutzscheiben. Hauptmann Hesse schien London gut zu kennen. In Shepherd's Bush bog er ab, die Holland Road hinunter und folgte einem Labyrinth von Nebenstraßen. Douglas blieb ein wenig zurück, aus Besorgnis, daß seiner Jagdbeute in diesen dunklen leeren Straßen die Scheinwerfer des Verfolgers auffallen könnten. Aber Hesse zeigte kein Anzeichen von Verdacht. Sein Ziel war die Vauxhall Bridge Road und das Durcheinander von schäbigen Hotels und zweifelhaften Pensionen auf der Westminsterseite des Viktoria-Bahnhofs. In Douglas' Erinnerung war diese Gegend nie ein gesunder Bezirk gewesen, aber die Ankunft der Deutschen hatte dazu beigetragen, daß er zu einem der berüchtigsten in ganz

Europa wurde. Aber es waren nicht nur die Mädchen, welche die Soldaten hier anlockten, denn die offiziellen Wehrmacht-Bordelle waren sauberer, billiger und verlockender für alle außer die besonders Perversen: es war der Handel. Hier konnte man alles kaufen: Männer, Frauen und Kinder, Heroin kiloweise, fabrikneue deutsche P 38-Pistolen, noch in Ölpapier verpackt, falsche Ausweise, sogar echte Ausweise. Trotz der regelmäßigen Patrouillen und der schweren Strafen kamen die Soldaten immer noch hierher. Es war, als ob sie in Ermangelung eines Schlachtfelds einen anderen Nervenkitzel brauchten.

Hesse parkte seinen Wagen in den Ruinen von dem, was einstmals das Victoria-Palace-Varieté gewesen war. Seine Eltern hatten Douglas öfters dorthin mitgenommen, als er noch ein Kind war. Jetzt wucherten hohes Unkraut und Blumen aus dem Orchesterraum. Er wartete, bis Hesse aus dem Schatten der Ruinen wieder auftauchte. Er überquerte die Straße, ging erst zum Vorhof des Viktoria-Bahnhofs, wo von Fahnen umwehte gigantische Bilder von Hitler und Stalin hingen. Douglas blieb stehen, wo er war, während eine Feldgendarmeriepatrouille die Victoria Street entlangschlenderte. Ihr Führer nahm keine Notiz von Hesse. Sein langer Zivilmantel mit dem Pelzkragen, der weiche Filzhut mit der heruntergebogenen Krempe, die schwarzen Lederhandschuhe und seine entschlossenen großen Schritte kennzeichneten ihn von weitem als deutschen Offizier.

Douglas hielt hinter ihm ein gutes Stück Abstand, als er die Vauxhall Bridge Road einschlug, beleuchtet von den grellen Schildern der Absteigen und Hotels sowie den Lichtern einer die ganze Nacht geöffneten Kaffeestube. Ein Mann in einem Tweedmantel erschien in einem Torbogen, torkelte in Richtung auf den Hauptmann, kam aber dann zu dem Schluß, daß er nicht der Typ für pornographische Fotos war, und steckte den Umschlag, den er in der Hand gehalten hatte, zurück in seine Tasche. Hesse beschleunigte seinen Schritt und schlug den Pelzkragen hoch, als wollte er sein Gesicht verbergen.

Er mußte schon öfters hier gewesen sein. Douglas zweifelte nicht daran, denn der Hauptmann sah weder nach rechts noch nach links, sondern betrat durch einen schmalen Eingang ein Haus. *Hotel Lübeck* stand auf einem primitiv gemalten Schild zu lesen. Die Fußbodenbretter im Flur quietschten, als Douglas ihm in das Innere folgte. Das ganze Haus machte einen verwahrlosten Eindruck. Der Hauptmann sah sich nicht um, als er die Treppe hinaufging. Seine Hand langte nach dem Lichtschalter und fand ihn unfehlbar trotz der Dunkelheit. Eine andere schwache Birne ging auf dem Treppenabsatz des ersten Stocks über ihnen an. »Alles in Ordnung, Sportsmann? Was können wir für Sie tun?« Ein bleichgesichtiger Mann in einem engen Regenmantel trat aus der Düsternis hervor und stellte sich Douglas in den Weg.

»Ich gehe nach oben«, erklärte Douglas sanft.

»Alles privat hier«, sagte der Mann. »Privathotel — alle Zimmer bereits besetzt — nur Gäste und Personal haben hier Zutritt.«

Er legte Douglas die Hand flach auf die Brust. Trotz seines guten Rufes, ein Polizist mit Takt und Geduld zu sein, fühlte Douglas sich stark versucht, diesen Mann niederzuschlagen. Aber er unterließ es.

»Ein deutscher Offizier ist soeben nach oben gegangen«, sagte Douglas.

»Das weiß ich sehr wohl, mein Freund«, sagte der Mann im Regenmantel geschraubt. »Aber zu meinem Bedauern müssen Sie draußen bleiben.«

»Ich bin der Fahrer des Hauptmanns«, erklärte Douglas. »Er hat vergessen, mir zu sagen, um welche Zeit er abgeholt werden möchte.«

Der verschlagene Blick des Mannes im Regenmantel musterte Douglas' Kleidung und schweifte dann zurück zu seinem bekümmerten Gesicht. »Sie sind sein Fahrer?« fragte er zweifelnd.

»Ja«, erwiderte Douglas.

»Machen Sie rasch«, sagte der Mann widerwillig. Douglas ging an ihm vorbei und in den ersten Stock hinauf, gerade noch rechtzeitig, um die Schritte des Hauptmanns im zweiten Stock zu hören. Wieder ging eine schwache Lampe an.

Als der Hauptmann den Treppenabsatz zum dritten Stock erreicht hatte, öffnete sich plötzlich eine Tür und ein Soldat kam heraus. Er war ein riesiger Mann, sein Gesicht war gerötet vom vielen Trinken, die Feldmütze saß schief auf dem Kopf. Er knöpfte seinen Hosenlatz zu und sang »Ich hatt' einen Kameraden«. Als er Hauptmann Hesse erblickte, der die Treppe heraufkam, straffte er ein wenig seine Haltung und knöpfte seinen Uniformrock zu. Hesse versuchte, an ihm vorbeizugehen. Aber der Soldat streckte den Arm aus, um ihm den Weg zu versperren. Gutmütig wie viele großgewachsene Menschen und familiär in seiner Trunkenheit sagte er: »Sie sehen wie ein guter Mensch aus, Herr Hauptmann.« Vermutlich hatte Hesse beim Treppensteigen den Zivilmantel geöffnet, so daß der Soldat die Rangabzeichen sehen konnte. Der Soldat hielt sich am Treppengeländer fest. »Habe ich recht mit der Annahme, daß Sie nach oben gehen?« Hesse versuchte, an ihm vorbeizukommen, konnte es aber nicht.

»Gratuliere! Offiziersmädchen im obersten Stockwerk, nicht wahr? Jetzt weiß ich, warum sie uns verdammte Landser nicht da hinaufgehen lassen.«

»Bitte, lassen Sie mich vorbeigehen«, sagte Hesse.

»Ich wurde in Dover verwundet, Herr Hauptmann«, sagte der Soldat stolz. »Kam mit der ersten Welle an Land. Schauen Sie!« Er tätschelte die England-Medaille auf seiner linken Brust. »Sie werden nicht viele davon sehen. Nur die Männer der ersten Welle haben sie in Gold verliehen bekommen. Und es gibt nicht viele von uns, die übriggeblieben sind, Herr Hauptmann.«

»Lassen Sie mich vorbeigehen«, wiederholte Hesse. Seine Stimme war jetzt ungeduldiger.

»Wollen Sie die verdammte Feldgendarmerie rufen?« sagte der Betrunkene. »Wozu? Hier sind wir alle gleich.« Er klopfte Hesse auf die Brust. »Weil wir hier alle Sünder sind. Hab' ich recht, Herr Hauptmann, hab' ich recht?«

Hesse schob den Mann freundlich beiseite, drückte sich an ihm vorbei und stieg weiter die Treppe hinauf.

Der Soldat sah ihm nach. »Alles Sünder hier, Herr Hauptmann. Hab' ich recht?« rief er nochmals. Da er keine Antwort bekam, packte er das Geländer und machte sich vorsichtig auf den Weg nach unten. Er rülpste, und dann brüllte er plötzlich sehr laut sein Lied: »Ich hatt' einen Kameraden ...«

Douglas schmiegte sich in den Schatten, als der Mann auf gleicher Höhe mit ihm war. Der automatische Zeitschalter knackte leise, und der Treppenabsatz war in völliges Dunkel gehüllt. Der Gesang des Mannes endete abrupt. »Nicht viele von der ersten Welle sind übriggeblieben, Herr Hauptmann«, sagte er ruhig und traurig, als er seinen Weg nach unten fortsetzte, von der Erinnerung ernüchtert.

Douglas eilte die Treppe hinauf, gerade noch rechtzeitig, um Hauptmann Hesse an einer Türklingel im obersten Stock läuten zu hören. Zweimal kurz und zweimal lang. Nach einer langen Weile hörte Douglas, wie eine Tür sich öffnete. Der Hauptmann wurde ohne ein Wort des Grußes eingelassen. Douglas sah den Strahl gelben Lichts und hörte, wie sich Hesse die Stiefel an der Türmatte abputzte. Dann schloß sich die Tür.

Douglas stieg nun vollends die Treppe hinauf. Die Tür, durch die Hesse gegangen war, sah alt und verrottet aus wie das ganze Haus und war lieblos blau lackiert. Im trüben Licht sah Douglas ein Messingschild mit der Nummer 4a.

Nun knackte auch noch der Zeitschalter im obersten Stock, und das ganze Stiegenhaus war in Dunkel gehüllt. Douglas lauschte. Er konnte Musik hören. Judy Garland sang ›When you wish upon a star‹, aber es schien aus einem anderen Stockwerk zu kommen. Douglas tastete nach dem Klingelknopf und wiederholte das Signal, das Hesse gegeben hatte. Er hatte das Gefühl, daß er von jemand Unsichtbaren genau beobachtet wurde. Dann glitten die Riegel zurück, und die Tür öffnete sich langsam. Douglas wußte nicht, was ihn erwartete. Der Mann, der an die Türe gekommen war, trug einen deutschen Offiziersmantel aus grauem Leder, und seine rechte Hand hielt er in die Manteltasche gesteckt.

Douglas blinzelte geblendet in das Licht, das von der nackten Birne in der Diele kam. »Ich möchte Hauptmann Hesse sprechen«, sagte er.

»Superintendent Archer! Kommen Sie herein!«

Der Mann war Oberst Mayhew. Er biß sich in die Lippe: eine bei ihm seltene Geste der Besorgnis. »Wie, zum Teufel, haben Sie hierher gefunden?«

Es war eine verwahrloste Wohnung: Drei Zimmer und eine Küche. Die übliche Hurenhauseinrichtung. Drei Mädchen, die arbeiteten, und eine alte Frau, welche die Tür für die Kunden öffnete, nach ihrem Besuch saubermachte, endlos Tee zubereitete sowie als stets anwesende Zeugin diente, für den Fall, daß ein verrückter Narr seine Geißelung zu ernst nahm.

Wenigstens war das bis vor kurzem der Lauf der Dinge gewesen. Jetzt waren die Betten zerlegt und an die Wand gelehnt, das angeschlagene Emailbidet war hinter dem Aktenschrank verstaut worden. In Schachteln gestapelte Aktenordner lagen auf dem Ausgußbecken.

Von der ursprünglichen Möblierung blieben nur die Vorhänge — Hurenhäuser haben immer solide Vorhänge.

Hauptmann Hesse stand neben dem elektrischen Ofen. Er trug noch immer seinen schweren Mantel mit dem Pelzkragen und seine Handschuhe. Er bewegte den Kopf nur ein bißchen, um Douglas zu sehen, aber er drehte sich nicht herum, um ihm das Gesicht zuzuwenden. Statt dessen fröstelte er und trat näher an den Ofen.

»Es geht in Ordnung, Hans«, sagte Mayhew zu ihm. »Er gehört zu uns.«

Hesse nickte, als ob dies sein Schicksal nur hinausschieben würde.

»Was hat Sie hergeführt?« fragte Mayhew mit ausdrucksloser Stimme.

»Hauptmann Hesse hat mich geführt«, erwiderte Douglas. »Ich bin ihm von seinem Camp in Wittenham gefolgt.«

»Er hat mich angerufen«, sagte Mayhew. »Ich weiß alles.«

»Und?«

»Früher oder später hätte man es Ihnen gesagt«, sagte Mayhew.

Die Türe zum Nebenzimmer ging auf. Ein Mann in der Uniform eines Majors der Feldgendarmerie sagte: »Kommen Sie jetzt herein.«

Hesse stand stramm, schlug die Hacken zusammen und folgte dem Major, der die Tür hinter ihnen schloß.

Mit Oberst Mayhew allein, ging Douglas zum Ofen und wärmte seine Hände. Mayhew hatte genug Zeit zu entscheiden, was er sagen sollte. »Dies sind alles Leute von der Abwehr«, erklärte Mayhew schließlich. »Wir verhandeln seit zwei Monaten mit ihnen.«

»Verhandeln?«

»Sie wollen uns helfen, den König zu befreien«, sagte Mayhew. »Die Wehrmacht hat das Gefühl, daß durch die gegenwärtige Situation ihre Ehre in Zweifel gezogen wird. Sie war immer der Ansicht, daß der König von Einheiten der Wehrmacht und nicht von der SS bewacht werden sollte.«

»Das scheint mir unerheblich«, meinte Douglas zweifelnd.

»Nun, für *sie* ist es nicht unerheblich«, sagte Mayhew. »Das Oberkommando in Berlin hat die Abwehr insgeheim ermächtigt, bei der Flucht Beistand zu leisten. Sie wird das ganze Unternehmen in Szene setzen, vorausgesetzt, daß wir später mithelfen, die Sache zu vertuschen.«

Douglas starrte Mayhew an und versuchte zu ergründen, was im Innern dieses schwer zu durchschauenden Mannes vor sich ging.

»Sie sagen mir nicht die ganze Wahrheit, Oberst«, sagte er.

Mayhew spitzte die Lippen, als ob er in eine besonders sauere Zitrone beißen müßte. »Die Deutschen haben das Bringle-Sands-Forschungsinstitut in Devon übernommen. Sie hoffen, daß es ihnen gelingt, eine Atombombe herzustellen. Dort hat Dr. Spode die schweren Strahlungsschäden erlitten. Spode hat einige der grundlegendsten Arbeiten gestohlen, Jahre und Jahre mathematischer Berechnungen.«

»Die Papiere, die in der Wohnung in Shepherd Market verbrannt wurden?«

»Ja. Sein jüngerer Bruder John überredete ihn, daß er die

Deutschen daran hindern müßte, eine solche Waffe zu bekommen.« Mayhew streckte die Hände aus und suchte die Wärme des Ofens.

»Huth versucht, die verkohlten Überreste zusammenzusetzen. Aber das ist wohl aussichtslos.«

»Einige Deutsche glauben, daß das ganze Projekt reine Geldverschwendung sei. Andere, einschließlich Huth und Springer, sind der Ansicht, daß, wenn dieses phantastische Experiment Früchte trägt, es die militärische Beherrschung der ganzen Welt bedeuten könnte. Und die Männer — oder die Organisation, die mit einer solchen Aufgabe betraut ist — würden innerhalb des Systems gewaltig an Macht gewinnen.«

Mayhew rieb energisch seine Hände. Bei ihm wirkte das wie eine nervöse Verschrobenheit, und er lächelte Douglas an, als ob er eine geheime Besorgnis zugeben wolle, über die er nicht sprechen könne.

»Aber wenn die Papiere vernichtet sind, wird dann die Wehrmacht den Plan ausführen, dem König zur Flucht zu verhelfen?«

Mayhew faßte Douglas am Arm und hielt ihn mit einem schmerzhaften Griff fest.

»Wir können ganz sicher sein, daß es ein Duplikat jener Pläne gibt, Superintendent. Dr. William Spode war viel zu vorsichtig, um ein Lebenswerk seiner Aktentasche anzuvertrauen, ohne Vorsichtsmaßregeln zu ergreifen.«

»Sie glauben das?«

Mayhew blickte über seine Schulter auf die Tür, durch die Hesse gegangen war. »Wir beide glauben es, Archer«, sagte er im Verschwörerton. »Wenn man die Hoffnung aufgibt, diese Papiere wiederzuerlangen, dann gibt es wenig Aussicht, den König jemals lebendig wiederzusehen.«

Kaum hatte Mayhew das gesagt, als die Tür wieder aufging. Der Major sagte: »Der General möchte Sie beide jetzt sehen.«

Das anschließende Zimmer war gründlich geschrubbt und saubergemacht worden, aber die fleckige alte Blumentapete, die verzogenen Fußbodenbretter und nackten elektrischen Birnen schufen eine Atmosphäre bitterer Armut. In der Mitte des

Zimmers standen ein halbes Dutzend harter Stühle um einen polierten Tisch angeordnet. Auf seiner zerkratzten Platte lagen vier Schreibblöcke, ein Marmeladentopf, der gespitzte Bleistifte enthielt, und einige zusammengerollte Landkarten.

Der Major, der die beiden hereingeholt hatte, nahm seinen Platz an dem Tisch wieder ein. Neben ihm saßen zwei Hauptleute von der Infanterie und ein großer, älterer, weißhaariger Mann in einem grauen gestreiften Zivilanzug. Seine goldgefaßte Brille und sein hübscher Schnurrbart paßten gut zu dem steifen Kragen und der goldenen Krawattennadel. Douglas erkannte in ihm Generalmajor Georg von Ruff, dessen Sondereinheiten die Hafenanlagen von Portsmouth besetzt und gesichert hatten, bevor die Sprengkommandos der Royal Navy sie zerstören konnten. Dafür hatte er das Ritterkreuz bekommen. Er rauchte seine Zigarette in einer Elfenbeinspitze und spielte mit einem Zigarettenetui auf dem Tisch vor ihm.

Hauptmann Hesse, der noch immer seinen Mantel anhatte, saß abseits von den anderen. »So ist also auch der jüngere Spode tot?« sagte der Major von der Feldgendarmerie. Er war ein Mann in mittleren Jahren, mit Hornbrille und einer Gewohnheit, mit dem Ende seines Bleistifts auf die Tischplatte zu klopfen.

»So ist es«, sagte Mayhew. Er stand aufrecht da wie vor Gericht. Jedem im Zimmer schien General von Ruff Ehrfurcht einzuflößen. Jedem außer Douglas Archer.

»Und Ihr Polizeibeamter ist Hauptmann Hesse hierher nachgegangen?«

»Ja, ich bin ihm hierher nachgegangen«, erwiderte Douglas, der die Art und Weise übelnahm, wie man seine Anwesenheit unbeachtet ließ.

»Mit Ihnen rede ich später«, sagte der Major.

Douglas machte einen Schritt nach vorn, rückte sich einen Stuhl zurecht und nahm unaufgefordert Platz. »Jetzt hören Sie mir einmal zu, Major«, sagte Douglas ruhig. »Und sagen Sie Ihrem General, er solle auch zuhören, denn er sieht ganz so aus, als sei er stumm. Ich beabsichtige nicht, hier sitzen zu bleiben, während Sie sich über mich unterhalten. Wenn Sie meine Mitarbeit wünschen, müssen Sie mich schon darum bitten, denn ich bin nicht leicht zufriedenzustellen.«

Der General wandte steif den Kopf und blickte Douglas an, ohne seinen leeren Gesichtsausdruck zu verändern. Dann zündete er sich eine neue Zigarette an dem Stummel der vorhergehenden an.

Der Major klopfte mit seinem Bleistift, um die Aufmerksamkeit auf sich zu lenken, und sagte ruhig: »Sie haben ein unverschämtes Betragen, aber das wird Ihnen nichts helfen. Sie verkennen Ihre Lage ...«

Douglas langte über den Tisch, weit genug, um mit seiner Fingerspitze auf die Hand des Majors zu tippen. Der Major zuckte zurück. »Nein«, sagte Douglas, »offenbar verkennen *Sie Ihre* Lage. Ich bin Polizeibeamter, der einen Mord untersucht. Ich habe Grund zu glauben, daß Hauptmann Hesse in den Fall verwickelt ist, und ich folgte ihm hierher nach, um ihn zu befragen.« Er blickte auf die Deutschen, auf einen nach dem andern. »Und ich finde ihn hier vor unter Umständen, die ich nur als äußerst ungewöhnlich bezeichnen kann. Wenn es hier etwas zu erklären gibt — dann werden *Sie* das tun.«

»Sie treiben ein gefährliches Spiel, Superintendent«, sagte der Major.

»Nicht annähernd so gefährlich wie das, welches Sie treiben«, erwiderte Douglas. Er fühlte sich beunruhigt, trotz seines anmaßenden Auftretens, und es kam ihm zum Bewußtsein, daß seine Stimme durch die nervöse Straffung seiner Stimmbänder höher klang. »Bilden Sie sich wirklich ein, daß Ihre obersten Dienststellen Sie decken werden, wenn ich einen Bericht über den Tod des jungen Spode heute nachmittag vorlege?«

»Noch sind Sie nicht hier draußen«, sagte der Major. Der General kniff die Augen zusammen, als ob er über die grobe Drohung schmerzlich berührt sei.

»Mein Wagen ist mit einem Funkgerät ausgestattet«, erklärte Douglas. »Ich würde nicht spät in der Nacht in einen so berüchtigten Bezirk wie diesen gehen, ohne Vorsichtsmaßregeln zu ergreifen.«

»Was haben Sie gesagt?«

»Nichts, was besser unerwähnt bliebe«, sagte Douglas. Ein langes Schweigen trat ein. Douglas ballte seine Fäuste und fühlte den Schweiß auf seinen Handflächen. Mayhew hatte während des ganzen Wortwechsels geschwiegen, bereit, sich für die eine oder andere Seite zu entscheiden.

General von Ruff lehnte sich vermittelnd vor. Seine Stimme war belegt wie die eines starken Rauchers. »Können Sie uns behilflich sein, Dr. Spodes Berechnungen wiederzuerlangen, Superintendent?«

»Ich glaube, daß ich das kann, General.«

»Wir brauchen Sicherheiten«, sagte der Major und klopfte mit dem Bleistift auf den Tisch.

»Natürlich«, sagte Douglas.

»Hauptmann Hesse darf in Ihrem Bericht an Ihre örtlichen Behörden nicht erwähnt werden.«

»Er wird als Zeuge den Tod von Spode beurkunden. Ich kann es nicht ändern.«

Der General hob langsam seinen Blick zu Mayhew, in dessen Gesicht ein starres Lächeln stand. Douglas ahnte, daß Oberst Mayhew ebenso verstört war wie er.

»Ich muß wissen, wie Sie über Seine Majestät verfügen werden«, sagte der General. Seine Stimme enthüllte eine tiefe Verehrung für den gefangenen Monarchen. »Unsere Ehre verlangt, daß seine Sicherheit gewährleistet wird.«

»Wir werden ihn von einem der alten, unbenützten Flugplätze ausfliegen, General«, sagte Mayhew. »Ihre Offiziere werden uns beraten, welchen wir wählen sollen.«

»Sie werden auch mitkommen?«

»Ich habe bis jetzt noch keinen Befehl dazu erhalten, General.«

Es war diese Art Antwort, die der General verstand und durchaus billigte. Er blickte auf Douglas, in der Hoffnung, daß er bei ihm vielleicht etwas von der gleichen Bereitwilligkeit, Befehle entgegenzunehmen, sehen würde, doch das war nicht der Fall. Douglas zog ein Taschentuch heraus und putzte sich die Nase. Der General blickte zur Seite und blies einen Rauchring in die Luft. »Das war alles«, erklärte er. Er entließ alle Anwesenden mit einem Kopfnicken und stand auf. Die deutschen Offiziere nahmen Haltung an, während ihr Vorgesetzter gute Nacht sagte. Dann half ihm einer der Hauptleute in seinen Mantel. Douglas blieb sitzen, und der General blickte nicht in seine Richtung, als er wortlos fortging. Erst als er gegangen war, entspannte sich sein Stab ein wenig. Der Major lockerte seinen Kragen und seufzte tief vor Erleichterung. Er nahm kein weiteres Interesse mehr an Douglas.

Erst als Mayhew zu Douglas ins Auto stieg, machte er seinem Herzen Luft. »Sie sind ein verrückter Kerl, Archer. Alle diese Jahre, seitdem ich Sie kenne, hätte ich nie vermutet, daß Sie so Ihren Verstand verlieren können, wie das heute abend der Fall war.«

Es gab nichts in Mayhews Stimme, was auf eine widerwillige Bewunderung hätte schließen lassen.

»Wirklich?« Douglas machte sich nichts aus Mayhews Meinung. Douglas Archer hatte einmal seine anderen Seiten gezeigt — und er genoß es.

»General von Ruff ist der oberste Abwehroffizier in Großbritannien. Ist Ihnen klar, was das bedeutet?«

»Es ist mir gleichgültig, was das bedeutet. Ich hatte es satt, von diesen Deutschen herumgestoßen zu werden.«

»Sehr eindrucksvoll«, sagte Mayhew in einem Ton, der mehr einen Vorwurf als Respekt vermuten ließ. »Und wie soll ich den ganzen Schmutz wegräumen?«

»Schmutz?«

»Diese Burschen glauben jetzt, daß Sie die Durchschriften der verbrannten Unterlagen schon sichergestellt haben. Aber das wird uns nicht viel mehr als eine Atempause verschaffen. Schon bald werden sie ein paar Seiten haben wollen, als Muster. Was, zum Teufel, soll ich dann tun?«

»Wohnen Sie noch in der Upper Brook Street?« fragte Douglas.

»Ja«, sagte Mayhew.

»Ein Flugzeug«, meinte Douglas, »das von einem nicht mehr benützten Flugplatz aufsteigt. War das nur für die Deutschen bestimmt, oder glauben Sie wirklich, daß das der beste Weg ist, den König aus dem Land zu bringen?«

»Wissen Sie einen besseren?«

»Wenn das wahr ist, was Sie mir über Franklin Roosevelt erzählt haben, dann brauchen Sie den König nur bis zur US-Botschaft zu bringen. Sie könnten ihn als diplomatische Post in eine Lattenkiste verpacken. Ich habe schon Eisenbahncontainer gesehen, die als Diplomatengepäck versiegelt waren.«

»Ein guter Einfall«, meinte Mayhew in gönnerhaftem Ton. »Aber der US-Botschafter am Hof von St. James heißt Mr. Joseph Kennedy. Muß ich Sie daran erinnern, was er bei der Versammlung deutscher Fabrikanten letzte Woche gesagt hat? Kein Freund Englands in dieser Angelegenheit.«

Douglas brummte etwas vor sich hin.

»Sie sind ein politisches Unschuldslamm, Archer. Können Sie sich vorstellen, was mit Roosevelt politisch geschehen würde bei der Nachricht, daß er dem König geholfen habe, aus England zu entkommen?«

»Dann eben gefälschte Grenzübertrittsdokumente«, schlug Douglas vor.

»Noch schlimmer«, sagte Mayhew. »Die ›Flucht der Königsfamilie‹, ein häßliches Kapitel in jedem Geschichtsbuch, das je geschrieben wird. Möchten Sie, daß unsere Kinder lernen, wir hätten unseren König nur außer Landes bringen können, indem wir die Unterschrift eines Ausländers gefälscht haben?« Er schüttelte den Kopf, um den Gedanken abzutun. »Und aus demselben Grund können wir Seine Majestät auch nicht der Lächerlichkeit preisgeben, sich als Zimmermädchen zu verkleiden oder sonst einen Unfug zu treiben.«

»Besser, wenn in den Geschichtsbüchern steht, er sei tapfer gestorben?«

»Werden Sie nicht geschmacklos, Archer«, sagte Mayhew ruhig, aber mit Schärfe. »Verraten Sie mir lieber, wie ich mit Ihrer Märchengeschichte fertigwerden soll . . . was soll ich den Leuten über die Berechnungen erzählen?«

Douglas trat auf das Gaspedal und ließ den ›Railton‹ zeigen, was er hergab, als er die Park Lane hinauf in nördlicher Richtung brauste, vorbei an den Ruinen des zerbombten Hotels *Dorchester*. Sie waren bereits vor Oberst Mayhews elegantem Londoner Haus angelangt, als Douglas antwortete. »Machen Sie sich keinen Kummer, Oberst«, sagte er, als Mayhew ausstieg. »Ich *habe* die Unterlagen. Es ist nur eine Frage der Entscheidung, ob man sie Ihren deutschen Kumpanen aushändigen soll.«

»Wo?« fragte Mayhew, unfähig, Überraschung und Neugierde zu verbergen, was er unter anderen Umständen für vulgär gehalten hätte. »Wo sind die Berechnungen?«

Douglas beugte sich hinüber, um die Wagentür zu schließen. »In meiner Westentasche«, sagte er, lächelte und fuhr los. Im Rückspiegel sah er Mayhew, der ihm erstaunt nachstarrte. Douglas war kindisch vergnügt. Er lachte laut.

23. KAPITEL

Am nächsten Morgen merkten die beiden Jungen eine Veränderung an Douglas Archers Stimmung, obschon sie sich nicht im klaren waren, wie weitgehend und dauernd diese Veränderung war. Douglas hatte die Depression abgeschüttelt, die so schwer auf ihm gelastet hatte, seitdem die Deutschen gekommen waren. Er hatte sich schwere Sorgen gemacht und versucht, seine Stellung als Polizist der unterdrückenden mörderischen Maschinerie der Naziverwaltung anzupassen. Jetzt wußte er, was er zu tun haben würde. Und er fühlte sich glücklich in einer Weise, wie er es seit dem Tod seiner Frau nie wieder gewesen war.

Beim Frühstück reagierten die beiden Jungen fröhlich auf Douglas' Witze und Neckereien, und Mrs. Sheenan erinnerte sich an einen dummen Reim über Dudelsackpfeifer. Zu den Pfannkuchen — der übliche Weg, den Rest der Eierration zu strecken — rückte sie mit einem kleinen Topf hausgemachten Honigs heraus, der von ihrer Kusine auf dem Land stammte. Schon war es ein denkwürdiger Tag.

Douglas machte sich auf den Weg nach Soho. Sein erster Besuch galt der Moor Street. Peter Piper hatte hier einmal ein prachtvolles, mit Teppichen belegtes Büro gehabt, einige Häuserblocks westlich, in einem georgianisch-stattlichen Wohnhaus in Mayfair. In jenen Tagen war ›Pip‹ ein hervorragender junger Regisseur in der britischen Filmindustrie.

Vielleicht hätte ein ahnungsloser Tourist äußerlich keinen großen Unterschied zwischen diesen aus schwarzen Ziegeln gebauten und mit Terrassen versehenen Häusern und ihren Gegenstücken in Mayfair entdecken können. Aber einmal im Innern des Hauses, sah man die Unterschiede, die einen Bauunternehmer reich gemacht hatten, ganz deutlich. Im Treppenhaus gab es nur ein einzige schmutzige kleine Wasserleitung für jedes Stockwerk, und die ›sanitären Anlagen‹ bestanden aus einem Wasserklosett im winzigen Hinterhof.

Jetzt schlief Pip auf einem Feldbett in seiner Dunkelkammer im obersten Stockwerk dieses engen Hauses. Auf der anderen Seite des Treppenabsatzes war ein zweites Zimmer, das als Büro, Empfangsraum und Studio diente. An den Wänden hingen dort Dutzende von Standfotos aus besseren Zeiten. Einige waren bereits zu Boden gefallen und lagen dort eng zusammengeringelt, als schämten sie sich.

Eine Stimme rief: »Ich arbeite in der Dunkelkammer. Wer ist es?«

»Doug Archer.« Douglas hörte das Platschen von Wasser und vermutete, daß Pip sich rasch das Gesicht wusch, nachdem ihn das Klingeln an der Außentür geweckt hatte. Douglas betrachtete all die schmeichelhaften Filmstar-Porträts, während er wartete, daß der Fotograf herauskam. In der Zwischenzeit tändelte er in der Tasche mit dem Ellbogengelenk, das er in Shepherd Market gefunden hatte. Und, wie er am Abend zuvor entdeckt hatte, nachdem er den Wagen außer Sichtweite von Oberst Mayhew anhielt: die Röhre im Innern war eine Art Behälter! Er hatte mit dem Finger das Innere untersucht, und eine Filmkassette für 36 Aufnahmen gefunden.

»Doug! — Tut mir leid, daß ich dich habe warten lassen, alter Knabe.«

Es gab nicht viele Leute in Soho, die Douglas mit dem Vornamen nannten, aber diese zwei Männer hatten einander gekannt, als Pip noch einen Rolls-Royce hatte, die schönsten Abendgesellschaften in London veranstaltete und in der Lage war, seinen Freunden — einschließlich Douglas — Eintrittskarten für sündteure Film-Galavorstellungen zu schenken.

»Kannst du mir diesen Film entwickeln, Pip?«

»Streikt deine Dunkelkammer im Yard, alter Knabe?«

»So ungefähr«, sagte Douglas.

Im Bewußtsein, daß er eine unwillkommene Frage gestellt hatte, beeilte sich Pip, seinen Fauxpas wiedergutzumachen. »Bleib doch zu einer Tasse Tee und einem getoasteten Korinthenbrötchen da.« Aus der Wohnung nebenan dröhnte Jazzmusik und ließ die Wände erzittern.

»Vielleicht, wenn ich es abhole, Pip.«

»Fein! Nachmittag um etwa halb fünf ist alles fertig. Irgendwelche besonderen Instruktionen? Stark — oder schwach entwickeln? Fein gekörnter Entwickler? In Streifen geschnitten zu je fünf oder sechs Bildern?«

»Die einzigen besonderen Instruktionen sind nur, daß du den Mund darüber halten sollst.«

Pip nickte. Er war ein netter kleiner Mann. Sein Anzug war viel zu eng für ihn, und auch das Hemd schnürte seinen Hals ein, weswegen er häufig mit dem Finger unter den Kragen fuhr, um ihn zu lockern. Sein Haar war dunkel gefärbt, wie es häufig Männer in mittleren Jahren tun, die eine Arbeit suchen und jünger aussehen wollen. Das parfümierte Haaröl verdrängte nicht ganz den Geruch der Chemikalien in seinen Kleidern und seinen vom Whisky schweren Atem.

»Schweigen ist Gold, alter Junge«, sagte Pip. »Und wenn dein Freund Harry Woods käme, um sich fotografieren zu lassen, würde ich nicht erwähnen, daß du hier warst.«

Pip ließ ein tiefes kurzes Lachen hören. Der Gedanke, daß Harry Woods sich fotografieren lassen könnte, klang wie ein ausgezeichneter Witz.

»Du hast es richtig erfaßt«, sagte Douglas.

»Ich war ein Spion«, sagte Pip.

»Wie?« fragte Douglas bestürzt.

»Das Foto, das du anschaust ... das ist Conrad Veidt in dem Film ›Ich war ein Spion‹. Eine hinreißende Produktion war das. Von den Gaumont-British-Studios in Lime Grove verfilmt ... oder, warte mal, waren es die Gainsborough-Studios in Islington? Ich sag' dir, Doug, mein Gedächtnis läßt nach.«

Die Jazzmusik von nebenan erschütterte das ganze Haus. Douglas meinte: »Ich frage mich, wie du bei Verstand bleiben kannst bei diesem Lärm den ganzen Tag.«

»Leben und leben lassen«, meinte Pip. Er fingerte an seiner Krawatte und glättete seine Haare mit der nervösen Manieriertheit eines Mannes, der wüßte, daß man ihn für einen notorischen Trinker hielt, und diesen Ruf zerstreuen wollte. »Möchtest du, daß ich Abzüge mache?«

»Nein, nur den Film entwickeln.«

»Es tut mir leid, was ich über deine Frau gehört habe, Doug.«

»Sie war nicht die einzige, Pip. Und wenigstens ist der Junge verschont geblieben.«

»So muß man es ansehen«, meinte Pip. »Bist du sicher, daß du nicht doch eine Tasse Tee haben willst? Es dauert keine Minute, und ich habe diesen Monat noch ein bißchen Extra-Tee.«

Douglas sah auf seine Uhr. »Nein, ich mache mich jetzt besser auf den Weg. Um halb elf muß ich in Highgate sein.«

»Zu diesem deutsch-sowjetischen Freundschaftsklimbim?«

»Ich konnte mich nicht ausschließen«, sagte Douglas entschuldigend.

»Nun, wenigstens wissen wir jetzt, wie wir dran sind«, sagte Pip. »Rote Bastarde und Nazibastarde, das kommt auf eins raus.«

»Da gibt es keinen Zweifel«, stimmte Douglas zu.

»Sie bringen die sterblichen Überreste von Karl Marx nach Moskau, nicht wahr? Nun, man ist froh, wenn man ihn los ist, finde ich.«

Douglas berührte den Arm seines Freundes. Es war eine Geste der Freundschaft, und doch war es auch eine Warnung, seine Zunge zu hüten. In diesem Augenblick hörten sie Schritte auf der Treppe. Die Tür ging auf, und ein deutscher Soldat trat ein. In schlechtem Englisch bat er, ein Foto von ihm aufzunehmen. »Setzen Sie sich nur eben dorthin«, sagte Pip. Er schaltete die hellen Scheinwerfer ein, und Douglas blinzelte, um durch ihr grelles Licht zu sehen.

»Nehmen Sie die Schulter ein klein wenig zurück«, sagte Pip. Der Soldat drehte sich auf dem Stuhl, so daß die nagelneuen Rangabzeichen des Stabsgefreiten auf seinem Ärmel für die Kamera deutlich sichtbar wurden.

Es war der Geruch der Scheinwerfer, der etwas in Douglas' Gedanken auslöste. Ja, natürlich, die elektrische Birne war aus der verstellbaren Lampe in der Wohnung in Shepherd Market entfernt worden. Der jüngere Bruder mußte eine Fotolampe eingeschraubt haben, als er die mathematischen Berechnungen, die er später im Kamin verbrannte, fotografierte. Jetzt war Douglas seiner Sache sicher. »Seh' dich später, Pip«, sagte Douglas.

Pip kam unter dem schwarzen Tuch hervor, die Haare in Unordnung. »Ich freue mich auf dein Kommen, Douglas.« Er wandte sich seinem Kunden zu. »Nun schauen Sie auf das Foto dort an der Wand, ja, so, und heben Sie Ihr Kinn ein wenig hoch.«

24. KAPITEL

Der Friedhof in Highgate sieht aus wie in einem Film. Von rußgeschwärzten Bäumen und Büschen umwuchert, halb erstickt von Unkraut, sind seine schmalen Pfade von alten schiefen Grabsteinen gesäumt, halb versunken und moosüberwuchert. Niemandem war es bisher gelungen, dem Besucher den Eindruck zu nehmen, daß dies hier die geeignetste Szenerie für den neuesten ›Frankenstein‹-Film sein könnte.

Hier sollte die abschließende große Geste der deutsch-sowjetischen Freundschaftswoche stattfinden: die Exhumierung der sterblichen Überreste von Karl Marx aus einem Rasenstück im schäbigen Norden von London, während gleichzeitig auch in Berlin und Moskau große Feierlichkeiten vor sich gingen.

Nur die bedeutendsten Männer standen um das Grab, denn der Raum war zu beengt, sogar die Militärkapelle hatte man abseits unter den Bäumen aufstellen müssen. Außenminister von Ribbentrop, in prächtiger Uniform, unterhielt sich mit dem russischen Premier Molotow. Dr. Joseph Goebbels, für den diese ganze Woche ein propagandistischer Triumph gewesen war, kam herbei und unterhielt sich kurz mit den beiden Männern und zeigte ihnen den Marmorblock mit den politischen Symbolen der beiden Staaten, der nach der Feier das nunmehr leere Grab verschließen sollte.

Im Hintergrund stand eine deutsche Geschützlafette bereit, gezogen von ausgesucht schönen schwarzen Pferden, deren Reiter die unruhigen Tiere beschwichtigten. Auch der Kommandant der deutschen Ehrenkompanie verlor beinahe die Kontrolle über seinen herrlichen Braunen, als nun knatternd eine Motorradeskorte einschwenkte. Die letzten Ankömmlinge trafen ein: Der Premier der britischen Marionettenregierung, hinter ihm der neu ernannte deutsche Präsident der Bank von England und SS-Gruppenführer Professor Max Springer, der hier als Himmlers persönlicher Vertreter auftrat.

Sechs Sargträger — als Repräsentanten von Wehrmacht, Kriegsmarine, Luftwaffe, NSDAP, SS und SA — standen bereit, um die irdischen Überreste von Karl Marx auf der ersten Station ihrer Reise zum Roten Platz zu übernehmen. Im Lenin-Mausoleum sollten in der nächsten Woche, als Teil der Jahresfeiern zur Russischen Revolution, weitere Feierlichkeiten zur endgültigen Beisetzung stattfinden.

Douglas hatte keine sehr gute Sicht. Er stand in der Nähe von Kellermann an einer Böschung, ein wenig unterhalb von ihm. Die Kapelle spielte feierliche Weisen und Kellermann machte einige banale Bemerkungen. Douglas wandte den Kopf, um zu antworten, als die Druckwelle einer Explosion ihm wie ein gefütterter Handschuh ins Gesicht schlug. Als er aufblickte, sah er die Erde rund um das Grab erzittern und sich in einem riesigen Pilz erheben, der wie eine Flutwelle wieder in sich zusammenfiel, ihn zu Boden schleuderte und fast erstickte.

Als Douglas sich auf die Beine rappelte, sah er Kellermann

halb unter einem großen Grabstein begraben. Sein Mund bewegte sich, aber er brachte keinen Ton hervor. Zuerst war alles still, nicht einmal der Offizier schrie, der sich abmühte, um sich von den blutverschmierten Fetzen einer reich bestickten Standarte zu befreien, die er eben noch getragen hatte. Sein Arm war nur noch ein Stumpf. Das Blut schoß heraus, und der Mann torkelte wie ein Betrunkener, bis er zu Boden stürzte.

Nun aber begann ein so gewaltiger Lärm, daß es sogar in Douglas' von der Detonation betäubte Ohren drang. Es war eine einzige Wehklage voll Todesangst und Furcht, dazu die Hupen der Ambulanzwagen, die an den erschreckten Pferden des Trauerzugs vorbeizukommen trachteten. Das Araberpferd des Kommandanten der Ehrenkompanie scheute. Der Reiter hielt sich im Sattel, während das Pferd mit anmutigen Schritten über einige Grabsteine sprang und dann unter ein paar Bäumen stehenblieb und nach den sporenbewehrten Stiefeln seines Reiters schnappte.

Unweit davon versuchten Mitglieder der Musikkapelle tote und blutende Kameraden aus den Trümmern der zerbeulten Blasinstrumente und zerbrochenen Trommeln zu befreien. Leichen waren aus ihren alten Särgen herausgeschleudert worden und lagen über den grasbedeckten Grabhügeln, als folgten sie dem Fanfarenruf des Jüngsten Gerichts.

General Kellermann hatte unter dem stürzenden Grabstein nur eine Sehnenzerrung erlitten. Douglas half ihm auf die Füße und stützte ihn, bis zwei SS-Sanitäter ihren General zu einem Ambulanzwagen trugen. Mit bemerkenswerter Voraussicht hatte Kellermann auch einige Sanitätswagen und ein Ärzteteam des SS-Spitales bereitgehalten. Nun war er es selbst, der als erster verarztet wurde.

Selbstverständlich hatte man die besten Plätze in der Nähe des Grabes hohen Offizieren und Politikern angewiesen, und so war es auch zu erklären, daß es unter ihnen die meisten Opfer gab, ebenso wie unter der Ehrenkompanie, der Musikkapelle und dem Rotarmistenchor, welcher den neuen Text des Horst-Wessel-Liedes hätte singen sollen.

Ganz schrecklich hatte die Explosion unter den Filmleuten

einer Propagandakompanie gewütet, die auf der Dachplattform ihres schweren Spezialfahrzeugs ihr Gerät aufgebaut und gefilmt hatten. Die Bombe riß den schweren Wagen in Stücke und schleuderte die verstümmelten Körper der Leute des Filmteams bis hinüber in den nahen Waterloo Park. Und gerade ihr Unglück war es, das die Berühmtheiten vor weiterem Unheil bewahrte: Goebbels, Molotow und von Ribbentrop erlitten nur ganz leichte Verletzungen, da sich der Filmwagen im Augenblick der Explosion zwischen ihnen und der Bombe befunden hatte.

Standartenführer Huth hatte sich bezeichnenderweise einen Platz in der Nähe eines Ausgangs gesucht. Er hielt sich unweit des Swains-Lane-Tores auf, als die Bombe explodierte. Nach einer Aussage des Offiziers, der neben ihm stand, zuckte Huth nicht einmal zusammen, als der Krach ertönte. Harry Woods schmückte diese Geschichte noch aus, indem er berichtete, Huth habe etwa dreißig Sekunden *vor* der Explosion seine Finger in die Ohren gesteckt. Der Witz machte in Scotland Yard die Runde. Selbst Kellermann lachte, als er ihn hörte. Es war ein verleumderischer Witz und gefährlich dazu, aber beide, Huth und Kellermann, konnten kaum ihre Befriedigung über das Versagen der Sicherheitsvorkehrungen der Wehrmacht verbergen.

Die Wehrmacht hingegen reagierte rasch. Fünfzehn Minuten nach der Explosion tagte bereits eine Konferenz auf hoher Ebene in einem Bus, der während des Leichenzuges als rollende Verkehrszentrale hätte dienen sollen. Eine Untersuchung begann, die mit dem Rollen einiger Köpfe enden konnte — vielleicht im wörtlichen Sinn.

Huth blickte auf den großen Bus und die sorgenvollen Offiziere, die darin saßen und durch die vom Frost beschlagenen Glasfenster nur undeutlich zu sehen waren. Er lächelte Douglas zu und klopfte den Staub von seinen Ärmeln. Dann blickte er auf seine schmutzigen Hände herunter. »Gehen wir von hier fort«, sagte er mit offensichtlichem Abscheu. »Ich muß mir die sterblichen Überreste von Karl Marx aus meinem Haar waschen.«

Rund um sie herum verabreichten Ärzte und Sanitäter Aderpressen und blutstillende Mittel, hoben Verwundete auf Tragbahren und schlitzten Uniformen auf, um Wunden verbinden zu können. Es gab viel Stöhnen und Schmerzensschreie. Ein Admiral, der unweit von Douglas gestanden hatte, erhielt von einem deutschen Wehrmachtskaplan die Sterbesakramente.

»Die Bombe detonierte im Grab, sind Sie nicht auch dieser Ansicht?« erkundigte sich Huth bei Douglas.

»Darüber gibt es keinen Zweifel.«

»Wahrscheinlich ist es gestern abend dort passiert. Da haben sie den armen alten Karl aus seinem hübschen neuen Sarg herausgenommen und statt dessen Sprengstoff hineingestopft.« Huth rümpfte die Nase und schnitt eine Grimasse. »Sie können Gift darauf nehmen, daß die Armee keine Wachtposten hier aufgestellt hatte.« Er ging jetzt weiter zum Tor und drängte sich mit den Ellbogen durch die Menschenmenge.

Hinter dem Pförtnerhaus war Huths Lieblingsfahrzeug, das BMW-Motorrad mit Beiwagen, geparkt. Zweifellos hatte er es hier in der Hoffnung versteckt, sich von den Feierlichkeiten wegstehlen zu können, bevor sie zu Ende waren. Ein SS-Mann bewachte die Maschine. Jetzt wischte er mit seinem Ärmel den Staub vom Sattel, ehe Huth aufstieg.

Huths schwerer Schnupfen hatte sich durch den Staub, den die Explosion hochgeschleudert hatte, stark verschlimmert. Seine Augen tränten, und er schneuzte laut seine Nase. »Kennen Sie einen Mann namens George Mayhew?« fragte er Douglas.

»Oberst Mayhew? Jeder Polizist in London kennt ihn. Er war der beste Spieler, den das Polizei-Rugbyteam jemals gehabt hat.«

Huth starrte Douglas an, als vermute er, daß dies nur eine ausweichende Antwort war. »Und hat jeder Polizist in London ihn während der vergangenen Woche gesehen?«

»Das ist sehr wohl möglich. Ich jedenfalls habe es.«

»Kennen Sie ihn gut?« Er legte eine Hand an die Stirn.

»Jemals mit der Nasennebenhöhle zu tun gehabt, Superintendent?«

»Nein, zum Glück nicht! . . . Ja, ich kenne Mayhew gut, aber mir fehlt nichts an der Nebenhöhle.«

»Manchmal bin ich mir nicht sicher, ob Sie wissen, was Sie meinen.« Huth hatte einige Papiere aus der Brieftasche gezogen und ordnete sie flüchtig, dann reichte er Douglas ein kleines Foto. »Ist Mayhew hier drauf?«

Es sah wie ein sehr schlechtes Bild aus, aber es war mit einem überlangen Teleobjektiv bei schlechtem Licht geschossen und dann in der Dunkelkammer mit allen Risiken, die es dabei gibt, entwickelt worden. So besehen, war es eigentlich ein gutes Bild, doch Douglas wußte das alles nicht.

»Es könnte wohl Oberst Mayhew sein«, gab er zu. »Der Mann, der her zur Kamera schaut, ist Generalmajor Georg von Ruff, nicht wahr?«

»Er hat den Wagen und meinen Fotografen darin bemerkt«, sagte Huth. »Er ist ein verdammt mißtrauisches altes Schwein. Der dritte Mann ist natürlich Professor Frick.«

»Professor Frick!« sagte Douglas. »Ich dachte, er sei schon lange tot. Ich dachte, er sei bei den Kämpfen vergangenes Jahr ums Leben gekommen?«

»Dann ist er von den Toten auferstanden«, erwiderte Huth. »Was glauben Sie, hatten diese drei Männer gemeinsam . . . abgesehen von ihrem offensichtlichen Wunsch, meinem Kameramann zu entwischen?«

»Diesen atomaren Sprengstoff?«

»Sie hätten ein Detektiv werden sollen«, sagte Huth. »Aber ich bin sicher, es fällt Ihnen noch etwas Besseres ein.«

»Wirklich?«

»Generalmajor von Ruff ist der rangälteste Abwehroffizier in Großbritannien. Hinter ihm, auf dem Bild kaum zu sehen, steht ein Oberst vom Heereswaffenamt. Offensichtlich verhandeln sie mit dem alten Frick, weil sie hoffen, daß er eine Art von Superbombe für die Wehrmacht bauen wird. Aber was macht Oberst Mayhew in dieser Runde?«

»Das weiß ich nicht.«

»Er macht ein Geschäft mit ihnen, das ist's, was er tut«, erklärte Huth.

Die zwei Männer sahen einander eine lange Zeit an. Schließlich sagte Douglas: »Sie glauben, daß Mayhew ihnen wissenschaftliches Forschungsmaterial verkauft?«

»Er verkauft ihnen Kopien von jenen Berechnungen, die in dem offenen Kamin in Shepherd Market verbrannt wurden. Da möchte ich mein Leben darauf wetten.«

»Für Geld?«

»Was würde Oberst Mayhew wohl haben wollen, mehr als irgend etwas in der ganzen Welt, Archer? Na bitte! Sie sind Engländer, Sie wissen die Antwort darauf.«

»Den König meinen Sie?«

Huth klopfte Douglas mit höhnischem Glückwunsch auf die Schulter. Dann erweckte er den Motor der schweren Maschine mit dem Kickstarter zum Leben.

»Und was soll ich in dieser Sache tun?« schrie Douglas in das Getöse.

»Sagen Sie Mayhew, ich will die Berechnungen haben.«

»Und was ist mit der andern Sache?« rief Douglas.

»Was für eine andere Sache?«

Douglas fing einen Blick über die Schulter auf. Huth drosselte die Maschine, bis ihr Geräusch nur mehr wie gedämpfter Trommelwirbel klang.

»Der König«, sagte Douglas.

Huth nahm von Douglas das Foto wieder aus der Hand und steckte es zurück zwischen die Umschläge, Papiere und Notizblätter in seiner Brieftasche. Er hantierte noch einmal damit herum und fand ein kleines, bräunliches Formular, das nur einmal gefaltet war. Ohne es aufzumachen, faltete Huth es noch einmal, so daß es schmal genug war, um leicht in Douglas' oberer Jackentasche Platz zu haben. Huth zeigte sein humorloses Lächeln. »Schauen Sie sich das an, Archer«, sagte er und erhob sich in den Fußrastern des Motorrads, um noch einen Blick auf das Chaos ringsum zu werfen. »Die Iwans werden uns die Schuld in die Schuhe schieben, und Sie werden dieses Bild der Verwüstung auf der Titelseite der *Prawda* sehen.«

Douglas wandte sich um und folgte Huths starrem Blick. Die meisten Toten und Verletzten lagen oben auf der Anhöhe, wo man den Russen die bevorzugten Plätze eingeräumt hatte. Auch Frauen und Kinder waren darunter, die diese Reise in den Westen hatten mitmachen dürfen, und Mätressen, amtlich als Sekretärinnen ausgewiesen.

Aber es würden keine Bilder davon in den Morgenzeitungen erscheinen. Nicht in der *Prawda* oder im *Völkischen Beobachter*, nicht in der *Times*, auch in keiner anderen Zeitung oder Zeitschrift. In der Swains Lane und in allen anderen an den Friedhof angrenzenden Straßen öffneten Feldgendarmen alle Kameras und durchsuchten jeden, der einen Presseausweis bei sich hatte. Vor dem Tor lag ein Haufen von herausgerissenen Filmen, belichtete und unbelichtete. Der Haufen glänzte braun und grau in der Wintersonne und zitterte im Wind wie ein Vipernnest.

Ein SS-Offizier kam zu ihnen gelaufen. »Es handelt sich um Gruppenführer Springer, Herr Standartenführer«, sagte er zu Huth. »Kommen Sie rasch, bitte!« Huth stellte den Motor unwillig wieder ab. Allein gelassen, nahm Douglas das zusammengefaltete bräunliche Papier aus der Tasche. Es war einer der neu formulierten Haftbefehle und enthielt George Mayhews Namen und Adresse, sowie den Grund der Verhaftung: Schutzhaft.

Dieses Wort umfaßte alles und nichts. Es konnte Männer, Frauen und Kinder ohne Angabe von weiteren Gründen oder Verdachtsmomenten auf Nimmerwiedersehen verschwinden lassen, und das Formular war ohne Richter rechtskräftig allein durch die gefühllos hingekritzelte Unterschrift Huths.

Douglas eilte durch den Waterloo Park und fand auf dem Highgate Hill eine öffentliche Telefonzelle. Mayhews Diener kam zum Apparat. Douglas kannte ihn, einen Polizeikonstabler im Ruhestand, der zwei Jahre hintereinander Schwergewichtsmeister im Boxen gewesen war und den Titel beim drittenmal nur um Haaresbreite verfehlt hatte. Als dann Mayhew zum Telefon kam, sagte Douglas: »Hier ist Superintendent Archer. Ich habe einen Haftbefehl gegen Sie.«

»Können Sie sprechen?«

»Ich bin in einer Fernsprechzelle. Standartenführer Huth hat mir soeben das Formular gegeben. Er hat es selbst unterzeichnet. Gründe sind keine angegeben. Es ist ein Schutzhaftbefehl.«

»Was werden Sie tun?«

»Die ganze Stadt steht kopf! Der Verkehr kommt völlig zum Erliegen.«

»Ich hörte es in den Nachrichten. Die Deutschen werden es bedauern, daß sie der BBC eine Livesendung erlaubt haben ... Na schön, es wird Ihnen also nicht möglich sein, vor einer Stunde hier einzutreffen?«

»Ganz recht!«

»Danke, Archer. Ich will sehen, daß ich noch einige Fäden in der Hand behalten kann. Sie können sich immer mit mir in Verbindung setzen. Im ›Hotel Lübeck‹ wird man wissen, wo ich bin.«

Douglas hatte das Gefühl, daß Oberst Mayhew die Gefahr nicht erkannte, in der er sich befand. Vielleicht glaubte er alle diese Propaganda über Konzentrationslager, die nichts Schlimmeres bedeuteten als harte Betten, kalte Duschen und körperliche Ertüchtigung. Wenn das der Fall war, stand ihm eine schreckliche Überraschung bevor.

»Oberst«, sagte Douglas, »es gibt vielleicht noch andere Haftbefehle, die ich nicht gesehen habe. Es könnte vielleicht Verfügungen geben, die sich auf Ihre Familie beziehen.«

Mayhew blieb gelassen. »Ja, ich verstehe. Es kommt für mich nicht völlig überraschend, Archer. Aber ich danke Ihnen trotzdem.«

»Leben Sie wohl, Oberst«, sagte Douglas und hängte ein.

Douglas' Besuch in Oberst George Mayhews schönem Stadthaus am Ende des Grosvenor Square und der Upper Brook Street, Mayfair, war nur mehr eine Formalität. Mayhews Diener war gut informiert worden und hatte alle richtigen Antworten bereit, wie man es von einem Polizeikonstabler, der seine Dienstzeit abgeleistet hat, erwarten konnte. Er führte Douglas durch alle Zimmer und öffnete sogar die Schubladen.

»Wenn Oberst Mayhew heimkommt, rufen Sie mich sofort an«, sagte Douglas.

»Das werde ich bestimmt tun, Superintendent«, sagte der Diener. Die zwei Männer lächelten, und Douglas verabschiedete sich.

Als Douglas in Pip Pipers Dunkelkammer die Negativstreifen auf den Lichttisch legte, fanden sich seine Theorien bestätigt. Ein Negativ nach dem anderen enthielt den eng maschinegeschriebenen Text von Berechnungen, hier und dort auch mit hineingekritzelten Anmerkungen und Änderungen. Pip hielt sich ein gutes Stück abseits von dem Lichttisch, als Douglas sich darüber lehnte. »Was hältst du davon, Pip?«

»Ein wenig überbelichtet, aber es wird keine Schwierigkeit machen, es zu lesen. Willst du ein Vergrößerungsglas?«

Douglas nahm die Lupe und studierte das Negativ. Schrift und Zahlen waren scharf und gut zu entziffern. »Es sagt mir überhaupt nichts«, meinte Douglas.

»Schau mich nicht so an«, sagte Pip. »Ich war nie sehr gut im Rechnen.«

»Gottlob, daß die Jazzmusik aufgehört hat«, sagte Douglas. Warum, zum Teufel, hatte Huth nicht daran gedacht, daß es Negative geben muß, dachte er. Er suchte noch immer Schreibmaschinendurchschläge, und die müßten eine ganze Aktentasche füllen. Aber dann machte er sich klar, daß Huths Männer nichts gefunden hatten, was auf die Verwendung einer Kamera schließen ließ. Der einzige Anhaltspunkt dafür in der Wohnung in Shepherd Market war die Schreibtischlampe gewesen und die elektrische Birne, die daraus entfernt worden war. Douglas hatte die Birne wieder eingeschraubt. Der junge Spode mußte eine Spezialbirne für die Fotolampe verwendet und dann weggeworfen haben. Die Leica-Kamera und die Tasche mit allem Zubehör waren sichergestellt worden.

Der Regen hatte wieder eingesetzt. Douglas blickte aus dem Fenster auf die buckligen Dächer und verkrüppelten Kamine.

Der Wind trieb die Rauchwolken vor das Dachbodenfenster. Douglas roch den Ruß, und der Schmutz reizte seine Augen.

»Alles in Ordnung?« fragte Pip.

»Ja, ich bin okay.« Nachdenklich fingerte Douglas an dem Ellbogengelenkstück in seiner Tasche. Es war abgeändert worden, um ein Versteck zu schaffen. Der jüngere Spode war offensichtlich eine Art Kurier gewesen. Dieses Versteck war gerade groß genug, um eine Filmkassette aufzunehmen, aber die Änderung hatte die Stabilität der Prothese geschwächt. Es mochte nicht einfach gewesen sein, mit diesem künstlichen Arm zu schießen oder beim Fotografieren Blatt um Blatt der Aufzeichnungen umzuwenden. Nun, die Leute machten immer den einen oder anderen Fehler. »Pip«, sagte Douglas, »man hat eine Leica verwendet und ein kleines Stativ mit vier dünnen Metallfüßen ...«

»Ein Kopierstativ. Damit geht's am einfachsten. Auf diese Weise wird die Kamera genau im richtigen Abstand von dem Gegenstand gehalten. Eine falsche Einstellung ist ungemein kritisch bei kurzen Entfernungen.« Er wollte mit seinen fachlichen Erläuterungen fortfahren, doch Douglas streckte die Hand aus und berührte den Arm seines Freundes. Weitere Details waren im Augenblick nicht wesentlich. »Wenn du dieses Kopierstativ und so weiter sehen würdest, Pip, würdest du dann wissen, daß es für eine solche Arbeit bestimmt war? Oder könnte es auch für andere Zwecke verwendet werden?«

»Nein, man kann das Kopierstativ und die Zusatzlinse kaum für andere Zwecke verwenden.«

»Ich verstehe«, sagte Douglas. Er ging zurück zum Fenster. Das Wasser im Kessel kochte. Pip bereitete den Tee in einer winzigen roten Emailteekanne. Es war starker Tee, der stärkste, den Douglas seit langer Zeit genossen hatte.

»Bist du sicher, daß du wohlauf bist, Douglas?«

»Warum?« fragte Douglas und starrte noch immer auf den Regen, der auf das nasse Schieferdach prasselte. Es mußte seltsam sein, hier oben in der Abgeschiedenheit zu wohnen, wo es nur den Ausblick auf den Himmel und die Dächer anderer

Leute gab. Douglas entschied sich, daß es ihm hier gefiel. Vielleicht war der alte Pip glücklicher, als er es wußte.

»Nun, dies ist offensichtlich etwas, das du für dich behalten willst«, sagte Pip, »daher ist es keine simple Sache. Ich kenne dich zu gut, um zu glauben, daß du hinter einem kleinen Fisch her bist. Und das läßt nur noch einen Schluß übrig.«

»Und der wäre?« Douglas hielt seine Teetasse fest umklammert, so daß sie seine Handflächen wärmte. Er wünschte, sein Vater wäre noch am Leben. Die Erinnerung kam plötzlich und ohne Vorwarnung, so wie sie in anderen Krisenzeiten seines Lebens gekommen war. Er versuchte sie aus seinen Gedanken zu verbannen, aber sie verfolgte ihn beharrlich.

»Du arbeitest gegen die verdammten Krauts«, sagte Pip sanft.

Wenn sich Douglas an seinen Vater erinnerte, sah er immer einen riesigen Mann mit einem fröhlichen Lachen vor sich und in Kleidern, die nach Pfeifentabak rochen. Er sagte es.

»Auch die Krauts rauchen viel«, meinte Pip. »Jeder verdammte Idiot von ihnen scheint eine verdammt große Zigarre im Mund zu haben.«

»Für Trunkenheit im Dienst werden sie schwer bestraft«, sagte Douglas. Das war die Art Unterhaltung, die er zuvor schon viele Male gehabt hatte, und während er sprach, waren seine Gedanken teilweise mit dem Film beschäftigt.

»Du arbeitest gegen sie, nicht wahr? Du arbeitest gegen die Krauts?« Douglas gab keine Antwort. Er reckte sich den Hals aus, um hinunter auf die Straße zu sehen, wo ein Kohlenträger einen Sack Kohlen durch ein Kellerfenster schüttete. Trotz des Regens verschwanden der Mann und sein Sack hinter einer Wolke von Kohlenstaub.

Pip sagte: »Nun, das ist *deine* Angelegenheit, Douglas. Aber deine Geheimnisse sind bei mir gut aufgehoben.«

Douglas schüttelte den Kopf. »Kein Geheimnis ist bei irgend jemand gut aufgehoben.« Er überdachte die Sache immer wieder und wieder. Huths Unwissenheit konnte er verstehen. Wenn aber die Abwehrleute von Spodes Leica und dem Zusatzgerät wußten, warum hatten sie dann nicht klar erkannt, daß die Dokumente auf fotografischem Weg kopiert worden waren? Warum fragten sie Mayhew immer noch nach Durchschlägen?

»Es ist besser, du weißt darüber so wenig wie möglich, Pip«, sagte Douglas. »Wenn man dich so befragen sollte, dann sag ihnen, du hättest nur einen Film für mich entwickelt. Für mich ist es leichter, Lügen und Ausreden zu erfinden.«

»Ich werde einfach sagen, ich sei betrunken gewesen«, sagte Pip.

Und dann ging plötzlich Douglas ein Licht auf. Die Abwehr war ebenso schlau und verschlagen wie alle übrigen. Sie *wußten* Bescheid über die Negative — und das war der Grund, warum sie noch immer mit Mayhew verhandelten. Aber mit ihrer Geheimniskrämerei konnten sie die Vertrauenswürdigkeit der anderen Seite testen. Sie warteten ganz einfach darauf, daß Mayhew oder sonst irgendein anderer endlich das Zauberwort ›Filmnegative‹ sagen würde.

Douglas trank gierig den heißen Tee. Dann schaltete er den Lichttisch ab, rollte den getrockneten Film zurück in die Kassette und steckte sie in die Tasche.

»Wie du es gemacht hast, gibt es Kratzer auf dem Film«, erhob sein Freund Einspruch.

»Ich werde ihn zu keiner Ausstellung brauchen«, sagte Douglas. Er trank seinen Tee bis zur Neige aus und stellte die Tasse auf den Fenstersims. »Dank' dir für alles, Pip.« Unten auf der Straße verschloß der Kohlenmann eben das Kellerfenster.

25. KAPITEL

Die Razzien und Massenverhaftungen von Leuten, die als IAa bis zu IIIEa eingestuft waren, dauerten fast drei Tage. Bestimmten Personenkreisen wurde befohlen, sich unter ständige Polizeikontrolle zu begeben. Plakate und ganzseitige Zeitungsanzeigen führten dazu, daß viele Leute sich freiwillig zur ›Schutzhaft‹ stellten.

Das Wembley-Stadion wurde als Anhaltelager für West-London verwendet, die Earls Court-Halle diente dem gleichen Zweck im Osten Londons. Die Mieter des riesigen Wohnblocks am Flußufer, Dolphin Square, wurden innerhalb von zwei Stunden auf die Straße gesetzt. Man brauchte ihre Wohnungen für Hunderte von gleichzeitigen Vernehmungen.

Die Fachleute von SS und SD, Gestapo und Feldpolizei reichten nicht aus. Man suchte in allen Truppenteilen. Wer immer ein bißchen Englisch sprach, und sei es auch, daß er keine andere Qualifikation dazu besaß, mußte bei den Verhören mithelfen. So gerieten Kellner, zwei Kapläne, ein Flötist des deutschen Wehrmachts-Symphonie-Orchesters, sieben Telefonisten und ein Marinezahnarzt in die vielen Teams, die die Befragungen vornahmen.

»Behalten Sie heute die Jungen daheim, Mrs. Sheenan«, sagte Douglas beim Frühstück am Morgen nach der Explosion. Sie legte noch eine Scheibe Toast auf seinen Teller und nickte, um zu zeigen, daß sie ihn verstanden hatte. Das Brot war altbacken, aber mit etwas Bratensaft bestrichen, wurde es zu einem unvergleichlichen Luxus. Douglas überzeugte sich, daß für jeden etwas da war, bevor er hineinbiß.

Mrs. Sheenan goß für alle mehr Tee ein. »Haben Sie die Lastwagen heute Nacht gehört?« fragte sie. »Es müssen Leute auf der drüberen Seite der Straße verhaftet worden sein. Den Lärm, den sie gemacht haben! Ich dachte schon, sie würden die Türe einschlagen.«

»Es ist die größte Verhaftungswelle, von der ich je gehört habe«, sagte Douglas. »Vielleicht die größte in der modernen Geschichte.« Sie hob die Augen zu ihm. Verlegen fügte er hinzu: »Ich befürworte es nicht, Mrs. Sheenan, ich stelle nur eine Tatsache fest. Tausende von Leuten werden in Schutzhaft genommen. Gott weiß, wie die Deutschen sie alle durchsieben werden.«

»Was kann es den Deutschen noch nützen, wenn sie die Männer fangen, die die Bombe auf dem Friedhof gelegt haben?«

Douglas stimmte zu, ging aber nicht näher darauf ein. Er

sagte: »Wenn Sie und die Jungen zufällig die falsche Straße zum falschen Zeitpunkt entlanggegangen wären, hätte man Sie leicht in dem allgemeinen Trubel festnehmen können. Und wer kann sagen, wo Sie dann gelandet wären?«

»Vielleicht in Deutschland«, sagte Mrs. Sheenan. »Eßt euren Toast auf, Jungen, und trinkt den Tee. Wir dürfen nichts vergeuden.«

»Ja, in Deutschland«, stimmte Douglas bei. Dort war es, wo auch ihr Mann schließlich gelandet war.

»Verhaften auch Sie die Leute?« fragte Mrs. Sheenans Sohn.

»Sprich nicht so zu Mr. Archer«, sagte Mrs. Sheenan. »Und sprich nicht mit vollem Mund, das hab' ich dir schon oft genug gesagt.« Sie gab dem Jungen einen leichten Klaps auf den Arm. Es war kein harter Schlag, da er aber von einer so sanftmütigen Frau kam, überraschte er alle. Ihr Sohn ließ sich in den Stuhl zurückfallen und Tränen traten ihm in die Augen.

»Nein, ich habe gottlob nichts damit zu tun«, sagte Douglas. Er trank seinen Tee. »Ich könnte Ihnen etwas Schriftliches geben, Mrs. Sheenan«, bot er sich an. »Es wäre nicht offiziell, aber auf Briefpapier von Scotland Yard . . . so etwas könnte vielleicht nützlich sein.«

Sie schüttelte den Kopf. Douglas glaubte, daß sie selbst bereits auf diesen Gedanken gekommen war. Sie beugte sich zu ihrem Sohn hinüber und küßte ihn. »Trink deinen Tee aus und sei ein guter Junge. Es ist der Rest der Zuckerration bis nächste Woche.«

Sie wandte sich an Douglas und sagte höflich: »Was für einen Nutzen würde so ein Stück Papier für mich haben? Wenn ich es vorweisen müßte, wäre es vielleicht schon zu spät . . . und angenommen, jemand würde es bei mir sehen? Man würde wahrscheinlich glauben, ich sei —«, sie hielt mitten im Satz inne. Sie hatte sagen wollen: »eine Denunziantin«, aber jetzt verbesserte sie sich: »— ich würde etwas mit den Deutschen zu tun haben.«

»Ja, natürlich«, sagte Douglas steif.

»Oh, ich habe nicht *das* gemeint, Mr. Archer«, sagte sie. »Sie sind Polizist. Sie müssen mit ihnen arbeiten. Was würde mit uns geschehen, wenn wir nicht unsere eigenen Polizeibeamten hätten? Ich sage das immer.«

Douglas wußte, daß sie das oft genug sagte, da sie häufig zu erklären hatte, warum sie an einen Mann vermietete, der für die Hunnen arbeitete. Douglas steckte die Serviette in ihren Holzring und stand auf. »Gehen Sie so wenig wie möglich aus dem Haus. Der Bäckerjunge und der Milchmann kommen sowieso an die Tür, nicht wahr? Bis zum Wochenende hat sich die Aufregung vielleicht ein wenig gelegt. Es wird einfach nirgendwo mehr Platz für Gefangene sein.«

Sie nickte erfreut, daß er nicht beleidigt war über die unbeholfene Art, mit der sie sich ausgedrückt hatte. Aus der Schrankschublade holte sie einen gestrickten Pullover mit den Farben des Polizei-Cricketclubs an dem V-förmigen Halsausschnitt. Er war noch in gutes Vorkriegs-Seidenpapier verpackt. »Es ist kalt«, sagte Mrs. Sheenan. »Der Winter hat jetzt erst wirklich angefangen.«

Sie hielt Douglas den Pullover hin, aber er wollte ihn nicht annehmen. Er wußte, daß sie ihn für ihren Mann gestrickt hatte, der vor dem Krieg ein bekannt langsamer Ballmann in der Cricketmannschaft gewesen war.

»Das Postamt nimmt keine Pakete an, die Kleider oder Eßwaren enthalten«, erklärte sie. »Es gibt eine neue Verordnung, und sie schauen immer in jedes Paket hinein.« Sie machte das Seidenpapier auf und hielt den strahlendweißen Pullover hoch. Sie war stolz auf die Art, wie sie ihn gestrickt hatte. »Wir beide möchten, daß Sie ihn haben, Mr. Archer«, sagte sie und blickte dabei auf ihren Sohn. »Sie können ihn immer noch zurückgeben, wenn sein Vater heimkommt.«

»Ich werde ihn gleich jetzt anziehen«, sagte Douglas. »Ich danke Ihnen.«

»Ich hätte nie gedacht, daß Sie Cricketspieler sind«, sagte Huth sarkastisch, als Douglas ins Büro kam. Das Zimmer war dunkel, der Morgenhimmel so unfreundlich und grau wie Kanonenmetall. Huth war in Uniform, seine graue Jacke hing über dem Stuhlrücken, und sein zerknittertes SS-Hemd war am

Hals aufgeknöpft. Er war unrasiert, und Douglas nahm an, daß er die halbe Nacht hier an seinem Schreibtisch verbracht hatte. Vor ihm stand eine leere Flasche Scotch, und in der Luft lag der Geruch von erloschenen Zigarren. »Schließen Sie gefälligst die verdammte Tür.«

Douglas schloß die Tür.

»Schenken Sie sich einen Drink ein.« Es war, als habe Huth jedes Zeitmaß verloren.

»Nein, danke.«

»Es ist ein Befehl.«

»Die Flasche ist leer.«

»Es gibt noch eine Menge mehr im Schrank.«

Douglas hatte Huth nie in einer solchen Verfassung gesehen oder sie für möglich gehalten. Er holte noch eine Flasche Whisky aus dem Pappkarton (›Abfüllung für die Deutsche Wehrmacht‹), öffnete sie und schenkte ein entsprechendes Maß in das Glas ein, das Huth aus einer Schublade hervorgezogen hatte. »Wasser?« fragte Huth und schob einen Krug über seinen Schreibtisch, so nachlässig, daß er Wasser über den dort liegenden unordentlichen Haufen Papiere verschüttete. Huth nahm eines von ihnen, eine Telexnachricht, und ließ das Wasser an der Ecke heruntertropfen, wobei er diesem Vorgang jene kindliche Aufmerksamkeit widmete, mit der Betrunkene ihre Welt betrachten. »Die Liste der Opfer«, erklärte er. »Aber es liegen noch genug im Sterben.«

»Die Explosion?«

Huth schwenkte das nasse Blatt Papier. »Die Explosion — ganz recht! Graben den alten Karl aus, nach einem halben Jahrhundert in dem phosphatreichen Boden von Nordwest-London! Man braucht sich nicht zu wundern, wenn er einem ins Auge furzt — habe ich recht?«

Douglas gab keine Antwort, aber inzwischen hatte er einige der Namen auf dem Blatt, mit dem Huth ihm zuwinkte, lesen können. Das Fernschreiben kam aus dem SS-Krankenhaus an der Hyde Park Corner.

SPRINGER, PROF. MAX, SS-GRUPPENFÜHRER, STAB RFSS, SEINEN VERWUNDUNGEN ERLEGEN 02.33

»Ja, das Sterben geht weiter«, sagte Huth.

»Professor Springer wurde getötet?«

»Wir haben einen guten Freund verloren, Superintendent.« Er langte nach der Flasche und goß sich noch einen Drink ein, wobei er mit übertriebener Sorgfalt Wasser hinzuschüttete, wie ein Betrunkener auf der Bühne.

»Haben wir das?«

»Er war mein Freund am Hof von König Heinrich«, sagte Huth. »Der Reichsführer SS hatte ihm freie Hand gelassen, einen Weg zu finden, wie die SS die Kenntnisse von den nuklearen Experimenten der Wehrmacht übernehmen könnte.« Huths Faust war fest geballt. »Ich hatte alle Machtbefugnisse von Springer.« Er blickte auf seine Faust. »Ich habe ihm einen Platz weiter hinten verschafft, nahe dem Marinestab, aber der verdammte Narr mußte näher an das Grab heran, um besser sehen zu können. Ein Stück von einem Grabstein hat ihn erschlagen.«

»Bedeutet das, daß Ihr Auftrag nun gestoppt werden wird?« fragte Douglas. Er nippte an dem Whisky, trank aber sehr wenig davon.

»Keineswegs bedeutet es das«, sagte Huth. Er blickte an sich herunter. Seine Hose war mit Schlamm verschmutzt und zerrissen. Douglas vermutete, daß er mitgeholfen hatte, Springer zu bergen.

»Haben Sie Professor Springer schon lange gekannt?«

»Ich könnte Ihnen Geschichten erzählen, Archer, Dinge, die Sie nie glauben würden. Ich war an jenem Wochenende mit Springer beisammen, als wir die SA-Führer umbrachten. Ich traf ihn in Berlin-Tempelhof, als er mit der Sondermaschine landete, die Karl Ernst aus Bremen brachte. Springer hatte ihn am Morgen in seinem Hotel verhaftet. Karl Ernst war Röhms Stellvertreter und Reichstagsabgeordneter, aber er fügte sich lammfromm in die Verhaftung.« Huth trank von seinem Whisky. Er war jetzt entspannter, blickte aber finster drein, als gebe er sich Mühe, sich an das Wochenende des ›Putsches‹ zu erinnern.

»Sie ahnten nicht, was ihnen bevorstand, diese SA-Männer.

Sie konnten sich nicht vorstellen, daß der Führer uns befohlen hatte, sie hinzurichten. Ernst war ein typischer Fall. Er dachte, es sei ein Aufstand *gegen* den Führer. Als er vor dem Exekutionskommando stand, rief er ›Heil Hitler!‹ und dann feuerten sie. Komisch, was?«

»Nicht sehr komisch«, sagte Douglas.

»Es war mir eine Lehre«, sagte Huth bitter. »Ich beobachtete, wie dieser Narr starb, und gelobte mir, daß ich nie wieder auf irgendeine Art von politischer Phrasendrescherei hören würde.«

»Und haben Sie das getan?«

»Sehe ich wie ein Idealist aus, Archer?«

Douglas schüttelte den Kopf, antwortete aber nicht, um Huths Redefluß nicht zu unterbrechen. Er hatte andere Männer wie diesen gekannt. Er hatte gehört, wie sie schreckliche Verbrechen eingestanden, und solche Männer sprachen von sich selbst mit einer seltsamen unpersönlichen Objektivität.

Wie Huth.

»Es war leicht zu sehen, daß die Nazis gewinnen würden«, sagte Huth. »Die Nazis waren die einzigen mit Hirn und Entschlußkraft. Und die einzigen mit einer Organisation. Ich mag Gewinner gerne, Archer. Mein Vater mochte auch Gewinner. Er war ein rücksichtsloser Kerl. Mein Gott, wie ich ihn noch immer verabscheue! Der beste Schüler in der Klasse zu sein war der einzige Weg die Zuneigung meines Vaters zu gewinnen. Also habe ich dafür gesorgt, daß ich immer an der Spitze war. Auch die Nazis sind Gewinner, Archer. Lassen Sie sich nicht verleiten, gegen sie zu arbeiten.«

Douglas nickte.

»Nächste Woche werde ich in Berlin sein. Ich werde mit dem Reichsführer SS und vielleicht auch mit dem Führer sprechen. Sie werden mir Springers Auftrag geben, weil es sonst niemanden gibt mit allen den Informationen.« Er schlug sich an die Stirn. »Und vielleicht werde ich auch Springers Rang bekommen. Kellermanns Tage sind gezählt, Archer. Wir werden ihn losbekommen, ehe der nächste Monat zu Ende ist. Er wird mir gegenübersitzen in einem Stuhl, und ich werde ihn in die Zange nehmen, ich werde ihm eine Menge unangenehme Fragen stellen über sein Bankkonto in der Schweiz und die Bestechungsgelder, die er von den Bauunternehmern bei der Planung neuer Gefängnisse einkassiert hat.«

Douglas konnte seine Überraschung nicht verbergen.

Huth sagte: »Ich habe einen dicken Akt über Kellermann. Warum, glauben Sie, ist er so darauf aus, eine Gelegenheit zu finden, meine Unterlagen zu durchstöbern? Er ist nicht daran interessiert, das Atombomben-Programm zu übernehmen, er ist nur darauf bedacht, mit heiler Haut davonzukommen.« Er trank einen Schluck Wasser. »Wollen Sie bei mir bleiben, Archer?«

»In Ihrem Stab?«

»Es gibt nicht viele Leute von Springers persönlichem Stab, die ich behalten möchte. Wenn Sie bei mir bleiben, können Sie es zu etwas bringen und bis an die Spitze kommen. Sie werden deutscher Staatsbürger, machen Dienst beim SD — Schluß mit der Rationierung, keine Reisebeschränkungen mehr, keine finanziellen Schwierigkeiten . . .« Er blickte Douglas an.

»Ich dachte, Sie mögen nur Gewinner«, versetzte Douglas.

Er schenkte ihm ein schwaches Lächeln. »Für meine persönlichen Mitarbeiter muß das nicht gelten«, sagte er.

Vielleicht war sein Angebot gut gemeint. Handelte es sich um eine der augenblicklichen Laune entsprungene Schmeichelei? Oder war dieser Vorschlag längst sorgfältig geplant? Douglas konnte es nicht entscheiden.

Huth stand auf und ging zum Fenster. »Sie hatten gestern keine Gelegenheit mehr, mit Mayhew zu reden?« fragte er, ohne sich umzudrehen.

»Ich werde ihn finden«, erwiderte Douglas.

Huth hob sich nur als Silhouette gegen das Fenster ab, und Douglas sah, wie seine Finger nervös zitterten.

»Mayhew ist ein gebildeter Mann«, sagte Huth, mehr zu sich selbst als zu Douglas. »Ein kultivierter, vernünftiger Mensch.«

»Ja, natürlich«, stimmte Douglas bei.

»Unsere Gegnerschaft ist völlig unpersönlich, nicht wahr?

Was will er? Prestige und Respekt von seinesgleichen. Das ist's, worauf alle richtigen Männer aus sind. Wir könnten zu einer Art Übereinkunft kommen. Und das Ergebnis wird uns beiden Ehre machen und uns in der Weise zu Ansehen bringen, wie wir das wünschen. Können Sie ihm das in meinem Auftrag sagen?«

Das war atemberaubender Zynismus, selbst nach Huths Maßstab.

»Und was wird aus mir, wenn ich das tue?« fragte Douglas.

»Sie haben die ausgezeichnete Entschuldigung, daß Sie nur Befehle ausgeführt haben. Seien Sie dankbar dafür, mein Freund.«

»Ich werde Fühlung mit ihm aufnehmen«, sagte Douglas, »aber ich werde ihn nicht verpfeifen!« Aber kaum hatte er es ausgesprochen, wußte er auch schon, daß er selbst das alles schon so oft von zahlreichen Leuten gehört hatte, die für ihn arbeiteten und die er im stillen verachtet hatte.

Es klopfte. Huth schrie laut: »Herein!«, und ein alter Mann mit einem Kohleneimer kam herein und begann das Feuer auf dem Rost zu schüren. Huth nickte Douglas zu. Das Gespräch war beendet.

Douglas stand auf und dankte der Vorsehung, daß Huth nicht einer von jenen Deutschen war, die jedes Gespräch mit ›Heil Hitler!‹ beendeten. Vor dem alten Mann mit dem Kohleneimer wäre es einfach mehr gewesen, als Douglas hätte ertragen können.

Viel Schreibarbeit hatte sich auf Douglas' Schreibtisch angehäuft, und Harry Woods war noch nicht im Büro eingetroffen. Douglas verfluchte ihn als unzuverlässigen Narren. Gerade heute hätte er seine Hilfe brauchen können. Er blickte auf Harrys Terminkalender und fand eine dienstliche Verabredung um 9 Uhr 30 vormittags. Douglas telefonierte mit der Amtsleitung und entschuldigte Harry wegen Krankheit. Der zuständige Beamte lachte. Harrys Unpünktlichkeit war allgemein bekannt.

Douglas schickte einen Angestellten los, um Harry in ›Joe's Cafe‹ zu suchen. Für den ›Red Lion‹ oder das CID-Säuferlokal über der Straße war es noch zu früh. Dann versuchte er selbst es telefonisch bei einigen in der Nähe liegenden Polizeistationen, ob Harry sich dort aufhielt und quatschte.

Als alle Antworten negativ ausgefallen waren, telefonierte Douglas mit Kellermanns Bürovorsteher. Er fragte ihn nach der Adresse der Sammelstelle des Verhörkommandos in dem Islingtoner Distrikt, in dem Harry Woods wohnte. Es dauerte fünfzehn Minuten, bis die Antwort einlangte. Bis gestern abend um 10 Uhr 30 war die Sammelstelle das York-Way-Warendepot hinter dem Bahnhof King's Cross gewesen. Danach hatte man den Viehmarkt in der Caledonian Road für die Massenverhöre benützt.

Douglas rief Huth in seinem Büro an. »Standartenführer, ich halte es für möglich, daß Harry Woods von einem der Verhaftungskommandos aufgegriffen wurde.« Es erfolgte keine Antwort. Douglas fügte hinzu: »Er ist heute morgen nicht ins Büro gekommen, trotz eines dienstlichen Termins.« Nach einer weiteren langen Zeitspanne des Schweigens sagte Douglas: »Sind Sie noch dort, Sir?«

»Ich kann mir nicht vorstellen, wieso Woods überhaupt so lange auf freiem Fuß geblieben ist«, sagte Huth trocken. »Nun, Sie müssen sich um einen neuen Detektiv-Sergeanten umsehen. Können Sie jemanden finden, der gut Deutsch spricht?«

»Ich werde Harry suchen«, erwiderte Douglas.

»Wie es Ihnen beliebt«, meinte Huth. »Aber schauen Sie zu, daß bis morgen früh acht Uhr jemand hinter Harrys Schreibtisch sitzt. Mit unbesetzten Schreibtischen kann man keine anständige Arbeit leisten!«

»Gewiß, Sir!« sagte Douglas und hing den Hörer ein.

26. KAPITEL

Harry Woods wohnte in der Liverpool Road. Früher einmal hatten sie das ganze Haus zur Verfügung gehabt, jetzt aber waren die beiden oberen Stockwerke an eine andere Familie vermietet. Harry Woods und seine Frau Joan aßen ihre Mahlzeiten in der Küche, und dort saß Douglas, während Joan ihm eine Tasse Tee machte.

Er erriet sofort, was passiert war, als Mrs. Woods die Tür öffnete. Sie hatte noch ihren Morgenrock an, ihre Haare waren ungekämmt und ihre Augen rot vom Weinen. Sie war viel jünger als Harry. In früheren Jahren war sie die hübscheste Stenotypistin an ihrem Schreibmaschinentisch im Büro, wo Harry Woods sie kennengelernt hatte. Jetzt war ihr blondes Haar stumpf geworden, und ihr Gesicht war abgezehrt durch die Kälte. Sie lächelte, als sie den schwachen ungesüßten Tee über den Tisch reichte, mit der Hand durch ihr zerzaustes Haar fuhr und den Ausschnitt ihres Morgenmantels zusammenzog.

Man hatte Harry Woods nachts um drei Uhr verhaftet. Ein deutscher Offizier kam mit einer Mannschaft von zwölf Soldaten. »Ein junger Konstabler von unserer Polizei war auch mit dabei, aber er war aus einem Außenbezirk und hatte noch nie von Harry Woods gehört. Wenn Sie mich fragen, er hatte noch nicht einmal was von Scotland Yard gehört«, erzählte Joan Woods bitter.

»Hat Harry ihnen denn nicht seinen Ausweis gezeigt, Joan?«

»Der deutsche Offizier warf einen flüchtigen Blick darauf, dankte Harry vielmals und steckte den Ausweis in die Tasche. Er war durchaus höflich, dieser Offizier ... er bedauere es, sagte er. Aber er sprach kaum Englisch, und Sie wissen ja, Harry tut sich besonders schwer mit diesem Deutsch, Mr. Archer. Wären Sie hier gewesen, dann wäre alles ganz anders gekommen. Sie wissen, wie man mit diesen Leuten spricht, sagt Harry immer.«

»Sie hätten den Yard anrufen sollen, Joan.«

»Die öffentlichen Fernsprechzellen werden von Soldaten bewacht. Sie erlauben nur dienstliche Gespräche. Meine Nachbarin hat es versucht. Erfolglos.«

»Ja, vermutlich brauchen sie die öffentlichen Telefone, um mit den Verhaftungskommandos in Verbindung zu bleiben.«

»Ich ging zur Polizeistation hinüber und wartete dort stundenlang. Schließlich gelang es mir, den diensttuenden Sergeanten zu finden — er ist ein alter Freund von Harry, und ich kenne seine Frau —, und er sagte mir, ich solle nach Hause gehen und mich ausschlafen. Dann meinte er, es wäre alles ein Irrtum und daß Harry wahrscheinlich bereits hier zurück wäre.« Sie zuckte die Achseln. »Aber er war es nicht, verstehen Sie?«

»Die Deutschen haben Tausende festgenommen, um sie über die Explosion in Highgate zu vernehmen. Es werden vielleicht zwei Tage vergehen, bis wir Harry ausfindig machen, und dann wird es wohl noch einen Tag dauern, bis der Papierkram abgeschlossen ist, um ihn zu befreien. Es wird ein schönes Durcheinander werden, Joan.«

»Sie waren immer gut zu uns, Mr. Archer«, sagte sie. In Wirklichkeit hatte es Douglas immer schwierig gefunden, mit Joan Woods zurechtzukommen. Sie ärgerte sich über Douglas' Akzent, seine Mittelstandsmanieren und die Art und Weise, wie seine Universitätsausbildung ihm automatisch einen hohen Rang verschafft hatte, während Harry sein ganzes Leben damit verbracht hatte, Detektiv-Sergeant zu werden.

»Wir sind ein Team, Harry und ich«, sagte Douglas.

»Harry hat geweint, als er herausgefunden hat, daß Sie seinen Bruder vor dem Zwangsverschickungsbefehl bewahrt haben. Wir haben nie klar erkannt, daß Sie es waren, der die Sache für uns durchgefochten hat. Harry schwärmt für den jungen Sid. Er weinte!«

»Das haben Sie auch dem Polizeiarzt zu verdanken, Joan. Er stellte Sid ein Attest aus, daß er zu krank sei, um schwer zu arbeiten.« Douglas erhob sich. »Jedenfalls werde ich Harry suchen. Aber beunruhigen Sie sich nicht, wenn er heute abend noch nicht daheim ist. Es wird eine langwierige Arbeit sein.«

»Harry ist ein guter Mensch, Mr. Archer.«

»Ich *weiß*, daß er das ist, Joan.«

Er verabschiedete sich, und Joan Woods begleitete ihn bis zur Haustür. Auf den Steinstufen standen Töpfe mit verwelkten Pflanzen. Draußen auf der Straße trieb der eisige Wind Abfälle und dürres Laub vor sich her.

»Es ist verdammt kalt«, sagte Joan Woods und blies in ihre Hände.

Noch schlimmer ist es, dachte Douglas, für alle Unglücklichen, die als Gefangene im Freien ausharren müssen. »Lassen Sie sich nicht unterkriegen, Joan«, sagte er.

Sie schenkte ihm ein flüchtiges Lächeln. Es gab keine wirkliche Verständigung zwischen ihnen. Sie hatten nichts gemeinsam, außer Harry.

27. KAPITEL

Douglas begann mit dem Viehmarkt in der Caledonian Road. Er kannte ihn aus der Zeit vor dem Krieg. An Sonntagen kam ganz London hierher, um etwas zu kaufen, angefangen von alten Kleidern bis zu antikem Silber. Oft war Douglas ungeduldig hinter seinem Onkel Alex hergegangen, als dieser Berge von Radioteilen, kaputten Schreibmaschinen und Stöße alter Bücher durchwühlte.

Douglas hatte nicht erwartet, daß es so viele Gefangene sein würden. An verschiedenen Stellen war die Einzäunung, die sogar dem Vieh standgehalten hatte, von den zusammengepferchten Menschenmassen eingedrückt worden.

Das endlose Meer von Köpfen war in ständiger Bewegung, wie ein Ozean, dessen Wellen an den Drahtzaun schlugen. Auf der Straße patrouillierten die Soldaten. Die Häftlinge waren ursprünglich in Gruppen eingeteilt gewesen, aber jetzt gab es nur mehr ein großes Durcheinander. Douglas sah, wie ein junges Mädchen den Judenstern von ihrem Mantel riß und über einen Verschlag kletterte, um sich einer anderen Gruppe von Gefangenen anzuschließen. In der Market Road standen fünf rote Midland-Busse mit Aufklebern ›Im Dienst der Deutschen Wehrmacht‹. Douglas ahnte, daß viele Juden nie bis zu den Vernehmungszentren kommen würden. Man schickte sie direkt in das berüchtigte Konzentrationslager in Enlock Edge.

Douglas' Ausweis ermöglichte es ihm, durch den äußeren Ring der Wachtposten und in die Hütte unweit der Brückenwaage zu kommen, die jetzt von einem Dutzend wildgewordener Wachsoldaten besetzt war, die fluchten, schrien und miteinander stritten. Es hatte keinen Zweck, sich nach einem Mann namens Woods zu erkundigen, denn sie stritten sich, weil die Neuzugänge an Verhafteten an diesem Morgen zahlenmäßig um neunzig ›Stück‹ von den mitgelieferten Listen abwichen. Douglas winkte nur mit seinem Ausweis und ging weiter in das Lagerinnere.

Vielleicht war das die Hölle — ein schrecklicher Mißklang angsterfüllter Seelen: Einige stritten, einige schliefen, einige schrien, einige weinten, einige schrieben, andere zeichneten, und viele brüteten über ihre bevorstehende Vernehmung nach. Aber zumeist taten sie nichts anderes als vor sich hinzustarren, mit irren Augen, als ob sie versuchten, in die Zukunft zu schauen. Nachdem er sich beinahe zwei Stunden lang durch die Menschenmenge gedrängt hatte, war Douglas ebenso benommen wie diese Ärmsten. Er wußte, daß er vielleicht schon an Harry vorbeigegangen war, ohne ihn zu sehen. Gleichgültig, wie methodisch seine Suche verlief, die Menschenmenge quirlte um ihn und machte sein Vorhaben aussichtslos. Mehr als einmal war Douglas soweit, daß er aufgeben wollte. Und doch wußte er, daß Harry es nie aufgegeben hätte, ihn zu suchen, einfach deswegen, weil so ein Gedanke ihm gar nicht gekommen wäre.

»Jemanden verloren?« redete ihn einer an.

Douglas hatte sich soeben gegen eine Schranke gelehnt, um ein wenig zu verschnaufen.

»Großer Mann, Mitte fünfzig, mit ergrautem Haar, dunkler Gesichtsfarbe, dunklem Anzug und weißem Hemd — in der Liverpool Road ungefähr um drei Uhr verhaftet.«

Er hatte das alles nun schon so oft gesagt, daß es zu einer Art Stoßgebet geworden war, das von jedermann gemurmelt wird, der nicht mehr daran glaubt.

»Ein richtiges gottverdammtes Durcheinander, habe ich recht?« Der Mann war ein magerer, nervöser kleiner Kerl in teurer Kleidung, mit einer Artilleristen-Krawatte und einer dicken, goldgefaßten Brille. »Ich wohne in Highbury Crescent«, sagte er. Douglas war sich darüber klar, daß der Mann kaum hingehört hatte und daß ihm Harrys Beschreibung im Grunde völlig egal war.

»Eine Menge dieser Leute sind Gesindel«, vertraute er sich Douglas an, nachdem er dessen Erscheinung gebilligt hatte. »Sie sehen mitgenommen aus. Haben Sie schon etwas gegessen?«

»Nein«, antwortete Douglas.

»Nun, Sie haben vielleicht einen Schilling oder zwei in der Tasche. Wenn Sie hier am Gitterzaun entlanggehen, können Sie die Wachtposten bestechen. Die bringen Ihnen dann gebratenen Fisch und Kartoffelchips. Sie müssen ein Vermögen machen bei den Preisen, die sie verlangen.« Er lächelte, um zu zeigen, daß er ihnen deshalb nicht gram war.

»Fisch und Kartoffelchips?« fragte Douglas. Es klang köstlich.

»Die Leute hier drinnen glauben, die Deutschen würden ihnen allen tatsächlich etwas zu essen geben.«

»Aber Sie glauben das nicht?«

»Sehen Sie sich um«, sagte der Mann hämisch. »Ich weiß, wie die Feldküchen funktionieren. Wie sollten sie mit diesem Chaos hier fertigwerden? Einige von diesen Gören und die Alten werden morgen in einer schrecklichen Verfassung sein, es sei denn, daß diese verdammten Hunnen vorher abziehen ... Wo haben Sie gesagt ... Liverpool Road?«

»Etwa um drei Uhr morgens.«

Der kleine Mann nickte. Das Chaos war es, das für ihn so abstoßend war. Er verspürte keine Nachträglichkeit gegenüber Menschen, die wußten, was sie taten. »Verhaftungsgruppe Nr. 187. Ordentliche Leute! Höflicher junger Offizier. Er muß der Frau Ihres Freundes eine gelbe Liste vorgewiesen haben, mit einer Nummer auf der einen Seite über seiner Unterschrift. Wie war doch der letzte Buchstabe?«

»T.«

»Dann müßten Sie Ihren Freund nahe von diesem großen T dort drüben an der Wand finden.«

»Dort habe ich zuerst zu suchen begonnen«, sagte Douglas erschöpft. »Ich kenne das System.«

»Ja, es wird die Verhaftungsgruppe Nr. 187 gewesen sein.« Der deutsche Offizier konnte nicht mehr als ein halbes Dutzend englischer Worte sprechen. »Sie waren in der Liverpool Road . . . und ein dummer Junge von einem Londoner Polypen — er konnte nicht älter als neunzehn gewesen sein.« Er klopfte Douglas auf die Brust. »Das sind diejenigen, denen ich die Schuld gebe — die verdammten Polypen! Was tun sie? Helfen den Krauts, unschuldige Menschen mitten in der Nacht zu verhaften! Ich würde diese ganze Bande an die Mauer stellen und die Kerle erschießen. Ich habe Polypen nie gemocht.«

»Mein Freund muß in demselben Bus mit Ihnen gewesen sein.«

»Ein großer Kerl sagen Sie? Graues Haar? Hat er eine Krawatte des Garderegiments getragen?«

»Durchaus möglich.«

»Der große Gardist! Ja, ich erinnere mich an ihn. Nahm es sich sehr zu Herzen, saß vorne in dem Bus, mit den Händen in den Taschen. Großer Mann, breite Schultern. Ich entsinne mich, daß ich dachte, er müsse ein Türsteher in einem Hotel oder ein Boxer oder so etwas sein.« Der Mann stellte sich auf die Zehenspitzen, um über die Menge hinwegsehen zu können. Da ihm das nicht gelang, setzte er einen Fuß auf den Sockel eines der Viehgehege und schwang sich hinauf. »Gehen Sie zu dem Zeichen S hinüber. Ich glaube mich zu erinnern, ihn dort gesehen zu haben, als ich den Wachtposten dazu brachte, mir etwas Fisch und Chips zu besorgen.«

»Ich danke Ihnen«, sagte Douglas, bevor er weiterging.

»Sie müssen sich etwas zu essen besorgen! Nehmen Sie meinen Rat an«, rief der Mann ihm nach.

Douglas sah Sylvia, ehe er Harry sah. Sie saß auf einem Viehzaun und kaute an einem Stück Brot. Es gab keinen Grund, über den Anblick von Sylvia erstaunt zu sein. Sie war eine Spielernatur, und genau wie ein besessener Spieler gewinnt und dann immer weiterspielt, bis er den ganzen Gewinn verloren hat, so würde Sylvia weiterhin ihre Freiheit riskieren, bis sie diese für immer verlor.

»Wir brauchen dich nicht«, sagte sie, als sie Douglas erblickte.

»Wie hast du mich gefunden, Chef?« fragte Harry.

»Routine«, sagte Douglas.

»Danke vielmals, Chef. Ich meine es wirklich so, wie ich es sage.«

»Es war nicht mehr, als auch du für mich tun würdest, Harry«, sagte Douglas.

»Warum heiratet ihr beide nicht?« sagte Sylvia. Sie rümpfte die Nase, steckte den Rest der Brotscheibe in den Mund und sprang von der Einfriedung herunter.

»Ich glaube, es wird alles ins rechte Gleis kommen«, sagte Harry.

»Wie?« wollte Douglas wissen.

»Sylvias Leute werden einem der Polizeioffiziere unter die Arme greifen.«

Das konnte nur Bestechung bedeuten. Sylvia verzog das Gesicht, als ob sie ärgerlich sei, daß Harry darüber sprach.

»Es ist der beste Weg«, sagte Harry.

»Ja, vielleicht«, sagte Douglas vorsichtig. Wenn Harry durch das Vernehmungszentrum geschleust wurde, mußte das mit einer Eintragung in Harrys Personalakte in Scotland Yard enden. Wenn Douglas sich einsetzte, damit Harry entlassen wurde, mußte dies mit einer Eintragung in Douglas' Akte enden. Ein bestochener Polizist war die einzige Möglichkeit, Harrys Freiheit ohne einen kompromittierenden schriftlichen Bericht zu erlangen.

»Wir brauchen dich nicht«, wiederholte Sylvia. Er sah die unbeherrschte Wut in ihrem Gesicht, die völlig unvernünftige Hysterie — und das erschreckte ihn. Vielleicht las sie die stille Angst in seinem Gesicht. »Geh zurück in dein Büro, Douglas«, spottete sie. »Wir werden das auf unsere Art und Weise erledigen.«

»Ich hoffe, daß ihr beide wißt, was ihr tut«, sagte Douglas und blickte Harry an.

Harry rieb sein Kinn. »Es wird alles in Ordnung kommen, Chef, wirklich!«

»Du kannst dich mit mir in Verbindung setzen, wenn du irgend etwas willst«, sagte Douglas.

Er war müde von der Suche und niedergeschlagen von allem, was er hier gesehen hatte. Jetzt räumte er das Feld vor Sylvias Haß.

»Sag's Joan«, sagte Harry.

»Sag Joan was?« fragte Douglas.

»Sag ihr, daß ich bald daheim sein werde.«

»Ich werde es ihr sagen«, versprach Douglas. Er war froh, von hier wegzukommen, aber sobald er draußen war, machte er sich Vorwürfe, daß er Harrys Beteuerungen so rasch hingenommen hatte.

Der Geruch von gebratenem Fisch lag in der Luft, und Douglas ging die Straße entlang zu dem Fischladen, von dem der kleine Mann gesprochen hatte. Vier Leute beugten sich über die Bratpfannen. Sie alle arbeiteten wie besessen, um die lange Reihe deutscher Soldaten zu befriedigen, die in Papier eingewickelten Fisch über die leere Straße nach dort trugen, wo die hungrigen Gefangenen hinter dem Stacheldraht warteten. Große weiße Fünfpfundnoten wurden auf den Ladentisch geworfen und mit derselben nachlässigen Hast behandelt wie die Zeitungen zum Einpacken.

Douglas setzte sich an einen der Tische mit Marmorplatte in dem leeren Eßraum. »Dort keine Bedienung«, rief einer der Männer an der Bratpfanne.

»Wo ist hier die Bedienung?« fragte Douglas und ging zum Ladentisch.

»Da müssen Sie schon einen andern Fischladen finden, mein Freund«, sagte der Mann an der Bratpfanne. Er wischte seine schweißnasse Augenbraue mit der Hand ab. »Keine Zeit für Laufkundschaft heute.«

»Bringen Sie mir gebratene Scholle und Chips«, verlangte Douglas.

»Oder was?« sagte der Mann, lehnte sich über den Ladentisch und brachte sein Gesicht ganz nahe an Douglas heran.

»Oder ich werde um den Ladentisch herumkommen und Sie und Ihre drei Kumpels in die Bratpfanne hauen«, sagte Douglas ruhig.

»Sie ...« Der Mann wollte Douglas einen Schlag versetzen,

doch Douglas packte sein Handgelenk und verdrehte ihm hart den Arm, bis sein Gesicht auf den Zeitungsstoß heruntergedrückt war.

»Hören Sie auf, werden Sie nicht gehässig!« schrie der Mann. Die anderen drei taten so, als hätten sie nicht bemerkt, was passiert war.

Ein deutscher Soldat — mit berechtigtem Interesse am guten Umsatz des Fischladens — faßte nach Douglas' freiem Arm, bekam aber ein solches Gebrüll von Kasernenhof-Deutsch zu hören, daß er sofort losließ und sogar Haltung annahm. »Jetzt geben Sie mir ein schönes Stück Scholle und eine kleine Menge Chips«, sagte Douglas zu dem Verkäufer und hielt den Mann noch immer fest, »oder ich bringe Sie auf die andere Seite der Straße, *hinter* den Drahtzaun. Haben Sie verstanden?«

»Ja, es tut mir leid, Sir.« Douglas ließ ihn los. Mürrisch warf der Mann ein Stück Fisch auf einen angeschlagenen weißen Teller, gefolgt von einer Portion Kartoffelchips, wobei er so nachlässig hantierte, daß ein halbes Dutzend davon über die hölzerne Tischplatte verstreut wurde.

Douglas legte eine halbe Krone hin, bekam sein Wechselgeld und ein verdrießliches Grunzen. Der Mann nickte dem deutschen Soldaten zu, und eine weitere Portion Fisch landete auf einem Blatt Zeitungspapier. Douglas sah flüchtig die Titelseite einer alten Nummer des *Daily Telegraph. »Die Deutschen im Rückzug bei Ashford. Canterbury zur offenen Stadt erklärt. Deutsche Panzer dringen ein.«* Was haben sie uns angetan? dachte Douglas. Was ist mir angetan worden? Er blickte hinaus durch das Fenster des Fischladens. Die Fenster waren regenfeucht und die Herden von Gefangenen nur undeutlich zu sehen.

Douglas spritzte Essig und streute Salz auf seinen Fisch und die Chips. Sein ganzes arbeitsreiches Leben hatte nun in ein solches Elend gemündet. Aber bis jetzt hatte ihn wenigstens der Glaube ermutigt, daß er Gesetz und Ordnung aufrechterhielt. Jetzt, als er über die Straße blickte, wurde dieser Glaube erschüttert.

Douglas dachte an den Vater, den er kaum gekannt hatte,

und an seine glückliche Ehe, die so grausam geendet hatte. Jetzt hatte er nur noch seinen Sohn. Es gab keinen Platz in seinem Leben für die Art von Komplikationen, die Barbara Barga mit sich bringen würde. Und doch, gegen alle Vernunft — er hatte sich in sie verliebt. Das ließ sich nicht leugnen und er begehrte sie. Aber als Polizist mißtraute er der Liebe. Zu oft schon hatte er die andere Seite gesehen, die Gewalttätigkeit, das Leid und die Verzweiflung, die sie mit sich bringen konnte. Er redete sich ein, daß sie ihm eine Chance geben könnte, aus diesem Tollhaus der Falschheit und des Leids zu entkommen. Er redete sich ein, daß es vielleicht nur der Gedanke an die Freiheit in Amerika war, in den er sich verliebt hatte und Barbara nicht viel mehr war als eine Episode. Aber was immer die Wahrheit war, er brauchte sie. Er mußte sie sehen.

28. KAPITEL

»Du siehst ja miserabel aus«, sagte sie mit einem amüsierten Lächeln. »Und du riechst nach gebratenem Fisch. Douglas Archer, wo bist du gewesen? Ich habe keine ruhige Minute mehr gehabt.« Natürlich war das genau ihre Art zu scherzen, aber es war auch etwas, das er gern hören wollte.

Sie umarmten einander innig, und dann legte sie die Hand an seine Wange, während sie ihn ansah.

»Kann ich einen Drink haben?« fragte er.

»Mein Liebling, natürlich.« Seine Frau hatte ihn nie Liebling genannt, und er fand es eine seltsame Form der Anrede, eine den Filmstars vorbehaltene. Oder so dachte er wenigstens. Daß Douglas um einen Drink bat, kaum daß er ihre Schwelle betreten hatte, war etwas, das die meisten Leute, die ihn kannten, überrascht haben würde.

Sie ging in die Küche, brachte einige Eiswürfel und warf sie in zwei Gläser. Douglas erzählte ihr von Harry Woods und dem Viehmarkt, aber Sylvia erwähnte er nur ganz flüchtig.

»Nur das zur Veröffentlichung freigegebene Pressematerial

geht über Funkspruch hinaus«, berichtete Barbara, als sie ihm seinen Whisky reichte. »Ich habe eine großartige Geschichte und eine Menge Fotos, aber jetzt gibt es eine vollkommene Nachrichtensperre. Hunderte von Leuten sind verhaftet worden, man braucht nur ein Taxi in die Stadt zu nehmen, um zu sehen, was geschehen ist. Bei uns zu Hause würde ein Dutzend Zeitungen diese Geschichte schon veröffentlicht haben!«

»Du bist nicht zu Hause«, erinnerte Douglas sie. »Und es werden Tausende verhaftet, nicht Hunderte.« Ein plötzlicher Sonnenstrahl erleuchtete die weißen Wände der Küche, aber er erlosch bald wieder.

»Oberst Mayhew hat angerufen. Er möchte dich gern sehen. Er kommt ungefähr um acht Uhr hierher.«

»Ich habe einen Haftbefehl für ihn. Huth möchte ihn einschüchtern, um einen Handel mit ihm abzuschließen.«

»Was für einen Handel?«

»Mayhew bekommt den König und bringt ihn nach Amerika. Huth bekommt eine Menge atomphysikalisches Forschungsmaterial. Die Deutschen wollen eine Atombombe bauen.«

Sie zeigte keine Überraschung. »Das habe ich gehört. Noch einen Drink?«

Douglas legte die Hand über das Glas. »Sie sind beide verrückt«, sagte er.

»Warum?«

»Weil, sobald der König in den USA ist, Mayhew beiseite geschoben und vergessen wird. Und sobald Huth das Forschungsmaterial in Händen hat, wird auch er überflüssig. Er ist Anwalt von Beruf; er hat keine wissenschaftliche Ausbildung. Er hat eine Menge aus deutschen wissenschaftlichen Zeitschriften und Nachschlagewerken herausgelesen — vor allem aus zwei Arbeiten von Professor Springer. Ich habe das alles auch gelesen. Jetzt weiß ich darüber beinahe so gut Bescheid wie Huth.«

»Vielleicht werden Mayhew und Huth durch noch etwas anderes als Ehrgeiz angeregt?«

»Du kannst nie ernsthaft sein, Barbara.« Er lächelte traurig.

»Ich habe noch nie zwei Männer getroffen, die einander in ihrem rücksichtslosen Ehrgeiz so ähnlich sind.« Sie erkannte nun die große Stärke in ihm, nicht die athletische Überlegenheit, die Männer so oft ins Spiel bringen, um andere einzuschüchtern, aber eine Stärke, die gütig und bescheiden war.

Sie gingen ins Zimmer und setzten sich auf das häßliche kleine Sofa. Sein schlampiger Bezug, mit grünen Blättern geschmückt, ließ es wie eine fleischfressende Pflanze aussehen.

»Vermißt du deine Frau?« fragte sie. Sie berührte mit der Fingerspitze das Eis in ihrem Drink und beobachtete sich selbst dabei, als sie das tat.

»Manchmal. Wir haben uns schon als Kinder gekannt.«

»Das ist wirklich hart.«

»Ich habe den Jungen.«

Sie setzte sich neben ihn, und er legte den Arm um sie.

Barbara nahm einen Schluck von ihrem Drink. »Und du hast ja auch mich«, sagte sie.

»Hab' ich das?« Er blickte auf sie, aber sie hatte sich von ihm abgewandt. Er berührte ihren Rücken. Sie fröstelte. »Hab' ich das?« fragte er noch einmal.

»Du weißt, daß du das hast«, flüsterte sie.

»Ich liebe dich, Barbara.«

»Ich liebe dich auch, Doug. Ich wollte es nicht, weiß Gott.«

Wieder schob sich eine Wolke vor die Sonne, und das goldene Licht schwand dahin und erstarb, bis der Raum beinahe dunkel war. Sie beugte sich vor und schaltete die Tischlampe ein. »Ich hasse dieses verdammte Sofa«, sagte sie. »Du auch?«

»Es ist das häßlichste Ding, das ich je gesehen habe«, meinte Douglas. »Willst du mich heiraten?«

»Ich wollte den Überzug schon färben lassen, aber die Leute, die das Haus an mich vermietet haben, denken vermutlich, daß er wertvoll ist.« Sie strich nachdenklich mit dem Finger über den Chintzbezug.

Douglas sagte: »Du verdienst an einer guten Geschichte mehr als ich in einem ganzen Jahr!«

»Wir wollen bald heiraten, sehr bald.«

»Da ist auch mein Sohn, erinnere dich daran.«

»Ich erinnere mich.«

»Weine doch nicht, Barbara.«

Mit scherzhafter Strenge sagte sie: »Ohne deinen Sohn kommt das Geschäft nicht zustande«, aber die Worte blieben ihr in der Kehle stecken, und sie weinte wieder, als er beide Arme um sie schlang und sie küßte.

29. KAPITEL

Oberst Mayhew erschien um acht Uhr. Douglas und Barbara machte es einen kindischen Spaß, als sie ihn in der Diele empfingen und so taten, als hätten sie ihn durch das Fenster des Schlafzimmers im oberen Stock nicht längst kommen gesehen.

Mayhew stellte seinen eng zusammengerollten Regenschirm in den Messingständer hinter der Eingangstür und hing Mantel und Hut so zwanglos an den Haken, als sei er hier zu Hause. Douglas ärgerte sich darüber. Mayhew lächelte Douglas an, aber es war eine einstudierte Grimasse, die eher auf Besorgnis schließen ließ als auf Vergnügen. »Haben Sie gehört, was mit Harry passiert ist?«

»Harry Woods?« fragte Douglas.

»Er wurde verhaftet und ...«

»Ja«, sagte Douglas. »Es geht ihm den Umständen entsprechend. Ich habe ihn im Lager gefunden ...«

»Dann wissen Sie also *nichts*«, sagte Mayhew. Er blickte auf Barbara und wieder zurück auf Douglas und rieb seine Hände aneinander. »Es gab eine Schießerei. Es heißt, daß Harry getroffen wurde, aber ich weiß es nicht sicher. Das Mädchen — Sylvia Manning, die bei Ihnen angestellt gewesen war — ist tot.«

»Großer Gott!« rief Douglas. Sein Magen zog sich zusammen, und er war mehr betroffen über Sylvias Tod, als er es für möglich gehalten hätte.

»Sie versuchten durch den Stacheldraht des Inhaftierungslagers auf dem Caledonian Market zu entkommen, behauptet der Wachtposten. Es klingt wahr.«

»Ich war bis fast um vier dort«, sagte Douglas. »Ich begreife es nicht. Sie wollten doch einen Offizier bestechen, sagten sie.«

Mayhew nickte. »Wollten nicht, daß Sie hineingezogen werden, wissen Sie.« Er zog die Luft durch die Nase ein. »Immer ein guter Kerl gewesen, Harry. Wollte nicht, daß Sie in Schwierigkeiten kämen.«

»Aber sie sagten mir doch beide, es ginge in Ordnung«, sagte Douglas verzweifelt.

»Einem Dutzend oder mehr gelang die Flucht«, sagte Mayhew. »Sie hatten Pech, das ist alles. Sie waren zu spät dran. Die Wachtposten wurden nervös und schießwütig. Sie wissen ja, wie das ist.«

»Das Mädchen ist tot, sagen Sie?« fragte Douglas.

»Kam zurück und wollte versuchen, auch Harry in Sicherheit zu bringen. Ein Beweis von Tapferkeit, für den ein Mann im Krieg das Viktoriakreuz verliehen bekommen hätte. Sie mußte ihren Mut beweisen, nicht wahr? Sie war schon in Sicherheit. Jung, wissen Sie! Sie konnte schneller laufen als Harry, und vielleicht zögerte der Wachtposten, auf eine Frau zu schießen. Aber als sie zurücklief . . .« Er zog ein Gesicht.

»Und Harry ist verwundet?«

»Die Gestapo hat ihn angefordert. Die Gestapoleute sagen, er falle in ihre Zuständigkeit, weil er Polizeibeamter ist.«

Barbara berührte Douglas' Arm und sagte: »Wird man ihn foltern, um Auskünfte von ihm zu bekommen?«

Mayhew schüttelte den Kopf. »Harry weiß so gut wie gar nichts.«

»Harry hat mit einer Widerstandsgruppe gearbeitet«, sagte Douglas.

»Ja, die Überlebenden des Camden-Town-Bataillons der Home Guard haben Zucker in die Benzintanks der Armeefahrzeuge geschüttet, betrunkene deutsche Soldaten überfallen und gemeine Slogans über Hitler an die Mauern geschrieben.«

Douglas nickte zustimmend. Er hatte von dem Camden-Town-Bataillon gehört.

Mayhews Stimme war klanglos und zurückhaltend. »Harry Woods kennt nur das Mädchen, das bei ihm war, und zwei andere Männer, die mit ihm gearbeitet haben.«

»Verdammter Narr«, sagte Douglas. Sein Kummer verwandelte sich in Ärger über Harry, wie eine Mutter ein Kind schilt, das um ein Haar überfahren worden wäre.

»Es gehört sehr viel Mut dazu«, sagte Barbara. »Ich wäre stolz auf jeden meiner Landsleute, der gegen einen Eindringling kämpft.«

»Die beiden anderen Männer seiner Zelle wurden jedenfalls gewarnt«, berichtete Mayhew. »Sie sollen verschwinden ... Nein, Harry weiß nichts, was die Gestapo sehr wichtig finden könnte. Trotzdem ist das Gestapo-Hauptquartier in der Norman Shaw North nicht gerade ein ruhiger erholsamer Ort.«

»Ich gehe am besten hin«, sagte Douglas.

»Nein!« sagte Mayhew eindringlich. »*Das* würde sie erst recht veranlassen, sich für Harry zu interessieren. Wenn die den Verdacht hegen, daß Harry und Sie etwas zu verbergen haben, würden sie euch beiden die Fingernägel herausreißen, zum Beginn, meine ich.«

»Das ist ein Risiko, das ich auf mich nehmen muß«, sagte Douglas.

»Vielleicht haben Sie für Ihre Person recht«, sagte Mayhew und ging zwischen Douglas und der Tür auf und ab. »Aber es ist kein Risiko, das die gesamte übrige Organisation eingehen muß.«

Mayhew war aus einem anderen Stoff, entschied Douglas. Sylvia hatte gehandelt. Dieser Mann aber überlegte, bevor er handelte. Douglas setzte sich.

»Jetzt sehen Sie sich das einmal an«, sagte Mayhew. Er zog eine Nummer von *Die englische Zeitung* aus seiner Tasche und faltete sie auf, so daß das Titelblatt zu sehen war. »Dies ist die morgige Ausgabe.« Douglas las die balkendicke Schlagzeile: ›Standrecht.‹

»Die Deutschen haben das Standrecht für ganz Großbritannien erklärt«, erläuterte Mayhew. »Einer unserer Leute in der Telefonzelle hat schon frühzeitig Wind davon bekommen.

Aber er hatte nur ein kleines Taschenlexikon, und das Wort stand nicht darin.«

Douglas starrte noch immer auf die Zeitung, die Mayhew ihm hinhielt.

»Beginnt heute um Mitternacht, mitteleuropäische Zeit«, sagte er.

»Alle Soldaten werden in die Kasernen zurückberufen, bis auf weiteres Urlaubssperre«, sagte Mayhew. »Seitenwaffen müssen die ganze Zeit über getragen werden. Die Waffen-SS-Einheiten in Großbritannien werden der Wehrmacht unterstellt. Das bedeutet, daß die Deutschen schlagkräftiger sind. Das bedeutet aber auch eine bittere Pille für Heinrich Himmler.«

»Was für einen Unterschied macht das — Standrecht oder nicht?« fragte Barbara.

»Man ergreift Vorsichtsmaßregeln für den Fall, daß das Attentat in Highgate der Anfang eines großangelegten bewaffneten Aufstands im ganzen Land sein könnte. Man beginnt damit, auf eine de-jure-Anerkennung einer de-facto-Situation zu dringen. Es sieht so aus, als ob es ihnen geglückt ist.«

»Das war wie ein echter Bürokrat gesprochen, Archer«, sagte Mayhew. Er klatschte geräuschlos in die Hände.

»Gerade Sie sollten verstehen, Oberst Mayhew«, sagte Douglas tonlos, »daß die Deutschen Bürokraten *sind*. Das ist der Schlüssel zu allem, was sie sagen und tun . . . und zu allem, was sie nicht sagen und nicht tun.«

»Jawohl, so ist's«, sagte Mayhew mit einem Kopfnicken und einem Lächeln, das Douglas besänftigen sollte.

Douglas sagte: »Und erzählen Sie mir nicht, daß Sie nicht auf diese Sache gewartet haben! Ich möchte wetten, daß Ihre Freunde von der Abwehr heute abend Champagner trinken.«

»Meine Freunde von der Abwehr sind viel zu puritanisch, als daß sie etwas so Menschliches tun wie Champagner trinken. Ihre Vorstellung von einer Feier sind fünfzig Glas Fruchtsäfte und eine kalte Dusche.«

»Ist das Standrecht von Vorteil für die Wehrmacht?« wollte Barbara wissen.

Douglas sagte: »Es verändert die ganze Struktur, Barbara.« Er wollte sie Liebling nennen, aber er wagte es nicht. »Es stellt Kellermann und seine Polizeileute, den SD und die SS-Einheiten direkt unter die Befehlsgewalt der Wehrmacht. Ihre Befehlskette zu Himmler wird abgewürgt. Sie dürfen zwar jammern, wenn sie etwas befohlen bekommen, aber erst nachdem sie es getan haben!«

»Die Wehrmacht wird also auch die Festgenommenen übernehmen?« fragte Barbara.

Mayhew griff in seine Tasche und holte eine rot-weiß-blaue Armbinde hervor mit der Aufschrift auf dem weißen Feld: ›Im Dienst der Deutschen Wehrmacht.‹ Sie machte den gesetzmäßigen Träger zu einem ›Wehrmachtsangehörigen‹ und verlieh ihm einen rechtlichen Status, ähnlich dem eines deutschen Soldaten. Damit konnte Mayhew sich dem von Huth erlassenen Haftbefehl widersetzen.

»Die Armee hat alle Verhafteten von der Polizei und der SS übernommen«, erklärte Mayhew. »Ich stehe nicht mehr auf der Fahndungsliste.«

Douglas nickte zustimmend. »Und wird die Wehrmacht nun auch die Bewachung des Königs im Tower von der SS übernehmen? Oder wird man nur die Oberaufsicht übernehmen, um die Schuld auf einen SS-Offizier von der Wache schieben zu können, wenn etwas schiefgeht?«

Mayhew lächelte. »Wie steht's, geben Sie mir noch ein Gläschen von diesem ausgezeichneten Scotch?«

Mayhew führte das ganze Ritual durch, indem er seinem Drink Wasser hinzufügte, daran roch und ihn vorsichtig probierte, als wolle er Zeit gewinnen. Aber wahrscheinlich fand er einfach Gefallen an dem Melodrama. »Morgen abend kommt Besuch zu uns. Wir werden Sie brauchen, Archer. Versuchen Sie ein kleines Nickerchen am Tag zu machen. Ziehen Sie Ihre lange Winterunterwäsche an und bringen Sie einigen eindrucksvollen SS-Papierkram mit, für den Fall, daß wir uns aus der Patsche herausreden müssen.« Mayhew lächelte. »Wenn Washington sein Okay gibt, dann werden wir den König nächste Woche aus dem Tower geholt haben, und er wird noch am selben Tag außer Landes gehen.« Er gab Douglas eine Zigarre aus seinem Schweinslederetui.

»Ich würde nicht zu sehr auf diese Ihre Wehrmacht-Armbinde vertrauen«, sagte Douglas. »Sie werden noch tagelang auf dem Fahndungsblatt stehen, und nicht viele Patrouillenführer und Feldgendarmerieoffiziere werden über genug überflüssige Zeit verfügen, um die Zusatzlisten durchzusehen und Ihren Namen auszustreichen. Jeder, der auf der Liste steht, wird erst einmal eingelocht. Fragen werden viel später gestellt.«

Mayhew nickte nachdenklich. »Ist irgend etwas nicht in Ordnung mit dieser Zigarre, Archer, alter Knabe?«

Douglas blickte von der Zigarre auf. »Nein, durchaus nicht«, sagte er. »Sie ist wundervoll. Eine ›Romeo y Julieta‹. Ich habe eine halb gerauchte in der Tasche von Dr. Spode gefunden. Ich habe nur nachgedacht, das war alles.«

»Nun, Sie brauchen kein Detektiv zu sein, um dafür eine Erklärung zu finden, Archer. Die Deutschen importieren ganze Schiffsladungen, im Austausch gegen Maschinen, Werkzeuge und Autos, die nach Kuba exportiert werden. Jeder, der in deutschen Diensten steht und als wertvoller Freund angesehen wird, kann sich regelmäßig einen Vorrat an Havanna-Zigarren beschaffen.«

»Bekommen auch *Sie* welche auf diese Weise?« fragte Barbara. Es war die geschickte Frage einer Journalistin, die solche Dinge sagen konnte, ohne Anstoß zu erregen.

Mayhew ließ ein kurzes, freudloses Gelächter hören. »Wenn ich Generalmajor von Ruff wiedersehe, werde ich ihn um einige bitten«, sagte er. »Vielleicht erinnert es ihn daran, daß ich zu seinen Freunden zähle.« Er verjagte seinen Zigarrenrauch mit der Hand. »So sind Sie also nicht weitergekommen im Mordfall Spode?«

»Der Bruder hat gestanden«, sagte Barbara.

»Hat er es wirklich getan?« fragte Mayhew. Er lehnte sich über den Tisch und gab Douglas seine Streichhölzer.

»Der Akt ist noch nicht abgeschlossen«, sagte Douglas. In der Stille klang das Zischen des Streichholzes unnatürlich laut.

»Nun, hoffen wir, daß Sie einen befriedigenden Weg finden,

ihn abzuschließen.« Douglas fiel auf, daß er ›abzuschließen‹ sagte und nicht etwa ›aufzuklären‹.

Mayhew stand auf und langte nach seinem Mantel. »Ich werde Sie morgen abend in Ihrer Wohnung abholen, Archer. Ist Ihnen das recht?«

Seit Mayhew gekommen war, hatte Douglas sich in Gedanken abgequält, ob er ihm den Film übergeben sollte. Jetzt streckte er spontan die Hand aus und tat es. »Dieser Film enthält alle Dokumente, die Spode in der Wohnung verbrannt hat. Ich bezweifle, ob jemand weiß, daß sie fotografiert wurden, aber es ist immerhin möglich, daß sich Ihre Freunde von der Abwehr eigene Gedanken gemacht haben.«

Mayhew öffnete das braune Papier und blickte auf die kleine Filmrolle. »So wurde also alles fotokopiert?« Er blickte lange Zeit auf Douglas und nickte dann seinen Dank. »Also bis morgen abend.«

30. KAPITEL

Am nächsten Morgen übergab Douglas General Kellermann einen schriftlichen Bericht. Kellermann nickte zustimmend während des ganzen mündlichen Vortrags und legte dann den Akt beiseite, ohne ihn angesehen zu haben.

»Der junge Douglas ist wohlauf?«

»Ja, danke, Sir.«

»Haben Sie von dieser hervorragenden neuen deutschen Schule in Highgate gehört?« fragte er.

»Ich habe schon davon gehört.« Sie war für die Kinder der SS- und Wehrmachtsoffiziere sowie für die von Beamten der deutschen Zivilverwaltung bestimmt.

»Der Unterricht erfolgt natürlich in deutscher Sprache, aber es ist eine wundervolle Schule. Mit Ihrem fehlerlosen Deutsch könnten Sie Ihrem Sohn bei seinen Hausaufgaben helfen. Diese Schule könnte ihm einen großartigen Start ins Leben vermitteln, und ich glaube, ich könnte dort einen Platz für ihn vereinbaren.«

»Wird es noch andere britische Kinder dort geben?«

»Meiner Meinung nach sollte man einige dort aufnehmen«, sagte Kellermann. »Ich bin im Verwaltungskomitee der Schule. Ich möchte nicht, daß die deutschen Kinder den Kontakt mit ihrem Gastland verlieren ... und englische Kinder wären wertvoll vom sprachlichen Standpunkt. Ich glaube, daß Ihr Douglas genug Deutsch kann, um es zu schaffen?«

»Er kann es ein wenig. Alle Schulen haben jetzt deutschsprachige Klassen.«

»Es könnte wirklich nützlich für ihn sein.«

»Ich muß Douglas fragen. Sie wissen ja, wie Kinder sind, wenn sie sich von ihren Freunden trennen sollen.«

»Das stimmt. Fragen Sie ihn. Er ist ein vernünftiger kleiner Bursche. Er wird die Vorteile sehen. Bringen Sie ihn an einem Nachmittag in dieser Woche hin, und zeigen Sie ihm die Klassen, die Ausstattung der Lehrsäle, den Sportplatz und so weiter.«

Douglas hatte die halbe Nacht mit Überlegungen verbracht, wie er es anpacken sollte, um Kellermanns Hilfe zur Befreiung Harrys zu erlangen. Nun brachte Kellermann das Thema glücklicherweise selbst zur Sprache. »Und dieser hervorragende Detektiv-Sergeant, Ihr Mitarbeiter«, sagte Kellermann. »Was höre ich? Er ist in Haft?«

»Detektiv-Sergeant Woods, Sir. Die Leute von Abteilung IV, gleich nebenan von Ihnen, Sir, halten ihn fest.« Er hatte schon längst entdeckt, daß ›Abteilung IV‹ ein beliebtes Deckwort für Gestapo war.

»Abteilung IV genießt ziemliche Sonderprivilegien, wissen Sie. Meine Autorität bei diesen Herren ist ein wenig eingeschränkt.«

»Wirklich, Sir?« fragte Douglas.

»Nun, sie unterstehen direkt dem Reichsführer SS in Berlin.«

»Selbst unter dem Standrecht?«

»Jetzt versuchen Sie ja nicht, mich zu überlisten, Archer«, sagte Kellermann, wobei sein Gesicht einen gequälten Ausdruck annahm. »Ich und meine Leute kommen nur in Angelegenheiten, die Gesetz und Ordnung betreffen, unter die Befehlsgewalt des Oberbefehlshabers GB. Sonst bleibt alles unverändert. Abteilung IV ist noch immer Berlin verantwortlich, genauso wie Ihr Standartenführer Huth. Sehen Sie jetzt meine Lage?«

»Sie können nicht intervenieren, Sir?«

»Habe mich noch nie in einen Familienstreit verwickeln lassen. Das wird bei jeder Polizeitruppe auf der Welt schon den jüngsten Konstablern eingetrichtert!«

»Ich bezweifle, ob Sergeant Woods den Fragestellern von dem Amt IV gesagt hat, daß er ebenfalls direkt unter der Befehlsgewalt von Berlin steht. Standartenführer Huth hat nachdrücklich die Geheimhaltung der Arbeit, die wir tun, betont.«

»Diese wissenschaftliche Angelegenheit?«

»Ja, Sir.«

»Und das sollte er auch. Standartenführer Dr. Huth ist ein ausgezeichneter junger Offizier, und ich bin stolz darauf, ihn in meinem Stab zu haben.« Kellermann nickte zustimmend. Nachdem er klar und deutlich seinen Anspruch, Huths Vertrauter sowie sein Vorgesetzter zu sein, festgestellt hatte, schränkte Kellermann sein Lob ein wenig ein. »Diensteifrig vielleicht, und zeitweise unbeugsam . . . aber die Aufgabe, mit der er sich befaßt, ist äußerst delikat.«

»Ja, Sir.«

»Ich sehe, daß Sie sich Sorgen wegen Woods machen. Ich glaube, ich muß meinen Wochenendurlaub in Deutschland verschieben. Ich werde Sturmbannführer Strauss bitten, mir alle Einzelheiten über die Verhaftung Ihres Sergeanten zu berichten.« Kellermann schwang sich in seinem Drehstuhl herum. Er hatte ein nachdenkliches Stirnrunzeln in seinem faltigen Gesicht. »Ich nehme an, daß Woods die übliche Sorte von Berichten vorgelegt hatte?«

»Gelbe Durchschläge«, erklärte Douglas. »Mit Bezugnahme auf Akten in Berlin.«

»Das ist's, was ich meine«, sagte Kellermann. »Nun, ich möchte mich nicht in Ihre Nachforschung einmischen, aber ich sehe nicht ein, wieso ein paar gelbe Durchschläge eine Einmischung sein sollten. Sind sie das?«

»Nein, Sir.« Die gelben Durchschläge waren nichts weiter als eine Formalität, durch die Harry Woods beweisen wollte, daß er seinen Lebensunterhalt verdiente. Sie enthielten keine Namen, Daten oder Ortsangaben. Sie beschäftigten nur mehr die Registratoren in einem fernen Berliner Archiv. Und doch konnte Douglas sehen, daß die gelben Durchschläge ausreichen würden, um den Gestapomann Strauss zu überzeugen, daß Woods' Berichte — wie Huths und Douglas' eigene — geradewegs nach Berlin gingen.

»Dann lassen Sie mich zwei von Woods gelben Blättern haben, bevor Strauss bei mir ist.« Er blickte auf seinen Terminkalender. »Ich könnte ihn um elf Uhr heute morgen einschieben.« Kellermann hustete wieder und schlug leicht mit der geschlossenen Faust gegen seine Brust. »Auch *das* alles wird man mir wieder in die Schuhe schieben«, sagte er in einem Ton, der sowohl vertraulich wie anklagend war.

»Wirklich, Sir?«

»Der untüchtige alte Kellermann gewährt den Staatsfeinden Schutz in seinem eigenen Hauptquartier. Das ist's, was man sagen wird, um meine Stellung zu unterminieren.«

»Ich hoffe nicht, Sir.«

Kellermann seufzte, und mit einem müden Lächeln stand er von seinem Schreibtisch auf. »Die Alternative ist sogar noch schlimmer«, sagte er. »Der *verräterische* alte Kellermann beschützt Staatsfeinde . . . sehen Sie den schmalen Pfad, den man einschlägt?« Er ging hinüber zu dem offenen Kamin und starrte in die glühenden Kohlen. »Vergeben Sie einem alten Mann, daß er sich Ihnen anvertraut, Superintendent, aber Sie sind ein äußerst verständnisvoller Zuhörer. Und ich weiß, daß Sie diskret sind.«

»Danke Ihnen, General.«

Douglas stand auf und verabschiedete sich. Kellermann war vor ihm an der Tür und öffnete sie für ihn. Er schüttelte Douglas die Hand. Es war nicht seine übliche Art, eine Besprechung zu beenden, aber vielleicht hatte Kellermann einmal irgendwo gehört, daß sich englische Männer von Welt so benahmen.

Die Verbindungstür zwischen Huths Büro und dem, das Douglas und Harry benützten, stand offen. Douglas fand Huth, wie er das Kleingedruckte in *Das Schwarze Korps*, der offiziellen SS-Zeitung las. Doch hielt er sie so, daß Douglas ihn verdächtigte, er habe sie nur in die Hand genommen, um die Tatsache zu verschleiern, daß er auf ihn gewartet hatte.

»Und was unternimmt Kellermann wegen Sergeant Woods' mißlicher Lage?«

»Er will von Sturmbannführer Strauss Einzelheiten hören«, erwiderte Douglas.

»Er will von Sturmbannführer Strauss Einzelheiten hören!« wiederholte Huth mit einem tiefen Atemholen und spöttischer Überraschung. »Vielleicht könnte ich Ihnen ein paar Einzelheiten geben, ohne die Hilfe von Sturmbannführer Strauss. Wissen Sie, daß Harry Woods' Name auf ausdrücklichen Befehl von Kellermann auf die Fahndungsliste gesetzt wurde?«

»Das kann doch nicht wahr sein!«

»Sind Sie schon lange genug Polizist, um zu wissen, wann Sie erpreßt werden?«

Douglas erwiderte nichts.

»Was hat der alte Schweinehund Ihnen angeboten? Ein Haus auf dem Land? Eine Beförderung? Frauen keine, nein, dazu sind Sie nicht der Typ.«

»Er hat mir nichts angeboten.«

»Das glaube ich Ihnen nicht«, sagte Huth.

Ohne sich aus der Fassung bringen zu lassen, sagte Douglas: »Als Harry Woods höchster Vorgesetzter sind Sie der einzige hier, der ihn freibekommen könnte.«

Huth nickte feierlich. »Und sobald ich den Entlassungsschein unterzeichnet hätte, würde die Gestapo Mittel und Wege finden, mich in Gewahrsam zu nehmen, um zu sehen, ob ich Woods' Komplize war. Dann würden sie die Schlösser aller Aktenschränke aufbrechen und mein ganzes vertrauliches Material durchlesen . . . Danach würde man mich aus der Haft entlassen, mit allen möglichen unterwürfigen Entschuldigungen und Erklärungen über den Irrtum, aber alles Material, das ich über Kellermann zusammengetragen habe, wäre verschwunden.«

»Kellermann sagte, daß die Gestapo direkt unter dem Befehl Berlins steht.«

»Sagen Sie mir«, versetzte Huth und beugte sich auf seinem Schreibtisch vor, »glauben Sie immer noch an den Weihnachtsmann?« Er verschränkte seine Finger und ließ die Knöchel knacken. »Kellermann hat Ihren Freund Harry Woods verhaften lassen, um ein wenig Druck auf Sie auszuüben — und um mich hereinzulegen. Je früher Sie sich das klarmachen, desto besser können wir zusammenarbeiten, um das häßliche alte Schwein zu Fall zu bringen.«

»Warum übergeben Sie die Kellermann-Untersuchung nicht einem andern Offizier?«

»Wem könnte ich vertrauen?«

Douglas gab keine Antwort. Es kam ihm zum Bewußtsein, daß es sich hier um eine Blutrache handelte, der keiner der beiden Männer entgehen konnte.

»Vor fünf oder sechs Jahren war Kellermann ein Niemand«, sagte Huth und versuchte, seinen Haß zu erklären — oder war es Neid? »Er teilte ein von Fliegendreck beschmutztes Büro in einem Vorort von Leipzig mit drei Stenotypistinnen und einem Kriminalbeamten. Er war in der untersten Rangklasse im deutschen Kriminalpolizeidienst. Dann trat er der Nazipartei und der SS bei und liebedienerte und erniedrigte sich, bis er es zum höchsten SS-Offizier und Polizeikommandenten von Großbritannien brachte. Nicht schlecht, was? Und Sie brauchen keine Notiz von dem Quatsch nehmen, daß er keine Autorität über irgend etwas hätte — und Berlin ihn nicht mag. Das gehört nur zu seinem Stil.«

»Ich fange an, es zu glauben.«

Huth fuhr fort: »Er verkehrt in den besten Häusern Londons und faselt von Frieden und Wohlstand, spielt den alten närrischen Kauz, der warmes Bier, Tweedanzüge, Cockerspaniels und geselliges Beisammensein liebt. Und der leicht manipuliert und übertölpelt werden kann.« Huth knüllte seine Zeitung zu einem Knäuel zusammen. »Sie haben gedacht, er sei ein Snob, nicht wahr? Er hat es gern, wenn die Leute das glauben.« Huth warf die Zeitung mit solcher Heftigkeit in den Papierkorb, daß dieser umkippte und seinen Inhalt auf den Teppich verstreute. »Jetzt erzählen Sie mir, was er wollte!« schrie Huth.

»Die gelben Durchschläge«, antwortete Douglas ruhig.

»Warum?«

»Um Strauss zu beweisen, daß Harry Woods direkt unter dem Befehl von Berlin stand.«

»Und Sie dachten, es handle sich nicht um mehr als eine Liste von Zahlen. Was kann es schon schaden? Hab' ich recht?«

»Nein«, sagte Douglas.

»Sagen Sie nicht nein zu mir! Ich kann es über Ihr ganzes Gesicht geschrieben sehen.« Er fuchtelte mit einer Hand in der Luft, als Douglas den Mund aufmachte, um eine Erklärung zu geben.

»Okay, okay, okay«, winkte Huth ab. »Wäre es *mein* Freund, der in Schwierigkeiten ist, dann hätte ich vielleicht dasselbe gedacht.«

Douglas sagte: »Glauben Sie, daß General Kellermann jemanden hat, der die Papiere im Berliner Archiv ans Tageslicht bringt?«

»Wenn Kellermann sie in die Finger bekommt, dann wüßte er genau, was man alles gegen ihn unternimmt.«

»Er hat seine Wochenendreise abgesagt«, berichtete Douglas. »Weil er sich über Harry Woods Sorgen macht.«

»Daß ich nicht lache!« sagte Huth. »Kellermann war zu einer Jagdpartie in Schönhof eingeladen — in Ribbentrops Jagdhütte. Das hat er nicht deshalb aufgegeben, weil ein lausiger Detektiv-Sergeant auf seinen Befehl hin verhaftet wurde und zu entkommen versuchte.«

»Warum bleibt er dann hier?«

»Die Dinge nehmen einen raschen Verlauf, Archer. Sicherlich fühlen Sie das auch. Das Standgericht hat alle Machtbefugnis unseren Kollegen von der Wehrmacht gegeben. Kellermann muß sich entscheiden, ob er ihnen entgegenarbeiten oder ob er den braven Untergebenen spielen soll. Er kam von Highgate mit einer verrückten Idee zurück, daß die Wehrmacht das Attentat verübt haben soll, um an die Macht zu kommen. Schließlich hat er den Gedanken aber doch fallen lassen.«

»Und wie bald werden Sie Beweise gegen ihn haben?«

»Eines Tages wird er sich noch wünschen, er säße noch in diesem von Flöhen heimgesuchten kleinen Büro in Leipzig!« sagte Huth. »Meine Leute in der Schweiz haben telegrafiert, daß Kellermann über fünfzehn Millionen Reichsmark auf Nummernkonten verteilt hat. Wenn ich die Kopien bekomme, auf die ich warte, werde ich ihn aus eigener Machtvollkommenheit heraus verhaften lassen.«

Douglas nickte. Jede Woche brachten die Zeitungen die Namen von Männern, die wegen Vergehen am Schwarzmarkt, Korruption oder Plünderung hingerichtet wurden. In dieser Hinsicht wendeten die Deutschen das Gesetz rigoros gleicherweise bei Deutschen wie bei Briten an.

»Geben Sie dem alten Narren ein paar Listen zu lesen. Meinetwegen«, seufzte Huth. »Er wird eine Zeitlang brauchen, um sie durchzustudieren. Dann sagen Sie ihm, es seien die falschen gewesen. Es wird einen weiteren Monat dauern, bis er sich zurechtfindet, und bis dahin garantiere ich Ihnen, Archer, werden wir diesen alten Gauner für immer los sein.« Er hob die Faust hoch, aber dann schwächte er die Geste zu einem Wink mit dem Finger ab. »Aber wehe, wenn Sie ihm auch einen richtigen Akt aus diesem Büro geben, bei Gott, ich werde . . .«

Er beendete den Satz nicht. Ein Windstoß rüttelte an den Fenstern, und große Regentropfen liefen an dem verrußten Glas herunter. Die Themse hatte die Farbe von Blei.

»Ich werde ihm keine richtigen geben«, sagte Douglas.

»Und, Archer«, setzte Huth hinzu, als Douglas zur Türe ging, »rechnen Sie nicht zu sehr mit Kellermanns Hilfe für Ihren Freund Harry. Suchen Sie sich einen andern Detektiv-Sergeanten, der ab morgen hier arbeiten kann.«

31. KAPITEL

Standartenführer Huths Prophezeiungen über General Kellermann erwiesen sich als wahr und falsch im gleichen Maß. Kellermann schloß mit seinen neuen Herren Frieden, denn er war genügend anpassungsfähig, um seinen Mantel nach dem Wind zu drehen. Aber die Voraussage, daß nichts unternommen würde, um Detektiv-Sergeant Harry Woods zu helfen, erwies sich als falsch. Um drei Uhr an diesem Nachmittag erhielt Douglas Archer einen Anruf von Kellermanns persönlichem Adjutanten, der ihn bat — sollte seine Zeit es erlauben, und vorausgesetzt, daß er in keiner Weise damit belästigt wurde —, einige Augenblicke im oberen Stockwerk mit dem General zu verbringen. So nebenbei fügte der Anrufer hinzu, daß auch Detektiv-Sergeant Harry Woods da sein werde.

Nach den Maßstäben der Gestapo war Harry Woods nahezu unversehrt. Douglas aber erschrak über seinen Anblick. Im Gesicht hatte er blaue Flecke, und ein Auge war geschwollen, so daß es beinahe geschlossen war. Er zuckte zusammen, wenn er sein Gewicht auf dem Stuhl verlagerte, und auch ein Bein mußte etwas abbekommen haben.

»Hallo, Harry«, sagte Douglas, nachdem er Kellermann begrüßt hatte.

»Hallo, Superintendent«, sagte Harry leise.

»Setzen Sie sich, Superintendent Archer.«

Sturmbannführer Strauss war auch anwesend. Er saß an dem kleinen Schreibtisch in der Ecke und hatte die Arme müßig auf ein Aktenheft gelegt. Er sagte nichts. Kellermann ging zum Fenster hinüber und öffnete es, damit er auf den Fluß hinausschauen konnte. »Sie sind ein Narr gewesen, Sergeant Woods«, sagte Kellermann.

»Wenn Sie meinen«, sagte Harry zögernd.

»Nun, ich *meine* es«, sagte Kellermann. Er drehte sich um und blickte in den Raum. »Und das tut auch Superintendent Archer, und das tut auch jeder andere, wenn Sie die Wahrheit hören wollen. Hat man Sie mißhandelt?«

Harry Woods gab keine Antwort. Kellermann ging zu

Strauss hinüber, nahm ihm den Akt aus der Hand und holte von seinem Schreibtisch die Brille. Er las den Bericht, wobei er ihn unter seine Schreibtischlampe hielt. Als er fertig war, schloß er den Aktendeckel. »Nun, Woods, sind Sie mißhandelt worden?«

Harrys Worte kamen leise und zögernd, und Kellermann mußte sich näher zu ihm hinbeugen, um sie zu verstehen. »Kalte Bäder und kein Schlaf.«

Douglas erschrak. Harry war alt, stand kurz vor der Pensionierung und war auch in keiner guten körperlichen Verfassung. In eiskaltes Wasser gestoßen und wachgehalten zu werden — nur wenige Menschen konnten einer solchen Folter widerstehen.

»Kalte Bäder und nicht viel Schlaf«, sagte Kellermann, verschränkte die Arme vor der Brust und nickte. »Nun, das ist die Routine ... Es hätte schlimmer kommen können, Sergeant.« Er klatschte sich auf den Bauch. »Ein paar Wochen in einem Rekrutenlager würde uns allen guttun, wie?« Er wandte den Kopf, um Douglas anzulächeln, aber Douglas saß mit gekreuzten Beinen da und betrachtete seine Schuhe.

Kellermann schritt unruhig im Zimmer auf und ab, dann ging er zu Strauss hinüber und warf ihm den Akt hin. »Aber ich kann nicht begreifen, warum dieser Polizeibeamte von Ihnen in Haft gehalten wurde, Strauss?« Strauss rappelte sich auf die Beine und schlug die Hacken zusammen.

»Der Gefangene ist erst heute morgen in meinen Gewahrsam übergeben worden. Der diensthabende Offizier, der ...«

»Wir haben keine Zeit für eine offizielle Untersuchung«, sagte Kellermann. »Das kommt später. Die Fakten der Angelegenheit sind, daß dieser Polizeibeamte nicht von der Wehrmacht hätte verhaftet werden dürfen. Das entschuldigt nicht seinen dummen Fluchtversuch, den wir uns merken werden. Zweitens ...« Kellermann faßte nach seinen Fingern, als könne er nicht zählen, ohne das zu tun. »... wenn er schon aus einem Wehrmachtslager geflohen ist und soll dafür belangt werden, dann ist es ja auch Sache der Wehrmacht, ihn zu verhören.«

Strauss gab keine Antwort. »Nun, Strauss?« fragte Kellermann. Er stand aufrecht da und zerrte an seiner Uniformjacke.

»Die Rechtsabteilung sagte, daß Detektiv-Sergeant Woods unter die Gerichtsbarkeit der SS fällt«, sagte Strauss. »Die Wehrmacht hat keine Einwendungen dagegen vorgebracht. Deshalb hat der diensttuende Offizier ihn in Haft genommen.«

»Ihr verdammten Bürokraten«, schrie Kellermann ärgerlich. »Ihr möchtet uns am liebsten alle aufhängen, um euren Papierkram in Ordnung zu bringen. Haben Sie sich klargemacht, Strauss, daß die Wehrmacht Sie hereingelegt hat? Sehen Sie das nicht ein?«

Strauss machte eine komische kleine Verbeugung, wie eine mechanische Puppe. »Jawohl.«

»Sie schicken diesen Gefangenen zur Feldgendarmerie. Sie bringen ihn persönlich hin, Strauss, für den Fall, daß man ihn wegen ›schwebender Untersuchungen‹ nicht sofort aus der Haft entläßt.«

Dann wandte sich Kellermann an Douglas. »Bevor wir die Schwerter mit unsern Freunden kreuzen«, sagte Kellermann, »müssen wir wissen, was wir tun wollen.« Er ging durch das Zimmer und steckte eine Zigarette in Harrys Mund, dann zündete er sie an. Harry begann sie zu rauchen, ohne auch nur aufzuschauen, woher sie gekommen war. Kellermann sagte: »Weil die Abwehrleute im Augenblick unsere Herren und Gebieter sind.« Er lächelte über die Unsinnigkeit der Situation. »Sergeant Woods ist indiskret, dickköpfig und voreilig gewesen. Er hat es mit Verbrechern zu tun gehabt, aber das macht ihn selbst nicht zu einem Verbrecher ... Haben Sie davon Kenntnis genommen, Strauss?«

»Jawohl.«

»Wir werden eine schriftliche Erklärung brauchen, daß er nicht mehr getan hat, als was im Verlauf seiner Nachforschungen über kriminelle Terroristenorganisationen notwendig war.«

»Wollen wir der Wehrmacht Einzelheiten enthüllen?« fragte Douglas. Er wußte, wohin das vermutlich führen würde.

»Ach, du meine Güte!« sagte Kellermann. »Die junge Dame ist tot. Lassen Sie uns einige nähere Einzelheiten über sie zusammentragen. Damit geben wir nicht allzuviel preis. Sie müssen ja etwas über sie wissen. Sie war sechs Monate Ihre Sekretärin.«

»Ja, Sir«, erwiderte Douglas. Das klang beinahe so, als ob General Kellermann vorschlagen würde, Harrys Freunde vom Widerstand zu verschonen. Er konnte es nicht glauben. Kellermann stellte sich hinter Douglas. Es war ein beunruhigender Trick, und Douglas wußte nie, ob er sich umdrehen und ihm ins Auge sehen sollte oder nicht. Diesmal tat er es nicht. »Ich versuche, Sergeant Woods zu helfen«, sagte Kellermann. Douglas konnte den Cognac riechen, den Kellermann zum Lunch getrunken hatte.

»Ja, General«, sagte Douglas.

»Verstehen Sie mich, Sergeant Woods? Ich versuche, Ihnen zu helfen.«

Harry nickte und rauchte stumm.

»Wenn Ihre Nachforschung mit der Tatsache begann, daß das Mädchen in diesem Gebäude beschäftigt war, dann sagen Sie es. Ich verlange nicht von Ihnen, etwas zu verbergen. Sie werden Woods' Verantwortlichkeiten bei seiner Arbeit unter Standartenführer Huth schildern müssen.« Kellermann ging zu Harry Woods und klopfte ihm mit einer onkelhaften Geste auf die Schulter.

»Soll ich das mit dem Standartenführer überprüfen?« fragte Douglas.

Kellermanns Antwort war nicht viel mehr als ein Flüstern. »Ich habe den Standartenführer um eine schriftliche Erklärung gebeten, die zu Woods' Entlassung beitragen würde. Ich fürchte aber, daß Herrn Dr. Huth die Sache nicht einmal ein Telefongespräch wert ist!« Kellermann seufzte.

»Sollen wir die Niederschrift sofort vornehmen?« fragte Strauss, der es vorzog, nur Fragen zu stellen, bei denen er die Antwort bereits wußte.

»In deutscher Sprache«, sagte Kellermann. »Die Hälfte der Leute in diesem Gebäude kann kein Wort Englisch lesen, und in

Berlin wird alles, was in englischer Sprache geschrieben ist, möglichst rasch beiseite gelegt und vergessen. Superintendent Archer wird es für seinen Kameraden übersetzen, nicht wahr, Archer?«

»Natürlich, Sir«, sagte Douglas, obschon beide, er und Kellermann, wußten, daß mit Douglas' Name und Unterschrift auf jedem Blatt der Niederschrift es für ihn später unmöglich sein würde, die Kenntnis des Inhalts zu leugnen.

Es war nahezu ebenso wirkungsvoll wie eine Aussage von Douglas selbst. Es war ein wirkungsvoller Schlag. Um Harry zu befreien, blieb Douglas wenig andere Wahl, als Huth in die Enge zu treiben, während Kellermann jeden anlächeln und in der von ihm gewählten Rolle des weichherzigen alten Spaßmachers fortfahren konnte.

»Sollen wir Harry in ein Vernehmungszimmer hinunterbringen?« fragte Douglas.

»Benützen Sie das Büro meiner Sekretärin«, sagte Kellermann. »Das wird es mir ermöglichen, Ihnen bei der Abfassung des Textes zu helfen.«

Sie arbeiteten in der nächsten Stunde angestrengt, und Kellermann führte ein Telefongespräch mit dem Abwehrbüro in Piccadilly. Der Papierkram war beträchtlich, aber um sechs Uhr an jenem Nachmittag war Harry Woods frei. Im letzten Augenblick entschied Kellermann, daß Harry Woods' Aussage in diesem Stadium des Verfahrens nicht nötig sei. Er schloß das Schriftstück in seinen Safe ein.

Es war eine Meisterleistung, dachte Douglas, als er noch einmal die Ereignisse überdachte. Kellermann konnte jetzt der Abwehr die widerrechtliche Verhaftung von Harry Woods in die Schuhe schieben, und auch seine Entlassung, sollte er sich schlecht führen. Und zu allem konnte er auch noch behaupten, er habe der Wehrmacht geholfen, ihre Fehler zu vertuschen. Darüber hinaus hatte er von Douglas und Harry Woods eine unterzeichnete und beglaubigte Aussage bekommen, die — wenn sie geschickt verwendet wurde — Huths Nachforschungen über Kellermann behindern würde.

Aber wenn Kellermann die Abwehr so schlau überlistet

hatte — trotz der weitreichenden Machtvollkommenheit, die das Standrecht der Armee verschaffte —, wie stand es dann mit Mayhew und seiner Gruppe?

Wie lange würde es dauern, bevor Kellermann entdeckte, daß die Abwehr ihrerseits im Bunde mit den Männern war, die er ›kriminelle Terroristen‹ nannte? Oder war Fritz Kellermann wirklich nichts anderes als der liebenswürdige alte Humanitätsapostel, der er zu sein vorgab?

32. KAPITEL

»Mir reicht's jetzt. Ich habe genug getan«, sagte Harry Woods, als sie im Wagen saßen und nach Hause fuhren.

»Zu viel.«

»Im Ernst«, sagte Harry, »ich habe genug getan.« Als Douglas nicht antwortete, fügte Harry hinzu: »Ohne mich, wie die Hunnen sagen. Hab' ich recht? Nun, die Widerstandsgruppe kann jetzt eine Zeitlang ohne mich auskommen.«

Douglas nickte. Auch er hatte die Deutschen sagen hören ›ohne mich‹, wenn sie sich von einer aufreibenden, gefährlichen und kostspieligen Forderung der politischen Linie des Dritten Reichs lossagten. Aus dem Augenwinkel konnte er Harry sehen, wie er seine verletzte Wange befühlte, wobei er mit den Fingerspitzen sein Gesicht hinaufglitt, um zu spüren, wie weit die Prellungen gingen.

»Letzten Februar«, sagte Harry, »schien es die einzige Sache, die man tun sollte.«

»Letzten Februar — das ist ein Jahrhundert her«, meinte Douglas.

»Und danach konnte ich mir nie vorstellen, wie ich es den jungen Kerlen sagen sollte, daß ich aus der Sache aussteigen wollte.«

Douglas nickte. Er war es gewöhnt, Männer ihr Unglück vernunftgemäß erklären zu hören — und auch ihr Glück. Erst ein paar Tage zuvor hatte Harry versucht, ihn für die Widerstandszelle anzuwerben, aber er wollte ihn nicht daran erinnern.

»War es Kellermann, der meine Entlassung aus der Haft veranlaßt hat?« erkundigte sich Harry.

»Er sagte, er würde es tun«, sagte Douglas. »Warum fragst du?«

Harry fingerte noch immer in seinem Gesicht herum. »Er ist vielleicht doch nicht so schlimm«, sagte Harry. »Ich meine ... ich habe mich gefragt, ob wir ebenso brutal sein würden, wie sie es sind. Wenn wir den Krieg gewonnen und Deutschland besetzt hätten.«

Sie kamen vor Harrys kleinem Haus an. Hinter den Vorhängen war Licht. Harry stieg aus dem Wagen und blickte sich um, als sehe er die Straße zum ersten Mal. Dann beugte er sich hinunter, um Douglas am Steuer sehen zu können. »Ich wollte, es könnte wieder so sein wie in den alten Tagen, Doug.« Er schien den Regen, der ihn durchnäßte, nicht zu beachten. Douglas hatte aus dem Gefängnis entlassene Männer glücklich im schlimmsten Wetter stehen sehen.

»Die Deutschen sind hier, Harry«, sagte Douglas. Er war ungeduldig, versuchte aber, es seiner Stimme nicht anmerken zu lassen.

»Nein, nein«, sagte Harry. »Ich meine: du und ich. Ich wünschte, es könnte zwischen dir und mir wieder wie in den alten Tagen sein.«

»Es wird einmal wieder so sein, Harry«, versprach Douglas. »Geh jetzt hinein und begrüße deine Frau. Sie hat sich arg um dich gesorgt.«

Als Douglas wegfuhr, die kalte, regennasse Straße entlang, konnte er nicht widerstehen, einen Blick in den Rückspiegel zu werfen. Harry Woods stand unter der Straßenlampe und blickte dem davonfahrenden Wagen nach. Als er um die Ecke bog, schaute Douglas ein letztes Mal zurück. Statt zu seiner eigenen Haustür zu gehen, schritt Harry über die Straße, in eine andere Richtung. Vielleicht zu einer öffentlichen Fernsprechzelle. Na schön, dachte Douglas. Er war nicht Harrys Wächter, nur sein Freund und Partner. Er versuchte, nicht darüber nachzudenken.

Douglas machte einen Umweg und folgte einer Reihe von kleinen Nebenstraßen, um King's Cross und St. Pancras zu vermeiden. Seit der Verhängung des Standrechts wurden besonders die Bahnhöfe als strategisch wichtige Punkte schwer bewacht. Hier gab es auch die fliegenden Feld- und Standgerichte, komplett mit Hinrichtungskommandos. Bis jetzt gab es keine Berichte von Massenhinrichtungen, aber der Anblick der Standgerichte reichte aus, um in unschuldigsten Herzen Furcht zu erregen.

Auch in der Tottenham Court Road gab es ein solches Standgericht, und dort wurde Douglas angehalten. Es regnete noch immer stark. Die Tropfen waren wie Striche im gelben Scheinwerferlicht. Irgendwo, auf der anderen Seite der Eisenbahn, hörte man das Wehklagen einer Sirene der Feldgendarmerie. Der Feldwebel, der Douglas nach seinem Personalausweis fragte, sprach leise und höflich, wie es so häufig die Art von Männern ist, die keinen Widerspruch dulden. Er laß den Paß mit Interesse, verglich Douglas mit dem Foto, notierte das Kennzeichen des Fahrzeugs, dann grüßte er militärisch und gab Douglas den Weg frei.

So war es überall in ganz England. Die deutsche Wehrmacht demonstrierte der Zivilbevölkerung, daß die ›Feldgrauen‹ das Land völlig unter Kontrolle hatten. Und doch, wenn man beobachtete, wie die Wehrmacht bei der Überprüfung der Polizei- und SS-Fahrzeuge eine perverse Befriedigung zu finden schien, war es beinahe so, als ob die Demonstration gegen diese gerichtet wäre.

33. KAPITEL

Am Samstagmorgen gingen sie in den Zoo. Douglas erzählte seinem Sohn, daß Barbara eine Freundin sei, die er bei seiner Arbeit kennengelernt hatte. Aber Douglas hätte sich nicht beunruhigen brauchen, wie sich diese erste Begegnung abspielen würde, denn das Kind nahm diese Freundin seines Vaters hin, wie Kinder das gewöhnlich tun, nämlich mit einem scheuen Interesse in den ersten zehn Minuten und dann mit einer freundlichen Gleichgültigkeit. Aber Barbara wußte, daß der junge Douglas eine Prüfung war, die sie bestehen mußte, wenn sie die Liebe und Zuneigung seines Vaters erringen wollte, und sie wandte alles auf, um die Anhänglichkeit des Jungen zu gewinnen.

Sie ritten auf Elefanten und Kamelen. Sie gingen in das Aquarium und ins Rhinozeros-Haus. Schließlich erlaubte Barbara dem kleinen Jungen, sie zu überreden, auch das Haus der Reptilien zu besuchen. Als sie wieder herauskamen, hielt der kleine Douglas sie bei der Hand, um sie zu beruhigen und ihr zu sagen, sie brauche keine Angst vor den Schlangen zu haben, da er es nicht zulassen würde, daß sie ihr etwas antäten.

Der Zoo war beinahe menschenleer. Nicht viele Londoner hatten genug Geld, einen dezimierten Tierbestand und von Bomben beschädigte Gebäude sehen zu wollen und die Besatzungssoldaten hatten derzeit andere Sorgen, als in den Zoo zu gehen. Douglas und Barbara beobachteten den Jungen auf dem winzigen Karussell. Es waren keine anderen Kinder da, und Douggie konnte es nach Herzenslust in Schwung bringen, nebenher laufen und dann für kurze Fahrten aufspringen.

»Da fuhren wir ihn in den Zoo, und er kümmerte sich nicht um die Tiere, sondern interessierte sich nur für die Schiffsschaukeln und Karussells.«

»Es macht ihm Freude, mit uns zusammenzusein. Ganz egal, wo«, sagte Barbara.

»Huth haßt seinen Vater«, erzählte Douglas. »Es ist eine fixe Idee von ihm.« Sie gingen an den Holzbänken vorbei, die neuerdings frisch gelb gestrichen worden waren. ›Nur für Juden‹ stand darauf. Für Haß gab es immer genug Geld und Arbeit.

»Warum?«

Ein kleines Flugzeug flog über ihren Köpfen und beschrieb einen Kreis. So versicherte man sich, daß es im Regent's Park keine illegalen Versammlungen gab. Seit der Verhängung des Standrechts sah man sie oft, diese kleinen Hochdecker mit dem Namen ›Fieseler Storch‹, deren hohes Fahrwerk sie tatsächlich einem Storch ein wenig ähneln ließ.

»Huth wünscht sich mehr Bewunderung, als sein Vater ihm zu zollen bereit ist.« Es regnete jetzt. Douglas und Barbara drängten sich unter das Dach eines Kiosks. Sein winziges Fenster war mit Leerpackungen von Schokolade und Zigaretten, staubig und von Fliegen verschmutzt, vollgepackt. Der Rolladen war mit einem Vorhängeschloß gesichert, und auf einem Zettel stand: ›Keine Zigaretten, keine Schokolade, kein Wechselgeld fürs Telefon.‹ Der Zettel war zerrissen und fleckig vom Regen.

»Du bist verärgert?«

»Nein.«

»Beunruhigt?«

»Nein«, erwiderte Douglas, aber er hatte Kummer. Er fühlte sich wie ein Mann, dem man befohlen hatte, sein eigenes Grab zu schaufeln. »Du hast mir gesagt, Mayhew hat dich gebeten, nach Shepherd Market zu gehen und zu versuchen, den Film zu bekommen. Aber Mayhew hatte keine Ahnung, daß es überhaupt einen Film gab, bis ich es ihm sagte.«

Sie erwiderte nichts. Der Regen ließ nach, und der junge Douggie lief wieder zum Karussell. Douglas fuhr fort: »Ich glaubte, daß du für deine eigene Regierung arbeiten würdest. Und ich glaube, daß der jüngere Spode auch für sie gearbeitet hat.«

»Ich bin keine Spionin, Douglas«, sagte sie. »Ein Mann von der Botschaft hat mich gebeten, in die Wohnung am Shepherd Market zu gehen. Er sagte, der Film würde dort bereit liegen, um abgeholt zu werden. Das ist alles, was ich weiß. Du mußt mir glauben, Doug.« Sie ergriff seinen Arm. Er nickte.

Er sagte: »Der junge Spode, der seinen Bruder getötet hat — es klang nicht plausibel.«

»Wer sonst hat Spode getötet?«

»Ich konnte nicht glauben, daß der jüngere Bruder es getan hat und ruhig dastand und mehrere hundert Seiten mathematischer Berechnungen aussortierte und die wichtigsten davon fotografierte, während sein Bruder tot zu seinen Füßen lag.«

»Er hat es nicht getan?«

»Es war ein Trugschluß, als ich glaubte, daß die zwei Brüder dort beisammen gewesen sein mußten, nur weil sie Brüder waren. Sobald man vergißt, daß sie Brüder waren, wird die Wahrheit leichter erkennbar. Man fand eine Bahnfahrkarte in der Tasche des Toten. Aus Devon kommen in den frühen Morgenstunden keine Züge an. Spode ist nicht vom Bahnhof gekommen, er war schon früher in der Wohnung, um die Berechnungen seinem Bruder zu bringen, damit er sie fotografieren sollte.«

»Aber der junge Spode hat zugegeben, daß er seinen Bruder getötet hat.«

»Spode sagte etwas über seinen Bruder, daß er kein Schutzschild getragen habe. Ich dachte, er meine, daß sein Bruder nicht die Tröstung und den Schutz gehabt habe, die der Katholizismus gewährt.«

»Aber?«

»Er meinte die thermischen und biologischen Schutzschilde, die üblicherweise allen zur Verfügung stehen, die an diesem nuklearen Experiment arbeiten. Spode meinte, er sei verantwortlich für den Tod seines Bruders. Er meinte, daß er während der Arbeit in Bringle Sands einen Irrtum begangen habe.«

Eine lange Zeit schwieg Barbara. Dann sagte sie: »Ja, der jüngere Spode hat die Dokumente fotografiert. Er hat Verbindung mit meiner Botschaft aufgenommen und ihnen den Film angeboten. Das ist alles, was ich weiß, Liebling.«

Douglas umfaßte ihre Taille. Er wollte ihr zu verstehen geben, daß er ihr vertraute, aber er konnte keinen Weg finden, ihr das zu sagen, ohne daß es unbeholfen oder gar gönnerhaft klang. »Aber warum hätte jemand anderer den älteren Spode töten sollen?« fragte Barbara. »Wo ist das Motiv?«

»Jemand ließ ihn in die Wohnung herein, Barbara. Dieser Ort wurde als Treffpunkt für Widerstandsgruppen verwendet. Ich kann mir nicht helfen, aber ich vermute, daß es mit Mayhews Wissen geschah.«

»Du hast meine Frage nicht beantwortet, Liebster. Was ist Mayhews Motiv? Warum sollte er wollen, daß der beste Atomphysiker Großbritanniens ermordet wird, wenn eine gute Aussicht bestand, gewaltlos in den Besitz seiner Arbeit zu kommen? Glaubst du denn, daß Mayhew für die Deutschen arbeitet?«

»Das ist es ja gerade, ich weiß es nicht«, sagte Douglas. »Ich habe Mayhew im Verdacht, daß er Zusammenkünfte mit Huth hatte, die natürlich in aller Heimlichkeit verliefen und nie erwähnt wurden. Aber ich sehe Mayhew nicht in der Rolle eines Verräters. Eines Kollaborateurs vielleicht, aber nicht eines Verräters.«

»Aber warum steckte dieser junge Abwehr-Hauptmann dem jungen Spode die Giftkapsel zu?«

»Der Hauptmann glaubte, ich würde Spode entführen und ihn durch den Sicherheitsdienst schmoren lassen. Der SD würde jede Einzelheit des Fortschritts der Wehrmacht bei ihrem atomaren Forschungsprogramm entdeckt haben, sowie einige verdammt unbequeme Geheimnisse über die Art, wie die Abwehr mit Mayhew und seinen Widerstandsleuten zusammengearbeitet hat.«

»Der arme Spode!«

»Ich mochte ihn gern«, sagte Douglas.

Es hörte auf zu regnen, und noch mehr Flugzeuge flogen sehr niedrig vorbei. Sie gingen weiter und besuchten mit dem jungen Douglas das Haus der Raubtiere. Der Junge hielt sie beide an der Hand.

34. KAPITEL

Linden Manor verdankte seinen Namen der Lindenallee, die den Weg zu diesem Herrensitz so unvergeßlich machte. Das Haus war ein unregelmäßig angelegter Komplex aus roten Tudor-Ziegeln, im 19. Jahrhundert von einem reichen Größenwahnsinnigen restauriert, der die gotische Kapelle hinzufügte und einen grotesken Turm, da ihm die Geschichten von König Arthur gefielen. Ob nun das von Sydney Garin und Peter Shetland mit Antiquitäten überladene Herrenhaus ästhetisch war oder nicht — außer jenen Privilegierten, die das 250 Morgen große Grundstück betreten durften, hatte sich kaum jemand mit der Frage auseinanderzusetzen, denn gewöhnliche Sterbliche wurden auf respektvolle Distanz gehalten.

Das riesige Speisezimmer erstrahlte an diesem Abend im flackernden Licht von drei vielfarbigen Glaslüstern aus dem 18. Jahrhundert. Die Kerzenflammen spiegelten sich in dem massiv silbernen Tafelgeschirr und ließen die niederländischen Schiffsgemälde in dämmerigem Halbdunkel.

»Nein, alles das wird nicht verwendet, wenn die Hunnen zu Besuch sind«, sagte Sydney Garin. Er sprach wohlakzentuiert und mit leicht näselnder Stimme, und seine Antwort galt Barbara Barga, die das Tafelgeschirr gelobt hatte. Er lachte in sich hinein. »Es würde die Gegenstände, die sie selbst sich leisten können, armselig erscheinen lassen.«

Mayhew schenkte ihm ein leicht gequältes Lächeln. Sydneys Geschichten über das Beschwindeln seiner Kunden amüsierten Mayhew nicht, auch wenn die Kunden zu den Neureichen gehörten oder gar zu den neureichen Deutschen. Und über Sydneys Antiquitäten zu sprechen interessierte ihn nicht, da Kunst und Handel zwei Themen waren, die man in jeder anständigen Offiziersmesse oder im Klub vermied. Mayhew stocherte an seinem *Perdreau à la Normande* herum. Ein Rebhuhn zu schießen war eine Sache, es zu essen eine ganz andere. Und was die Zubereitung nach französischen Rezepten betraf, mit Obstschnaps, so schmeckte das, wie Mayhew feststellte, ganz abscheulich. Er schob das Essen auf seinem Teller herum, um es so aussehen zu lassen, als ob er etwas davon gegessen hätte.

Am einen Ende der Tafel saß Mrs. Garin, eine ruhige kleine Frau, die sich in ihrem glitzernden Brokatkleid unbehaglich fühlte. Neben ihr saß ihr Sohn David. Er war aufmerksam zu seiner Mutter, und sie schienen das Gespräch am anderen Ende der Tafel kaum zu beachten.

Douglas beobachtete Mayhew. Der Mann war ein Rätsel, und Douglas änderte dauernd seine Meinung über ihn. Die zuversichtliche Art, sich zu geben, seine Vitalität und seine Scherze täuschten einen noch jugendlichen Mann vor. Ebenso sein hübsches Gesicht, sein muskulöser Körper und das dunkle gewellte Haar. Aber in seiner nächsten Nähe sah man auch die Falten im Gesicht und die gelb gefärbten Zähne, sowie die Nervosität, die ihn plagte und ihn zu häufig die Stirn runzeln und mit Messer und Gabel herumspielen ließ.

Ein Diener schenkte Douglas nochmals von dem Château Léoville ein. Barbara Barga lachte über einen kleinen Scherz von Sydney Garin. Douglas blickte auf seinen Gastgeber. Er erinnerte sich, daß er Garin bei mehr als nur einer früheren Gelegenheit grob behandelt hatte. Er blickte auch auf Garins Sohn David, einen hübschen Jungen mit gelocktem Haar und den gleichen großen braunen Augen, die auch sein Vater hatte. Aber David war in einer englischen Internatsschule gewesen und hatte gelernt, sein Gesicht ausdruckslos erscheinen und seine Augen gesenkt zu lassen.

»An dem Tag, an dem mein Land überfallen wurde, Barbara«, sagte Garin und berührte ihren Arm, »sagte ich mir: Du mußt helfen, Sydney Garin, sie wieder hinauszuwerfen.«

Mayhew runzelte die Stirn, als er zu entscheiden versuchte, welche Armee in Armenien eingefallen war und warum. Gerade als er zu dem Schluß kam, daß Garin von den Bolschewiken sprechen müsse, sagte Sydney Garin: »Wir Engländer sind immer so gewesen.« Er gestikulierte mit seiner Gabel hoch in der Luft. »Seit Wilhelm dem Eroberer ist niemand mehr in England eingefallen.« Garin wandte sich an Mayhew und fügte hinzu: »Und das ist im Jahre 1066 gewesen, George.«

»War es das?« sagte Mayhew steif. »Ich war nie sehr gut in Geschichte.«

»Schmeckt Ihnen Ihr Rebhuhn nicht, oder . . .?« fragte Garin und beugte sich vor, um Mayhews Teller zu prüfen. »Schon gut. Ich hatte vergangene Woche einen Hunnenoberst hier, der behauptete, mein bester Beluga-Kaviar schmecke salzig — verdammter Idiot! Ich bitte um Verzeihung, Barbara.« Er hob den Finger und sagte zu einem livrierten Diener: »Bringen Sie Oberst Mayhew kaltes Roastbeef.« Und zu Mayhew: »Das ist mehr nach Ihrem Geschmack, George.«

Mayhew hatte das Gefühl, daß er zum Narren gehalten wurde oder, noch schlimmer, daß er sich zum Narren machte. »Nein, nein«, sagte er und hob die Hand in höflicher Abwehr.

»Und etwas englischen Senf«, sagte Garin zu seinem Diener, während er Mayhews Arm tätschelte. »Ich kenne die Art Dinge, die ihr Internatsschüler gern mögt — Reispudding, kaltes Fleisch und eine Menge Sauce. Habe ich recht, George? Habe ich recht?« Er wandte sich wieder an Barbara Barga und sagte: »Komische Leute sind wir Engländer, Barbara. Mein Sohn David ißt dasselbe Zeug.« David wurde rot. »Und bei dem jungen Peter ist es genau dasselbe. Unsere Internatsschulen sind daran schuld, setzen den jungen Menschen allen diesen scheußlichen Fraß vor. Peter würde jeden Tag Fruchtpudding essen, wenn ich es zuließe.«

»Sie meinen Ihren Partner, Sir Peter Shetland?« fragte Barbara.

»Lord Campion«, sagte Mayhew und korrigierte damit Sydney Garin noch mehr als Barbara. Hinter ihnen zog ein Diener ein Paar Handschuhe an, bevor er einige Holzscheite nahm und auf das lodernde Feuer legte.

»Ach, ich schätze Titel nicht sehr hoch ein«, meinte Garin. »Als ich in Paris wohnte, waren die Hälfte der Leute in den Suppenküchen Herzöge und Prinzen und so weiter.«

»Echte?« erkundigte sich Barbara.

»Jetzt stellen Sie eine tiefgründige Frage«, sagte Garin und blickte rund um den Tisch, um sich zu überzeugen, daß die Diener die Weingläser nachfüllten. Er sah, daß Douglas sein

Hauptgericht beinahe beendet hatte. »Douglas schmeckt das Rebhuhn, nicht wahr, Douglas?«

»Es schmeckt köstlich.«

»Mehr Rebhuhn«, befahl er seinen Dienern. »Essen Sie, solange sie noch warm sind, Douglas. Kalt taugen sie nicht viel.« Garin trank ein paar Schlucke Wasser, sein Wein war kaum berührt. »Echte? Sie meinen, wenn ein Kerl von seinen Freunden mit Herzog angeredet wird, ist er echt, aber wenn er sich Herzog nennt, dann ist er ein Schwindler?« Garin sah auf Barbara, aber er konnte einen raschen Blick auf Mayhew nicht unterlassen, um zu sehen, ob er den Seitenhieb verstanden hatte.

»Wann kommt dieser Bursche?« fragte Mayhew und blickte auf seine goldene Taschenuhr.

»Ich wollte, Sie ließen mich mitkommen«, sagte Barbara.

»Und ich wollte, es wäre möglich«, erwiderte Mayhew. Er streifte eine Haarlocke aus der Stirn und schenkte Barbara sein liebenswürdigstes Lächeln. »Sie sind eine einflußreiche Journalistin, gewiß! Aber man würde mir trotzdem vorwerfen, es sei eine große Unvorsichtigkeit von mir!«

»Und wer wird glauben, daß Sie eine wichtige amerikanische Journalistin sind?« fragte Garin. »Sie werden ein strahlendschönes Geschöpf sehen und sofort sagen, daß es jemand aus Sydney Garins Harem sein muß.« Er schnaufte laut vor Belustigung bei dem Gedanken. Seine Frau blickte auf und lächelte höflich. Er zwinkerte ihr mit den Augen zu.

Mayhew hörte zu lächeln auf und wandte sich an Garin: »Um wieviel Uhr müßte er kommen?«

Der Diener stellte einen Teller mit kaltem Roastbeef auf den Tisch, aber Mayhew verschwendete kaum einen Blick darauf. Im offenen Kamin knisterte es, als das nachgelegte Holz aufflammte und Feuer fing.

Garin legte seine Hand beruhigend auf Mayhews Arm. »Haben Sie keine Sorge, George. Meine Leute werden die Landelichter anzünden, sobald sie das Motorengeräusch hören. Und der Pilot wird sicher einige Runden drehen, um gewiß zu sein, daß er seinen Passagier nicht an der falschen Stelle absetzt. Sie haben noch eine Menge Zeit, um Ihr kaltes Beef zu essen, eine Zigarre zu rauchen, einen Cognac zu trinken und sich fünf Minuten die Füße zu vertreten.« Mayhew griff nach seinem Weinglas und trank, um keine Antwort geben zu müssen. »Wenn Sie sich ein wenig mehr entspannen würden, George, bräuchten Sie keine Verdauungstabletten in diesem silbernen Büchschen in Ihrer Westentasche bei sich zu tragen.«

»Dieser Junge hat einen weiten Flug«, erklärte Mayhew. »Ich muß dabei sein, wenn die Landelichter angezündet werden. Wir können uns keine Fehler erlauben.«

»Mein lieber George«, sagte Garin mit einer Stimme, die gütig und in keiner Weise gönnerhaft war, »ich bin während meines ganzen Lebens gejagt und verfolgt worden. Ich gebe Ihnen einen Rat, mein Freund: leben Sie langsam und lernen Sie, die kleinen Freuden zu genießen ...« Er winkte flüchtig mit der Hand: »... wunderschöne Frauen, guten Bordeaux und gutes Essen. Wir können die Deutschen nicht bis zum nächsten Wochenende besiegen, George, es wird ein langer, harter Kampf werden. Schlagen Sie ein langsameres Tempo an und legen Sie sich eine leichtere Lebensanschauung zu.«

»Wann geht der Mond unter?« fragte Mayhew.

Garin seufzte. »Na schön, George, trinken Sie Ihren Bordeaux aus, und dann wollen wir unsere Mäntel holen.«

An diesem Abend waren auch noch andere Flugzeuge in der Luft. Drei Junkers-Transportmaschinen flogen mit fünf Minuten Abstand in östlicher Richtung nach Holland und weiter nach Deutschland. Garin bot seine silberne Reiseflasche mit Cognac Mayhew und Douglas an, aber beide lehnten ab. Garin steckte sie wieder ein. »Sie haben recht«, sagte er, »wir werden vielleicht noch eine lange Zeit hier draußen warten müssen.«

»Wissen Ihre Leute dort unten am anderen Ende des langen Feldes, daß sie ihre Lichter erst anzünden dürfen, wenn wir das tun?«

»Um Himmels willen, beruhigen Sie sich, George. Sie machen mich auch ganz zappelig, wenn Sie so auf und ab gehen.«

Schon bald darauf hörten sie den Motor des Flugzeugs. Garins Sohn zündete die benzingetränkten Lumpen an, und das Brennholz brannte sofort lichterloh in einer großen gelben Flamme.

Die Männer am provisorischen Landeplatz wußten wenig oder so gut wie nichts über die Fliegerei, aber sie hatten sich streng an die Anweisungen gehalten, die man ihnen verschlüsselt über Funk mitgeteilt hatte. Jetzt kam die Maschine tiefer. Der Pilot drosselte den Motor, und der Passagier sah den seltsam geformten künstlichen See im hellen Mondlicht aufleuchten, und der Pilot sah als Richtpunkt den häßlichen Turm, der im vorigen Jahrhundert das Fernrohr eines Astronomen beherbergt hatte.

Nach einer weiten Schleife versuchte der Pilot nun eine Landung, indem er die große Maschine sinken ließ und die Richtung korrigierte, bis alle drei Feuer in einer Linie waren. Aber im letzten Augenblick, als das Flugzeug schon zum Aufsetzen ausschwebte, waren die Landelichter plötzlich wieder verschwunden: die Bäume! Fluchend riß der Pilot die Maschine wieder hoch, und um ein Haar hätte eine Flügelspitze die Wipfel gestreift. Der Doppeldecker war nun wieder auf Gegenkurs.

»Was ist schiefgegangen?« fragte Mayhew.

»Er kann nicht landen«, erklärte Douglas.

»Die Bäume!« sagte Sydney Garin. »Sind die Bäume zu hoch?«

»In der Funkmeldung war keine Rede von der Höhe der Bäume auf den Feldern im Umkreis.«

»Verdammter Kerl. Er *muß* es schaffen!«

Douglas blickte auf Mayhew. Seine Hände waren tief in seine Manteltaschen vergraben, und sein Gesicht war verzerrt.

»Er wird sich auch Sorgen machen, wie er wieder starten kann«, sagte Douglas. »Er ahnt wahrscheinlich, wie naß der Boden nach all dem Regen ist, den wir gehabt haben.« Das Flugzeug kam zurück und flog sehr niedrig über ihren Köpfen.

»Ich hoffe, er kreist nicht zu lange«, meinte Mayhew. »Es

muß ja auffallen, wenn er hier längere Zeit rund um Linden Manor fliegt.«

Der Motor der Maschine lief auf vollen Touren. Das bedeutete, daß der Pilot erkannt haben mußte, daß die Höhe der Bäume hier jeden weiteren Landeversuch verbot. Die Nase des Doppeldeckers hob sich und die Männer am Boden vernahmen kurz das gewaltige Dröhnen, als die Luftschrauben das Flugzeug in flachen Kurven aufwärts zogen, wie eine Motte, die dem Mondlicht nicht widerstehen kann.

Der Doppeldecker war nun nur mehr ein Schatten auf den sich zusammenballenden Wolken, als der Fallschirm sich öffnete. Das Mondlicht fiel auf die sich bauschende Seide. Einen Augenblick lang sah es so aus, als stünden zwei Monde am Nachthimmel, dann wurde der eine immer größer. Garins Farmarbeiter löschten die Feuer mit Wasser und riefen, daß der Fallschirmspringer auf der anderen Seite des künstlichen Sees landen würde.

»Sogar noch weiter entfernt«, sagte Garin ruhig. »Er wird auf dem tiefer gelegenen Weideplatz herunterkommen. Ich hoffe, daß es nicht zuviel Lärm gibt.«

»Die Deutschen?«

»Nein. Ich habe dort drüben eine trächtige Stute.« Zu seinem Sohn gewandt, sagte er: »Geh und sieh zu, daß niemand Buttercup stört.«

»Da hast du recht, Dad«, antwortete dieser und eilte fort.

»Nicht Sie!« sagte Garin zu Mayhew und Douglas, als sie ihm folgen wollten. »Die Burschen im Dorf können über Dinge die aus Flugzeugen fallen, ihren Mund halten . . . aber ein feiner Pinkel, der im Abendanzug in den Straßengraben fällt, wird ihre Verschwiegenheit übermäßig strapazieren.«

»Es wäre besser, wenn einer von uns dort wäre«, sagte Mayhew.

»Meine Leute denken sich eine Million Gründe aus, um nach der Sperrstunde noch in der Gegend herumzuflanieren. Aber so einen alten Knaben, wie Sie einer sind, werden sie sich kaum erklären können.«

Garin ließ wieder sein verächtlich schnaubendes Gelächter

hören. Es war ein häßliches Gelächter, aber es hatte eine ansteckende Eigenschaft und brachte auch Mayhew und Douglas zum Lachen.

Sydney Garin versicherte, seine ›Burschen‹ würden nur eine halbe Stunde brauchen, um den Fallschirmspringer zu finden und nach Linden Manor zu bringen. Aber der Wind hatte den Fallschirm weiter abgetrieben, als man hätte vermuten können. Der Fallschirmspringer verstauchte sich das Fußgelenk, als er in einem Busch auf sumpfigem Gelände nahe beim Fluß landete. Dazu war er auch noch übertrieben vorsichtig und ließ zunächst die Rufe des Suchtrupps unbeachtet, bis ihn schließlich ein kleiner Köter, der einem Stallburschen gehörte, aufstöberte.

»Seine Mutter war immer den Fuchshunden nachgelaufen«, sagte der Bursche stolz.

So waren beinahe zwei Stunden vergangen, bis man den Fallschirmspringer ins Schloß brachte. Mayhew, Garin und Douglas warteten bereits ungeduldig im selben Zimmer, in dem man das Abendessen eingenommen hatte. Die seidenen Vorhänge waren zugezogen, wie sie es zuvor gewesen waren, das Feuer war nur wenig heruntergebrannt, und doch hatte sich das Innere des Raums verändert, wie alle Räume sich bei Nacht verändern. Jedes Geräusch war scharf und deutlich zu hören. In der Stille vernahmen sie eine Eule, die Bäume rauschten im Wind, die Standuhr tickte, das Feuer im Kamin knisterte, und vom Flur herein erklangen die Schritte eines Dieners. Das Zimmer roch nach Mayhews aromatischen Havannazigarren.

»Ihr Besuch, Sir«, sagte der Butler, als der Fallschirmspringer in den Salon hinkte. Er war Amerikaner, nicht mehr jung, und doch hatte er, wie so viele seiner Landsleute, noch jugendliche Bewegungen und Gesten. Er machte einen ruhelosen Eindruck, aber es war nicht die Art nervöser Unruhe, die Douglas an diesem Abend an Mayhew bemerkt hatte, eher war es eine Ungeduld, die man bei Sportlern kurz vor dem Start beobachten kann. Sein hübsches Gesicht war kantig geformt und sonnengebräunt, seine Augen waren schmal — es war das Gesicht eines Mannes, der sein Leben in der freien Natur verbrachte, in sonnenheißen Prärien und Wüsten — oder an Ferienstränden und Schwimmbädern. Das Haar des Amerikaners war blond und sehr kurz geschnitten. Douglas hatte von dieser seltsamen neuen Haarmode gehört, aber dies war das erste Mal, daß er sie sah. In Großbritannien sah man einen solchen Haarschnitt nur bei soeben entlassenen Strafgefangenen und der deutschen Besatzungsarmee.

Als wäre er sich der Wirkung seines kurzen Haarschnitts bewußt, fuhr der Amerikaner häufig mit der Hand über den Kopf. Die Hände eines Menschen verraten alle seine Geheimnisse, und diese Hände waren weich, weiß, ohne Schwielen, mit gepflegten Fingernägeln und sichtbaren Adern. Es waren die Hände eines wohlhabenden Mannes von sitzender Lebensweise, der nicht körperlich arbeiten mußte. Ein Mann näher den vierzig als den dreißig und eitel genug, um sich regelmäßig maniküren zu lassen.

Garins riesiger irischer Wolfshund erhob sich von seinem Platz am Kamin, beschnupperte den Fremden und legte sich wieder hin, um zu schlafen. Garin reichte seinem Gast ein leeres Glas und holte die Whiskyflasche. Der Mann nickte zustimmend, und Garin schenkte ihm eine reichliche Menge ein. Ein Diener kam und brachte ein tragbares Funkgerät. Es gehörte zur Ausrüstung des Fallschirmspringers und sah aus wie eine Ziehharmonika. Aber welche Chance hatte dieser weltmännische Amerikaner, sich für einen Wandermusiker auszugeben?

»Wir dachten schon, der Wind würde Sie bis ins finstere Essex verschlagen«, sagte Mayhew.

Der Amerikaner trank in kleinen Schlucken. »Ich hörte schon die Dschungeltrommeln«, sagte er. »Hmmm! Das ist der erste Drink, den ich seit nahezu drei Wochen bekomme.«

»Die US-Kriegsschiffe sind trocken«, sagte Mayhew mit einem Kopfnicken. »Man hat es mir erzählt.«

»Das Schiff war britisch, ein Fünfzehntausend-Tonnen-Handelsschiff«, erklärte der Amerikaner. »Sie müßten das eigentlich wissen. Wir haben die Hoheitsabzeichen auf dem

Flugzeug übermalt, und Ihre Leute haben dem Piloten die Papiere eines Offiziers der Royal Navy gegeben, nur für den Fall, daß ...«

»Beten wir zu Gott, daß er sie nicht braucht«, sagte Mayhew.

Als der Amerikaner sein Glas hob, um darauf anzustoßen, zuckte er vor Schmerz zusammen und rieb sich den Rücken. »Wir haben einen Katapultstart gemacht. Es war ein altes Katapult von einem Ihrer Schlachtkreuzer. Einen Augenblick lang dachte ich, es würde mir den Kopf abreißen.«

»Ihr Pilot war ein bißchen nervös«, meinte Mayhew.

»Haben Sie diese Junkers-Transportmaschinen gesehen?«

»Die Deutschen bringen noch eine Infanteriedivision hierher, auf dem Luftweg«, erklärte Mayhew. »Das waren die leeren, die zurückgeflogen sind, um noch mehr Soldaten abzuholen.«

»Es gab nicht genug Platz, um auf Ihrem Feld zu landen«, sagte der Amerikaner. »Und wir wollten alles andere, als Ihnen ein Flugzeugwrack zurücklassen, für das Sie dann morgen früh eine Erklärung hätten finden müssen.«

»Das war äußerst rücksichtsvoll«, sagte Garin. »Sind Sie hungrig?«

»Wir hatten ein Steak, bevor wir abgeflogen sind. Der Scotch wird mich wieder aufmuntern, danke.« Er blickte auf seinen Schuh hinunter. Der Anprall auf dem Boden hatte die Sohle vom Oberleder losgerissen. Er drehte den Schuh gegen den Teppich, um das Loch zu sehen.

»Sie haben mit Ihren Leuten in Washington gesprochen? Was sind die Vereinbarungen?«

»Ich habe mit ihnen gesprochen«, sagte der Amerikaner, »*und wie* ich mit ihnen gesprochen habe!«

»Und?«

»Und sie sagen nein!«

Mayhew starrte ihn an. »Nein?«

»Ich habe sogar mit dem Präsidenten gesprochen ... Dreißig Minuten lang. Er ließ den Arbeitsminister warten, während wir sprachen.« Die Anspannung schien ihn zu erschöpfen. Nun war er plötzlich ein müder Mann. Er ging durch das Zimmer, sank auf das Sofa und massierte seine Nackenmuskeln. »Und ich habe mit verschiedenen persönlichen Freunden im Außenministerium gesprochen, sowie mit dem Senats-Unterausschuß, der ins Leben gerufen wurde, um mit Ihren Leuten zu verhandeln.«

»Gott gebe es, daß die amerikanischen Juden begreifen, daß Hitler Einhalt geboten werden muß«, warf Garin ein.

»Es gibt nicht allzu viele Juden im Generalstab«, sagte der Amerikaner trocken. »Ihr König würde eine schwere Verantwortung für Amerika bedeuten. Glauben Sie denn, daß Roosevelt als der Mann in die Schulbücher eingehen möchte, der den König von England in die USA eingeladen hat? Nein, Sir! Und was, zur Hölle, würden sie mit ihm anfangen? ›Sollen wir ihm ein Zimmer im Weißen Haus geben‹, sagte ein Admiral zu mir, ›oder müßten wir ihm einen Palast bauen?‹«

»Ich bin sicher, daß der Präsident nichts dergleichen gesagt hat«, meinte Mayhew.

»Sie müssen aufhören zu glauben, daß Roosevelt ein fanatischer Freund Englands ist. Er ist ein Politiker, und in meiner Heimat bedeutet das: ein schlauer Fuchs.«

Mayhew sagte: »Natürlich ist die Sache politisch heikel ...«

»Da muß ich Sie korrigieren, mein Lieber. Politischer Selbstmord ist es. Jeder Politiker verspricht, daß die amerikanischen Jungen nicht in einen ausländischen Krieg geschickt werden. Glauben Sie, daß auch nur ein einziger Politiker unter diesen Umständen euren König einladen wird? Schließlich ist er ja die Zentralfigur eures europäischen Gezänks!«

»Krieg«, verbesserte Mayhew kühl, der an dem Wort ›Gezänk‹ Anstoß nahm. »Wir nennen es Krieg.«

»Sie können es nennen, wie Sie wollen, aber für die meisten Leute bei uns drüben gehört das alles schon zur Vergangenheit. Ist kaum mehr aktuell. Die Zeit hat sich geändert. Die Krauts haben sich geändert.«

»Wir haben eine Menge von Ihnen verlangt«, sagte Mayhew. »Vielleicht hätte Sir Robert Benson nach Washington gehen sollen.«

Der Amerikaner lehnte sich zurück und schloß die Augen. Es war nicht leicht zu entscheiden, ob er müde oder ernüchtert war oder nur bis zehn zählte, bevor er einen Wutanfall bekam. »Wir haben das alles schon vor Wochen durchgesprochen«, sagte er ruhig. »Sie waren derjenige, der so begeistert davon war, mich zu schicken. Sie meinten, daß ein Amerikaner mit guten Beziehungen und viel Verständnis für Großbritannien beste Chancen hätte.« Er legte die Hand über sein Glas, um den Whisky abzulehnen, den Garin nachschenken wollte. »Glauben Sie mir, daß auch Amerika Verständnis für alles hat, was in der Welt geschieht. Der Kongreß hat in den letzten sechs Monaten sechs Milliarden Dollar zur Aufrüstung bewilligt. Wir haben unseren eigenen Hitler — er hat ein gelbes Gesicht und Schlitzaugen und unterzeichnet seine Post mit Tojo.«

Mayhew wärmte seine Hände am Kaminfeuer und starrte in die Flammen.

»Der König muß nach Kanada«, sagte er traurig. »Das ist der letzte Ausweg.«

Der Amerikaner entdeckte ein bißchen getrockneten Schlamm an seinem Hosenbein, kratzte ihn weg und warf ihn ins Feuer. »Sie begreifen mich ganz einfach nicht. Ist es mein Akzent oder so etwas?«

»Wie bitte?« fragte Mayhew scharf. Er drehte sich um und wandte das Gesicht dem Amerikaner zu.

»Ich meine, daß Ihr König in ganz Nordamerika nicht willkommen sein wird. Und das gilt auch nördlich des 49. Breitengrads.«

»Washington wird es nicht wagen, den Kanadiern zu verbieten, ihrem Monarchen Zuflucht zu gewähren!«

»Washington verbietet nichts. Die Kanadier *wollen* ihn nicht aufnehmen. Ich war oben in Ottawa und habe mit ihnen gesprochen. Sie haben dieselben politischen Probleme, die wir haben. Einen König im Land zu haben, würde die Autorität ihres Premierministers untergraben.«

»Der König wird sich in die kanadische Politik nicht einmischen«, sagte Mayhew.

»Die Kanadier haben die schwere väterliche Hand Londons

schon lange und schwere Jahre zu spüren bekommen, Oberst. Dann endlich erhielten sie ihre Unabhängigkeit. Und nun wollen Sie ihnen zumuten, daß der König dorthin übersiedelt. Kein Politiker möchte erleben, was die Opposition ihm nachsagen wird, wenn er diesen Schritt nach rückwärts befürwortet.«

»In Kanada liegt das ganze britische Gold, das auf sechshundertsiebenunddreißig Millionen Pfund Sterling geschätzt wird. Dazu kommen mehr als tausend Millionen Pfund an Wertpapieren, die noch rechtzeitig hinübergeschafft wurden.«

»Keine Sorge«, sagte der Amerikaner. »Die Wertpapiere sind im Gebäude der Sun-Life-Versicherung verwahrt, das Gold ist in Montreal. Niemand wird den König um seine Moneten beschwindeln.«

»Das Gold gehört nicht dem König«, sagte Mayhew mit einem Anflug von Ärger.

Der Amerikaner machte eine entschuldigende Geste, aber Mayhew wandte sich ab, um das Feuer zu schüren. Danach betrachtete er mit übertriebenem Interesse die Uhr.

In einer unverkennbar amerikanischen Haltung lehnte sich der andere zurück, den einen Fuß auf seinem Knie, während er seinen kaputten Schuh untersuchte.

»Ihr Schuh ist ruiniert«, sagte Douglas. Aber er wußte, daß der Amerikaner damit nicht auffallen würde in einem Land, in dem die Hälfte der Mäntel aus Armeedecken angefertigt wurden und die Frauen aus Vorhängen Kleider nähten.

»Es macht nichts«, sagte der Amerikaner. Er hörte auf, seinen Schuh zu betrachten, und öffnete seine Hand, um die Kratzer anzusehen, die er bekommen hatte, als der Fallschirm ihn durch eine Hecke schleifte. »Nächste Woche werde ich zurück auf dem Schiff sein.«

»Ein Schiff erwartet Sie?« fragte Douglas.

»Zweite Zerstörer-Flottille. USS *Moffett*. Die Aktion gehört zu den Herbstmanövern der Atlantikflotte.«

»So nahe der britischen Küste?«

»Freiheit der Meere, Mister. Die Drei-Meilen-Zone müssen wir allerdings beachten.«

Douglas blickte auf die anderen Männer. Mayhew starrte noch immer ins Feuer, und Garin benützte ein kleines Falzmesser mit Elfenbein, um eine neue Zigarrenkiste zu öffnen. »Haben Sie jemals etwas von einer Atomexplosion gehört?« fragte Douglas den Amerikaner. Er bekam keine Antwort.

Douglas sagte: »Die US-Flotte hat eine Zerstörerflottille aufreizend nahe zur britischen Küste geschickt, in Gewässer, die immer noch als Kriegsgebiet gelten. Sie hält sich hier in der Nähe auf, während Sie eine Woche dafür verwenden, die Sehenswürdigkeiten von London zu besuchen. Wo steckt der tiefere Sinn?«

Mayhew richtete sich auf und nestelte an seinen Manschetten. Der Amerikaner antwortete noch immer nicht.

»Er möchte einen Handel mit Ihnen abschließen, Oberst Mayhew«, sagte Douglas, während er den Amerikaner noch immer ansah. »Und um einen guten Kaufvertrag für Amerika abschließen zu können, beginnt er zunächst einmal mit einem ›Nein‹.«

»Was für einen Kaufvertrag?« fragte Mayhew und blickte von einem zum anderen.

»Sie möchten gern die Berechnungen haben, die Spode verbrannt hat, Oberst.« Der Amerikaner starrte Douglas an, ohne daß man eine Bewegung in seinem Gesicht feststellen konnte, aber Douglas bemerkte, wie er an dem zerrissenen Schuh herumfingerte, und zwar mit so viel Kraft, daß er den Schaden nur noch schlimmer machte.

»Atomwaffen an Bord eines Schiffes. Das ist die einzige Waffe, die eine Eroberung Amerikas durch eine europäische Macht ermöglichen könnte.« Douglas ging näher an den Amerikaner heran und sprach direkt zu ihm, als wäre sonst niemand anderer mehr anwesend. »Wenn Hitler eine solche Erfindung in die Hand bekommt, wird er sie gegen die Amerikaner einsetzen. Täuschen Sie sich da nur ja nicht.«

»Ich weiß«, sagte der Amerikaner. Er zog einen riesigen automatischen Colt aus der Tasche. »Kann ich den hier irgendwo aufbewahren, bitte? Er hat bereits ein Loch in meine Hosentasche gerissen.« Sydney Garin nahm ihm die Waffe ab und betrachtete sie, bevor er sie in die oberste Schublade einer kleinen antiken Kommode legte.

Der Amerikaner war müde. Douglas kannte das aus seinem Beruf. Übermüdete Männer gelangen an einen Punkt, wo sie sich nicht länger Mühe geben, sich an ihre Geschichte zu halten.

»Sie meinen, daß man in Washington noch nie von Professor Frick gehört hat? Oder von den atomphysikalischen Arbeiten im Clarendon-Laboratorium in Oxford? Oder von den Fortschritten der Deutschen nach der Übernahme des Forschungsinstituts in Bringle Sands?«

»Kein Mensch in Washington redet von Atomphysik«, sagte der Amerikaner. Er grinste.

Aber sein Leugnen war zu wortkarg, um Douglas zu überzeugen. »Sind Sie also nur ein Botenjunge?« fragte Douglas. »Warum Kriegsschiffe schicken, wenn ein Brief mit dem Wort ›Nein‹ genügt hätte?« Douglas legte eine Pause ein und schlürfte seinen Drink, beinahe ohne an ihm Geschmack zu finden. »Angenommen, ich würde Ihnen sagen, daß auch andere Regierungen an den Berechnungen, die wir haben, sehr stark interessiert sind?«

»Die Russen?«

»Die Deutschen haben am meisten zu bieten.«

»Was?«

»Sie würden die Vorschläge für den Friedensvertrag neu abfassen«, sagte Douglas, indem er verzweifelt aus dem Stegreif dichtete. »Wir werden eine Armee haben können, eine kleine Küstenwache und eine Zivilregierung, um die Speichellecker dieses Marionettenregimes zu ersetzen. Das Foreign Office und das Verteidigungs-Ministerium würden von uns geleitet werden. Die Besatzungszone wäre nicht viel mehr als ein Küstenstreifen, und wir würden alle erforderlichen Importe kontrollieren, über eine Handelsflotte verfügen und den Wert des Pfund Sterling der Reichsmark anpassen. Die Reparationen würden fast auf den Nullpunkt reduziert werden.«

»Alles das für ein paar Seiten Berechnungen?« fragte der Amerikaner.

»Für viele Jahre harter Arbeit, für die bereitwillige Mitarbeit unserer besten Physiker. Wissen Sie, daß die deutsche Wehrmacht angefangen hat, einen Atommeiler in Betrieb zu nehmen? Von da an sind es nur noch zwei Schritte zur Atombombe!«

»Ein Kongreßkomitee hat den Plan geprüft«, gab der Amerikaner nun zu. »Sie haben mit Einstein gesprochen. Aber die Kostenrechnungen gehen in die Milliarden, und der Erfolg ist durchaus nicht gesichert.«

»Unterschätzen Sie nicht die Wichtigkeit auch eines negativen Ergebnisses. Ein paar Milliarden Dollar wären ein billiger Preis für die Entdeckung, daß die Nazis über Nacht die Stadt New York zerstören können.«

Langsam erschien ein Lächeln auf dem Gesicht des Amerikaners. »Sie sind der Polizei-Superintendent«, sagte er. »Plötzlich war ich mir im klaren darüber, wer Sie sind. Sie sind der gottverdammte Scotland-Yard-Bursche, über den ich so viel gehört habe.«

»Es hat nichts zu sagen, wer ich bin«, sagte Douglas überrascht und verärgert. »Sind Sie bevollmächtigt, wegen des Königs zu verhandeln?«

»Mir gefällt Ihr Stil. Wissen Sie das? Ich mag Ihren Stil. Barb sagte mir, ich würde Sie bestimmt mögen, und verdammt noch mal, das tu ich auch.« Er lächelte. »Das ist das erste Mal, daß sie mit irgend etwas recht hat, seit dem Tag, an dem ich sie geheiratet habe — oder vielleicht am Tag zuvor.«

»Dann sind Sie Danny Barga?«

»Korvettenkapitän Daniel Albert Barga persönlich.«

»Man hat Sie mit der Führung eines Schiffes in der US-Navy betraut«, sagte Mayhew und prüfte die Asche an seiner Zigarre.

»Das State Department hat darauf bestanden.«

Mayhew nickte. Einen Mann in eine Uniform stecken war nicht viel anders, als streikende Arbeiter für das Heer anzuwerben. Man erreichte damit immer, daß der Betreffende genau das tat, was man ihm sagte.

In diesem Augenblick kam ein Diener in großer Eile in das

Zimmer und flüsterte Sydney Garin eine längere Nachricht zu, dessen Gesicht immer ernster wurde. Als der Diener gegangen war, sagte Garin: »Ich fürchte, daß die Deutschen Teile von dem Fallschirm unseres Freundes gefunden haben.«

Danny Barga sprang auf. »Ihre Leute mußten ihn losschneiden, er hatte sich in einen Baum verwickelt. Einige Stücke der Leine konnten nicht gefunden werden!«

»Werden Sie hierher kommen?« fragte Mayhew.

»Das werden sie bestimmt«, sagte Garin ruhig. »Soldaten sind methodisch, und deutsche Soldaten ganz besonders. Sie werden jedes Haus in der Nachbarschaft durchsuchen, dieses hier natürlich auch.« Er versuchte zu lächeln, aber es fiel ihm nicht leicht.

George Mayhew drückte seine Zigarre aus, als wollte er nicht, daß die Deutschen ihn beim Rauchen ertappten. »Wir sollten uns lieber einigen, damit unsere Geschichten gleichlautend sind.«

Danny Barga stand auf. Er sagte: »Ich stehe auf ihrer verdammten Fahndungsliste.«

»Haben Sie keine Ausweispapiere auf einen anderen Namen?« fragte Garin.

»Die sollte ich in London bekommen. Washingtoner Fälschungen sind immer um Wochen veraltet.«

»Können Sie ihn verstecken, Garin?« fragte Mayhew.

Bevor Sydney Garin eine Möglichkeit hatte, zu antworten, gab es auf dem Gang einen Tumult, der immer lauter wurde. Ein Diener kam hereingetaumelt und wandte sich zu dem Mann um, der ihn eben so heftig in das Zimmer gestoßen hatte.

»Mein Name ist Standartenführer Dr. Oskar Huth.« Er blickte auf die Anwesenden.

»Ah, Superintendent Archer, ich dachte mir schon, daß ich Sie hier finden würde ... und Oberst Mayhew, und Mr. Sydney Garin. Ich kenne Sie alle. Ich habe gute Fotos in meinen vertraulichen Akten.«

Niemand sagte etwas. Der Diener rieb sein Handgelenk, da Huth ihm draußen den Arm auf den Rücken verdreht hatte.

»Ein Fallschirm wurde hier in der Nähe gefunden, Mr. Garin. Haben Sie davon gehört?« fragte Huth.

Garin gab keine Antwort. Huth bellte wie ein Leuteschinder auf dem Kasernenhof: »Haben Sie von diesem Fallschirm gehört?«

»Meine Dienerschaft hat es mir erzählt«, sagte Garin mit sanfter Stimme.

»Und Sie haben nichts unternommen?«

Garin zuckte die Achseln. »Was könnte ich tun?«

»Und Sie, Oberst Mayhew?« sagte Huth. »Auch Sie haben Ihre Neugierde zurückgehalten? Ich kann nicht umhin, diese berühmte britische Selbstbeherrschung zu bewundern.« Ein SS-Scharführer blickte durch die Tür herein. »Hier ist alles in Ordnung, Scharf«, sagte Huth. »Überzeugen Sie sich, daß sich niemand mehr im Gebäude herumtreibt. Dann trommeln Sie die ganze Dienerschaft in einem Raum zusammen.« Der Scharführer schlug die Hacken zusammen und machte sich auf den Weg, den Gang hinunter.

»Und Sie«, sagte Huth zu Danny Barga. »Wer sind Sie?«

»Ich bin ein amerikanischer Staatsbürger«, sagte Barga.

»Setzen Sie sich hin, Sie amerikanischer Staatsbürger«, sagte Huth und legte seine Hand schwer auf Bargas Schultern. Geschwächt, wie er von seinem verstauchten Knöchel war, taumelte Barga zurück auf einen Stuhl.

Huth ging zum offenen Kaminfeuer, drehte sich dann um und sah die anderen an. »Ich traue keinem von Ihnen«, sagte er. »Sie stehen alle da, als hätten Sie genug Dreck am Stekken!«

»Sie kommen so einfach hier hereingeschneit ...« sagte Mayhew.

»Halten Sie den Mund!« schnitt Huth ihm das Wort ab. »Ich verhafte Sie alle«, sagte er. Zu Mayhew gewandt, setzte er hinzu: »Und keine weiteren Argumente mehr!«

Es war ganz still im Zimmer. Der Wind hatte aufgehört und man hörte nur das Ticken der alten Standuhr.

Douglas ging zu der Kommode hinüber, öffnete rasch die oberste Schublade und nahm den Fünfundvierziger-Colt heraus, den der Amerikaner mitgebracht hatte. Er richtete ihn auf Huth.

»Nein, Standartenführer«, sagte Douglas.

Huth wandte sich um. Er lächelte, als ob Douglas einen unentschuldbaren Fauxpas begangen hätte.

»Seien Sie kein Narr, Superintendent Archer. Ich habe einen Sturm SS bei mir. Legen Sie die Pistole weg, und ich will die Sache vergessen.«

»Wenn Sie eine plötzliche Bewegung machen, werde ich Sie erschießen«, sagte Douglas.

»Dazu haben Sie nicht genug Mut«, sagte der Standartenführer, aber er machte keine plötzliche Bewegung.

»Nehmen Sie dem Standartenführer die Pistole ab, Oberst Mayhew«, sagte Douglas, »aber stellen Sie sich nicht in die Schußlinie!«

»Sind Sie sicher, daß Sie wissen, was Sie tun, alter Knabe?« fragte Mayhew.

»Ich bin noch nie sicherer gewesen«, sagte Douglas, obwohl sein Herz genug Blut für drei Männer pumpte und sein Magen sich vor Angst zusammenschnürte. Nach nochmaliger Überlegung öffnete Mayhew den Verschluß des ledernen Pistolenhalfters und langte nach Huths Pistole.

»Ich hasse es, zu sehen, wie Sie Ihr eigenes Todesurteil unterschreiben«, sagte Huth.

»Wie viele Fahrzeuge?« Douglas sprach mit Garins Diener, ließ aber Huth nicht aus den Augen.

»Fünf Lastwagen und ein Motorrad mit Beiwagen«, antwortete der Diener. Douglas nickte. Das konnte stimmen.

»Telefonieren Sie nach unten«, befahl Douglas, an Huth gewandt. »Sagen Sie Ihrem Sturmführer, er solle seine Leute aufsitzen lassen, und sich marschbereit halten.«

»Und was ist mit mir?« fragte Huth.

»Tun Sie, was ich sage«, sagte Douglas und stellte das Telefon vor Huth auf den Kaminsims.

»Nein«, sagte Mayhew. »Standartenführer Huth und ich können wahrscheinlich zu einer Einigung kommen. Kann ich mit Ihnen unter vier Augen sprechen, Standartenführer?«

»Kann ich es etwa verweigern?« sagte Huth. Mayhew blickte auf Douglas. Dieser nickte.

Fast eine halbe Stunde lang sprachen die beiden Männer im Nebenzimmer. Als sie wieder zurückkamen, sagte Huth: »Na, schön.« Er sah sich im Zimmer um. »Na schön«, sagte er noch einmal.

»Oberst Mayhew hat mir eine Erklärung für Ihre Anwesenheit hier gegeben. Vorläufig werde ich nichts unternehmen.« Er nahm seine Pistole von dem Beistelltisch und steckte sie zurück in das Futteral. »Aber ich warne Sie ...« Er drehte sich um und starrte auf Mayhew. »Sie wissen, daß ich eine Gegenleistung erwarte.« Er ging zur Tür, drehte sich aber nochmals um. »Oberst Mayhew hat mich überzeugt, daß niemand in diesem Haus in irgendeiner Weise etwas mit dem Fallschirmabsprung zu tun hatte. Aber vielleicht würden Sie Ihren Bekannten erzählen, daß die Luftwaffe Funkmeßgeräte hat, mit denen sie alle Flugbewegungen Tag und Nacht und auch bei jedem Wetter überwachen kann.«

Als die Lastwagen und Huths Motorrad abfahrbereit in der langen Lindenallee standen, sagte Mayhew: »Er wird über die Sache mit der Pistole hinwegsehen, Archer. Er hat es versprochen, und ich glaube ihm.«

»Und was haben Sie ihm versprochen?« fragte Douglas.

Mayhew wich aus. »Den Mond und die Sterne. Ich versprach ihm, was immer er haben wollte, im Austausch für ein wenig Zeit. Jetzt müssen wir den König aus der deutschen Schutzhaft freibekommen.« Er blickte auf Danny Barga. »Und wir werden unseren amerikanischen Freunden zeigen, daß ein Präsident mit einer Atombombe wiedergewählt werden kann, selbst wenn dort der König im Exil lebt.«

35. KAPITEL

Im Metropolitan-Varieté in der Edgware Road war es warm, laut und verraucht. Das Publikum drängte sich, um Flanagan & Allen zu sehen und Vera Lynn singen zu hören.

Im Sommer 1941 war aus ihren Liedern die Unterdrückung herauszuhören, die die Bevölkerung des besetzten Großbritannien zu spüren bekam. ›Wünsche sind die Träume, die wir träumen, wenn wir wach sind‹, sang sie, und ›Wir werden uns wiedersehen, wissen nicht wo, wissen nicht wann‹ war ein Versprechen und eine Hoffnung, die von Tausenden von Frauen gehegt wurde, die ihre Männer in einem fernen deutschen Gefangenenlager wußten.

Am Ende der ersten Hälfte des Programms war sie auf die Bühne gekommen in einem einfachen weißen Kleid, das den Geldbeutel und die Erfindungsgabe eines Ladenmädchens nicht überstieg, bei tobendem Applaus, der das Orchester zwang, die einleitenden Takte von ›Wünsche‹ zwei- oder dreimal zu spielen, bevor sie in dem Tumult zu hören war. Und als Flanagan & Allen sich mit der ganzen Truppe zu ihr gesellten, und sangen: ›Morgen, wenn die Welt frei ist‹, saßen die Zuhörer wie angewurzelt da.

Die erste Programmhälfte endete damit, daß die ganze Truppe Papierwimpel warf, komische Hüte aufsetzte und Luftballons platzen ließ, die aus einem großen Drahtkorb, der an der Decke aufgehängt war, herunterschwebten.

Nach der Pause war das Publikum von einer seltsamen Euphorie erfaßt. Selbst ›Professor Zingo‹ schmälerte die allgemeine Zufriedenheit nicht, und das will viel sagen, denn es gibt wenige Dinge, die aufreibender sind, als den ängstlichen Bemühungen eines Zauberkünstlers beizuwohnen, der seine schwarze Kunst nicht ganz gemeistert hat.

Gala-Abende waren beim Reinigungspersonal nicht beliebt, denn die ausgelassene Feststimmung ließ das Theater in einem Chaos zurück, so daß es für eine Wiederverwendung immer erst wiederhergerichtet werden mußte. Ein Spinnengewebe von farbigen Papierschlangen blieb an den großbrüstigen

Karyatiden hängen, und schlaffe Ballons hüpften träge in den Gängen auf und ab. Die Bar war der einzige Ort, der von den Gala-Nächten nicht gezeichnet wurde. Es war ein langer, schmaler Raum hinter den Logenplätzen. Glasfenster ermöglichten es durstigen Besuchern, die Bühne zu sehen, aber die Musik war nur leise zu hören, außer wenn die Tür aufging. Hier in der Bar konnte ein Mann alles zugleich haben: Er konnte die Beine der Ballettmädchen bewundern und seine eigene Stimme hören.

»Angenommen, er kommt nicht?« sagte Harry Woods. Er trank sein wäßriges Bier aus und gab dem Barkellner ein Zeichen, noch eines zu bringen.

»Er wird schon kommen«, sagte Douglas. Er wollte kein Bier mehr. Zwei Schoppen von diesem Gesöff waren das Äußerste, was seine Blase vertragen konnte.

»Haben Sie viele Krauts hier, Percy?« fragte Harry den Barkellner.

Der Mann wischte mit einem Lappen über die Theke. »Nein«, sagte er. Er faltete das feuchte Tuch auseinander und breitete es auf einem Bierfaß zum Trocknen aus. »Die Deutschen haben ihre eigenen Varietes mit bekannten Stars aus Deutschland. Es kostet sie nur Sixpence. Hier muß man einen Haufen Geld dafür zahlen, um die ›Idole‹ zu sehen. Und die Deutschen verstehen die Lieder ja doch nicht.«

Harry zündete sich eine Zigarette an und hielt dem Barkellner sein Päckchen hin. Er nahm dankbar eine. »Suchen Sie einen Deutschen?«

Douglas wandte den Kopf, um die Handlung auf der Bühne zu sehen. Professor Zingo zog endlos farbige Taschentücher aus einer leeren Röhre heraus — aber in Wahrheit war Douglas beunruhigt, daß Harry wieder einmal zuviel ausplaudern würde.

»Wir erwarten einen Offizier der deutschen Feldpost«, sagte Harry soeben. »Da sind etliche Postsäcke geklaut worden.«

Diesmal war er vorsichtig, dachte Douglas, denn damit schien die Neugier des Kellners schon befriedigt.

»O ja«, sagte der Barkellner.

»Es ist eine wichtige Angelegenheit«, berichtete Harry, als versuche er, sein Interesse zu wecken.

»Ja, natürlich«, sagte der Barkellner und begann die schmutzigen Gläser auszuspülen, die vor dem Ausgußbecken aufgereiht standen.

Professor Zingo öffnete und schloß die mit Scharnieren versehene Tür einer großen, schwarzlackierten Kiste. Die sechs Musiker im Orchesterraum spielten ein Pizzikato. Zingo blickte auf das Publikum und auf seine hübsche, junge Gehilfin und klopfte dann auf das Metallsägeblatt einer Kreissäge. Die Tschaikowski-Melodie schwoll an, als die Tür aufging und Hauptmann Hans Hesse hereinkam. Gottlob trug er nicht jenen Mantel mit dem Astrachankragen. Er wäre an einem Ort wie diesem sofort von Autogrammjägern umringt worden.

»Was wollen Sie trinken, Hans?« Harry fragte ihn, als würden sie einander seit Jahren kennen.

»Bier«, sagte Hesse, nahm den breitrandigen schwarzen Hut ab und hängte ihn sorgfältig an den Kleiderständer. Es war jedermann verboten, einen Drink für ein Mitglied der Besatzungsarmee zu bezahlen, und auch verboten, für den Barkellner, die Deutschen zu bedienen. Sie hatten ihre eigenen Lokale. Aber das Bier kam sofort. Hesse trank einen Schluck davon, schauderte zusammen, lächelte und stellte das Bier auf die Theke. »Morgen früh«, sagte er. »Sind Sie dann bereit?«

Das Mädchen lag jetzt in der Kiste. Wieder öffnete Professor Zingo den Deckel, um zu zeigen, daß ihr Rumpf noch da war, um in zwei Teile zersägt zu werden.

»Blaujacke meinen Sie?« wollte Harry von Hesse wissen. Es war ein schönes Codewort für König Georg VI., den Seemannskönig, genau das Richtige für die Geschichtsbücher.

»Blaujacke, ja. Werden Sie bereit sein?« Hesse folgte Douglas' starrem Blick auf den von Scheinwerfern angestrahlten Zauberkünstler. Die Kreissäge wirbelte jetzt schnell, ihre grimmigen Zähne glitzerten im rosa Lampenlicht. Nur der Kopf des Mädchens ragte aus der Kiste, und ihr Gesicht verzerrte sich, als habe sie Angst. Der Hauptmann fand die Nummer des Zauberkünstlers läppisch. Er wandte sich ab.

»Wir werden bereit sein«, sagte Douglas, ohne seinen Blick von der Bühne zu wenden.

»Das Mädchen zieht die Beine bis zur Brust hoch«, erklärte der Hauptmann, während er noch einen Schluck von dem warmen, wäßrigen englischen Bier trank. »Das Sägeblatt wird ihr nicht gefährlich.«

»Wir werden ihn vom Tower abholen«, sagte Douglas. Er hatte alle Einzelheiten von Mayhew erfahren.

»Einer meiner Leute wird dort sein: ein kleiner Mann mit Brille, in der Uniform eines Veterinäroffiziers. Tun Sie alles, was er sagt. Tun Sie es sofort und ohne zu fragen. Verstehen Sie?«

»Ja, ich verstehe«, sagte Douglas. Im Schatten an der Seite des Orchesterraums öffneten sich geräuschlos die Nottüren. Zwei Soldaten betraten das Theater. In dem rosa Licht von der Bühne sah Douglas das Blinken der Halsschilder, die die deutschen Feldgendarmen auf der Brust trugen. Die beiden gingen sehr langsam den leicht ansteigenden Gang zwischen den Sitzplätzen hinauf und prüften systematisch die Gesichter in jeder Reihe des Zuschauerraums, bevor sie weitergingen.

»Ihre Leute«, sagte Harry. Er räusperte sich und trank noch etwas von dem Bier.

»Feldgendarmerie«, erklärte Hauptmann Hesse. »Wahrscheinlich nur eine Routinekontrolle.«

Sogar durch die Glasscheibe hörten sie den Trommelwirbel. Die rotierende Säge fraß sich mit erschreckender Geschwindigkeit immer mehr durch die Kiste. Die zwei Soldaten blickten nicht auf die Bühne hinauf, ihre Köpfe bewegten sich sehr langsam von links nach rechts und dann wieder zurück wie die Köpfe der Zuschauer bei einem Tennismatch in Zeitlupe.

»Allmächtiger!« rief Harry Woods aus. Er sah das Mädchen den Kopf zurückwerfen, wie in einer Zuckung schrecklichen Schmerzes.

»Sie tut nur so«, erklärte der Deutsche. »Es gehört zu der Nummer.« Er langte nach seinem Hut und setzte ihn auf, wobei er die Krempe auf der einen Seite seines Gesichts, die den beiden Militärpolizisten zugewendet war, herunterzog.

»Wir werden in einem Ambulanzwagen fahren«, sagte Harry Woods. »Ihre Leute haben ausdrücklich bestimmt, daß es ein Ambulanzwagen sein sollte.«

»Mit Kennzeichen?« fragte Hesse.

»Keine Kennzeichen«, sagte Harry Woods. »Man wird die Nummernschilder abschrauben. Es lohnt sich kaum, falsche anzubringen. Kein Mensch wird einen Ambulanzwagen anhalten, weil er keine Nummernschilder hat. Und wenn etwas schiefgeht, wird uns ihr Fehlen vielleicht einen kurzen Vorsprung lassen.«

»Sie haben recht«, sagte Hesse. Er lächelte. Auf der Bühne war es hell geworden. »Sehen Sie es jetzt?« sagte er. »Das Mädchen ist heil geblieben!«

»Blaujacke wird keine Handschellen oder so etwas haben, nicht wahr?« fragte Harry.

Hesse lächelte. »Wir Deutschen sind keine Barbaren, Mr. Woods. Warum sollte er Handfesseln angelegt bekommen?« Man hörte einen Tusch des Orchesters und tosenden Beifall, als Professor Zingo die hübsche Gehilfin bei der Hand nahm und ihr aus der schwarzen Kiste half.

»Wir haben nämlich niemanden, der sie öffnen könnte«, meinte Harry.

Hauptmann Hesse lehnte sich zurück an den Mahagoni-Bartisch, starrte auf die Bühne und blinzelte, als ihm der Rauch seiner Zigarette in die Augen kam.

Die Tür zur Bar öffnete sich, und die zwei ›Kettenhunde‹ blickten herein. Die an metallenen Ketten getragenen Halsschilder, die ihnen ihren Namen gegeben hatten, schimmerten im grellen Licht. Hesse, Douglas und Harry Woods hielten ihre Augen unverwandt auf die Bühne gerichtet, als ob sie die Feldgendarmen nicht gesehen hätten, die auf der Türschwelle standen. »Irgendwelche Soldaten hier heute abend?« rief einer von ihnen dem Barkellner in einem Singsangton zu, der zeigte, daß er den Satz wie ein Papagei gelernt hatte.

»Nix«, antwortete der Barkellner, rückte von den Soldaten ab und stellte sich hinter die drei Männer am anderen Ende der Bar. »Sehen Sie das?« sagte er, als der Zauberkünstler und das

Mädchen noch einmal vor den Vorhang kamen, um sich zu verbeugen. »Dasselbe passierte am Montagabend, bei der ersten Vorstellung. Sie hinkt. Sehen Sie das Blut an ihrem Fuß? Wenn sie ihre Knie nicht bis ganz herauf zum Hals bekommt, erfaßt sie die Säge.«

Jetzt konnten die anderen es auch sehen. Ihr weißer Ballettschuh war an den Zehen zerrissen, und ein wenig blutig. »Eine große Leistung«, sagte der Barkellner. »Man kann proben und immer wieder proben, aber da gibt es immer die Möglichkeit, daß es schiefgeht.«

Die drei Männer tranken ihre Gläser aus und gaben ihm keine Antwort.

36. KAPITEL

Der Tower von London. Douglas konnte den Nebel spüren. Der Ruß setzte sich in seine Nasenlöcher und auf seine Lippen. Sogar um zehn Uhr morgens war die Sicht nur ein paar Meter weit. Hier an der Themse müßte der Krankenwagen im Schneckentempo fahren. Am Tower Hill hatten die Soldaten Lichtsignale aufgestellt. Sechs Leuchten hatten einen gelben Tunnel durch die gelbgrünen, herumwirbelnden Wolken aufgerissen. Jenseits war der Tower nur noch ein grauer Schattenriß im weichen Nebel.

Nur wenn der Wind den Fluß kräuselte, konnten sie die gelbe Lichterkette der Takelage des leichten Kreuzers *Emden* erkennen, der an der anderen Seite der Brücke vor Anker lag.

»Sie haben einen geeigneten Tag dafür ausgesucht«, sagte Harry Woods. »Sie müssen gestern abend die Wettervorhersage gehört haben, bevor Hesse gekommen ist, um uns zu treffen.« Er ließ das Fenster herunter, als sie sich der nächsten Sperre näherten.

Ein Offizier kam aus der Wachstube gestürzt und stieg auf das Trittbrett. Er hielt ein Taschentuch vors Gesicht und nieste hinein. »Ein verdammt schmutziges Land«, sagte einer. »Eignet sich nicht als Wohnort für Menschen!«

Auf seinen Schulterstücken sah man die Äskulapschlangen des Veterinärkorps. »Fahren Sie geradeaus weiter«, sagte er. »Über die Zugbrücke und durch die Türme. Sollte man uns anhalten, seien Sie still. Das Reden überlassen Sie mir!«

Er hielt sich an dem Rückenspiegel fest, während Douglas den Ambulanzwagen durch die engen Fahrbahnen des Outer Wards hindurchmanövrierte, rund um die Strebepfeiler des Wakefield Towers, vorbei an dem ›Blutigen Tower‹ und hinauf zum Inner Ward, wo — wie eine große Klippe in den Felsabbrüchen von Caen — der ›Weiße Turm‹ vom Nebel geköpft wurde. Er folgte der Reihe der Straßenlampen, deren Gasflammen hell brannten. Ein Rabenpaar, von ihrem Näherkommen aufgeschreckt, taumelte wie trunken über den Weg und flatterte geräuschvoll davon. Der Krankenwagen suchte sich seinen Weg rund um den massiven Hauptturm und parkte vor der Kapelle.

»Warten Sie«, sagte der kleine deutsche Offizier. Er stieg vom Trittbrett herunter und verschwand in der Düsternis, wobei er auf seinem Weg über den Tower Green hustete und nieste und beinahe über ein Schild ›Betreten des Rasens verboten‹ gestolpert wäre.

Der dichte gelbe Nebel hatte eine unnatürliche Stille mit sich gebracht. Die Luftaufklärung, seit dem Beginn des Standrechts beinahe ununterbrochen im Gange, war plötzlich vorbei: die Aufklärungsflugzeuge waren durch den Nebel am Aufsteigen verhindert. Das Grollen eines schweren Lasters, der langsam über die Brücke fuhr, wurde immer schwächer, und dann herrschte völliges Schweigen. »Es überläuft einen kalt, habe ich recht?« sagte Harry.

Douglas blickte auf das Schild. In Deutsch stand darauf: ›Haus des Königs. Hier verbrachte Anne Boleyn die Nacht vor ihrer Hinrichtung. Guy Fawkes wurde hier vor seinem Geständnis verhört. Sein Prozeß fand in der Westminster Hall statt.‹ Douglas nickte, sagte aber nichts.

Vom Weißen Turm kam plötzlich das Geräusch von Schritten. Jemand mit einem breiten schlesischen Akzent sagte, es sei kalt, und ein anderer Mann lachte stillvergnügt in sich hinein.

»Hier kommen sie«, sagte Harry.

Aber er hatte sich getäuscht. Es waren nur einige Offiziere und Parteibeamte, sogenannte ›Politische Leiter‹, die im Halbdunkel ihren Weg über den Hof nahmen und beinahe gegen den Krankenwagen rannten. Eine lange Weile ereignete sich weiter nichts.

Es war zehn Uhr vierzig, als der Veterinärleutnant zu Douglas und Harry Woods zurückkehrte. Er schob einen Rollstuhl vor sich her. Darin saß eine stille und schweigsame Gestalt, ein wenig zusammengekauert, und sah auf ihre gefalteten behandschuhten Hände herunter. Sie war mit einem billigen, schottisch gemusterten Morgenrock bekleidet, unter dem man einen braunen Rollkragensweater, graue Flanellhosen und abgetragene Schuhe sehen konnte. Auf dem Kopf trug sie eine khakifarbene gestrickte Wollmütze von der Art, wie sie bei den britischen Soldaten während dieses ersten Winters des ›Sitzkriegs‹ beliebt gewesen war.

Harry Woods öffnete die beiden rückwärtigen Türen des Krankenwagens. Douglas stand bereit, um dem König die aufklappbare Stufe hinaufzuhelfen. »Sie werden ihm helfen müssen«, sagte der Veterinäroffizier.

Als der König zu den beiden Männern aufblickte, bewegte sich sein Kopf kaum, es war nicht viel mehr als ein Zucken der Augenlider. Er sagte nichts.

»Wir werden Ihnen helfen, Sir«, sagte Douglas zu dem König.

Dann hob Harry Woods den König hoch, wie eine Mutter ein winziges Baby hochheben mag. Er hielt ihn in seinen Armen, stieg in den Krankenwagen und legte ihn behutsam auf die Tragbahre.

»Schnallen Sie ihn an«, sagte der Veterinärleutnant. »Er ist völlig erschöpft. Einer von Ihnen sollte neben ihm bleiben.«

»Ich werde das tun«, sagte Harry.

»Ist bei Ihnen alles in Ordnung, Sir?« fragte Douglas nervös. Er fragte sich, ob er ›Eure Majestät‹ sagen sollte.

Der König nickte kaum wahrnehmbar mit dem Kopf und bewegte seine Lippen, als wollte er etwas sagen. Douglas wartete, aber als keine Worte kamen, nickte er Harry zu und schloß die rückwärtigen Türen.

»Ich bringe Sie durch die äußere Sperre«, sagte der Leutnant. »Danach liegt die ganze Verantwortung für ihn bei Ihnen.«

»Ja«, sagte Douglas, startete den Wagen und fuhr los.

Der Leutnant putzte geräuschvoll seine Nase.

»Ist er mit Drogen betäubt?« fragte Douglas.

»Er ist krank«, sagte der Leutnant. »Verdammt krank.« Er wischte sich wieder die Nase ab. Als der Krankenwagen langsam die Lower Thames Street entlangfuhr, sprang er vom Trittbrett. Sein Abschiedsgruß glich eher einem Grunzen.

Sie befanden sich in der Lombard Street und fuhren in Richtung auf Cheapside, als sie mit dem Wagen Schwierigkeiten bekamen. Das Fensterchen hinter Douglas' Kopf ging auf, und er hörte Harry sagen: »Willst du, daß ich fahre, Doug?«

»Es ist die Zündung«, sagte Douglas. »Der Motor spuckt und stottert, wenn ich auf den Gashebel trete.«

Der Krankenwagen fuhr langsam an der Bank von England vorbei. Die bewaffneten Wachtposten waren gerade noch durch den düsteren Nebel zu sehen. Die Verkehrsampeln waren ausgefallen, und ein Polizist leitete den Verkehr. Seine dunkle Gestalt war nur sichtbar wegen des flackernden Feuers, das neben ihm brannte. Er gab ihnen ein Zeichen mit der Hand, weiterzufahren, und sie gelangten bis zur St. Paul's Kathedrale, als der Motor wieder aussetzte. Nach mehrmaligen Versuchen ging es wieder ein Stückchen.

»Wir brauchen nur bis nach Barnet zu kommen«, sagte Harry hoffnungsvoll. »Dort wird ein anderes Fahrzeug für ihn bereitstehen.«

»Verstehst du etwas von Automotoren, Harry?«

»Vielleicht finden wir hier irgendwo eine Werkstätte«, meinte Harry.

Beim St. Paul's Friedhof standen vier Wagen und ein Laster, die wegen des Nebels im Stich gelassen worden waren. Ein uniformierter Polizist kam herüber. »Sie können ihn nicht hier stehenlassen, Sir«, sagte der Polizist. Er hatte ungeschliffene

Manieren, wie man sie manchmal bei jungen Polizisten findet. »Dies ist eine Schnellstraße. Parken oder Halten ist nicht erlaubt.« Er schnupperte in der Luft und starrte dann auf Douglas.

»Da ist etwas mit der Zündung nicht in Ordnung«, erklärte Douglas. »Gibt es hier in der Nähe eine Werkstätte?« Hinten im Wagen hörte er den König husten.

»Da werden Sie Pech haben«, sagte der Konstabler. »Können Sie nicht verstehen, daß der Nebel alles zum Erliegen bringt?« Er blickte auf den Krankenwagen und rieb mit einer behandschuhten Fingerspitze an der beschlagenen Windschutzscheibe herum. »Setzen Sie sich mit Ihren Leuten in Verbindung, daß sie einen Mechaniker herschicken. Aber von hier müssen Sie fort!«

»Kann ich den Wagen wenigstens so lange hier stehen lassen, während ich telefoniere?«

»Versuchen Sie nicht, mich zu verarschen«, sagte der Polizist. Er schien zur Ansicht gekommen zu sein, daß Ambulanzfahrer keine respektvolle Behandlung verdienten. »Ich habe es Ihnen ein für allemal gesagt, und wenn ich es Ihnen noch einmal sagen muß, dann laß ich Sie einsperren. Jetzt machen Sie sich auf die Socken!« Douglas schluckte seine Wut hinunter. Er nickte und ruckelte los.

»Ein ekelhafter Saukerl, was?« sagte Harry ruhig, als sie unterwegs waren.

»Ich habe diese Art Polypen nie gemocht«, meinte Douglas. »Wie geht's ...«

Bevor Douglas eine geeignete Form der Anrede finden konnte, sagte Harry: »Noch dasselbe. Er hat noch kein Wort gesprochen. Vielleicht ist er eingenickt.«

»Könntest du ihn in ein Taxi bringen?«

»Bei einem solchen Wetter bleiben Taxifahrer zu Hause«, sagte Harry. »Sie würden einen halben Tag brauchen, um einen Fahrgast zu finden.«

Douglas nickte. Harry hatte natürlich recht. Er hatte noch nirgends ein Taxi gesehen. »Ich werde Barbara anrufen«, sagte Douglas.

Sie fanden eine Telefonzelle in der Fleet Street. Barbara war ausgegangen. Der Fensterputzer war am Apparat, und erbot sich, eine Nachricht entgegenzunehmen, aber Douglas sagte nur, er würde später wieder anrufen.

Douglas telefonierte mit dem Büro des Generalbevollmächtigten für Verwaltung und Justiz. Sir Robert Benson war bei einer Besprechung, aber sein Sekretär schien bereit, ja sogar darauf erpicht zu sein, zu helfen, als Douglas sich zu erkennen gab. Sir Robert würde erst wieder kurz nach dem Mittagessen zurück sein.

Douglas sagte ihm, es sei sehr eilig, und nach einigem Zögern plauderte der Mann aus der Schule, daß Sir Robert bei keiner Besprechung, sondern zum Lunch im Reform Club war.

»Wir fahren hin«, sagte Douglas zu Harry, als er zum Krankenwagen zurückkam. »Ich glaube, ich kann es schaffen, diesen Karren noch bis Pall Mall zu bringen.«

»Der Nebel wird dichter«, sagte Harry. »Es kann tagelang so bleiben.«

»Bist du ganz sicher, daß du den Namen der Leute in Barnet nicht hast?«

»Ganz sicher«, sagte Harry.

Douglas stieg in den Krankenwagen und blickte auf den König. Er hatte sich auf der Tragbahre aufgerichtet, eine dünne graue Decke um seine Schultern gelegt, sein Gesicht war verwirrt. »Wie geht es Ihnen, Eure Majestät?« fragte Douglas.

Der König sah ihn an, antwortete aber nicht.

»Es muß die Bombe gewesen sein, die noch kurz vor dem Ende den Palast getroffen hat«, sagte Harry im Flüsterton. »Es kursierten Gerüchte, daß der König schlimm verletzt worden sei, erinnerst du dich?«

»Du glaubst, daß er die ganze Zeit in diesem Zustand gewesen ist?«

»Ich habe eine Menge solcher Fälle gesehen«, sagte Harry. »Der Luftdruck kann tödlich sein, ohne äußere Verletzungen erkennen zu lassen. Es kann sich aber auch um Nachwirkungen eines schweren Schocks oder einer Gehirnerschütterung handeln.«

Douglas blickte sich besorgt um, doch der König hatte nichts gehört. »Glaubst du, daß er sich wieder erholen wird?«

»Das weiß Gott allein, Douglas. Aber kannst du dir vorstellen, welche Wirkung er in seinem gegenwärtigen Zustand auf die Leute in Washington ausüben würde?«

»Ich denke die ganze Zeit an nichts anderes«, sagte Douglas.

»Kannst du mit diesem verdammten Karren wirklich bis Pall Mall kommen?«

»Ich will es versuchen«, erwiderte Douglas, und es war, als ob der Motor nun wieder ein Weilchen mitmachen wollte. Sie fuhren mühsam weiter bis zum Strand. Ein paar Minuten lief der Motor noch, aber ehe einer der beiden Männer die Hoffnung aussprechen konnte, daß sie bis zu ihrem ursprünglichen Bestimmungsort in Barnet kommen würden, war endgültig Schluß. Sie standen vor dem Adelphi-Theater. Jetzt reagierte er auch nicht mehr auf den Anlasser. Im Werkzeugkasten auf dem Trittbrett lagen nur ein schmieriges Tuch und eine Kurbel. Harry nahm sie und versuchte den Motor mit der Hand anzuwerfen, viele Male. Ohne Erfolg. Mit gerötetem Gesicht und außer Atem warf er die Kurbel in den Werkzeugkasten zurück. Er fluchte, während er seine Hände mit dem Lappen abwischte.

»Was werden wir jetzt tun?« fragte Harry. Er preßte seine Hand an die Brust und atmete erschöpft.

»Im Wagen gibt es noch einen zusammenklappbaren Rollstuhl«, sagte Douglas. »Ich bin dafür, den König in den Rollstuhl zu setzen!«

»Allmächtiger!«

»Niemand wird ihn auf der Straße wiedererkennen. London wimmelt von Kranken und Krüppeln.«

Es gab keine andere Wahl. Mit einigen Schwierigkeiten setzten sie den König in den Rollstuhl. Vorbeigehende Fußgänger sahen ihnen zu, verschwendeten aber keinen weiteren Gedanken daran.

Sie schoben ihn durch den Nebel und wählten eine Abkürzung über den Trafalgar Square, bis sie schließlich zu dem riesigen, häßlichen Gebäude des Reform Clubs gelangten. »Warte hier mit ihm«, sagte Douglas zu Harry. Der Nebel setzte sich in die Lungen des Königs, und er hustete qualvoll.

Douglas kannte den Club. Er fragte den Portier nach Sir Robert und erblickte ihn dann auch schon, wie er in der Mitte der seltsamen Halle stand, die für dieses merkwürdige Gebäude charakteristisch war.

Der Portier ging hinüber und meldete den Besucher. Sir Robert wandte sich von seinem Begleiter ab. »Archer! Wie nett!« Seine Stimme war weich und leise, ein Mittelding zwischen einem Brummen und einem Flüstern.

Das war bezeichnend für Sir Robert — eine Begrüßung, bei der es unmöglich war, Freude oder Verärgerung herauszuhören. Überraschung oder höfliche Kenntnisnahme, intime Freundschaft oder weitläufige Bekanntschaft.

»Es tut mir leid, Sie zu stören, Sir Robert.«

»Durchaus nicht. Kennen Sie Webster? Er ist zum neuen Unterstaatssekretär ernannt worden.«

»Meine Glückwünsche«, sagte Douglas. Webster war ein zart aussehender Mann mit müden Augen und einem dünnen Lächeln. Es war schwer zu glauben, daß er über soviel Robustheit verfügte, die ein Mann haben mußte, um diese Hürde zu überspringen. Unterstaatssekretär zu werden war für einen Staatsbeamten das, was für einen kleinen Schauspieler eine überraschend angebotene Starrolle ist.

»Sie besuchten das New College, Archer?« fragte Sir Robert.

»Christ Church«, sagte Douglas.

»Webster war in New«, sagte Sir Robert.

Sie lächelten. Es war ein weitverbreiteter Glaube, daß alle hohen Staatsbeamten vom New College, Oxford, kamen.

»Kann ich Ihnen ein Glas Sherry anbieten?« fragte Webster.

Douglas brannte vor Ungeduld. Er machte sich Sorgen wegen Harry, der mit dem König draußen auf dem Pflaster stand, aber da Webster seine Ernennung feierte, konnte Douglas nicht ablehnen. Kein Clubdiener stand bereit, die Bestellung entgegenzunehmen. »Drei trockene Sherrys«, sagte Webster.

»Es ist ziemlich eilig, Sir Robert.«

»Es gibt immer genug Zeit für ein Glas Sherry«, sagte Sir Robert. Er wandte sich an Webster. »Archer hat mir von Zeit zu Zeit bei parlamentarischen Fragen geholfen.« Douglas war nur einmal gebeten worden, einiges Material für die Antwort auf eine parlamentarische Anfrage zusammenzustellen, aber das reichte wohl aus, um sein unerwartetes Erscheinen zu erklären.

Webster bot ihnen höflich eine Gelegenheit, unter vier Augen zu sprechen. »Nachher muß ich ein paar Worte mit dem Clubsekretär wechseln, während Sie miteinander sprechen.«

Sir Robert lächelte und schien gleichgültig gegenüber Douglas' Ungeduld. Die Sherrys kamen, und Glückwünsche wurden geäußert. Als Webster gegangen war, führte Sir Robert seinen Besucher zu einer der lederbezogenen Bänke an der Wand. Douglas blickte sich um. Niemand konnte sie hören. »Es handelt sich um den König, Sir Robert«, flüsterte er.

Sir Robert schwieg. Er trank einen Schluck von seinem Sherry. Diese Gelegenheit trug nicht dazu bei, Douglas zu beruhigen, eher gab sie ihm das Gefühl, daß er sich schlecht benahm und sich aufdrängte. »Wir haben ihn aus dem Tower geholt . . . wie vereinbart«, sagte Douglas, sich entschuldigend. »Aber wir haben Schwierigkeiten mit dem Motor. Wir brauchen ein anderes Fahrzeug.«

»Und jetzt?« fragte Sir Robert ruhig.

»Er ist hier.«

»Im Club?« Sir Roberts Stimme stieg ein bißchen über das übliche Geflüster.

»Draußen auf dem Bürgersteig.«

Sir Robert runzelte seine buschigen Augenbrauen und überlegte, den Blick auf das Sherryglas gesenkt. Douglas bemerkte, daß Sir Roberts Hand zitterte. Douglas wandte den Kopf und sah eine Gruppe Männer nahe dem Eingang. Das Licht, das durch das Glasdach hoch oben hereinkam, ließ die Männer schattenlos erscheinen, wie in einem Traum.

»Er sitzt in einem Rollstuhl«, fügte Douglas hinzu. »Einer meiner Leute ist bei ihm.«

»Wie schwer krank ist er?« Er blickte um sich.

»Er ist sehr, sehr krank, Sir Robert.«

Sie saßen still da. Es dauerte eine Weile, bis Sir Robert antwortete. »Das erklärt manches. Die Deutschen müssen eine Menge Schwierigkeiten mit ihm gehabt haben.« Nervös langte der alte Mann in die Tasche seines schwarzen Jacketts und fand seine Pfeife.

Douglas sagte: »Ich weiß nicht, wie wir ihn zu dem Haus in Barnet bringen sollen. Wir haben das Fahrzeug aufgeben müssen«, wiederholte er.

Sir Robert blickte ihn an und nickte. Er überdachte alle Änderungen, die sich aus dieser neuen Lage ergeben konnten. »Er braucht vor allem ärztliche Behandlung«, sagte er und blies durch seine Pfeife.

»Ja. Ein Arzt sollte sich so bald wie möglich um ihn kümmern.«

»Ein schlauer Schachzug«, versetzte Sir Robert. »Sie haben uns gegeben, was wir am meisten wollen, und uns damit dennoch einen wirkungsvollen Schlag versetzt.« Er befühlte seine beiden Taschen und fand seinen Tabaksbeutel. Er öffnete den Verschluß und fingerte an dem Inhalt herum. Douglas konnte den starken Geruch des Tabaks riechen.

Mit unbewußter Präzision stopfte Sir Robert seine Pfeife, nahm ein Streichholz und zündete sie an. Dann blies er den Rauch fort. »Durchtriebene Burschen, diese Deutschen, was, Archer?«

»Es scheint so, Sir Robert.« Es war kalt in dem Club, und Douglas fröstelte.

»Und was tun Sie jetzt mit ihm, wie?« Er nahm die Pfeife aus dem Mund und blickte auf den brennenden Tabak, als sehe er ihn zum ersten Mal. Douglas trank einen Schluck von seinem Sherry und wartete. Er war sehr in Sorge, aber es gab keine Möglichkeit, den alten Mann zur Eile anzutreiben.

»Ein paar Monate, nachdem die Deutschen gekommen waren, gelang es mir mit viel Glück, noch anständige Dienstboten zu bekommen«, sagte Sir Robert nachdenklich. »Einen Mann und seine Frau, nicht mehr jung, keine Trinker, beide. Die Frau kann einfaches englisches Essen kochen, und ihr

Mann war Butler bei einem obskuren liberalen Pair gewesen. Habe ein mordsmäßiges Glück gehabt, wissen Sie, so brave Leute zu bekommen, bei den Löhnen, die man heute verlangt!« Er steckte die Pfeife in den Mund und zog grübelnd daran, während er Douglas mit einem durchdringenden Blick fixierte.

Über Sir Robert Bensons Schulter hinweg sah Douglas General Georg von Ruff in den Club kommen. Er gab dem Portier seinen seidengefütterten Mantel und stand da und polierte seine goldgefaßte Brille, die sich in der warmen Luft beschlug. Hinter ihm stand ein uniformierter deutscher Soldat, der sich im Kreis umsah, bevor er zurückging, um mit dem Portier zu sprechen.

Douglas blickte weg. Was für ein abscheulicher Zufall, daß von nur zwei Dutzend Männern in London, die den König vielleicht wiedererkannt hätten, ausgerechnet einer von ihnen in diesem Auganblick in den Reform Club gekommen war. Aber war es ein Zufall? Zweifellos hatten General von Ruff und Sir Robert Benson die Einzelheiten der Entführung des Königs aus dem Tower hier im Club vereinbart. Douglas blickte auf Sir Roberts kalte blaue Augen — er schien die Ankunft des Generals nicht bemerkt zu haben — und fragte sich, ob die körperliche Verfassung des Königs für Sir Robert wirklich so überraschend gewesen sein konnte.

»Ich glaube, ich habe Sie nicht richtig verstanden, Sir«, sagte Douglas. »Sie sprachen von Ihren zuverlässigen Dienstboten ...«

Unterdessen ging General von Ruff an Sir Robert vorbei und die Treppe hinauf, ohne ihm einen Blick zu schenken. Natürlich, oben in irgendeinem der Zimmer würde bald eine diskrete Besprechung stattfinden.

»Nein?« sagte Sir Robert, als fiele es ihm nicht leicht, das zu glauben, und er prüfte Douglas mit erneutem Interesse. »Diese Dienstboten sind natürlich Denunzianten. Sie berichten den Deutschen alles, was ich sage, schreibe oder tue. Aber gutes Personal ist wohl ein wenig Vorsicht wert, und hin und wieder lasse ich ein paar Indiskretionen fallen, nur um den armen

Teufeln etwas zu geben, was sie ihren Auftraggebern erzählen können. Ich weiß nicht, wie wir die Sache jetzt ohne sie deichseln sollten ... die Frau bügelt meine Hemden besser als jede Wäscherei.«

»Sie meinen, daß wir den König *nicht* in Ihr Haus bringen können«, stellte Douglas fest.

Sir Robert Benson nahm die Pfeife aus dem Mund und drückte den brennenden Tabak tiefer in den Pfeifenkopf. »Es wäre riskant«, sagte er, als ob er den Gedanken zum erstenmal erwägen würde. »Oberst Mayhew?«

»Wartet in Barnet, Sir Robert. Ich habe keine Möglichkeit, mich mit ihm in Verbindung zu setzen. Und Bernard Staines ist irgendwo in Südamerika.«

»Und Seine Majestät sitzt draußen auf der Straße in einem Rollstuhl, sagen Sie?«

»Ja, Sir Robert.«

Sir Robert schüttelte den Kopf. »Es hat was von einer Farce an sich, Archer. Finden Sie das nicht auch?«

»Nein, Sir, das finde ich nicht.«

Er nickte traurig. »Hmmm, Ihre Lage ist verteufelt schwierig, das kann ich verstehen.«

Jetzt begriff Douglas, wie Sir Robert Benson zu seiner hohen Stellung aufgerückt war. Er befahl nicht, er erteilte keine Instruktionen, er versetzte den Untergebenen ganz einfach in eine Situation, in der er das tun mußte, was Sir Robert wollte. Im Augenblick wollte er, daß Douglas den König im Rollstuhl durch den Nebel schob und das Problem löste, ohne Sir Robert oder einen seiner engen Freunde und Mitarbeiter mit hineinzuziehen. Und er war durchaus bereit, hier zu sitzen, Sherry zu trinken und Nichtigkeiten zu murmeln, bis Douglas begriffen hatte und fortging. Douglas fand die kalte Gleichgültigkeit dieses Mannes gegenüber seiner unangenehmen Lage erschrekkender als die Machenschaften eines Huth oder Kellermann. »Wäre es möglich, daß ich das Telefon benütze?« fragte Douglas.

»Sie wissen, wo die Telefonzellen sind?«

»Ja, aber ich habe keine passenden Münzen.«

»Natürlich.« Sir Robert fand vier Pennies und gab sie Douglas. »Bringen Sie ihn in mein Haus, wenn Sie glauben, daß es das Risiko wert ist«, sagte Sir Robert.

Douglas nickte. Die Pennies waren kalt in seiner Hand. Sir Robert würde immer auf der richtigen Seite stehen. Niemand würde nun sagen können, Sir Robert Benson hätte nicht alles, was man nur verlangen kann, für den König getan, sogar angesichts einer unausbleiblichen Anzeige bei den Besatzern. »Ich werde dafür sorgen, daß Seine Majestät von Ihrem Angebot erfährt, Sir Robert.«

Als würde er Douglas' Gedanken erraten, lächelte er. »Sie wissen, wo die Telefone sind?« fragte er wieder. Douglas nickte, stand auf und ging.

»Barbara, hier ist Douglas.«

»Liebling.« Ihre Stimme war nur ein Flüstern.

»Ich muß zu dir kommen und dich sehen.«

»Kann das nicht morgen sein, Liebster?«

»Ich möchte jetzt kommen.«

»Es geht jetzt nicht, Liebling. Ich bin gerade im Begriff auszugehen.«

»Kannst du mich hören, Barbara? Deine Stimme klingt sehr schwach.«

»Draußen wartet der Wagen und der Nebel ist schauderhaft. Kannst du morgen wieder anrufen?«

Douglas klopfte auf den Hörer, in der Hoffnung, daß ihre Stimme lauter werden würde. »Barbara, ich muß dich unbedingt *jetzt* sehen.«

»Sei kein Spielverderber, Liebling. Bleib wo du bist, bis der Nebel sich aufgeklärt hat.«

»Barbara, ich —«

»Ich muß etwas erledigen«, sagte sie. Ihre Stimme war jetzt deutlicher. »Ich muß arbeiten wie jeder andere Mensch auch. Jetzt hör auf, eine Landplage zu werden!« Es knackte, als sie den Hörer auf die Gabel knallte.

Douglas stand einen Augenblick lang still. Er war völlig unvorbereitet auf diese Abfuhr gewesen, und er fühlte sich verlassen.

»Alles in Ordnung?« fragte Sir Robert, als Douglas an ihm vorbei zum Eingang ging.

»Gewiß, Sir Robert«, erwiderte Douglas. Er nickte auch Webster zu, und als er zur Garderobe kam, hielt der Portier seinen Mantel bereits für ihn bereit. Der Portier wußte, daß Douglas nicht zum Lunch mit Sir Robert bleiben würde. Im Lauf der Jahre hatte er gelernt, Männer zu erkennen, deren Mäntel nicht lange in der Garderobe blieben.

»Vermutlich keine Aussicht für ein Taxi?« fragte Douglas ihn.

»Ich habe den ganzen Tag noch keines gesehen, Sir, und das ist hier an diesem Eingang zum Club wahrhaftig eine große Seltenheit.«

Einen Augenblick lang standen sie am Treppenabsatz der eindrucksvollen Eingangshalle nebeneinander. »Schauen Sie sich diese zwei an«, sagte der Portier und nickte in die Richtung, in der Harry Woods mit dem Rollstuhl stand. »Arme Teufel! Zu denken, daß ich zwei Weltkriege erleben mußte, um an meinem Lebensabend britische Veteranen in Pall Mall betteln sehen zu müssen!«

»Betteln sie?«

»Fragen Sie sie doch selbst«, sagte der Portier. »Sie sind natürlich diskret, aber ich habe schon einen Bobby gesehen, der sie verwarnt und dann zum Weitergehen aufgefordert hat.«

»Warum hast du so lange gebraucht?« fragte Harry, als Douglas zu ihnen zurückkam. »Ein Konstabler hat uns bereits für Bettler angesehen!«

»Tut mir leid, Harry. Aber niemand will uns haben.«

»Was machen wir jetzt?«

»Ich besitze einen Schlüssel für Barbara Bargas Haus. Es ist nicht allzu weit weg, und sie geht gerade fort. Zum mindesten werden wir uns hinsetzen und unsere fünf Sinne zusammensuchen können.«

»Geht es Ihnen einigermaßen?« fragte Harry den König und beugte sich zu dem Rollstuhl. Er erhielt keine Antwort. »George«, sagte Harry Woods, »wir bringen Sie wohin, wo Sie

Ihre Hände aufwärmen können.« Als er sich wieder aufrichtete, begegnete er Douglas' erstauntem Blick. »Nun, wie soll ich ihn sonst nennen?« sagte Harry, sich verteidigend. »Selbst ›Sir‹ klingt für einen Vorbeikommenden schon verdammt verdächtig, wenn man sich über einen schäbig gekleideten alten Mann im Rollstuhl beugt.«

»Ich werde ihn eine Zeitlang schieben«, sagte Douglas und nahm die Griffe des Stuhls. Harry bemerkte, daß der König schwach einen Arm hob, und er beugte sich nochmals über ihn, um zu hören, was er wollte, sein Ohr nahe an seinem Mund. Douglas hielt den Rollstuhl an und wartete, während der König etwas Unverständliches murmelte und Harry nickte und beruhigend seinen Arm ergriff. Douglas erkannte, daß die beiden Männer bereits so etwas wie ein Einverständnis verband, das er nicht teilte. Manchmal war er bestürzt darüber, wie schwer es ihm selbst fiel, jemandem näherzukommen, Mann oder Frau.

»Ich glaube, er versucht uns zu sagen, daß der leere Krankenwagen der Polizei gemeldet werden wird.«

»Damit hat er sicher recht«, sagte Douglas.

»Was wird Kellermann tun?« fragte Harry.

Sie schlugen die Richtung zu Barbaras Haus ein und kamen durch den Green Park. Er war menschenleer. Unter den Bäumen war der Nebel so dicht, daß sie nicht mehr als zehn Meter weit sehen konnten.

»Er wird uns überall suchen lassen.«

»Um uns auszuquetschen? Das wäre doch ein wenig drastisch.«

»Er wird sagen, er habe sich um unsere persönliche Sicherheit gesorgt.«

»Warum sollte er sich um uns sorgen?« fragte Harry. »Wir könnten ja schließlich auch einmal krank sein.«

»Kellermann wird vielleicht schon wissen, was geschehen ist. Die Leute von der Abwehr sind zwar an der Verschwörung beteiligt, aber wenn es um ihren Kopf geht, werden sie Mayhew und uns den Hunden vorwerfen, Harry.«

Darauf läuft es nämlich letztlich hinaus, dachte Douglas.

Zwei Polizisten und ein gelähmter König, in einem Land, das nicht mehr ihr eigenes war.

Sie verirrten sich im Park und wandten sich nach links, bis sie die Gaslampen von Constitution Hill sahen. Jenseits davon lagen die Ruinen des Buckingham-Palastes. Douglas warf einen Blick auf den König, ob er vielleicht die Gegend wiedererkannte, aber es gab kein Anzeichen dafür. Mit gekrümmten Schultern und vorgeneigtem Kopf saß er da, die mageren Hände verschränkt. Douglas erinnerte sich an den Besuch des Königs in Scotland Yard, bald nachdem der Krieg begonnen hatte. Er erinnerte sich an den König in der Fingerabdruck-Abteilung. Er hatte sich seine Fingerabdrücke abnehmen lassen. Die Karte blieb als Andenken an seinen Besuch zurück. Er war ein gutaussehender Mann gewesen, mit unbekümmertem Lächeln und einem zwanglosen Auftreten, das die Zuneigung aller gewonnen hatte. Es war schwer, diese Szene mit der gegenwärtigen mißlichen Lage in Einklang zu bringen, aber Douglas gelobte sich, lieber zu sterben, als seinen König im Stich zu lassen.

»Am Wellington Arch wird es sicher Kontrollen geben«, vermutete Harry. Wenn Kellermann sie bereits suchen ließ, konnte das gefährlich werden.

»Wir machen einen Umweg«, schlug Douglas vor. »Wir werden eine der Nebenstraßen benützen, in die Curzon Street einbiegen und über die Park Lane in den Hyde Park.«

»Sie brauchen sich nicht zu beunruhigen«, sagte Harry in das Ohr des Königs, »Douglas weiß, was er tut.«

Sie hörten das Telefon läuten, als Douglas den Schlüssel in die Tür des Hauses steckte. Er ging in das Wohnzimmer und hob ab.

»Miss Barga?«

»Sie ist nicht zu Hause«, sagte Douglas.

»Wer spricht?«

Douglas erkannte die Stimme. »Sind Sie das, Oberst Mayhew?«

»Archer! Ich habe versucht, Sie zu finden. Ich *hoffte*, Sie würden sich mit Miss Barga in Verbindung setzen.«

»Der Krankenwagen —«

»Genug. Ich bin in ein paar Minuten bei Ihnen. Sind Sie alle beisammen und in Sicherheit?«

»Wir alle drei sind hier.«

»Ich werde dreimal kurz an der Haustür läuten.«

»Es war Mayhew«, berichtete Douglas seinem Freund.

»Gott sei Dank«, sagte Harry. Er zündete das Gasfeuer an. Douglas half dem König, sich näher daran zu setzen. Dann ging er in die Küche, um Tee zu machen. Er war glücklich, mit Barbaras Geschirr hantieren zu können und hier in ihrem Heim zu sein.

Harry sah es, und auch er war froh. »Es gibt nichts Besseres als eine Tasse Tee.« Er ging zum König und fragte ihn: »Nehmen Eure Majestät Zucker?«

Nun konnte sie ja niemand mehr belauschen.

Mayhew hatte von seinem Haus in der Upper Brook Street aus angerufen. Er war mit der Untergrundbahn von Barnet zurückgekommen, die trotz des Nebels fast störungsfrei verkehrte. Er brauchte nicht sehr lange, um nach den Sloane Yard Mews zu kommen. Die drei Männer gingen in die Küche, um außer Hörweite des Königs zu sein.

Mayhew gab keinen Kommentar zu Douglas' Gespräch mit Sir Robert Benson. Er beugte sich vor, hielt die Hände in die Nähe des Herds und rieb sie aneinander. Er wartete, bis Douglas seine Geschichte fertig erzählt hatte, und sagte dann: »Man muß den Krankenwagen ein paar Minuten, nachdem Sie ihn stehenließen, gefunden haben. Der Konstabler in dem betreffenden Revier machte eine Meldung, und die Polizeistation hat es Scotland Yard mitgeteilt. Kellermann gab sofort ein Fernschreiben heraus. Ein gestohlener Krankenwagen, so hieß es, keine Erklärung, warum oder wo oder wann. Aber es bedeutete, daß die Londoner Feldgendarmerie es schriftlich hatte. Das wiederum bedeutete, daß die Geheime Feldpolizei und schließlich die Abwehr sich den Rücken decken mußten.«

»Das war's, was Kellermann wollte«, sagte Douglas.

»Er hat sich Gedanken gemacht und die richtigen Schlüsse gezogen. Ein gutes Stück Arbeit!« meinte Mayhew. »Oder ein gutes Stück schlichter Verrat!« sagte Douglas. Harry goß den Tee ein.

»Ja, auch diese Möglichkeit dürfen wir nicht außer acht lassen«, sagte Mayhew. »Ist dies mein Tee? Danke Ihnen, Harry. Schlummert Seine Majestät noch?«

»Sein Zustand ändert sich nicht, seit wir ihn abgeholt haben«, sagte Harry. »Ich glaube, wir sollten einen Arzt finden, der nach ihm sieht.«

Mayhew nickte, trank seinen Tee und verdrängte den König aus seinen Gedanken. »Ja, die Wehrmacht hatte keine andere Wahl, als auf die Fernschreiben von Scotland Yard entsprechend zu reagieren.«

»Was passierte?«

»Großfahndung«, erklärte Mayhew. »Die ganze Chose: Der König heute morgen entkommen, das Fahrzeug verlassen im Zentrum von London gefunden. Vorläufig vertraulich an alle Abteilungen. Aber sie werden es nicht sehr lange geheimhalten können.«

»Namen?«

»Keine Namen bis jetzt.«

»Großfahndung«, sagte Harry. »Was ist das?«

»Die höchste Kategorie der Suche nach jemandem«, erklärte Douglas. »Alarm für alle Einheiten der bewaffneten Streitkräfte, für SS, Polizei, Sicherheitsdienst, Hilfspolizei-Einheiten, Docks, Flughäfen und Bahnpolizei, Ausbildungslager und so weiter.«

»Großfahndung«, wiederholte Harry.

Mayhew trank den heißen Tee aus und stand auf. »Ich glaube, wir müssen Sie alle von hier herausbringen. Unter Umständen wird man die Adressen aller Ausländer nachprüfen, einschließlich der von Miss Barga. Mein Wagen steht draußen.«

»Glaubst du, daß wir eine von Miss Bargas Wolldecken mitnehmen können?« fragte Harry seinen Freund Douglas. »Für den König.«

»Das Schlafzimmer ist im oberen Stock«, sagte Douglas. »Hol dir eine.«

»Kellermann ist der unberechenbare Faktor«, sagte Mayhew. »Gegenwärtig glaubt er, daß Sie und Harry völlig loyal zu ihm sind: Sie, weil der Widerstand versucht hat, Sie umzubringen, Harry, weil er Angst hat, wieder verhaftet zu werden. Aber wie lange sein Vertrauen dauern wird, kann niemand mit Sicherheit sagen. Früher oder später wird Ihre Abwesenheit bemerkt werden, und man wird Sie verdächtigen, daß Sie nicht fort sind, um für Huth zu arbeiten, sondern fort, um mit uns zu arbeiten.«

Douglas nickte. Von oben kam Lärm. Harry schien Schwierigkeiten mit der Schlafzimmertür zu haben. Douglas wollte ihm zurufen, daß diese Tür manchmal klemmte, entschied sich aber dafür, nicht zu enthüllen, wie gut er über die Schlafzimmertür Bescheid wußte. Dann polterte Harry die Treppe herunter. So rasch, daß er beinahe in das Wohnzimmer gefallen wäre.

»Nur nicht so hastig, Sergeant«, sagte Mayhew und faßte Harrys Arm, um ihn zu stützen.

»Was ist los, Harry?«

»Miss Barga«, stammelte Harry.

Douglas blickte einen Augenblick lang auf ihn, ehe es ihm klar wurde, was er meinte. Er drängte an Harry vorbei zur Treppe. Aber Harry war schneller. »Bleib hier, Doug ... hör einen Augenblick auf mich!«

Er packte Douglas, und es gab kein Entrinnen aus dem festen Griff dieses Kolosses. »Geh nicht ... verdammt noch mal ... geh nicht dort hinauf, sag' ich.« Harry japste vor Anstrengung, ihn zu halten.

»Okay«, sagte Douglas, wobei es ihm beinahe den Atem verschlug.

Harry ließ ihn los. »Sie ist oben, Douglas. Sie ist tot. Es tut mir leid.«

Douglas fühlte ein Schwindelgefühl. Alles drehte sich um ihn. »Setzen Sie sich hin, Archer«, sagte Mayhew.

Aber Douglas blieb stehen. Einen Augenblick lang glaubte er ohnmächtig zu werden, doch er faßte nach der getäfelten Tür und stützte sich.

»Bist du sicher, Harry?«

»Ja, ganz sicher, Douglas.«

»Wie?«

»Sie sieht böse mitgenommen aus. Es ist besser, du gehst nicht nach oben. Vielleicht hat sie einen Einbrecher überrascht, und er schlug fester zu, als er beabsichtigt hatte.«

»Ein Einbrecher!« sagte Douglas. Er hörte seine eigene Stimme wie von weitem. Er sah die angespannten Gesichter der zwei Männer. Sie starrten ihn an. »Böse mitgenommen! Die arme Barbara!«

»Besser, wir gehen gleich von hier fort«, sagte Mayhew. »Holen Sie den König, Harry.«

»Und wir haben hier gesessen und Tee getrunken«, warf Douglas ein. »Während sie ...«

»Um Himmels willen, reißen Sie sich zusammen, Archer. Es ist schrecklich für Sie, ich weiß. Aber wir haben keine Zeit für Kummer.«

Douglas goß den Rest des warmen Tees in eine Tasse und trank ihn mit einer Menge Zucker. Mein Gott, dachte er, wie viele Male hatte er während seiner Zeit als Polizist heißen süßen Tee bekümmerten Leuten vorgesetzt.

»Sie haben recht«, sagte er.

»Das ist schon besser«, meinte Mayhew.

»Mein Sohn«, sagte Douglas. »Ich mache mir Sorgen um ihn.«

»Überlassen Sie das mir«, sagte Mayhew. »Was auch immer geschieht, für Ihren Sohn wird gesorgt, das kann ich Ihnen versprechen.«

»Wir können gehen«, rief Harry aus dem Nebenzimmer.

»Wir sind ein wenig hinter dem Zeitplan«, sagte Mayhew. »Aber alle werden auf Sie warten. Es sind besonders ausgewählte Männer. Es wird keinen Fehler geben!«

»Wann werden die Deutschen gezwungen sein, es allgemein bekanntzumachen?« fragte Harry.

»Die Flucht des Königs?« fragte Mayhew. Er rümpfte die Nase und starrte auf die Tür, als er darüber nachdachte. »Heute um Mitternacht frühestens ... morgen mittag spätestens. Ich kann nicht glauben, daß sie es länger aufschieben — oder es werden Gerüchte in ganz Britannien kursieren.«

»Wie wollen Ihre Abwehrfreunde erklären, warum es nicht in den BBC-Nachrichten erwähnt wurde, sobald man davon wußte?«

»Sie werden sagen, daß sie gehofft haben, ihn wieder zu ergreifen«, lächelte er. »Ihn zu ergreifen, bevor die Nachrichten von seiner Flucht Schlagzeilen in den Zeitungen der neutralen Länder machten. Aber jetzt, da Kellermann die Katze aus dem Sack gelassen hat, wird Berlin unbedingt einen Sündenbock fordern.«

»Und die Wehrmacht wird Kellermann als Sündenbock anbieten?« fragte Douglas.

»In Whitehall ist man sicher dieser Ansicht, aber Kellermann kennt sich gut genug aus in solchen Intrigen und Machtkämpfen.«

»Wie weit müssen wir den König bringen?« fragte Harry.

»Den ganzen Weg, fürchte ich«, sagte Mayhew. »Wir haben uns bereits sechs Stunden verspätet. Meine Leute haben keine Sperrstundenpässe, und ihre Reisepapiere werden um Mitternacht abgelaufen sein. Mit Ihren Polizeipässen aber kommen Sie durch.«

»Bis Kellermann unsere Namen fernschriftlich durchgibt. Dann ist es aus«, sagte Harry.

»Nun, das klingt nicht wie der Harry, den ich früher gekannt habe«, sagte Mayhew. »Wenn Scotland Yard Sie zur Fahndung ausschreibt, werde ich das sofort wissen.«

»Außer sie veröffentlichen den Steckbrief sofort im Rundfunk«, sagte Harry.

»Das stimmt«, sagte Mayhew gutgelaunt. »Jetzt wollen wir unsere Fingerabdrücke von diesen Tassen und allem anderen abwaschen und dann aufbrechen. Mein Wagen steht ganz in der Nähe. Haben Sie oben irgendwelche Abdrücke hinterlassen, Harry?«

»Ich werde nachsehen«, sagte Harry.

»Es wird verdammt kalt dort sein, wo wir hingehen,

Archer«, sagte Mayhew voraus. »Dieser Regenmantel ist nicht warm genug. Ich habe einen wärmeren im Wagen.« Er sah auf seine Taschenuhr. »Sind Sie fertig, Harry?« rief er.

»Können Sie unsere Leute darauf aufmerksam machen, daß wir uns um ein paar Stunden verspätet haben?« fragte Douglas.

Mayhew zeigte ein flüchtiges Lächeln. »Sie werden noch ein paar Amerikaner kennenlernen, Archer. Sie haben auf eine günstige Nacht gewartet. Es herrscht Ebbe. Der Wetterbericht verspricht eine ruhige See. Bis zur Morgendämmerung sind sie wieder fort — mit oder ohne den König.«

37. KAPITEL

»Hier liegt Bringle Sands«, sagte der Kapitän der US-Marine und tippte mit dem Finger auf die große Landkarte, deren durchsichtige Schutzfolie im Licht der trüben elektrischen Birnen glänzte. Sein Akzent wies unverkennbar auf Boston, Massachusetts. »Die Boote werden bei Anbruch der Dämmerung an den Strand laufen. Wir haben Niedrigwasser, also habt ihr noch ungefähr dreihundert Meter Schlick zu überqueren. Das hat wieder den Vorteil, daß die Boote näher an die Küste herankommen können, wenn wir euch bei vielleicht höherem Wasserstand wieder aufnehmen müssen.«

Er blickte die Männer an, die eng zusammengedrängt auf den Metallklappstühlen saßen, die einst eine französische Schiffahrtslinie für ihre Passagiere ausgewählt hatte. Er drehte sich um und wies auf die Küstenlinie von Devon, aber die Männer hatten nur Augen für das Gesicht des Kapitäns. Sie versuchten darin eine Vorahnung von Erfolg oder Unglück zu lesen. Die Mündung des Franeflusses, Exeter, Yorkshire, Timbuktu: Es machte keinen Unterschied für sie aus. Das waren nur vergessene Namen aus Schulbüchern. Die meisten dieser Marineinfanteristen waren Farmersöhne aus dem Mittelwesten Amerikas, ohne jeden Ehrgeiz, Europa zu sehen. Die

Rechtsanwälte hatten darauf bestanden, daß sie alle aus der US-Marine entlassen worden waren und (als Kanadier) in der britischen wieder eingestellt wurden. Um diese Täuschung zu vervollständigen, trugen sie kleine Union-Jack-Abzeichen an den Ärmeln ihrer Uniformjacken. Aber eine weise Entscheidung der Planer des Marinecorps hatte es ihnen gestattet, ihre automatischen Browning-Gewehre mitzunehmen.

Ein Engländer, Major Albert Dodgson, verließ das Instruktionszimmer und nickte dem bewaffneten Wachtposten an der Tür zu. Für ihn war das alles nicht neu, denn er hatte mitgeholfen, die Einsatzpläne auszuarbeiten. Die Beschreibung der Gegend um Bringle Sands stammte von ihm. Seine Eltern wohnten ganz in der Nähe.

Major Dodgson war der I. Marinedivision zugeteilt. Ihr Stützpunkt befand sich in Quantico, Virginia. Sie war zum erstenmal in Alarmbereitschaft versetzt worden, als eine Invasion der französischen Insel Martinique — die sich der von den Deutschen eingesetzten Vichy-Regierung als treu ergeben erklärt hatte — erwogen wurde. Als Präsident Roosevelt diesen bewaffneten Überfall auf Bringle Sands genehmigt hatte, waren diese Marineinfanteristen mit ihren Amphibienbooten und ihrer Spezialausrüstung tatsächlich die einzige Truppe, der ein solches Unternehmen mit Erfolg zugemutet werden konnte.

Dodgson benützte einen schwach beleuchteten Durchgang. Einer der Turbinen-Generatoren hatte zum drittenmal ausgesetzt. Mit nur zweitausend Kilowatt war man im Schiff nur auf eine Notbeleuchtung und eine warme Mahlzeit am Tag angewiesen. Zum Glück kam die Heizung des Schiffes aus Hilfsboilern und war daher nicht betroffen. Sie waren bereits zwölf lange, kalte Wintertage auf See. Selbst als dieses Handelsschiff im Jahr 1931 unter französischer Flagge vom Stapel gelaufen war, hatte es sieben Tage gebraucht, um den Atlantik zu überqueren. Jetzt war es umgebaut worden: Im vorderen Laderaum, wo einst Autos und Stückgüter transportiert wurden, standen zwei große Landungsboote. Zwei weitere kleine Landungsfahrzeuge waren dort untergebracht, wo einmal der achterne Laderaum gewesen war. In jedem dieser beiden Landungsfahrzeuge stand ein seltsames Fahrzeug, halb Laster, halb Panzerwagen, und im Innern dieser neu konstruierten Kettenfahrzeuge gab es eine neuartige Maschinerie, die in den Marine-Werkstätten in Quantico entworfen und gebaut worden war. Dort hatte, einen Monat zuvor, eine Vorführung bewiesen, daß die ›eisernen Jungfrauen‹ die Rückwand selbst des stärksten deutschen Panzerschranks in weniger als zehn Minuten aufschlitzen konnten. Ohne die Papiere darin zu beschädigen.

Major Dodgson war kein Marineoffizier. Er hatte seinen Distinguished-Service-Orden bei den Royal West Kents in Frankreich im Jahr 1940 verliehen bekommen. Er hatte schon immer das Meer gehaßt, und diese Seereise hatte nicht dazu beigetragen, sein Vorurteil zu vermindern. Er vertrug den Seegang nicht so recht, und die enge Unterbringung erweckte in ihm eine fast krankhafte Furcht vor geschlossenen Räumen. Ebenso zuwider war ihm das laute metallische Stöhnen und Gepolter, das zuweilen aus dem Innern des Schiffes kam. Aber am meisten von allem haßte er das Vibrieren des ganzen Schiffsleibes. Eine der Schiffsschrauben war gleich am ersten Tag auf See leicht beschädigt worden, und das Schiff war seitdem nicht mehr ohne Vibrationen gewesen. Auch jetzt, als er sich auf den Weg zum A-Deck machte, das einstmals das Promenadendeck gewesen war, erzitterten die großen weißen Stufen unter seinen Füßen.

Dodgson brauchte mehrere Minuten, ehe er im heftigen Regen die dunklen Umrisse der anderen Schiffe unterscheiden konnte. Sie schlingerten dahin, hatten nur schwache Positionslichter gesetzt, und graue Wolken drückten den Rauch aus ihren Schornsteinen auf das Wasser. Er fand die anderen amerikanischen Offiziere noch dort, wo er sie verlassen hatte. Sie starrten durch die nassen Fenster. Es roch nach Zigarren.

»Nun, ist die Einsatzbesprechung jetzt beendet?« fragte Captain Waley, der in dem ersten Landungsboot sein würde. Wie die meisten von ihnen war er Reservist und zu diesem Sonderkommando einberufen worden. Seine Aufgabe war es, sich mit einer Gruppe britischer Widerstandskämpfer zu vereinigen, die sie über eine besonders vorbereitete Route zu der Forschungsanstalt bringen würde. Drei der Kettenfahrzeuge würden unter seinem Kommando stehen. Seine Befehle lauteten, die Forschungsanstalt einzunehmen und die Stellung zu halten, bis Ruysdale ihm sagte, daß er sich zurückziehen solle oder — bis seine gesamte Truppe aufgerieben war. Wer Waley kannte, zweifelte nicht daran, daß er den Befehl wörtlich ausführen würde. Bezeichnenderweise hatte jeder Mann in Waleys Gruppe ein Formular ›Letzter Wille‹ ausfüllen und unterschreiben müssen.

»Haben Sie eine Zigarre für mich übrig, Jakie?« fragte Dodgson seinen Kameraden Hoge, einen Offizier, der immer die Tasche voll Zigarren hatte.

»Aber sicher«, sagte Hoge. Dodgson verstand sich gut mit den Amerikanern. Seine Erfahrung im Kampf gegen die Deutschen hatte ihm Respekt eingetragen, und seine Bescheidenheit hatte ihm ihre Freundschaft gewonnen. »Scheint mir so«, sagte Hoge in seiner gedehnten Alabama-Mundart, »daß diese Krauts hier völlig verrückt sein müssen, sonst würden sie ihr geheimes Laboratorium nicht so nahe an der Küste eingerichtet haben.«

Hoge und Dodgson würden bei dem Ablenkungsangriff zusammen sein. Er war dazu bestimmt, die Deutschen von der Forschungsanstalt wegzulocken, während die Hauptstreitmacht von der anderen Seite angriff.

»Vielleicht haben diese Hurensöhne es bereits woandershin verlagert?« sagte Waley und gab damit einer Befürchtung Ausdruck, die man auch in Washington hegte.

Dann sprach der letzte der Gruppe. Er war viel älter als die anderen, ein kleiner, linkischer, unsoldatischer Mann mit einem harten deutschen Akzent. »Ein Atomreaktor von der Art, wie sie ihn bauen wollen, braucht viel Wasser, eine Menge Wasser. Daher an der Küste.«

»Würde ein Fluß nicht ausreichen?« fragte Dodgson.

»Das wieder in Umlauf gebrachte Kühlwasser kann radioaktives Material enthalten«, sagte der Deutsche. »Es wäre nicht sicher genug, es in einen Fluß abzulassen.« Die anderen nickten. Er war der einzige von ihnen, der den wahren Hintergrund ihres Angriffs verstand. Seine Papiere schilderten ihn als Leutnant Ruysdale, einen kanadischen Staatsbürger holländischer Abstammung, aber niemand kannte seinen wirklichen Namen. Die anderen nannten ihn gewöhnlich ›Professor‹. Alles, was ihnen über ihn gesagt wurde, war, daß Ruysdale nach der Eroberung der Forschungsanstalt anordnen würde, welche Aktenschränke von den ›Eisernen Jungfrauen‹ aufgesprengt werden mußten und welche Dokumente, welches Material und welche Leute — mit oder ohne Zustimmung — verladen und zu den Schiffen zurückgebracht werden sollten.

»Professor«, sagte Waley, ohne sich vom regennassen Fenster des Promenadendecks abzuwenden, »man sagt, daß Hitler die USA mit diesem Schlagring, den wir ihm aus seinem Handschuh wegschnappen wollen, besiegen könnte. Ist das die Wahrheit, Professor?«

Die anderen blickten nicht auf ihn, aber Ruysdale wußte, daß das die Frage war, auf die jeder Mann auf den Schiffen eine Antwort haben wollte. »Es ist wahr, meine Freunde«, sagte er. Aber selbst ihm, der an jenem Tag kurz vor Weihnachten 1938 neben dem berühmten Otto Hahn im Kaiser-Wilhelm-Institut gestanden hatte, als dieser erkannte, daß es ihm gelungen war, den Kern des Uranatoms in zwei Teile zu spalten — selbst ihm war die schreckliche Gewalt einer Atomexplosion noch wenig vorstellbar. Der Mann, den man Ruysdale nannte, wollte ihnen sagen, daß sie eine Aufgabe vor sich hatten, für die es sich lohnte, sein Leben zu opfern, aber er hatte gelernt, daß die Amerikaner solche Redensarten nicht mochten. Statt dessen nahm er eine von Hogs Zigarren an und sagte: »Um welche Zeit zeigen sie diesen Film mit Betty Grable?«

»Zwei Uhr dreißig«, sagte Waley. Um diese Zeit würden sie mit ihren Vorbereitungen zur Landung beginnen müssen — außer sie begegneten vorher deutschen Streitkräften.

Jetzt blickten alle anwesenden Männer durch die Fenster und beobachteten das andere Transportschiff. Auch dieses hatte einmal einer französischen Schiffahrtslinie gehört und 643

Passagiere mit beträchtlichem Luxus zwischen Le Havre und New York befördert. Aber es hatte keine geeigneten Ladebäume, um große Landungsfahrzeuge an Bord zu nehmen. Dieses zweite Schiff verfügte nur über kleine Boote, die in den üblichen Davits für Rettungsboote hingen, und die meisten von ihnen waren während der Überfahrt durch eine haushohe See beschädigt worden. Ruysdale, mehr Wissenschaftler als Soldat, fand den Gedanken unbehaglich, daß die Boote bei der Landung hoffnungslos überladen sein würden ...

38. KAPITEL

Bringle Sands und die Mündung des Franeflusses sind vom äußersten Rand der steilen Klippen aus zu sehen. Der ständige Wind vom Meer läßt das Buschwerk kümmern, hemmt das Wachstum der Bäume und nagt an den Felsen, so daß der schmale Flußpfad hinunter zur Küste mit Gefahrenschildern versehen ist.

Eine halbe Meile landeinwärts gibt es eine Eisenbahnlinie. Sie führt durch freundliches welliges Ackerland von Bringle und Bringle Sands nach Frane Halt, bevor sie in die Hauptstrecke mündet und ostwärts nach Exeter und schließlich nach London verläuft.

Aber die Männer im Eisenbahn-Stellwerk sahen von alldem nichts. Das Kohlenfeuer flackerte. Der König lag ausgestreckt auf einem Feldbett, Harry Woods versuchte im Stehen zu schlafen, und Danny Barga saß in der Ecke. Seine Hände umklammerten die Knie, und sein Kopf war heruntergesunken.

»Tee?« fragte der Bahnwärter freundlich Mayhew und Douglas. Er hatte bereits einen verbeulten Blechkessel auf die glühenden Kohlen des Feuers gestellt. Douglas nickte seinen Dank und rückte beiseite, als der Mann noch mehr Kohlen auflegte.

»Sie fallen von den Waggons herunter«, erklärte der Mann

und nickte in Richtung auf den Kohleneimer. Er war ein kleiner, schmalbrüstiger Mann mit einem blassen Gesicht und dünnem braunen Haar. Es war überraschend zu sehen, wie mühelos er die riesigen Signalhebel, die beinahe so groß wie er waren, bediente. Wie so viele andere Veteranen des Ersten Weltkriegs hatte er Ordensbändchen auf die Brusttasche seiner schwarzen Eisenbahnerjacke genäht. Es lag ein verzweifelter Trotz darin, sie zu tragen.

»Verdammt, wie spät ist es?« fragte Mayhew schläfrig, zu müde, um seinen Mantel aufzuknöpfen und seine goldene Taschenuhr herauszuholen. Aber bevor jemand antwortete, drehte er sich um und warf einen Blick auf die Bahnuhr, die über den großen Fenstern angebracht war.

»Sie sollten versuchen, ein wenig zu schlafen, Oberst«, sagte der Bahnwärter. Einen Augenblick lang glaubte Douglas, daß der Mann Oberst Mayhew erkannt hatte, aber dann kam es ihm zum Bewußtsein, daß viele ehemalige Soldaten resolute Fremde so titulierten.

Mayhews Antwort wurde durch den plötzlichen Ton des Signalwerks unterbrochen: Zwei Glockentöne, Pause, nochmals zwei Anschläge. Der Bahnwärter langte hinüber und bestätigte das Signal. Er grinste Mayhew an. »Seien Sie nicht beunruhigt, Gouverneur. Ein Zug fährt durch. Das wird der alte Bob Stranick sein, der auch den Zug gefahren hat, den ich angehalten habe, damit Sie aussteigen können.« Er stellte das Blocksignal auf ›Frei‹ und benachrichtigte das nächste Stellwerk.

Der Kessel auf dem Feuer begann leise zu singen. Der Bahnwärter wärmte eine alte braune Teekanne auf und öffnete die Tür, um das Wasser in den frostigen Wind, der draußen brauste, zu schütten. »Es ist heute abend verdammt kalt«, sagte er.

»Ich habe noch nie so gefroren«, sagte Mayhew und schlug den Kragen seines Trenchcoats hoch.

»Sie hätten mit mir sein sollen, damals im Jahr 1915«, sagte der Bahnwärter. »Eine schauderhafte Plackerei, dieses zweite Kriegsweihnachten. Richtiges Sauwetter herrschte damals!«

Die Glocke ertönte zweimal. Der Bahnwärter antwortete und hantierte mit seinen Hebeln.

»Er ist jetzt an Charlies Stellwerk vorbeigefahren«, sagte er. »Wenn er jemanden von Ihren Leuten an Bord hat, wird er hier vor dem Stellwerk halten.«

Mayhew rappelte sich auf die Füße und preßte sein Gesicht an die kalten Fenster, sah aber nur die bunten Signallichter auf der Strecke.

»Royal Scots Füsiliere«, sagte der Bahnwärter.

»Wie bitte?« murmelte Mayhew, ohne sich umzusehen.

»Sechstes Bataillon Royal Scots Füsiliere. Damals hatten wir einen Bataillonskommandanten namens Winnie.«

Mayhew brummte etwas. Er hatte das Gesicht in die hohlen Hände an der Fensterscheibe gelegt, um die Lokomotive kommen zu sehen. Plötzlich hörte man das Geräusch des Zuges zum Heulen des Windes, doch er fuhr vorüber und ließ nur einen Funkenregen und einen beißenden Rauchgeruch zurück. Mayhew biß sich auf die Lippe und blickte erneut auf die Uhr. Der Bahnwärter gab sein Signal und begann dann, aus dem Kessel heißes Wasser in die Teekanne zu gießen.

»Nun, mit was für einer Bande waren Sie seinerzeit zusammen?« fragte der Bahnwärter.

Mayhew wandte sich um und schaute ihm zu, wie er den Tee in der braunen Kanne umrührte. Der Bahnwärter musterte Mayhew. »Sie waren also doch im Krieg?«

»Oh, ja«, erwiderte Mayhew vorsichtig. »Ich war im 99. Württemberger Regiment, und mein Freund hier war in Kaiser Wilhelms persönlichem Stab.«

»Ich mag einen Witz gern«, sagte der Bahnwärter. Er beschäftigte sich mit der Teekanne und wandte sich dann an Mayhew: »Wir hätten damals 1918 alle Ihre gottverdammten Württemberger erledigen sollen«, sagte er, »und wir wären nicht in dem verdammten Schlamassel, in dem wir heute stecken.«

Die zwei Männer starrten einander an, dann lachte Mayhew. »Sie haben nur allzu recht, mein Sohn«, sagte er und legte dem Bahnwärter die Hand auf die Schulter.

»Tee beim Hauptfeldwebel«, sagte der Bahnwärter. »Eine Menge Büchsenmilch und soviel Zucker, daß der Löffel darin stecken bleibt.«

»Kann ich meinen schwarz und ohne Zucker haben?« fragte Douglas.

»Aber sicher, Kamerad«, sagte der Bahnwärter mit der ruhigen Freundlichkeit, mit der Engländer sich an Ausländer und Geistesgestörte wenden. »Wenn Sie's gerne so haben wollen?« Er erblickte den dicken Mantel, den Mayhew Douglas geliehen hatte, und kam zu dem Schluß, daß er in der Royal Navy gedient haben mußte. Die Wärme des Feuers entlockte dem Stoff einen seltsamen würzigen Parfümgeruch. Douglas hätte gern gewußt, wo der Mantel diesen Geruch angenommen hatte.

Wieder ertönten die Signalglocken, als ein Güterzug die Strecke entlangfuhr.

»Fünfzig verschiedene Signale gab es«, berichtete der Bahnwärter stolz. Er reichte Mayhew seine beste Porzellantasse — ein Andenken an König Georgs V. Silbernes Jubiläum 1935 — und den Löffel mit dem Wallfahrermuster. »Mehr als siebzig sind es jetzt, wo die Hunnen hier sind.«

»Zwanzig mehr?« sagte Mayhew höflich.

»Ist ja auch viel mehr los auf der Strecke. Militärpatrouillen, Munitionszüge, die die Küstenbatterien versorgen ...«

»Oder Kohlenzüge ...«, sagte Mayhew schalkhaft. Sie waren jetzt Freunde, diese zwei alten Soldaten, und Douglas war nicht von ihrer Welt.

»Immer wenn die Kohlenzüge halten«, sagte der Bahnwärter mit einem Grinsen, »klauen unsere Burschen rasch einen Eimer oder zwei.« Er reichte Douglas seinen schwarzen Tee in einem angeschlagenen Emailbecher. »Sie sollten einmal die Säcke von Kohlen sehen, die Charlie in das Dorf hinunterbringt. Charlie ist neu hier, er ist nur provisorischer Bahnwärter.«

Mayhew nickte verständnisvoll bei diesen Enthüllungen über Charlies Stellung bei der Eisenbahn. »Ist Ihr Tee in Ordnung, Chef?« fragte der Bahnwärter Douglas.

»Sehr fein«, bestätigte Douglas. Plötzlich hörte man die steilen Holzstufen knarren, und kalter Zugwind kam beim Öffnen der Tür herein. Das Kohlenfeuer loderte auf. Mayhew und Douglas waren sichtlich verdutzt. Der Bahnwärter lachte. »Keine Sorge. Es ist nur Sid. Er weiß, daß ich ungefähr um diese Zeit Tee koche.«

Zu dem Neuankömmling sagte er: »Du riechst wohl den Tee, nicht wahr, Sid?«

Sid war ein breitschultriger Mann mit pechschwarzem Haar und einem sorgfältig gepflegten Schnurrbart. Er trug eine Eisenbahnermütze mit Schild und einen schwarzen Uniformmantel, der am Ellbogen und an der Einfassung sauber geflickt war. Er schaute umher — auf das Feldbett, auf dem der König schlief, auf den im Stehen leise schnarchenden Harry und den in der Ecke zusammengekrümmt sitzenden Danny Barga.

»Eine ganze Menschenmenge heute abend hier versammelt«, sagte er. Er nahm die angebotene Tasse Tee, nachdem er seine Schildmütze mit einer vornehm tuenden Sorgfalt beiseitegelegt hatte.

Er nickte Douglas und Mayhew zu und wärmte seine Hände an dem Teebecher.

An Mayhew gewandt, sagte der Neuankömmling: »Was den Fußball betrifft, Sir, für wen haben Sie sich entschieden — Wolverhampton Wanderers?«

Mayhew blickte ihn einen Augenblick lang wortlos an, und der Bahnwärter beobachtete beide Männer. Mayhew sagte: »Woolworths gegen Wolverhampton Wanderers, meinen Sie? Immer noch Woolworths, mein lieber Mann! Welcher Narr würde schon auf Wolverhampton setzen, wenn die Woolies sie mühelos schlagen?«

Sid lachte. Es war eine altbekannte Probe. Nur wenige Deutsche konnten ›Wolverhampton Wanderers‹ richtig aussprechen, ohne daß einer der ›W‹-Laute zu einem ›V‹ wurde. Mayhew hatte bestanden, aber Sid wäre vielleicht bestürzt gewesen, wenn er geahnt hätte, wieviele Deutsche aller Gesellschaftsschichten den Test ebenfalls mit Leichtigkeit bestehen hätten können. Er setzte sich auf eine Kiste und zog seine Gummistiefel aus.

»Nun?« fragte Mayhew ungeduldig.

»Boote sind vom Strand gekommen und wieder abgefahren, nahe der Flußmündung. Besondere Boote ... der Schilderung nach Landungsfahrzeuge. Niemand kann dort durch, ohne daß auf ihn geschossen wird.« Er wartete, ob man seinen dramatischen Nachrichten auch gebührende Aufmerksamkeit schenkte. Harry Woods und Danny Barga waren wach und hörten zu. »Einer der Streckenwärter sagte, er habe MG-Feuer gehört, eine Menge MG-Feuer, dort beim deutschen Armeelager in Bringle Sands.«

Mayhew tauschte einen Blick mit Douglas. Sie waren erleichtert, denn nun wußten sie, daß die Angreifer ihr Ziel gefunden hatten.

»Eine Menge MG-Feuer«, sagte Sid noch einmal. »Der Streckenwärter hat versucht, über die Hauptstraße hierher zu kommen, aber die Deutschen haben ihn zurückgescheucht. Es soll dort irgendwo ein Blindgänger liegen.«

»Nein, es sind unsere Leute«, sagte Mayhew. »Ein Mann in Polizistenuniform und zwei Männer in Wehrmachtsuniformen. Ein Trick, um die Straße zu sperren. Das Feuer ist vermutlich automatisches Gewehrfeuer. Für den Zivilisten klingt es wie Maschinengewehre.«

»Sie werden die deutschen Verstärkungen nicht mit einem Bobby und zwei Männern, die als deutsche Soldaten verkleidet sind, aufhalten können«, sagte Sid, als sei er über die Art verärgert, wie der Streckenwärter genarrt worden war.

»Natürlich können sie das nicht«, sagte Mayhew. »Dazu hat man sich schon etwas anderes einfallen lassen.«

»In Bringle hat es schon Tote gegeben — Frauen, Kinder und alte Leute, nicht nur Deutsche.« Sid massierte seine kalten Füße.

»Verbreiten Sie nicht dergleichen Geschichten«, sagte Mayhew. »Sie wissen doch genauso gut wie ich, daß die Sperrstunde jedermann zwingt, im Haus zu bleiben. Stammt diese Geschichte auch von Ihrem Streckenwärter?«

»Er war mit seinem Fahrrad dort, sagte er.«

»Sie sollten ihm lieber lernen, seinen Mund zu halten«, sagte Mayhew. »Oder ich fange an zu glauben, daß er es mit den Deutschen hält. Nun, wie steht es mit Frane Halt?«

»Amerikanische Soldaten sind dort«, sagte Sid. »Nur ein halbes Dutzend. Sie haben einen Panzerwagen ... ein komisch aussehendes Ding. Sie müssen es auf dem Schiff mitgebracht haben. Einige der Soldaten sind auf dem Weg die Eisenbahnlinie entlang. Sie kommen hier vorbei. Das war's, was ich Ihnen erzählen wollte.«

»Harry«, sagte Mayhew, »Sie kennen Ihren Auftrag. Ihr alle bleibt hier im Stellwerk. Archer und ich werden hinuntergehen, um mit den Amerikanern zusammenzutreffen.«

Danny Barga starrte auf Mayhew, erhob aber keinen Einspruch. Sein verstauchter Fußknöchel machte ihm noch immer zu schaffen.

Douglas und Mayhew waren nur ein paar Minuten lang das Eisenbahngeleise entlang gegangen, als sie die amerikanischen Soldaten erblickten. »Halt!« rief Mayhew.

»Teddybären!« verlangte einer der Soldaten das Losungswort.

»Picknick«, erwiderte Mayhew.

»Ich bin Major Dodgson«, sagte der größte der drei Soldaten. Aus der Richtung von Bringle Sands kam ein dreimaliges Aufblitzen, das den Horizont erleuchtete. Gleich nach dem dritten Aufflammen dröhnten drei Explosionen über die dunklen Felder.

»Oberst Mayhew«, stellte Mayhew sich vor.

»Wir stehen zu Ihrer Verfügung, Oberst. Wo ist der König?«

»Er ist in dem Stellwerk, nur ein paar hundert Meter hier entlang.«

»Dann wollen wir hingehen«, schlug Dodgson vor.

Mayhew legte seine Hand auf Dodgsons Arm. »Da gibt es etwas, das Sie wissen sollten, Major. Der König kann nicht gehen.«

»Kann nicht was?« fragte Dodgson.

»Der König ist ein kranker Mann, Major. Sie werden ein Fahrzeug für ihn auftreiben müssen.«

»Was sollte das nützen? Der Plan sieht vor, ihn auf dieser Seite des Flusses hinunterzubringen. Es ist ein steiler Fußpfad. Kein Fahrzeug könnte da hinunterkommen.« Wieder gab es erneutes Aufleuchten und neue Explosionen.

»Dann müssen Ihre Männer ihn tragen.«

Plötzlich hörte man heftigen Gefechtslärm, und zwei Leuchtraketen erhellten den Himmel über Bringle Sands. »Es wird nichts anderes übrigbleiben«, sagte Major Dodgson zu den zwei Soldaten, die mit ihm gekommen waren. »Das ist das Signal! Der Rückzug muß schon früher als geplant begonnen haben. In weiteren fünfzehn oder zwanzig Minuten werden wir hier nicht mehr durchkommen. Wir müssen uns beeilen.«

Douglas hatte noch nie zuvor ein Gefecht erlebt und war verwirrt und unsicher, obwohl zu Beginn der Kampfhandlung beide Seiten noch verhältnismäßig wenig feuerten. Aber jetzt, als die Angreifer sich auf ihre Boote zurückzogen, setzten sie zu ihrer Deckung alle Waffen ein, gaben lange Feuerstöße ab, und die Nacht erdröhnte von den Explosionen, als die Sprengkommandos in Aktion traten und die wichtigste Ausrüstung in den Laboratorien vernichteten.

Die zwei Soldaten, die den König trugen, ließen sich und ihn der Länge nach in das sumpfige Feld fallen, als die Leuchtspurgeschosse über ihre Köpfe rasten. Sie verhielten sich still, nur so lange, bis sie ein wenig verschnaufen konnten, faßten dann den König wieder unter und begannen nach den Markierungen Ausschau zu halten, die den abschüssigen Pfad den steilen Felsen hinunter bezeichneten.

Douglas kam unmittelbar hinter ihnen. Er hörte einen Mann am Klippenrand rufen: »Beeilt euch, Leute! Die Boote warten. Hierher, in dieser Richtung!«

Douglas hielt Ausschau nach Harry, und er war froh, als er ihn dicht hinter sich entdeckte. »Douglas«, keuchte Harry, »Nicht so schnell, ich kann nicht mithalten!«

»Zuviel geraucht, Harry«, sagte Douglas, obwohl auch er

außer Atem geraten und froh über die Möglichkeit war, einen Augenblick zu verschnaufen.

Leuchtraketen stiegen ununterbrochen auf, zischten in den Himmel und hingen im schwarzen, leeren Raum. Zweimal hatten die Deutschen auf der anderen Seite des Flusses schon versucht, die Szene mit Scheinwerfern zu beleuchten, doch jedesmal hatte das Feuer aus den automatischen Gewehren die Scheinwerfer wieder zum Erlöschen gebracht. Nun strahlten sie schon wieder herüber. Douglas fragte sich, wie Männer so tapfer und so tollkühn sein konnten.

»Beeilt euch, Leute!« rief dieselbe Stimme wieder.

Nun wurden die Scheinwerfer in diese Richtung gewendet, ein blendendes Strahlen, welches das Gras mit Reif zu überziehen schien und Lichtschleier um die windschiefen Bäume und Büsche wob. Von irgendwoher, den Pfad entlang, wurden Schüsse abgefeuert, aber es war sicher nicht einfach, die schweren automatischen Gewehre zu handhaben, während man das Gleichgewicht auf dem schlammigen Pfad bewahren mußte. Douglas hörte ein Rufen und einen Schrei, als ein Unglücklicher seinen Halt verlor und den felsigen Abhang hinunterstürzte.

»Ich habe mir den Fuß verstaucht«, sagte Harry. Sie befanden sich wieder im Dunkeln, denn die Scheinwerfer beleuchteten jetzt den unteren Abschnitt des Klippenpfades.

In diesem Augenblick kam Douglas zum Bewußtsein, daß die Stimme, die ›Beeilt euch, Leute, hierher!‹ gerufen hatte, die Stimme von Standartenführer Huth gewesen war. Bevor er noch einen Warnungsruf ausstoßen konnte, begann schon der Feuerüberfall. Das Krachen schmerzte in seinen Ohren, und er fühlte, wie die Kugeln unter seinen Füßen die Erde aufrissen.

Die Schreie der Soldaten waren trotz des Getöses zu hören, aber der Lärm wurde noch lauter, bis die Einschläge so rasch einander folgten, daß es ein einziges Dröhnen zu sein schien.

»Zurück, Douglas!« Es war Harrys Stimme.

Douglas sah den Scheinwerferstrahl über den König hinwegfegen und über die beiden Männer, die ihn trugen. Sie verschwanden in einer Wolke von Staub und Erdklumpen, als die Maschinenwaffen dem Lichtstrahl folgten. Douglas rannte weiter, aber irgend etwas schleuderte ihn zu Boden und riß ihm alle Luft aus den Lungen. Bis er sich wieder davon erholt hatte, war alles vorüber. Überall lagen Tote. Die Deutschen hatten perfekt gearbeitet. Nicht mehr als einem halben Dutzend Männer war die Flucht zum Meer hinunter geglückt. Die verstümmelten Leichen von zwei Dutzend oder mehr ihrer Kameraden bezeichneten den Weg. Unter den Toten waren Major Dodgson, Danny Barga und König Georg VI., Kaiser von Indien.

39. KAPITEL

Als der Tag anbrach, lag eines der Landungsboote zerschmettert am Strand. Leichen trieben ruhig auf der öligen See dahin, andere lagen in bizarren Stellungen auf dem Sand. Überall war zertrümmertes Kriegsgerät verstreut: Stahlhelme, Rettungswesten, Taue, Gewehre und Munitionskästen, die im frühen Licht schimmerten.

In der deutschen Forschungsanstalt in Bringle Sands waren die drei Laboratoriumsgebäude in rauchgeschwärzte Ruinen verwandelt. Die Krankenstation war bis zum Bersten voll. Ein einziger Arzt arbeitete ohne Unterbrechung, die Sanitätswagen versahen einen Pendelverkehr zum deutschen Hospital in Exeter.

Über die Zivilbevölkerung des Distrikts brach eine rasche Vergeltung herein. Um acht Uhr dreißig am folgenden Morgen wurden siebenundzwanzig Männer aus der Umgegend wegen Unterstützung des Feindes erschossen, oder weil es ihnen nicht gelang, für die vorhergehende Zeitspanne von vierundzwanzig Stunden ein Alibi beizubringen. Weitere 162 Personen wurden in ein Gefangenenlager unweit von Newton Abbot gebracht — zur ersten Station einer Reise, die sie schließlich in Zwangsarbeitslager in Deutschland verschlug.

Die Angreifer beklagten nahezu dreißig Prozent Verluste, die Hälfte davon waren Tote. Aber die Marines hatten gute Arbeit geleistet. Von einer Gruppe Widerstandskämpfer geführt, hatten sie in nur fünfundzwanzig Minuten die gesamte Anlage erobert. Unter Ruysdales Anleitungen zerstörten sie die wichtigsten Gebäude und Einrichtungen und schafften eine große Menge von Unterlagen fort.

Jetzt überprüfte ein deutsches Spezialkommando die Ruinen auf Radioaktivität, während Bestattungstrupps die Toten fortschafften. Es gab keine Gefangenen, die man vernehmen konnte, da sogar die Schwerverwundeten zurück zu den Schiffen gebracht worden waren. Waley war gefallen, kurz bevor die Marinesoldaten sich zurückzogen. Major Dodgson fiel in Huths sorgfältig gestelltem Hinterhalt, aber sein Freund Hoge kam ohne einen Kratzer davon und ging an Bord des letzten Landungsboots, mit einer brennenden Zigarre im Mund. Der Mann, den man Ruysdale nannte, hatte sich seltsamerweise vom Kampfgeschehen unbeeindruckt und furchtlos erwiesen. Er verrichtete ruhig seine Arbeit und ließ sich Zeit, die Laboratorien zu besichtigen. Auch er befand sich auf dem letzten Landungsboot. Mit ihm der betagte Professor Frick. Die beiden Männer hatten einander schon vor dem Krieg im Institut für Theoretische Physik in Kopenhagen kennengelernt.

Douglas Archer verbrachte diese frühen Morgenstunden in einer kleinen, unbequemen Zelle im Keller einer Feldgendarmeriekaserne in Bringle Sands. Es war sehr kalt, und er war dankbar für den dicken Mantel, den Mayhew ihm geliehen hatte. Es war ungefähr acht Uhr, als ihn das Öffnen der Riegel aus dem Schlaf weckte. In die Zelle kam General Kellermann. Er war in voller SS-Uniform mit zweireihigem Mantel und Degen. Er rauschte in die winzige Zelle und begrüßte Douglas mit einem frohen ›Guten Morgen‹. Sein Kinn war frisch rasiert, und er verbreitete einen starken Geruch nach Eau de Cologne.

»Als ich hörte, daß Sie eingelocht sind«, sagte Kellermann, »habe ich fast gelacht! Verzeihen Sie, aber ich habe wirklich fast gelacht! ›Ihr Dummköpfe‹, sagte ich, ›ihr habt einen meiner hervorragendsten Beamten verhaftet.‹«

»Aber man hat mich nicht freigelassen«, sagte Douglas.

»Nein«, sagte Kellermann völlig ungerührt. »Ich muß Sie doch noch identifizieren!«

»Kann ich etwas zu essen bekommen?«

Kellermann ging vor die Zellentür. »Kaffee und Frühstück für den Superintendenten«, befahl er dem jungen SS-Mann, der im Korridor Wache hielt. Das Essen kam so rasch, daß Douglas General Kellermann im Verdacht hatte, die ganze Sache im voraus arrangiert zu haben. Aber man konnte bei Kellermann nie ganz sicher sein.

»Ihr Freund, Sergeant Woods, wurde nicht in Haft behalten«, sagte Kellermann.

»Ich weiß. Er hat mich besucht«, sagte Douglas.

»Wahrscheinlich haben Sie es Sergeant Woods zu verdanken, daß Sie noch am Leben sind«, sagte Kellermann. Er beugte sich herüber, schnupperte an dem Kaffee und schnitt eine Grimasse.

»Er hat mich niedergeschlagen, als die ärgste Schießerei begann«, sagte Douglas. Kellermann sah ihn lange an, als ob er versuche, etwas in Douglas' Augen zu lesen, aber dann nickte er und sagte: »Genau.«

»Und Standartenführer Huth ist verhaftet worden«, warf Douglas ein.

»Sie scheinen ja eine Menge zu wissen«, sagte Kellermann.

»Nein«, sagte Douglas. »Nur was Harry Woods mir erzählt hat, als er versuchte, mich heute morgen freizubekommen.«

»Seine Eltern tun mir leid«, sagte Kellermann plötzlich. »Professor Huth, der Vater des Standartenführers, ist ein äußerst angesehener Gelehrter.«

»Warum tun Ihnen seine Eltern leid?« Douglas trank seinen Kaffee.

»Ah, Sie wissen also doch noch nicht alles, mein lieber Superintendent. Sie sind ein tüchtiger und loyaler Beamter, und niemand wird Ihnen was ans Zeug flicken — sicherlich nicht in einer Polizeitruppe, in der ich das Sagen habe.« Kellermann lächelte. Als er ganz sicher war, daß diese Bemerkung bei Douglas nicht auf taube Ohren gestoßen war, fuhr er fort: »Der Standartenführer schien einen gehässigen Kreuzzug gegen die Wehrmacht geführt zu haben. Ich glaube, daß er ihr die Machtbefugnisse mißgönnte, die mit der Erklärung des Standrechts verbunden waren.« Kellermann sagte das so, als fiele es ihm schwer, ein solches Ressentiment zu verstehen.

»Wirklich?« fragte Douglas. Er verstand es so, daß die Wehrmacht und Kellermann gegen Huth konspiriert hatten. »Welche Form hat dieser gehässige Kreuzzug angenommen, Sir?«

»Er unterstützte ganz offen Ihren Freund Oberst Mayhew bei einer Verschwörung, die Ihren König aus der Schutzhaft im Tower von London befreite. Auch bei diesem Überfall mit den tragischen Konsequenzen, deren Zeuge Sie gewesen sind. Ich kann Ihren Freund Oberst Mayhew verstehen und sympathisiere sogar mit ihm. Er war ganz offensichtlich von patriotischen Gefühlen und Anhänglichkeit gegenüber seinem König geleitet.« Nervös strich Kellermann seine Uniformjacke glatt. »Sehr lobenswert«, nickte er. »Aber ich fand es schwer, etwas zur Verteidigung von Standartenführer Huths Beteiligung an dieser schändlichen Verschwörung zu sagen.«

»Sind Sie sicher, daß er darin verwickelt war?«

»Wenn etwas Derartiges passiert ... etwas, das Schande über die ganze Wehrmacht bringen könnte, wird es notwendig, besondere Maßnahmen zu ergreifen. Daher wurde Oberst Mayhew völlige Straffreiheit angeboten — als Gegenleistung für gute Zusammenarbeit.«

Kellermann betastete Uniform und Degen, um sicher zu sein, daß alles am richtigen Platz war. »Natürlich war es der Tod seines Monarchen, der Oberst Mayhew zu seinem Entschluß brachte.«

»Ja, natürlich«, sagte Douglas. Die beiden Männer tauschten ein Lächeln aus. Douglas ein müdes und melancholisches, Kellermann ein gelöstes und zuversichtliches. So hatte sich also Mayhew die Freiheit erkauft, im Austausch dafür, daß er Kellermann und der Wehrmacht geholfen hatte, sich von Huth zu befreien. Oder waren sie nur darauf aus, daß es so aussehen sollte?

»Wird Standartenführer Huth vor Gericht gestellt werden?«

»Es ist alles vorbei«, sagte General Kellermann. Er seufzte. »Ein Standgericht trat eine Stunde, nachdem die letzten Schüsse gefallen waren, zusammen. Oberst Mayhew wurde als Zeuge einvernommen. Standartenführer Huth ist zum Tode verurteilt. Er wird im Lauf des heutigen Morgens hingerichtet.«

Douglas fühlte sich elend. Er trank den Rest seines Kaffees.

»Kein Grund für Sie zur Beunruhigung«, sagte Kellermann. »Gegen Sie wurde bereits in Abwesenheit verhandelt. Selbstverständlich wurden Sie freigesprochen. Auf diese Weise ist alles am besten beigelegt. Man stellt einen Mann wegen *eines* Delikts nur selten ein zweites Mal vor Gericht.« Douglas bemerkte, daß er nicht gesagt hatte, daß eine spätere neuerliche Anklage völlig auszuschließen war.

»Danke Ihnen, Sir«, sagte Douglas.

»Standartenführer Huth hat um eine Gelegenheit gebeten, mit Ihnen zu sprechen, Archer. Ich mißbillige sein Verhalten, aber ich kann nicht umhin, den armen Teufel zu bedauern. Sie werden natürlich hingehen?«

»Wenn Sie es erlauben«, sagte Douglas.

»Unter den gegebenen Umständen glaube ich, daß es keinen Schaden anrichtet«, sagte Kellermann.

»Ich nehme an, daß Sie das Gespräch abhören lassen werden?«

Kellermann lächelte, aber diesmal machte er sich nicht die Mühe, es warmherzig und freundlich zu tun.

40. KAPITEL

Sie hatten Standartenführer Huth ein Gästezimmer gegeben, das für hochstehende Besucher der Forschungsanstalt bestimmt war, damit er seine letzten Stunden in Bequemlichkeit verbringen konnte. Eine Flasche Cognac stand auf der Anrichte, ein unberührtes Frühstückstablett mit Silbergeschirr und schönem deutschen Porzellan.

»Kellermann hat also erlaubt, daß Sie herkommen?«

»Ja, Standartenführer.«

Durch das Fenster konnte Douglas eines der ausgebrannten Laboratorien sehen. Der Wind war so heftig, daß er die angebrannten Papierfetzen bis zum Fenster herauf wehte und wieder zurück über das aufgewühlte Gras bis zum Stacheldraht, wo sie sich schließlich verfingen.

»Die Wehrmacht hat beschlossen, ihr atomares Forschungsprogramm einzustellen«, sagte Huth. »Wußten Sie das?«

»Es ist das, was Sie wollten.«

»Aber nicht auf diese Art und Weise. Niemand in Berlin unterstützt es, der Reichsführer will der SS nicht erlauben, mit der Forschungsarbeit fortzufahren. Die Amerikaner werden die Bombe herstellen, in den Krieg eintreten und ihn gewinnen! Wir Deutschen sind kurzsichtig, Archer. Die Wehrmacht beginnt bereits zu glauben, daß der Angriff gestern abend indirekt ein Segen war.«

»Wie kann man so etwas glauben?«

Huth deutete auf das Fenster und die zerstörten Gebäude. »Dieser Angriff wird es der Wehrmacht ermöglichen, das Standrecht für mindestens ein Jahr aufrecht zu erhalten. Gott allein weiß, wie viele Millionen Reichsmark es kosten wird, um Schutzmaßnahmen gegen einen erneuten Angriff vorzubereiten. Oh, die Abwehr wird begeistert sein! Und was noch mehr bedeutet: sie haben jetzt Kellermann in der Tasche.«

Huth ging zu der Anrichte hinüber und öffnete die Flasche Cognac. »Aber auch Kellermann kann zufrieden sein«, setzte er hinzu. »Er wird seinen Job behalten, ohne mich fürchten zu müssen, und niemand wird ihn mehr wegen seiner finanziellen Machenschaften anschuldigen.« Huth lächelte. Er ahnte, daß das Gespräch aufgezeichnet wurde. Aber ob es nun auf Schallplatte oder auf diesen neuen Tonbändern aufgenommen wurde, es würde jetzt für Kellermann unmöglich sein, es ohne Risiko für ihn selbst als Beweismaterial zu verwenden, und Manipulationen daran konnten für ihn gefährlich werden. »Kellermann will mich als Sündenbock hinstellen«, sagte Huth. »Alle ungelösten Verbrechen, Schwindeleien oder Unterlassungssünden werden meinem Konto angekreidet. Er versuchte sogar zu beweisen, daß ich bei der Explosion in Highgate eine Hand im Spiel hatte. Wollen Sie einen Drink?«

»Danke Ihnen, Sir.«

»Höflichkeiten sind nicht mehr nötig.« Huth reichte ihm ein großes Glas Cognac. »Wir haben alle mit hohen Einsätzen gespielt. Kellermann hat gewonnen, ebenso Mayhew. Nun, man wird mich nicht winseln hören.«

»Mayhew?«

»Er versprach das Blaue vom Himmel. Es ist sein Stil: Schmeicheleien und Versprechungen, was?« Er ließ sich in einen Lehnstuhl fallen und trank gierig.

»Ja, das ist sein Stil.«

»Er erzählte mir von dem Landungsunternehmen, half mir sogar dabei, einen Hinterhalt zu planen.«

»Ich kann es kaum glauben!« sagte Douglas.

»O ja. Ich bin ganz schön reingefallen. Während wir gekämpft haben, ging seine Hauptstreitmacht querfeldein und knackte die Forschungsanstalt.«

»Der Ablenkungsangriff wurde abgeschlagen«, sagte Douglas.

»Mayhew war entschlossen, die Amerikaner zum Kampf einzusetzen«, sagte Huth. »Er hat Dr. Spode ermordet und alle seine Papiere vernichtet, weil Dr. Spode sie in die US-Botschaft bringen wollte. Sie gaben ihm den Film, und er hat ihn verbrannt. Er wollte nicht, daß die Amis die Forschungsergebnisse in die Hände bekommen sollten, außer wenn sie für uns kämpften, weil ihnen das eine Vorstellung davon geben würde, was es bedeutet, einen wirklichen Krieg zu führen. Nur bei der Entführung des Königs hatte Mayhew auf das falsche Pferd gesetzt.« Huth zuckte die Achseln. »Aber wir alle machen gelegentlich einen Fehler.« Er lächelte in grimmiger Selbstverhöhnung.

»Der König ist tot!«

»Mayhew hätte mehr Vertrauen in seinen eigenen Plan setzen sollen. Ursprünglich sollte der König ja sofort vom stärksten Stoßtrupp beschützt und in eines der gepanzerten Fahrzeuge gebracht werden.«

»Ja, gewiß«, sagte Douglas. Aber er hatte jetzt die schreckliche Gewißheit, daß Mayhew nichts Derartiges geplant hatte. Mayhew hatte den König absichtlich auf den Klippenpfad geschickt, da er wußte, daß Huths Leute dort im Hinterhalt lagen. Es war Mayhew, der Vorsehung spielte. Es war Mayhew, der die zukünftigen Geschichtsbücher schrieb. Es war Mayhew, der wollte, daß der König im Gefecht neben seinen amerikanischen Verbündeten fiel! Weit besser so, als ein gebrechlicher und pathetischer Exilkönig in Washington zu sein, Zielscheibe der Karikaturisten, verwöhnter Liebling der Gastgeberinnen und ständige Erinnerung an das von den siegreichen Deutschen besetzte Großbritannien. Ja, jetzt begann Douglas zu verstehen, wie das Gehirn eines Politikers arbeitete.

»Sie haben Glück, Archer«, sagte Huth.

»Mit dem Leben davongekommen zu sein?«

Huth schüttelte den Kopf. »Nein. Es gab nie den geringsten Zweifel, daß Sie mit dem Leben davonkommen würden. Das war alles schon vor langer Zeit entschieden.«

»Entschieden? Entschieden wann? Von wem?«

»Als Harry Woods sich einverstanden erklärte, für Kellermann der Informant zu sein, ihm jeden Schritt, den Sie machten, zu berichten, jede Begegnung, die stattfand, jedes Wort, das ihm zu Ohren kam.«

»Harry Woods? Harry?«

»Woods rief Kellermann an, sobald Sie im ›Reform Club‹ verschwunden waren. Kellermann ging die Abwehr an und gab vor, daß er wisse, was sie dort vorhätten. Auf diese Weise war er mit seinen Leuten rechtzeitig hier, gerade als die Angreifer sich zurückzogen. Nicht während der Kampf noch im Gang war, werden Sie bemerken. Kellermann wollte nicht, daß der Angriff zurückgeschlagen würde, er wollte, daß er ein Erfolg würde. Danach war er rasch mit seinem fliegenden Standgericht bei der Hand und seinen Hinrichtungskommandos ... während er sein Frühstück im Kasino verspeiste. Die Pelotons waren heute morgen sehr beschäftigt, wissen Sie. Die Schultern müssen schon blau geschlagen sein vom Rückstoß!«

»Wann? Wann hat Harry das getan?«

Huth seufzte. »Als er in Haft war. Sie haben sich geeinigt. Sie sind Polizist, Sie wissen, was ein paar Stunden Haft für einen Mann bedeuten können!«

»Harry Woods ist ein harter Bursche.«

»Sie glauben nicht, daß Kellermann roh genug ist, um mit Repressalien zu drohen, nicht wahr?«

»Gegen wen?«

»Gegen Sie!« sagte Huth.

»Gegen mich?«

»Sie sind ein Narr, Archer. Machen Sie sich denn nicht klar, daß Harry Woods Sie als den Sohn ansieht, den er nie gehabt hat? Wissen Sie nicht, wie stolz er auf alles ist, was Sie tun? Wissen Sie denn nicht, daß Harry sogar für seine eigenen Erfolge immer Sie zumindest als geistigen Urheber ausgibt?«

»Nein, das wußte ich allerdings bisher nicht«, sagte Douglas leise.

»Kellermann wollte es so einrichten, daß Ihr Sohn in ein Knabeninternat der Hitlerjugend in Böhmen geschickt wird. Ich brauche Ihnen nicht erst zu sagen, daß das wie ein wundervoller Akt der Großzügigkeit aussehen sollte, aber Harry erkannte es sofort als eine Art Geiselnahme, was es in Wirklichkeit auch sein würde.« Huth zog die Luft ein und putzte sich die Nase. »Er wußte, daß es der beste Weg war, Sie in die Hand zu bekommen.«

»Ich bin noch immer nicht sicher, daß ich verstehe.«

»Harry arbeitete mit Kellermann zusammen, nur um Sie und das Kind in Sicherheit zu wissen. Na, kommen Sie schon, Archer, es ist ein häufig genug angewendeter Trick. Haben Sie nie einem Informanten Schutz gewährt im Austausch für eine wirklich gute rechtzeitige Nachricht? Nun, Harry lieferte die Ware, und Kellermann hielt sein Wort. Heute morgen sind Sie freigesprochen worden, ohne einen Richter zu Gesicht bekommen zu haben, und das alles innerhalb von fünf Minuten. Seien Sie dankbar!«

»Harry hat das für mich getan?«

»Er hat nicht viel, wofür es sich zu leben lohnt«, sagte Huth brutal. »Ein von Flöhen heimgesuchtes Haus, eine Xanthippe von Frau. Wenn sie Kinder gehabt hätten, wäre vielleicht alles anders gekommen.«

»Aber Harry liebt seine Frau!«

Huth schüttelte den Kopf. »Das war vor langer Zeit ... Er hat es mit Ihrer Sekretärin getrieben, dieser Sylvia Soundso. Die ums Leben gekommen ist, weil sie versucht hat, ihn zu retten. Aber das war, streng genommen, ein Geschäft, ein Zusammenarbeiten innerhalb des Widerstands.«

»Sie wissen aber auch alles.«

»Das ist der Grund, warum man mich hinrichtet«, sagte Huth gleichmütig. »Ich kann in andere Menschen hineinsehen, Archer. Ein Polizist muß in andere Leute hineinsehen können.«

»Ich möchte nicht diese Art von Polizist sein.«

»Sie werden jede Art von Polizist sein müssen, die Kellermann braucht«, sagte Huth. »Jedenfalls für den Augenblick.« Er trank wieder Cognac. »Wieviel Uhr ist es? Man hat mir die Uhr abgenommen.«

»Beinahe zehn Uhr.«

»Nicht mehr viel Zeit.« Er zündete sich eine Zigarette an. »Möchte Ihr Sohn Polizist werden?«

»Verkehrspolizist, ja. Auf einem Motorrad.«

Huth lächelte. »Sie können glücklich sein, Archer. Halten Sie ihn von diesem lausigen Beruf fern.«

Douglas gab keine Antwort. Draußen vor dem Fenster stand Kellermanns schimmernder Rolls-Royce. Der Fahrer putzte die Windschutzscheibe — sehr, sehr sorgfältig.

»Es tut mir leid, die Sache mit dieser Frau — Miss Barga. Die Art, wie es passiert ist, tut mir leid.«

»Ja«, sagte Douglas. Er wollte nicht darüber sprechen.

»Sobald Kellermann wußte, daß Sie den Krankenwagen aufgegeben hatten, schickte er zwei von seinen Gestapo-Schergen hin.«

»Zu Barbara? Ich rief an. Ein Mann sagte, er sei der Fensterputzer.«

»Er war nicht sehr einfallsreich, der Mann. Finden Sie nicht auch?«

»Ich glaubte ihm«, gab Douglas zu. »Ich telefonierte noch einmal. Da war sie da. Sie war kurzangebunden, schon fast grob.«

»Versuchte, Sie zu warnen, was? Nun, das war tollkühn. Sie muß Sie sehr geliebt haben. Das war es wahrscheinlich auch, was die Leute die Nerven verlieren ließ. Sie schlugen sie härter, als sie es beabsichtigten. Es gehörte nicht zu ihrem Plan. Der Tod einer amerikanischen Reporterin macht ziemliches Aufsehen!«

»Ihre Stimme war leise«, sagte Douglas. »Sie hatte geflüstert, damit man sie nicht hören konnte.«

»Warum liebt man Sie so, Archer? Ist es einfach deshalb, weil es so aussieht, als könnten Sie Zuneigung wenig oder gar nicht erwidern?« Er schüttelte den Kopf. »Die Gestapoleute haben das Telefon nicht läuten hören. Die Frau hielt sich im oberen Stock auf und zog ihren Mantel an. Sie mußte das Telefon klicken gehört haben, bevor es noch richtig läutete.«

»Und ich glaubte, sie wollte mich nicht sehen!«

»Wir alle benehmen uns dumm zu denen, die wir lieben«, sagte Huth. »Könnten Sie meinem Vater eine Nachricht zukommen lassen?«

»Ich werde demnächst dienstlich nach Deutschland reisen«, sagte Douglas. »Aber ich dachte, Sie hassen ihn?«

»Erzählen Sie meinem Vater von dem Angriff. Sagen Sie ihm, daß es eine Schießerei gegeben hat und daß ich ins Kreuzfeuer geraten sei. Sagen Sie ihm, ich sei tapfer gestorben. Erzählen Sie ihm den ganzen Quatsch, den Väter gerne über ihre Söhne hören wollen.«

Ein Klopfen war an der Tür zu hören, und ein SS-Offizier fragte, ob der Standartenführer in fünf Minuten bereit sei.

»Nun, ich muß noch meine Schuhe putzen«, sagte Huth, »und mich ein bißchen zurechtmachen, um meine Starrolle in dieser deutschen Oper anständig spielen zu können. Offiziell wird es heißen, daß ich gefallen bin.«

»Ich werde es Ihrem Vater sagen.«

»Ins Kreuzfeuer geraten«, sagte Huth. »So klingt das viel besser.« Er lächelte bitter.

Douglas nahm Mayhews warmen Mantel, zog ihn an und knöpfte ihn zu. Draußen war es kalt, und er war dankbar für diesen ihm schlecht passenden Mantel mit seinem komischen Parfüm. Dann begriff er plötzlich. Es war der schwache Geruch von Schnupftabak. Die halb gerauchte ›Romeo y Julieta‹ und der verschüttete Schnupftabak aus der alten Blechschachtel in Dr. Spodes Westentasche. Er würde es nie beweisen können, aber er wußte ohne jeden Zweifel, daß Mayhew Dr. Spode zurück in die Wohnung in Shepherd Market gebracht und ihn ermordet hatte. Dann mußte er die halbe Nacht damit verbracht haben, die mathematischen Unterlagen zu verbrennen. Er mußte die Amerikaner daran hindern, diese entscheidenden wichtigen Dokumente in die Hände zu bekommen und, sogar noch wichtiger, sie daran hindern, mit Dr. Spode zu sprechen. Mayhew war entschlossen, die Amerikaner kämpfen zu lassen.

»Ins Kreuzfeuer geraten«, sagte Huth. »Wir waren alle ins Kreuzfeuer geraten.«

Douglas knöpfte seinen Mantelkragen zu. Durch das Fenster sah er Kellermanns Rolls-Royce vorbeifahren, auf dem Weg zum Haupttor. Die Wimpel flatterten.